黄夷住大傳

孫立川
朱南

著

中華書局

黃奕住像

目錄

序

　　2021年適逢廈門大學百年校慶，又是黃奕住先生創立中南銀行和在家鄉建立斗南小學一百周年紀念。

　　近日收到孫立川、朱南二位廈門大學校友撰著的《黃奕住大傳》書稿，二位作者希望我能為是書寫序。

　　黃奕住先生是我的家鄉泉州南安一百多年來最傑出的鄉賢，他1868年出生於貧困農家。十七歲去南洋謀生。從肩挑小販、土產小舖做起，憑藉他務實守信的人品，吃苦耐勞、勇於拚搏的精神以及非凡的膽識，經過三十多年的奮鬥，取得事業的極大成功，成為海內外著名的華僑企業家，是第一位被列入1914年版歐洲人編撰的《世界商業名人錄》的中國人。

　　黃奕住先生雖然在印尼事業發展非常順利，但始終心懷祖國家鄉，他對兒女說過：「念吾僑民苦異國苛法久矣，若不思為父母之邦圖其富強，徒坐擁浮貲，非丈夫也！」1918年世界大戰結束，荷蘭恢復對印尼的盤踞，即苛索奕住先生補交額外增加的戰時巨額稅款，同時提出：如加入荷籍可考慮減免。他斷然拒絕荷蘭殖民政府要他入籍的要求。遂於1919年攜資回國，定居廈門鼓浪嶼，專心致志地投入家鄉和祖國的建設事業。他首先在家鄉創建斗南小學，喻意「北斗南光」，讓包括我在內的家鄉貧窮兒童能受到現代優質教育。在廈門鼓浪嶼，他大力參與建設街市房產、自來水公司、電話公司等市政基礎設施，開設日興銀莊、中興銀行，以及眾多的醫療、教育項目建設。同時他積極捐助廈門大學、北京大學、南開大學、復旦大學、嶺南大學等多所高校的建設。

　　但是當時政府腐敗，致使黃奕住先生的一些建設計劃未能如願進行。例如，在他實業興國造福家鄉理想中，重中之重的福建鐵路建設計劃，早在印尼時即開始和鄉親計議，但經歷長達幾十年的反覆折騰，在黃奕住生前終未能如願實現。據陳嘉庚先生回憶，黃奕住先生曾向他訴說「吾僑前云賺錢難，今日始知用錢更難也」。他的福建鐵路理想，直到1949年中華人民共和國成立，陳嘉庚先生

向中央提出建議，得到毛主席親批「福建築路的正確意見，當為徹底支持」，才列入國家計劃，1957年6月鷹廈鐵路勝利通車。黃奕住長子黃欽書參加鐵路通車典禮後，專程到黃奕住墓地向他父親祭奠告慰。

黃奕住先生根據三十多年的商海經驗，體會到銀行、保險等金融業對經濟建設和商業活動的重要作用，因此非常重視投資建設銀行。在回國前就先後在印尼、新加坡、菲律賓投資參股多家銀行和保險公司。

他洞察到上海必將成為我國經濟發展中心城市。1920年，即專程赴上海與當地名流商議籌建銀行。由於他的名望和資力，很快即獲當局批准，成立以黃奕住先生為主要股東並擔任董事長的中南銀行，並被特批為發鈔銀行。之所以取名為「中南銀行」，黃奕住先生說「乃示南洋華僑不忘中國也，同時寄託南洋廣大華僑積極回國投資的期望」。中南銀行創立時乃當時國內最大的民營銀行，上海《申報》曾專文評論：「僑商組織銀行，此乃首例，而資本之雄厚，實為商業銀行所僅見，加上主持人皆為社會知名人士，前途發展正無量也！」中南銀行成立後，廣設分支機構，在海外設立通匯處，並廣泛聯繫外國銀行，開展國際匯兌業務，為進出口貿易和華僑匯款提供服務。1931年，黃奕住在投資改組後的太平保險公司擔任董事長，大力擴展業務品種，利用銀行分支機構開展代理業務，同時相機併購中小型保險公司，開拓發展國際再保險業務，在短短幾年中，即將太平保險公司發展成華資保險龍頭企業之一。同時，他在上海還相繼成立信託公司和日興貿易公司。通過這些企業，黃奕住在上海、江浙、天津、廣東、四川等地大量投資或貸款支持發展當地的紡織、礦產、化工、鐵路、航運等民族企業，為促進民族企業的發展發揮重要作用。成為繼張謇之後，華僑中踐行實業興國理念的先驅者。

1937年，抗日戰爭全面爆發，中南銀行等事業蒙受重大損失，處境十分困難。當時有友人勸奕住先生加入外國籍，以保護生命、產業，渡過難關。奕住先生再次表態：「余絕對不加入外籍，依靠外

人。共赴國難，何懼之有？」

1943年，黃奕住先生七十六歲，自感身體日衰，遂於是年4月25日預立遺囑。遺囑中寫道：「余一生勤儉持身，忠厚待人，對國家社會之事，雖不敢上擬先憂後樂之倫，亦未嘗稍忘匹夫有責之義」，「余來自田間，深知社會疾苦，賦性質直，見義思為，生平關於教育、慈善諸端，贊助向不後人……所望各兒女善守吾產，尤望各兒女同心協力，善師吾行……則吾生雖有涯，而吾之精神可以不朽矣。勉之，勉之！」他將遺產的十分之一作為教育基金和醫療基金，以永久支持教育衛生事業。他說：「吾幼時失學，為大恨事。今於吾父吾母丘墓之鄉，吾身數十年經營衣食之地，晚歲遊歷之區，為青年學子略盡吾情，彌吾闕憾焉。」

1945年6月5日，黃奕住先生於上海病逝，臨終之時，仍諄諄教誨兒女要繼承其遺志，忠於國家，報效鄉土。

中華人民共和國成立後，內地中南銀行和其他民營銀行一起，合併成公私合營銀行。在香港的中南銀行則和在香港和澳門的其他中資銀行包括香港中國銀行、交通銀行、新華銀行、金城銀行、浙江興業銀行、國華銀行、鹽業銀行、廣東省銀行以及在香港成立的南洋商業銀行、寶生銀行、華僑商業銀行、集友銀行和澳門南通銀行等，由中國銀行統一領導，1982年聯合組成港澳中銀集團。不久，我由國家派港負責港澳中銀集團工作，見證了港澳中銀集團發揮了整體優勢，充分利用香港回歸有期和祖國改革開放的有利機遇，幾年間各項業務得到迅速發展，成為穩定香港金融市場的堅實力量。香港中南銀行作為集團成員行，也從只有不到十間分行發展到二十多間分行，業務規模取得倍數增長，在為祖國建設、香港經濟繁榮以及為海外僑胞服務方面做出重大貢獻。隨著現代化金融業發展的需要，2002年港澳中銀集團合併改組上市成為中銀香港股份有限公司和香港中銀國際、中銀投資、中銀保險等公司。形成祖國活躍在國際金融市場的一支強大力量，實現了黃奕住老先生百多年前實業興國的理想。

黃奕住先生畢生愛國愛鄉的赤子情懷和遠見卓識的人生抱負

深為世人所敬仰，正如香港著名愛國人士、前《大公報》社長費彝民先生在《黃奕住先賢》文中所說：「近代海外華人反哺中國，通商惠工，敬教勸學，而成為中國偉人者，黃公奕住與陳公嘉庚，蓋殊途同歸，為東方啟明之前輩，為中國閩中之巨靈。」

由於黃奕住先生逝世已經七十多年，他的事跡和精神不免漸漸被世人淡忘。孫、朱二先生重新收集資料，結合各個歷史時期的背景，全角度地編寫《黃奕住大傳》，很有意義。希望可以進一步弘揚黃奕住先生的崇高精神，讓這些中華民族優良傳統美德繼續得到傳承和發揚。

原中國銀行副董事長兼港澳管理處主任 黃滌岩

二〇二一年八月於北京

前言

● 從廈門雙子塔五十二樓鳥瞰鼓浪嶼，洪詩林提供

　　2021年清明節，艷陽高照，我與友人坐在廈門世茂雙子塔A座五十二樓的咖啡室中，啜著飲料，從二百多米高的高樓鳥瞰，鼓浪嶼像一片巨大的青葉浮在藍色的海面上，這個不足兩平方公里的小島被《中國國家地理》雜誌評為「中國最美的城區」第一名，島上最大的花園別墅「黃家花園」則早已被人譽為「中國第一別墅」。據說島上總共有一千多棟別墅，其中一百六十餘幢之多由黃家花園的主人在大約一百年前建造。這個人就是本書的傳主黃奕住。

　　雙子塔的B座毗鄰全國最漂亮的校園廈門大學，我們穿越林木扶蘇的校園，經過碧波盪漾的湖畔，走過芙蓉樓群，站在建南大會堂的石階上，俯看兩天後即將在這裡舉行校慶百年晚會的上弦場。這些紅瓦白石、頗具南洋風格的建築物座落在五老峰下，掩映在五彩繽紛的花叢中。

　　穿行在群賢樓樓群的長廊中時，赫然發現，當年我們上課的教學樓已被列為國家一級重要保護建築。這些樓群就是廈大創校校主陳嘉庚先生所監建。看今日花團錦簇，卻何曾想到，一百年前這裡是一片人跡罕至的海角，魯迅稱此地風景佳絕，說他居住的集美樓與群賢樓是「硬將一排洋房建在沙灘上」。

　　在雙子塔上的兩邊，左望是廈大校園，右看是詩人讚美的像一條彩船的鼓浪嶼。時空的交錯有時令人訝然。陳嘉庚與黃奕住，二位在南洋已相識的好友，不約而同地在1919年從南洋攜資回國，一位毀家興學建起第一流的教學樓群，一位實業救國，選擇鼓浪嶼為歸國之處。二

年之後，廈門大學於4月6日開學，中南銀行於7月5日於上海肇立。

郭小川曾放歌：「五老峰有大海的迴響，日光岩有如鼓的浪聲。」陳嘉庚與黃奕住的百年事業不正如詩人所盛讚的矗立在這二座海島上的山陵一樣，五老峰下的濱海之地是當年驅逐荷蘭殖民者出台灣的鄭成功練兵的演武場，今日在日光岩傾聽海韻，四百年時光流逝，那吹過耳畔的天風海濤聲依然如鼉鼓雷鳴，隱然有將士們的吶喊。

當我們從高樓下到地面，見到岸邊遊人如織，高架橋上車水馬龍，改革開放使廈門走上了繁榮富強的大道，舊貌換新顏，不禁為陳嘉庚、黃奕住二位先賢百年前的眼光與作為要大大點讚。他們目光如炬，相信教育與實業能使貧弱的祖國實現中華民族的偉大復興。眾所周知，1919年注定是中國歷史的一個轉折點。當年的五四運動是愛國學生發起的一場思想文化的革新愛國運動。而陳嘉庚、黃奕住這二位僑領在這一年同時回國，也掀起了華僑投資祖國、開創新時代的先機。難道這是歷史的巧合？

1961年8月12日，陳嘉庚校主逝世，原香港《大公報》社長、著名報人費彝民先生寫過一幅輓聯，聯云：「傾力興學育才，仗義疏財，樹工商界千秋良範；畢生愛鄉報國，斥邪持正，為華僑中一代完人。」這是費彝民對陳嘉庚一生行事的高度評價。

1980年5月7日，費彝民先生又撰文《黃奕住先賢》於香港《大公報》上發表，他與黃奕住的長子、中南銀行董事長黃欽書於五十年代初即過從甚密，在這篇短文的最後一段，他概括性地提出：「近代海外華人，反哺中國，通商惠工，敬教勸學，而成為中國偉人者，黃公奕住與陳公嘉庚，蓋殊途同歸，為東方啟明之前輩，為中國閩中之巨靈。」文章發表後，費彝民先生特地將剪報寄給了黃欽書先生的兒子、黃聚德堂代理人黃長溪。費社長的這篇短文乃知人之論，他是最早把黃奕住與陳嘉庚二位故人並列為愛國華僑的「雙雄」，也就是本書提到的對近現代中國最有貢獻的華僑「雙子星座」的濫觴者。自費文發表之後，早已被世人忘記的黃奕住之名及生平開始重獲關注。

陳嘉庚與黃奕住分別出生於閩南地區的泉州市所轄的同安縣

集美鎮和南安縣金淘鎮的鄉村中。他們既是同鄉，又都是從貧苦的農村中走向世界、獲得成功的僑領，六十年來嘉庚先生名滿天下，後者卻鮮為人知。本書即為黃奕住先生的傳記，所講述的是傳主的個人社會生活史。

在寫作本書的過程中，我們二位作者討論過一個問題：究竟我們這一代人現在還有多少人認識黃奕住這個名字？我們又該以哪樣的文體來撰寫這本傳記？坊間三年前已有二位經濟史學者趙德馨教授、馬長偉教授撰寫的《黃奕住傳》，更早之前則有其三子黃浴沂所撰《先父黃奕住傳略》。六年前，當鼓浪嶼被列入「世遺名錄」之後，尤其是近幾年來，新媒體上突然冒出了許多文章，掀起一個不大不小的「黃奕住熱」，但其中穿鑿附會、捕風捉影之文讓人讀後啞然失笑有之，破綻百出者有之，更有甚者張冠李戴，將復旦大學校長李登輝的照片（也是印尼華僑）作為黃奕住本人的相片，甚至有些博物館有關其生平介紹中也有錯訛資料。百度號稱是內地最大的搜索引擎，卻將黃奕住指為菲律賓華僑，凡此種種，不足為論。

我們決定用近年中興起的「非虛構寫作」來完成這部《黃奕住大傳》。非虛構寫作在二十世紀中肇始與西方，它區別於所謂的「報告文學」，要求在紀實的寫作中採取參與者的觀察，這種觀察即是讓社會學、人類學、心理學、宗教學等進入被調查者的世界，以他者的角度去觀察、體驗、感受書中主人遭遇的人和事，而後藉助文學對歷史、時代、社會與人性進行悟思。所以本書敘說黃奕住的「故事」時，是本著他個人的真正歷史，而非用虛構或部分虛構而寫作的。有一分事實，就寫一分內容。這種寫作形式其實早在兩千多年前的司馬遷的《史記》中就出現了。「遊俠列傳」、「世家列傳」等七十列傳中有「貨殖列傳」為商家首開列傳，讓范蠡、白圭、保參等留名青史。司馬遷在為中國商業的鼻祖們立傳的同時，也在文末發表了他的「浩嘆」：「由是觀之，富無經業，則貨無常主，能者輻湊，不肖者瓦解。千金之家比一都之君，巨萬者乃與王者同樂。豈所謂『素封』者邪？非也？」素封者，指的就是那些無官爵封邑而資財豐富的富人也！黃奕住即民國一代的大素封者，他對官場厭惡，婉拒

出任任何官職。

一個人的社會生活史不過是歷史大海中的一朵浪花，而歷史卻是圍繞一代代出類拔萃的人物的作為而構成場景的在案記錄。歷史的大敘事包含的細節之再現並非虛構部分細節的「報告文學」，這就是非虛構文體寫作近年來在中國受到青睞的原因，以這種體裁來寫人物傳記，也是我們所作的新的嘗試，除了得搜集大量歷史的檔案資料之外，我們在寫作過程中也把自己的田野調查、訪問記錄及自己的觀察「沉浸」其中。

我記憶中第一次知道「黃奕住」這個名字還是少年時代，大概與傳主離開老家買棹下南洋的年紀差不多。那個時候無書可讀，每日與一班小伙伴常到開元寺玩耍。某個秋日，風高雲淡，看到東塔（鎮國塔）高聳入雲，一群同伴遂想爬上東西塔去，那時寺中無人，只有一位老和尚妙蓮法師還住在藏經閣上，間中會揮手召我們上去說話，東西石塔對峙而立，塔底第一層並未設門，大家自由進出，但底層到第二層較高，聽說二層到五層架設有木樓梯，只要上了二層就可直達塔的最高層，每層外皆有石欄杆。於是我們就四處去找人借長梯，試了幾次都未能達高。終有一天去附近的供電所還是什麼地方弄來了一把超長的竹梯，兩三個人扛著過去，果然不負所望，我們麻利地就爬到第五層，登高遠眺，神清氣爽，市容盡入眼底，不免雀躍。年少輕狂，此後無事，又屢屢登塔玩耍。上上下下經過，就讀到一層塔心處立了一塊石碑《南安黃奕住獨修東塔記》，上書：「泉州開元寺為唐黃公守恭捨寺建造。寺東西二塔，東名鎮國，始於唐咸通間……南安黃君奕住乃毅然獨任之……。」因是繁體字刻，又不辨斷句，但知是南安人黃奕住出資修理的。這是筆者第一次知道傳主之名。

在廈門大學校部辦公大樓「群賢樓」下左邊壁上，嵌有一塊金字石碑：「黃君奕住，慷慨相助有益圖書，其誼可著。」由校主陳嘉庚先生於1931年6月親筆題寫。我們在廈大讀學時經常觸目所及，印象深刻，在我則是第二次看到石碑記載這位善長之名。這是廈大對傳主慨允於1930年捐助圖書館設備費國幣三萬元而勒碑紀念，館方並製作了「黃奕住先生贈」書標放入其所捐書中。

1978年初夏，正是火紅的鳳凰樹花盛開的季節。由廈門大學、華東師院、福建師院等內地九個高校舉辦的《中國現代文學史》教材協作會議在鼓浪嶼的幹休所召開。該所即是黃奕住建造的黃家花園。我當時是東道主廈大中文系的年輕助教，作為會務組人員入住該招待所內，整天要接送許多德高望重的校外來賓，遠道來的外地的老師們坐火車來廈，又要送他們搭輪渡去招待所。老先生們在經歷了劫難之後住到這樣漂亮的幹休所里真是高興萬分，猶記得大會安排錢谷融老師上台致辭，他激動得流下熱淚，哽咽不已。那時我才第一次知道，這些花園中矗立的別墅是黃奕住建的。

　　從1980年開始，老作家丁玲、陳明夫婦到鼓浪嶼療養，廈大聘丁玲為中文系客座教授，我成為她的臨時助教，大約有近一年間三天二頭得去一次。這次寫作，又想起一件值得一記的故事。馳名國際的鋼琴家殷承宗出生於鼓浪嶼，「文化大革命」後復出就想回廈門來舉行一場鋼琴演奏會。他當年留學蘇聯時，丁玲的女兒蔣祖慧亦在蘇聯學習芭蕾舞編舞，二人由此結識。聽說丁玲在鼓浪嶼，殷就帶著女兒去看她，我們就在那兒認識了，丁玲請廈大書記曾鳴幫忙，讓殷承宗在建南大會堂開了一場演奏會，當時的廈大同學應還記憶猶新。因了這個緣故，我還陪殷與他女兒在觀海別墅轉了一圈，殷說他們家與黃家很熟，云云。本書的另一位作者朱南有一次就幫我拎著一大批丁玲要借閱的圖書，與我一同去見她。這大概是他第一次進入黃家花園。

　　朱南當時才是大二學生，想都沒想到幾年之後，他會成為黃聚德堂（第三代）代理人、原福建省副省長黃長溪身邊的工作人員，在此期間他不僅接觸到大量黃家的檔案資料，平時亦留意黃奕住的人生經歷。譬如第一次去印尼訪問，朱南就特地去三寶壟踏勘當地華僑的活動場所、商務市場，作田野調查，並查閱舊報刊雜誌。本書有關黃奕住致富的事跡多由朱南搜索、整理，有許多第一手資料。美國前總統尼克松退任後最後一次訪華時曾訪福建，由黃長溪副省長親自陪同，他們一行到訪鼓浪嶼，長溪先生特地邀請他到黃家花園二樓陽台去飲茶。朱南見證了這個歷史的時刻，且在本書中記下

一筆。同一個地點，多年後成為本書〈楔子〉中說到的聯合國教科文組織頒授鼓浪嶼列入歷史國際社區世界遺產名錄的會場。

於筆者而言，在八十年代初那二年，老作家樓適夷、第三屆茅盾文學獎得主徐興業等都在觀海別墅住過，中國現代話劇研究家田本相老師當時帶過一批北京廣播學院的學生來拍《魯迅在廈門》的紀錄片，為了體驗魯迅當年多次去鼓浪嶼的路線時，特地讓我僱了一隻小舢板從廈門市內搖到鼓浪嶼去。登岸之處，船老大告訴我說，這叫黃家碼頭，我第一次知道這是黃家觀海別墅主人的專用碼頭。在鼓浪嶼，究竟有多少棟別墅屬於黃奕住所有？答案是有一百六十多幢，都屬最漂亮或最富有代表性的建築。

最近一次去黃家花園是睽違三十多年後的2018年暑中，應香港城市大學中文與歷史系邀請，為香港中學歷史、中文科老師組團的「海上絲綢之路」考察團當導遊。因為直到十幾年前，黃家花園（包括觀海別墅等被借去作「療養所、賓館」）才回到黃奕住的後代手中。因事先徵得主人的同意，我們得以進入修葺一新的中樓，在這座曾經接待過英國皇室約克公爵（即喬治六世，今英女皇的父親）、蔣光鼐、蔡廷鍇將軍、蔣介石父子、朱德元帥、鄧小平、尼克松等要人的大樓參觀拍照。也許就是那個時刻開始，我萌生了想為黃奕住的傳奇經歷撰文介紹的想法。

這種主動或被動地介入黃奕住人生軌跡的現場感就這樣源源不斷地釋出，籠罩在我們寫作的全過程中。

太史公在二千多年前就指出：「為權利以成富，大者傾郡，中者傾縣，下者傾鄉里者，不可勝數。」但這些人並非經營有術，而是「官倒」，而黃奕住卻是商業史上的一個異類。他從一個出身貧苦的山村孩子單身渡過重洋去拓殖，艱苦奮鬥三十多年而成富可敵國的巨賈，他創建的商業帝國跨越東南亞諸國、香港等中國諸大城市，終成一代國際商業界名人。一個沒有任何家庭背景，赤手空拳，只讀過一年半私塾蒙學、沒有受過什麼中高等教育的窮小子，連普通話都不懂聽與講，從卑賤的剃頭匠和小貨郎到民國時代最大金融資本巨頭，而且不用巧取豪奪，或以血腥暴力為手段，不做傷天害理

的生意而發大財，實在是近代中國工商業史上的一個傳奇人物。同時，他又是一個愛國愛鄉的華僑精英，無論去國多年，總懷「國家興亡，匹夫有責」之心，其心至誠。

他的經歷可以用天時、地利、人和三個方面來做一個個案的分析。天時——黃奕住出生於晚清末的同治七年（1868年），這個年代正是帝制走向沒落、共和思想開始萌芽的歲月，所謂三千年未遇之變局的時代。他出生於閩南偏僻的鄉下，家風淳樸，貧困的童年卻使他從小先吃苦頭，「天將降大任於斯人也，必先苦其心志，勞其筋骨，餓其體膚，空乏其身，行拂亂其所為，所以動心忍性，曾益其所不能」（《孟子》）。從小吃苦耐勞、勤儉節約，他明白父母的劬勞養育之恩，立下發憤圖強之大志，而他的啟蒙識字為他未來的發展開啟了新的出路。其出生地又是一個僑鄉。閩南因地少人多，千百年來以海為田，去海上討生計無非二條路，一是漁業，一是出洋當勞工，而營商者人材輩出。金淘鎮離海邊較遠，多以種田為農業，因而有一代代的出國「農民工」，絕大多數不能發達，但寄錢回家置田建宅還是大有人在。比起中國腹地的廣袤農村來說，閩南的農民確有「得天獨厚」的「華僑原鄉」的優勢。八十年代末有一部電視劇曾認為中國人由黃土地走向藍色海洋，走向世界始於清末民初。其實他們沒有了解到，一千多年以來，去海外謀生、經商的傳統一直存在，泉州人早就駕船出洋，宋元貿易使華僑的出洋可以追溯至唐代、五代時期。所以說，傳主是千百年來斷斷續續、鍥而不捨下南洋人潮中的一員。十六歲前的艱難成長過程冶煉了他的堅強性格，贍養父母和成就大志成為他精神上不倦追求的人生目標。這十六年的困苦人生為他的人格形成奠下了良好的根基。

司馬遷在《史記·貨殖列傳》中云：「倉廩實而知禮節，衣食足而知榮辱……故曰：『天下熙熙，皆為利來；天下攘攘，皆為利往。』夫千乘之王，萬侯之家，百室之君，尚猶患貧，而況匹夫編之民乎！」誠哉斯言！從棄船登岸之後，黃奕住在鄉親的幫助下開始「南漂」，續以「剃頭」為生，漂泊於新、馬及印尼，四年之後定居於印尼三寶壟，正好年屆二十歲。這二十年雖是他人生中最貧困的時期，但也

是改變命運的轉折點。他決意拋棄手中的「剃頭刀」，挑起貨郎擔子，背水一戰，義無反顧，「初事負販，自力以食」。這一年是公元1888年。二年後，他與印尼華裔蔡疆娘成親。貧窮並沒有限制他的想像力，人窮志不窮者，總有「出頭天」（閩南方言，喻脫離困苦的環境）的一日。時值三寶壟市政府設立自由市場，二十三歲的他創辦了「日興」雜貨店。此後，他的事業遍及印尼、菲律賓、新加坡、香港、廈門、上海等地，均以「日興」為名。他已成為跨國企業的新僑商，「英雄輩，事業東西南北」。印尼經濟在1890年以後進入快車道。荷印政府大力發展甘蔗種植、糖業製作及食糖貿易，三寶壟所在的中爪哇地區成為當時世界主要製糖及售糖中心之一。筆者曾在2015年應印尼華裔教授吳明義博士邀請去印尼，其間我們一行到東爪哇的農村考察，發現當地農田肥沃，水源充沛，「此地宜蔗」矣。黃奕住早就洞察先機。從1895年以後，他即轉向經營糖業為主。他的這種變化順應天時地利，果斷決策，這是他能在三十年間迅速致富的原因，他的第一桶金可以說就來自糖業出口貿易，十多年間，他的生意範圍已擴大到荷屬東印度的境外去了，他成了首位入選1914年歐洲人編纂的《世界商業名人錄》的華人首富。這本「名人錄」，亦相當於如今經常引發熱議的「世界富豪排名榜」，他僅用不到二十年時間已躋身國際商界的巨富之列，實屬罕見。

　　本書既然是傳主的社會生活史，他的成功與失敗都與他的生活、工作（營商）和交往的人群有關係。因此，在寫作過程中，我們尤其注意到他的社會交際事件涉及的人物、家庭成員、人際圈，而且還將他逝世後的景況及黃家後人的一些現況也收入本書的敘事之中。

　　雖有時來運轉，但倘無「人和」之本事，本書傳主也將無用武之地。他知道孤掌難鳴，必須建立一個團隊，因此他回國收養子作培養，選擇同鄉好友共赴創業之機。他待人真誠，將信譽看得比性命更重要。商場上雖風波險惡，讓他屢折屢起，但他越挫越勇。對幫過他的鄉親僑商永懷感恩之心，發達後更以慈善為己任。事孝至親，對部屬視同家人，親愛有加，即使像胡筆江這種吃裡扒外的「總經理」，傳主早就洞察其禍心，仍不願撤換，直至胡死於非命之後他

才開始進行內部大調整，但仍將胡的兒子安排在公司的重要位置之上，並沒有「炒」他，直到他自願辭職離去。

在個人的私德方面，他沒有沾染當時富有人家吸鴉片、嗜賭博的陋習，他的嗜好似乎除了建造最漂亮的別墅和大樓之外，就是種菊，與他的鄰居兼兒女親家林爾嘉一樣，他常舉行賞菊大會，讓一班文人吟詩作賦，有蘭亭雅集之興。他的精神世界透出傳統的儒家文化底蘊。

人非聖賢，何能無過？！後人可能認為他娶了兩個老婆（正室，老家及印尼各有一位），和四個「妾」。現在的人看來，似乎妻妾成群不能配享道德高地的「偉人」之位。他育有二十個子女，十二個兒子，其中六個是抱養的（螟蛉子），另外六個是親生子，八個女兒則全部為親生（包括印尼妻子所生的兩個）。他在遺囑中明確規定所有財產除饋贈、後人繼承之外，「抽出款項，永遠不得分割或為其他任何處分」。而抽出的款項包括：（1）留為祠堂之用；（2）留為辦理學校之用；（3）留為造墳、修墓之用；（4）充為奕公之後歷代祭祀之經費。（參見趙德馨、馬長偉撰《黃奕住傳》第362頁）。而其所餘資產分為二十二份：妻二人（王時、蔡疆娘）；十二個兒子和八個女兒，共二十二人。不分男女，不論親生或收養皆一視同仁。六個配偶中只有二位妻子（王時、蔡疆娘）也享有一份遺產，四位妾室不能分得遺產，但黃奕住另有饋贈，使她們的生活有所保證。這個遺囑還注重保證宗族制的祖先崇拜的祭祀，在現代中國，這種祭祀祖先的家庭傳統綿延千年以上，雖然百年以來逐漸式微，但在閩南一帶至今仍然持久不衰；另一方面，傳主生前所訂立的遺囑又具有現代性意識，改造了只傳男不傳女（女兒出嫁後無權分享遺產）的男尊女卑的舊觀念。這在其時也屬一個創舉。

因網絡文體四通八達，網上流傳不少黃奕住的資料，人們在驚訝黃奕住為民國富翁之最的同時，最好奇的是他在鼓浪嶼竟然建有一百六十多幢的別墅與建築物。但這些資料鮮有提到，他的精神財富乃是基於他與時俱進的現代性和強烈的民族復興自覺性。

近代華僑中不乏「富可敵國」者，但大多為出身於富商之家。如傳主這樣出身貧赤之家，一代而崛起，三十年商海拚搏成功，在

異國芸芸眾生的僑商輩中脫穎而出者實屬罕見。我認為這與他隨時在僑居地學習西方現代商業手法有關。舉其二例可以證明。一是他涉足糖業貿易之後，已從糖包買進賣出的傳統營商手段轉向糖市的期貨買賣，他敏銳察覺到這是新的發財手段，且荷印政府正在推廣這一新的金融生意。因而捷足先登，經過短短幾年的拚搏，他已然被國際商業界視為遠東最具潛力的「世界著名貿易商人」。同時，他精明過人，對國際市場洞若觀火，掌握全球糖業的資訊是他商道上致勝的不二法寶。他深刻明白戰爭對於商業的巨大影響。當他在前往香港的旅途中聽到第一次世界大戰結束的消息，馬上趕回三寶壟調整佈陣，果然大獲全勝。正如司馬遷所言：「漢興，海內為一，開關梁，弛山澤之禁，是以富商大賈風流天下，交易之物莫不通。」傳主的文化程度不高，未必熟讀司馬公的真言，但他的現代性觸角敏銳，他比其他的糖商大戶更富有世界眼光。他從自己的「信貸危機」中發現，掌握在洋人手中的銀行、保險等金融界將是現代商業左右市場的「大內高手」。也許就是從那一刻開始，他就暗中立下決心：要以金融業作為「實業興國」的再出發點。他的現代性思維就是物理學家提倡的「槓桿原理」，「給我一個支點，我可以撬起地球」。金融之道就是他的槓桿支點。他想以銀行、保險作為復興民族工商業的動力資本，以「聯儲銀行」作為基礎，將借貸行為注入商業、工業並與之融合為一體，同時利用國際再保險機制為其商業、工業行動取得資本回報安全的保障；他亦別出心裁地選擇在人流暢旺的地點建成不同的地標建築，用來標示其企業的成功。這並非筆者的臆想，有一件事實為證。1920年，他攜帶資金進軍上海，準備創辦中南銀行，人生地不熟，經由黃炎培先生介紹他去找上海新聞界聞人、《申報》主筆史量才，欲聘史氏為合伙人，主持、開辦中南銀行。兩人甫一見面他就掏出兩張紙，一張是五百萬元支票，以開辦銀行之用；一張是一間銀行大樓的模型圖，他對史氏說：「我之前看到一間英文報紙刊登英國一家新的銀行大廈落成，遂立下誓願，將來若果有錢了，也要開一間銀行，建一座這樣的大樓，請您按照這個建築的模樣來設計中南銀行大廈吧！」史量才真的依他的囑咐

請人設計、建築了中南銀行大樓，位於當時號稱萬國建築博覽館的上海。這幢現代化的建築是黃奕住在上海建成的第一幢歷史性建築。此後他又建造了「四行倉庫」、「國際飯店」大廈等，前者是「淞滬抗戰」中八百壯士堅守的陣地，名揚天下；後者直到上世紀五十年代中還被稱為「遠東第一高樓」。他在鼓浪嶼修建的黃家花園、觀海別墅等一百六十多幢，清一色是風格殊異的現代建築，在被稱為「海上花園」的鼓浪嶼島上增添了綺麗的一道風景線。他的願望就是要在祖國的土地上修築起我們中國人的建築，用最好的建築材料，蓋得比外國「僑民」在鼓浪嶼的房子更好、更漂亮，打破他們在中國土地上霸氣與傲慢的狀況。上海外灘被稱為萬國建築群集中地，但業主皆是外國銀行家為主，中南銀行鶴立雞群。也只有鼓浪嶼華僑建造的別墅群，才是超越洋人的島上最現代化的建築物。百年風光已過，黃家花園依然獨領風騷，別具一格。

二是傳主是不堪外侮、自強不息的華人民族獨立精神的踐行者。他在三寶壟時積極參與華人會館工作，為僑胞權益與荷印當局交涉。荷印殖民當局無理徵收額外的戰爭稅，苛索華僑的血汗錢，並以如加入荷印國籍即可全免其加徵稅為餌；日本駐荷印領事館也以種種優厚條件游說他放棄中華民國國籍，均被他斷然拒絕！表面上是荷印政府的無理壓榨迫使他離開三寶壟，其實是他對華僑因祖國積弱而任人宰割一腔幽憤。他曾說：「念吾僑民苦異國苛法久矣，若不思為父母之邦圖其富強，徒坐擁浮貲，非丈夫也！」

荷蘭政府自1678年佔領印尼之後，即對華人採取嚴酷的種族歧視或壓迫，因為華僑善於經商，荷印殖民當局對華僑制定各種嚴酷刑法、條例，在經濟方面，華人要交納的稅收比當地土著高出十三倍。華人的衣食住行均受制於殖民政府，連男子要剪掉一條辮子，自由選穿西裝或西服，都要向州長申請，而華僑子女更被剝奪受教育的機會。凡此種種，不一而足。有壓迫就有反抗。黃仲涵、黃奕住等僑領不堪受辱，奮起鬥爭，迫使荷印當局逐漸改變這種反人權的政策。對於貧僑及老弱病殘，他慷慨資助，積極參與為華僑商界爭權益等活動，出錢出力、深受僑胞讚譽。

一百多年後的今天，還有很多人不理解華僑去國萬里，賺錢發達，為什麼對故國不離不棄，援助祖國和家鄉的建設不遺餘力，因為他們沒有身歷其境！所以當孫中山先生領導反清、追求民族富強的共和之道時，全球華僑予以大量的物質援助，中山先生稱譽「華僑乃革命之母」，蓋源於此也。黃奕住堅決支持並領導了當地華僑的愛國運動，他不僅在爪哇親自接待中山先生，更多次資助同盟會的革命活動。1912年1月中華民國宣告成立，黃奕住等所領導的三寶壟中華總商會率先發出賀電，並於2月29日在當地舉行兩天的慶祝活動，籌得各僑團募捐二萬荷盾。同年10月，三寶壟中華總商會致電北京國民政府，要求取消所有中國與外國訂立的不平等條約。1915年3月，獲知日本向袁世凱的民國政府提出「二十一條」要求時，中華商會董事們群情激憤，致電北京民國政府要求「勿簽對吾不平等條約」，並在三寶壟發起募集活動，在三寶壟募集了十五萬盾以上，全部寄回中國，這是中華民國成立以來印尼華僑第一次籌款資助祖國的愛國行動，捐款用於購置軍火以助抗擊外國侵略。

在荷印殖民政府一再對黃奕住強徵暴斂之後，黃奕住在1919年春季毅然作出了改變命運的一個決定，攜巨資回國，以實業救國。傳主在海外歷經商海風暴，沉浮之間，懷抱的最大理想就是達則兼濟天下，首先想做的一件事，就是扶植及協力祖國工業的現代化發展。具體而言，他的「中國夢」有兩個目標，一是推動混合型經濟，以「美聯儲」的模式建立中華民族本土的金融工具系列——銀行（發鈔、儲蓄、貸款、僑批、融資、外匯買賣等）以及保險（生命保險、再保險）。在二十世紀前三十年，神州大地上的金融業——銀行及保險，幾乎大都為洋人所把持。金融是經濟發展的最重要命脈，中國要走向現代化，必須掌握國家經濟主權的金庫及財富。如果沒有獨立的經濟支持，遑論國家的發展！在黃奕住未回廈門之前，廈門的銀行幾乎全為外資控制，美資、日資、英資等竊踞，他們控制了廈門金融界。黃奕住卻大手筆投資建立新銀行，並支持其他華資的銀行擴張，欲將外國銀行逐步擠出廈門去。中南銀行是上海灘上第一家由華僑獨資建設的銀行，也是三家國家批准的發鈔銀行中

唯一的民營銀行，黃奕住聯合了金城、天津鹽業、大陸銀行，組成了北四行的「美聯儲」模式的混合經濟模式，通過大規模地貸款幫助棉紗工業、礦產開發、航運業等民族工業的發展。在被毛澤東稱許為「四大民族工業家」的盧作孚、張謇、范旭東及張之洞中，除了張之洞之外，其餘三位都是中南銀行的客戶。中南銀行的佈局以上海為中心，分別在天津、福州、香港、廈門、廣州、汕頭等沿海經濟區開設分行（目標主要是吸收海外華僑投資）；同時沿長江由東向西，涉足南京、漢口、重慶等。這與今日的長三角、珠三角經濟發展區規劃有所相似。1927年，漢口行、天津行發生虧損（漢口分行虧損一百三十餘萬元，天津分行損失二百餘萬元），大大地傷害了中南銀行的元氣。但黃奕住並未就此停止對民族工業的支持。其實，早在未建立中南銀行之前，他已與林文慶、黃仲涵在新加坡創設了華僑銀行。後來去菲律賓時，他發現華僑匯款回國養親及投資的金融業務，亦即「僑批」均由洋人銀行壟斷，遂聯合李清泉等發起成立中興銀行——這是菲國歷史上第一家華人創立的銀行——並摸索出了一套海外僑行與中南銀行合作僑批匯款的形式，這在全球來說都是首創。三十年代之前保險業務及再保險的業務本也是由西方國家一統天下，黃奕住為代表的民族金融家所開拓的這一再保險業務，打破了外資的獨霸，迅猛發展，到了二十一世紀的今天，已成我國金融保險業的一個重要的內容。

上世紀三十年代起，南京國民政府成立中央銀行之後，不僅收回了中南銀行的發鈔權，而且以統一公債作抵押強行向中南銀行借款五百萬元，這筆巨款等於他當年開辦中南銀行時的資本總額。最終卻以不斷貶值的法幣充作還款，實際上是賴賬，以致最終也不還債。以此可見國民黨政府對民族金融資本家的欺壓及掠奪之一班。雖然屢遭損失，但他堅定不移，鍥而不捨，不斷擴大與南洋華僑及國際同行的商業網絡。作為中國民族金融業的先驅，黃奕住居功厥偉，其矢志不渝的精神將永留青史。

第二個目標是在福建家鄉修築一條現代化鐵路。除了金融夢之外，鐵路夢更成他引以為憾的烏托邦而破滅。他畢生希望能建設

一條由廈門至龍岩的鐵路，可以將礦產豐富的龍岩的煤、鐵運到廈門，再出口或以海運到北上創匯。可恨由於當年的軍閥、戰亂及官僚的種種阻撓，最終夢想成空。他曾經向陳嘉庚先生感慨：「本以為（在海外）賺錢難，沒想到（回國）花錢更難。」傳主於1945年6月5日賚志以歿，此時距抗戰勝利還差兩個來月的時間，可惜他看不到中華民族的勝利之日，他臨終前曾喟歎：「天不相中國，降此鞠凶。」嘉庚先生將他的未遂遺願牢記於心，中華人民共和國建立初期，就向國家領導人進言，應為福建鋪設一條鐵路與全國鐵路連接。在國家經濟緊絀的情況下，國務院還是撥款建設了鷹潭至廈門的鐵路，傳主的遺願終得以實現。這是「雙子星」合作的另一個明證。

黃奕住雖然文化程度不高，也不會說普通話，但他的民族自尊心很強烈，他回到廈門後，積極參與廈門市的市政建設，為民生、衛生、商務盡心盡力。這裡還有一件事不能不提，就是他出任廈門市商會會長也好，鼓浪嶼工部局首席華人董事也好，總是不斷地團結全市商界領袖與外國殖民勢力鬥智鬥勇，為國民爭權利。尤其是1920年以來廈門各界發起要求收回鼓浪嶼租界的運動，經過十來年有理有節的鬥爭，終於在1930年9月13日由中英兩國政府互換照會解決，鼓浪嶼重回祖國懷抱。

我尤有感觸的一點，一般的傳記在寫主人公時憑藉的是文字資料和數據，這些冷冰冰的文字與數字在支離破碎中被剪接為一幅主人公的人生軌跡，表面上是追求準確性與學術性，卻缺乏歷史敘事中的「溫度」，即呈現豐富細節的人性。摒棄那種誇張的渲染與「我註六經」式的剛愎自用的論斷，讓人性的善惡與優缺點閃現在非虛構寫作之中，讀者在閱讀中更可以在冷峻的文字敘事中觸摸或感受到傳主作為普通人的喜怒哀樂的人性溫暖。譬如：在寫作本書時，我們注意到，1928至1936年間的兩個事件其實對傳主的心理傷害非常之大。一是1928年，傳主生前最後一次去印尼回國後，於12月初赴上海。「因上海綁風甚盛，故未敢出門」，在中南銀行樓上蟄居三十五天，「頗感痛苦」。翌年3月1日即中風。1930年5月，他的三兒子、中南銀行董事黃浴沂又被上海青幫綁票。而南京政府只是聲

色俱厲，下令上海緝兇，卻破案無期，黃奕住出資三十萬元作贖金，歹徒收了錢不僅不放人，還殺了送款人。黃浴沂被拘五十二天之久，7月17日冒死僥倖逃脫。此事於傳主中風尚未完全痊癒之期發生，且拖宕數月，對一位中風的老人心理傷害至重。另一件事，就是1936年7月7日中午，原已歸國在香港中南銀行工作的傳主第五子黃鼎銘（留美建築學工程師），應到港活動的胡筆江之請赴宴，回程中於香港大學附近的薄扶林道因車禍去世。這個傳主寄望甚殷的事業接班人死於非命，無疑是對黃奕住這位近七十歲高齡的老人的致命打擊。可惜自1929年中風之後，他再也不寫「大事記」了。我們也無從知道他晚年中的痛苦是如何的沉重。

1943年4月25日，傳主深感年高體衰，遂立下一份富有現代性、被後人稱為「第一遺囑」的遺囑。其中有一段話是他留給子孫後代的夫子自道：「余一生勤儉持身，忠厚待人，對於國家社會之事，雖不敢上擬先憂後樂之倫，亦未嘗稍忘匹夫有責之義。時人不云乎：精神遺產重於物質。所望各兒女善守吾產，尤望各兒女同心協力，善師吾行，勉為跨灶之圖，勿招損智之誚，則吾生雖有涯，而吾之精神可以不朽矣。勉之，勉之！」語氣殷殷，字字如金。他生於國家積弱之季，死於民族最危險的時刻，崛起於南洋，報國於「父母的丘墓之地」，造福於民族教育、慈善。他所遺留下的物質及文化精神遺產，當會被繼承發揚。

傳主臨終之前，呼黃欽書等眾兒子於榻前殷殷叮囑：「吾愛國愛鄉之心向不後於人，一入國即思竭涓埃之報，乃卒卒未酬所志。今老矣，不能為役矣！」

中華人民共和國成立之時，毛澤東主席為即將在天安門廣場樹立的人民英雄紀念碑親自撰書碑文，其中第三段寫道：「由此上溯到一千八百四十年，從那時起為了反對內外敵人，爭取民族獨立和人民自由生活，在兩次鬥爭中犧牲的人民英雄們永垂不朽！」「庚子國恥」距今正是121年，上溯至立碑之年的1950年，亦是71年。有多少中華民族的英雄兒女們前仆後繼地為民族獨立於世界之林而努力奮鬥，黃奕住亦是內中的一員。他的人生也是一部百年中國史的傳奇。

楔子・世業農，有隱德

01

1868 年 12 月 7 日，即同治七年（戊辰）農曆十月二十四日，一個男孩在黃家呱呱落地。黃則華渴望能留住剛出世的、可以傳宗接代的長子，給他取了個單名叫「住」，乳名阿住。

2017年9月4日上午，聯合國教科文組織總幹事伊琳娜·博科娃在鼓浪嶼著名建築黃家花園內，向廈門市頒發聯合國教科文組織世界遺產證書，宣佈自2017年7月12日起，「鼓浪嶼：歷史國際社區」被列入世界遺產名錄，成為中國第五十二項世界遺產項目。世界遺產委員會是這樣評價鼓浪嶼的：鼓浪嶼展現出獨特的建築特色和風格，以及中國、東南亞和歐洲在建築、文化價值與傳統上的交流，它們經由定居在島上的外來僑民或還鄉華僑傳播而來。這一國際社區不僅反映出定居者受到本土化不同程度的影響，同時還融合產生出一種新的混合風格，即所謂的廈門裝飾風格，它誕生於鼓浪嶼，並在東南亞沿海地區及更遠地區產生了較為深遠的影響。在這方面，鼓浪嶼國際社區成為了亞洲全球化早期階段不同價值觀的碰撞、交流、融合的集中體現。世遺大會審議文檔顯示：「鼓浪嶼見證了清王朝晚期的中國在全球化早期浪潮衝擊下步入近代化的曲折歷程，是全球化早期階段多元文化交流、碰撞與互鑒的典範，是閩南本土居民、外來多國僑民和華僑群體共同營建，具有突出文化多樣性和近代生活品質的國際社區。」廈門申遺的成功是歷史的積澱，也是諸多華僑精神的傳遞。

廈門是中國的重要僑區之一，到過廈門的人都知道有一個華僑陳嘉庚，創辦廈門大學，是「華僑旗幟，民族光輝」，卻很少人知道頒發世界遺產證書地點黃家花園的主人是誰？他叫黃奕住。一百多年前的1885年，他身揣父親賣地得來的三十六塊大洋盤纏，帶了一襲草蓆，一副理髮工具，從廈門碼頭買渡下南洋，開始了他的傳奇人生，他搏擊商海，成為巨賈。三十四年後攜資四千萬於1919年重返廈門港，定居鼓浪嶼，再創奇跡，以超前的眼光和巨大的投資，開啟了廈門城市現代化的歷程，為「鷺島」成為世界著名「花園城市」和「宜居城市」奠定了基礎。2021年7月29日，中國中央電視台CCTV4播出《人類的記憶——中國的世界遺產》專題節目，在追憶鼓浪嶼

申報「歷史國際社區」，列入世界遺產名錄過程中談到：「民國巨賈黃奕住是鼓浪嶼百年發展史上『黃金時代』的代表人物。1919年，華僑黃奕住定居鼓浪嶼，大力推動了鼓浪嶼和廈門的城市建設發展。那個時代，他聚合了很多力量建設碼頭街區、商店，以及投資市政。」

鼓浪嶼以「歷史國際社區」申遺，從一座中西結合，以歐式風格為主，被稱「中國第一別墅」的黃家花園開始，到風格殊異的建築，有使館、教堂、宮廟、街道、銀行及私人洋樓別墅，園林樓閣的展現，其中有一百六十多幢中西合璧樓房是黃奕住建造的，聯合國教科文組織選擇在黃奕住的故居頒發世界遺產證書，就是給予以本書的傳主黃奕住為代表的中國華僑對這一歷史建築社區的貢獻所作的肯定。

● 「鼓浪嶼：歷史國際社區」世遺證書，陳芳提供

（二）｜ 生於憂患，長於山村，六歲開蒙，家貧輟學

十九世紀六十年代，清代咸豐、同治年間福建省南安縣十四都樓霞圖石筍村（現為金淘鎮樓下鄉南豐村）有一個村民叫黃則華。

黃則華的曾祖父黃人草，務農，家貧。祖父黃貽褒，務農，家貧。父親黃禮上，務農，家貧。黃則華，原名賞，照舊是務農，家貧，可謂「世襲了祖業」，幾代的貧苦農民，「世業農，有隱德」。

作者孫立川於2021年2月23日去黃奕住出生地的南安縣金淘鎮南豐村進行田野調查，在金淘鎮僑聯主席楊文淵先生及斗南村長的陪同下到了黃奕住出生時的「黃氏家廟」——「樓霞（下）鳳朝堂」（閩南話「下」與「霞」諧音，上世紀五十年代改為「霞」）參觀，村長特地通知了黃奕住的鄉里親戚在此迎接。他們引領我們參觀了於1995年修葺一新的「黃氏小宗家廟」大廳右手第一間，即是黃奕住出生時的祖屋，後來家裡人口多了，據其親友所說，黃家還有附近的一間房子，但此處即是他「窩籃血跡」之地（即出生地）。據黃家後人所言，他們曾回老家去尋根，也去瞻仰過這房子。

● 黃奕住出生之屋，孫立川攝

● 黃氏家廟，有石牌「紫雲傳芳」，孫立川攝

這座家廟正面嵌有一塊石牌：「紫雲傳芳」，在閩南的鄉村及城中的住宅，常在家門前標明自家的郡望與丁號。黃氏是閩南的大宗族，但因衍派不同，黃氏宗族亦略有不同。

黃奕住在《江夏紫雲黃氏大成宗譜》中，其為第一百五十一世孫。屬於黃守恭長子黃經的「紫雲黃氏」第三十九世孫。在《紫雲黃氏南安房筍溪樓下族譜》上，他是第十九世孫。紫雲黃氏筍江始祖勝公號五十二府君，生於宋末元初，世居蘆溪隍山頭杏仁樹馬林崎。祠譜記載：「明永樂四年（1406年）黃仙農遷至十四都許岩莊（俗稱普庵莊）玳頭（今金淘南豐）。」

黃則華在務農的同時，兼作手工業，為人修理農具。他為人忠厚，樂於助人，人們稱他「賞哥」。娶妻蕭氏，名嬌娘（死後私諡「慈勤」），是一個賢惠勤勞的女子。婚後不久，1868年12月7日，即同治七年（戊辰）農曆十月二十四日，一個男孩在黃家呱呱落地。閩南地區向來重男輕女，黃家一索得男，被視為祖德庇蔭，少不得祭祖酬神，熱鬧一通。十九世紀六十年代，在南安這個偏僻的山區，農民本來就窮，生活條件很差，加上清軍與太平軍以及當地反清起義群眾連年打仗，兵禍天災相連，嬰兒死亡率極高。按照當時當地的說法，人死叫「走了」，死了小孩，說是父母留不住他。黃則華渴望能留住剛出世的、可以傳宗接代的長子，給他取了個單名叫「住」，乳名阿住。

農家的傳統，父親寄厚望於長子，盼他能早日支撐家業，扶持弟妹，光宗耀祖。阿住長到六歲時，黃則華家裡雖窮，還是送他去私塾讀書。老師按黃氏大成宗譜第一百五十一世昭穆排序輪到的「奕」字輩，給他取學名為「奕住」。

小奕住很勤奮用功，他聰慧，接受知識能力強，老師也很喜歡他，看好他能走中舉、當官之路。然而，隨著弟弟和妹妹的相繼到來，原本貧困的家更加難過。當黃奕住長到八歲時，他已有了三個弟、妹，黃則華在祖傳的幾丘田和租種的五畝公田上辛勤勞動，那時閩南的薄田，一畝只產二三擔穀子，一年的收穫物，在繳納租稅後，所剩無幾。蕭氏忙家務，照顧孩子，撫育兒女，她有織布技能，

因無力購置織布機，只好為人紡紗，時常一織到三更，掙得微薄工錢。起早摸黑，辛苦無以復加。即使如此，夫妻所獲仍無法滿足家中人最低限度的需要，平時多以蕃薯為食，過著半飢半飽的生活，只有在節日或慶典才會買塊肥肉，先保養鐵鍋後才吃肉則是常規操作。在這種生活窘況下，黃奕住夫婦在次子出生後便將其送給頂樓鄉下一個遠房親戚做兒子。接著又生了個女兒，因為實在養不起這麼多小孩，便把長女送給西頭柯一戶農家做童養媳。家徒四壁、一貧如洗的家境，沒辦法讓黃奕住繼續上學。他後來常常談到，幼時失學是一生中最大的憾事。他發家後大力捐資辦學，就是想讓後來的青年學子少一些這類憾事。

這一段小奕住因家貧失學的事，與著名僑領陳嘉庚先生的經歷頗為相似，黃奕住生於1868年，陳嘉庚生於1874年，他們分別出生在泉州府的南安金淘和泉州府的同安集美，兩家相距不過一百多公里。黃奕住六歲入讀，陳嘉庚則遲至1882年九歲時才入當地的南軒私塾讀書。陳嘉庚讀私塾多年識字甚少，到了十六歲，自言對古文和報刊還只是一知半解，只知有「天下」，而不知有世界各國，到了十七歲才輟學。他比黃奕住幸運的是他的父親早年已南渡新加坡，但陳家生意困難，負債不少。

這些童年時失學的經歷，使得他們在事業成功之後都不忘興學助教，報效國家，這是造就兩位華僑領袖的名山事業的不朽功勛。陳嘉庚毀家興學，黃奕住與他結識於南洋，也曾大力資助陳嘉庚的新加坡華僑中學、廈大的建校資金，正是這樣的私塾生活觸發了他們以教育救國的雄心壯志，且畢其一生而堅持不懈。

雖然只有短短兩年的私塾生活，黃奕住卻已能夠讀書識字，這對於他後來能成為一位巨賈也關係莫大。中國著名的語言學家、「拼音之父」周有光曾對筆者說：「為什麼要搞漢字簡化，就是因為經過調查，在共和國成立前後的全國文盲普查中，識字者只佔全國人口的5%至7%之間，尤其是農村人口中，識字者更是寥若晨星。」

試想，如果黃奕住大字不識一個，他怎敢去闖天下？如果連自己的名字都寫不來，他又何能耐去周旋於社交界、商業界與金融

界？另外，當時的閩南人都不識講國語，雖然後來學了普通話，畢竟是鄉音難改，既不能讀書讀報，焉能了解國際大事，作出重大發展計劃？凡此種種，這也使他痛感自己天生的教育不足，所以他對子女的學習與教育十分重視，更樂於助教興學，這一些可留下待下文作深入的敘述。

金淘這個小鎮是南安山區，筆者孫立川上山下鄉德化時及後來在附近的山美水庫工作過。曾無數次經過那時的金淘鎮與毗鄰的詩山鎮，都是著名僑鄉，比起永春、德化那些農村似乎富有了許多，原因是窮山僻壤之間，時見有「蕃客厝」（厝，即閩南語中的「房子」）的樓房兀立，與附近破敗的土屋黑瓦的農居形成強烈對比，睽目近五十年，重回此地，已是天翻地覆，令人感慨。聽當地幹部說，改革開放以來，海外華僑多回鄉投資、辦學，使得當地的經濟大有發展。

黃奕住也就是出生於這種華僑原鄉貧苦人家的孩子，除了務農，他難道只能死守這幾塊瘠田薄地，面朝黃土背朝天，日出而作，日沒而息嗎？

家族基因很早就孕育了奕住的少年之心，家風傳承的孝順，使得九歲的他早熟，懂得家境困難，所以大清早就要起床，拿了砍刀上山砍柴，「晨輒入山樵採，易錢供菽水」。砍柴回來後協助父親做些農活，瘦小的肩膀已經同父母一起負擔起養家的責任。他已踏上

● 黃奕住在南洋回國探親後所建的舊居

● 黃奕住舊居前的田野，孫立川攝

曾祖父、祖父、父親走過的路。但父親卻不願他沿著先人的腳印走下去。因為這是一條祖祖輩輩走過多少遍而又始終見不到出頭天的路！更何況黃奕住還有弟妹嗷嗷待哺，對於他家持只有那一小塊薄地來說，家內勞動力有餘，非另尋生計不可。

㈢ ｜ 維生日艱，窮則思變，漂洋過海拓新路

為了減輕父母的負擔，黃奕住十二歲時開始跟著伯父學理髮，這門手藝在清末農村，除了剃頭之外，還要編辮子、修容、清除耳垢、刮沙眼，也是一門手藝活，三年後出師，黃奕住成為了一個獨立作業的青年理髮匠。他每天挑著理髮擔子，沿村串鄉，上門為人服務，除本區外，有時還走幾十里山路到鄰近的安溪縣去。這種活路很辛苦，且收入微薄，但聊勝於無，可以有現錢收入貼補家用。

據黃驀先生提供資料，黃奕住八歲那年，鄰村一家姓王的農民，家境貧寒，要將女嬰王時送給黃奕住家鄰居做童養媳，哪知認錯了門，誤送到黃奕住家門口。蕭氏高興極了，將王時留下。事後，王時的父親發現送錯了人家，又來到黃奕住家中，想索回王時。他發現黃則華家雖窮，卻是一戶正派勤勞人家，黃奕住又在讀書，長相也好，應對中顯示出忠厚、聰明，便同意讓王時這個比黃奕住小八歲的女孩做他的童養媳。有了童養媳，就要多養一口人。年齡小小的黃奕住知道自己肩上挑的義務又多了一份，他不能不考慮將來的生計。王時從小就在黃家長大，孝順黃家父母。黃奕住在南洋發達之後，就返鄉正式娶她為妻，且立她為原配髮妻。

黃奕住串鄉理髮，接觸的人多，了解的情況也多。他從人們的言談中得知，東南亞各地就業和發財的機會很多，對那些無法向土地討得生活的人來說，到南洋去謀出路，成為南安當時青年的一種嚮往和必選之路。黃奕住的鄰村（上樓霞鄉）同族人黃醬，本來極窮，到南洋後發了財，回鄉時帶了不少的錢物，衣錦還鄉，為鄉人所羨慕。族人帶回了南洋的銀元，帶回了南洋的商品，也帶回了南洋的資訊，對黃奕住有直接的影響。到南洋去的念頭，在黃奕住的

心中萌生、滋變得越來越強烈。其長子黃欽書所撰《先府君行實》文中追憶，黃奕住當時曾對別人說：「彼能往，我亦能往，事在人為耳。」黃奕住在計劃著一條新的、其祖輩未曾嘗試過的、卻有不少同鄉走過的出路。

福建因地理構造狀態的特異，有「八山一水一分田」之說，境內山嶺盤踞，依山傍海，沿海土地貧瘠，人多地少，所以以海為田，注重於海外交通的發展，構成中國海洋商業文化系統之一環。閩僑移居海外，據說始於秦漢，盛於唐、五代及北宋年間，泉州「每歲造舟通異域」，最先到達的地方即是荒蕪未開墾的南洋，南洋人稱華僑為「唐人」，這些都是其時此起彼伏的移民潮的開始。東南亞華僑為什麼以閩南人為多？實際上這與泉州在宋末元初時成為世界第二大貿易港有著關聯。早在唐代初，海上市舶已是沿海鄉村農民窮則思變的一條致富之路，《舊唐書》卷177〈盧鈞傳〉記有「南海有蠻舶之利。珍貨輻輳，舊帥（即節度使）作法興利以致富，凡為南海者，靡不梱載而還」。北宋時，朝廷改變興農抑商的政策，對於與海外貿易的市舶大加扶持，宋太宗立朝十一年之後，分別在廣州、杭州、明州（寧波）、泉州設立管理海洋貿易的機構「市舶司」。北宋至南宋中期，朝廷規定全國所有進出口商船必須到廣州辦理，浙江路二州及泉州市舶司均無權受理進出口「公憑」及抽解等事宜。所以廣州市舶司一司獨大，所有出入境商船均須到廣州辦理，這也令廣州市舶司辦理事務案牘積多，耗時漫長，每船進出均受制於官員的拖延，有時需數月之久。泉州市舶司一再向朝廷申請獨立辦理有關事務。經不斷游說，朝廷最終同意泉州市舶司可與廣州分治。這使得泉州的海洋貿易迅速發展，一度抽解錢項為全國

● 泉州市舶司遺址，林良標提供

楔子‧世業農，有隱德

市舶之冠。有史料證明，南宋末年，朝廷的收入為歷史上最高，泉州亦成為全國首富之區。近現代華僑族群的出現與泉州市舶司有很大干係。

2021年7月，聯合國教科文組織第四十四屆世界遺產大會在中國福州舉行，泉州以「宋元中國的世界海洋商貿中心」為主題提出申請，表明了中國的海洋商貿文化早於宋元時期就是和平共處、平等互惠的商業文明。7月25日申遺取得成功，獲准列入世界遺產名錄，成為中國第五十六項世界遺產。泉州有一文化人告訴作者，聯合國教科文組織專家評委大會之前到泉州考察申報項目，曾登上1926年黃奕住出資獨修的開元寺東塔，俯瞰古城，風姿多彩，保護良好，為之動容。這次泉州申報的文化遺產項目，正是以開元寺東西塔為主圖展示內容，由二十二處代表性古跡遺址及其關聯環境和空間構成。泉州市舶司遺址是二十二處古跡遺址點之一，設置於宋元佑二年（1087年），海關署理對外貿易的抽解，海上貿易的管理等事務。這是一個海港城市應具備的基本要素，泉州就此躍上世界舞台，一鳴數百年。靖康之恥後，南宋偏安杭州，政治、經濟的重心由北南移，海上貿易生機勃然。泉州位於東南海嶼，偏離板蕩的中原，免於北方遊牧民族連年南侵，社會亦相對安定，泉州市舶司本來屬於「老四」，以廣州為最大。而到了南宋初，泉州卻已然超越杭、明二州，躍居第二大市舶司。乾道二年（1166年），因朝廷罷兩浙路市舶司（杭、明），泉州遂成為與廣州並駕齊驅的市舶司。

宋元時市舶司的權力很大，提舉市舶司與知州幾乎平起平坐，其行政主要以貿易及外交為職事。中國對外貿易的出入國手續 ——「公憑」的發放及驗證、抽解（徵稅）、到岸商品由官家先行付買的「博買」、貨物轉運他處的許可書及「引目」（貨物清單）等等，皆由市舶司管理。

從坐等「抽稅」到開展華洋合作，就拓展海上商業貿易而言，泉州市舶司不僅訂立了許多優惠方策以吸引外商來泉貿易，同時也出現了一種新的（國際）合作。尤其是海上貿易設立市舶司制度，訂立了詳備的《市舶法》，國際貿易日益隆盛，以宋代的銅錢為市面上

● 北宋元豐：元豐通寶，公元
1078-1085 年

● 南宋元年：建炎通寶，公元
1127-1130 年

● 南宋乾道：乾道元寶，公元
1165-1170 年

● 南宋淳熙：淳熙元寶，公元
1174-1189 年

● 南宋開禧：開禧通寶，公元
1205-1207 年

● 南宋紹定：紹定通寶，公元
1228-1233 年

● 以上錢幣照片由北京林堅提供

流通用的結算貨幣，也即今之國際貨幣（猶如美元）。宋代的銅錢
有「元寶」、「通寶」，一般每一千文作以一貫，也叫一緡。十九世紀
末至二十世紀初，在非洲出土了不少宋代銅錢，可證海上絲綢之路
的通用貨幣就是這些宋「通寶」，據《禁銅錢申省狀》所說：「每是
一貫之數，可以易番貨百貫之物，百貫之數，可以易番貨千貫之物，
以是為常也。」因使用量太大，「邊關重車而出，海舶飽載而回」。市
舶稅收成了宋朝財政收入的主要來源，另一方面也致使大量銅錢流
向海外，以致經常鬧「錢荒」，至南宋尤甚。據說朝延財政收入30%
來自田賦，商業稅收竟高達70%，其中最大的一塊就是市舶，貢獻了
全國收入的三分之一。南宋被稱為「富裕之朝代」，泉州又是宋元海
上貿易的國際大港，可以想像，伴隨「國際商務」而成長的「國際金
融」的雛型已在泉州出現。

　　南宋提舉市舶司趙汝適《諸蕃志》曾記載，當時與泉州有貿易

楔子·世業農，有隱德

關係的已有幾十個國家，包括東南亞、西亞及東非海岸，這是第一個以泉州為中心的國際性「海上貿易網」。眾所周知，阿拉伯人長於航海，來華經商的阿拉伯商人與船長（綱首）、水手視泉州為最合適做生意的東方大港。從七十年代出土的宋船（即航行於太平洋與印度洋的「福船」），發現泉州宋代的造船技術已十分先進，擁有水密隔艙、船尾舵等先進的遠洋海船的造船技術。水密隔艙的製造技藝以樟木、松木、杉木為主要材料，採用榫接、粘縫等核心技藝，使船體結構牢固，艙與艙之間互相獨立，形成密封不透水的結構形式，並在「師傅頭」（閩南地區對主持造船工匠的尊稱）指揮下，由眾多工匠密切配合完成。此項技術至今在晉江、泉港世代沿襲，且技藝體系完整、傳承譜系健全。水密隔艙技術的發明為宋元時期泉州海上絲綢之路的繁盛發揮了積極作用。此外，中國古老的羅盤與天文觀察技術的併用提高了航海的準確性和安全性。

宋朝的《諸蕃志》之後，還有元代思想家、旅行家汪大淵從泉州出發，遍歷海外諸國後編有的《島夷誌略》，記有與泉州有海商關係的220個國家的地理與風情、民俗、人情的書籍。《島夷誌略》記云：「昔泉之吳宅，發舶稍眾百有餘人至彼貿易，既畢，死者十八九，存一二而多羸弱，無力駕舟回舶。」這是他在彼處旅行時所記史實。可見華人「下南洋」的歷史已有近八百年，以上這條海路依然充滿著風高浪險、生死未卜的凶險，被後人視為畏途，乃以生命去開拓「搏命」之路。

元至元三十年（1293年），元朝廷從泉州出兵征爪哇，遇風舟損，有病卒百餘勾留欄山（格蘭島），也有散失的士兵留居爪哇。到了明朝，三保太監鄭和下南洋，傳說當時閩人隨其南移的很多，一時蔚為風氣，從明代中葉起，南安人向海外遷移的民眾逐漸增多。據泉州歷史文化中心陳泗東寫的《泉州華僑史料拾零》中引《蘇曼殊全集》卷六〈燕子龕隨筆〉說：「萬曆間華人至爪哇通商者已眾。」當時泉州已闢為商埠，與諸番互市，帆船如織，有定期之南洋班船。

話說回來，黃奕住的家鄉在福建閩南。該地農村人們的生計艱辛，除了農耕，就是學點手藝，生存競爭激烈。加上颱風、洪水頻頻

發生，土匪為患，制約著人們的經濟活動。經濟原因迫使閩胞「帶了一個水壺，一身衣服，一襲草蓆，一把扁擔」之外隻身遠渡重洋。萬里迢迢的航程，必須要勇敢堅強的人才能堅持到底。所以，到南洋去的大半是壯年漢，通常在十六歲至三十五歲之間，在鄉里老人的眼光中，把敢於到南洋去闖世界的青年看成有志氣的人。閩南華僑中以海澄、漳州、泉州、同安、南安、惠安、廈門等地為多，晉江之石獅，南安之詩山、金淘均為較大之僑鄉。

對南安貧苦青年來說，到南洋去，是一股難以抗拒的引誘力。而黃奕住對南洋的嚮往，當時也只是一個念想，到南洋的盤纏不是小數，黃則華家徒四壁，付不起路費。黃奕住的剃頭職業又屬低賤行業，在清代，直到同治、光緒年間，從事不同職業的人，在法律地位上都還是不平等的。在各種職業中，有所謂的賤業，如唱戲的、理髮的均被列入其中。剃頭匠人的法定社會地位低於一般人，其子孫不得參加科舉考試，即不得通過正途當官。黃姓本為大姓，在同一族內，又有強房弱房之分，黃奕住所屬的一房人，正是黃姓中的弱房。黃奕住的出身數代貧窮，本人從事的職業又屬賤業，所有這些加在一起，使他處於常被欺凌的地位。黃則華家貧，鄉居若丟了雞，便懷疑是他家偷的，到他家中尋找。黃則華夫婦受了這種侮辱，極為氣憤，希望兒子有朝一日能賺大錢，出人頭地，不因貧窮低賤而受人欺負。

然而，一次意外事件卻促成了黃奕住去南洋的夢想變成了現實。1884年的某一天，黃奕住為一鄉紳理髮、修面時，該鄉紳突然咳嗽，帶動頭部顫搖，黃奕住猝不及防，手中剃刀不小心微傷其額角。這本是件小事，黃奕住忙不迭賠禮道歉，鄉紳卻氣急敗壞，大發雷霆，賴說黃奕住是故意所為，要壞他「彩頭」，又是斥責，又是謾罵，不依不饒且揚言日後要找他麻煩。黃奕住知道惹他不起，又怕父母因此事受累，只好跑到外鄉去避禍。仗勢凌人的劣紳逼得善良、勤勞的黃奕住有家不能住，有藝不能操。在這件事情之前，黃奕住本還在猶豫，始終沒有下決心去南洋謀生，豪紳的恐嚇反而讓這位血性方剛的青年堅定了信念。他百般無奈之下，將去南洋拚博的

打算與父母商量，而這個想法正合父母心願，但家貧如此，竟找不出一樣值錢的東西可以變賣去充盤纏。蘇大山在《南安奕住黃先生墓誌銘》所說的「喜其能自奮」，正是其雙親的心情之寫照。再困難也要設法籌錢，於是他們決定破釜沉舟，賣了祖傳的一丘田，得價三十六塊銀元，交給奕住作盤纏。母親手置行裝，讓他帶著幾件衣服、一襲草席與一副理髮工具去廈門。身無長物，肩負著一家人的希望，倉卒隨了同鄉前輩登上去南洋的航船。

泉州先民是漢民族中最早以團體形式從事海上運輸、航海以及出洋做生意的弄潮兒，文獻中的資料證明，泉州人「過蕃」去創業的歷史應有千年以上。可以說，自古以來，一代代的閩南農民就具有了前仆後繼的闖海犯難精神。黃奕住不過是這千年來不絕的遠赴海外營生的華僑中的一員。他踏出的這第一步，不僅改變了他的人生，帶旺了他的家族，也成就了一代華人商業巨子的傳奇事業。

自明清以降，多有閩南地區貧窮農家子弟冒著沉船海難的生命危險去南洋島國開闢荒蕪山野，有人齎志以歿，有人白手興家，只有極少數的人成為東南亞華僑巨賈，而黃氏一族中歷代不乏貨殖巨賈。黃奕住就屬於那個時代奮鬥成功的典型代表。他之所以背井離鄉，或與先祖黃守恭分支五房時的《示子詩》所云「駿馬登程往異方，任從隨處立綱常。汝居外境猶吾境，身在他鄉即故鄉」的期望正相埒。冥冥之中，黃奕住也踐行了其先祖之囑託。千年已過，而黃家的子孫們走得更遠，即便是走遍海角天涯，播遷異國他鄉，他們也會永遠記掛著鄉國，感恩於養育自己的父母和一方水土。

第一章

第
二
章

買棹到南洋，
定居三寶壟

02

1885 年春，剛滿十六歲的黃奕住背著簡單的行裝，
徒步一百多公里，走到廈門，住在一個南安人辦的
岷棧裡。

一｜新（星）馬漂泊，居無定所

　　1885年春，剛滿十六歲的黃奕住背著簡單的行裝，徒步一百多公里，走到廈門，住在一個南安人辦的岷棧裡。趙德馨、馬長偉在《黃奕住傳》中寫道：「由於是同鄉人，同行的人又與岷棧老闆熟悉，經過介紹，岷棧老闆對黃奕住在家鄉受財主欺凌的處境深表同情，鼓勵他出國去謀生，不僅為他聯繫船隻，還願意依例借給他船費。」

　　廈門是閩南地區對外開放的第一個國際港口，也是閩南人走向海外的出發點。岷棧，是一種特殊的客棧，是為適應出國者服務需要而產生的。岷棧協助新出國者辦理手續，其中也以同鄉或同姓的為多。多數新出國者要靠岷棧先代墊旅費及相關費用，並為其介紹旅居地的鄉親關係。他們到旅居地有了工作和收入後，即寄還欠款；有款要匯回家時，也通過創辦該岷棧的民信局辦理；回國時，一定在該岷棧歇腳。舉個例子（見下圖）：

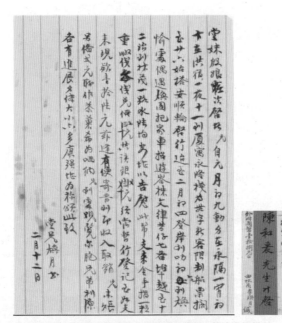

● 記載馬來亞林茂李煥月下南洋路線的僑批，黃清海提供

這封批信記載李煥月首次去南洋馬來亞的行程，詳實記載了李煥月元月初九從德化家鄉出發，經永春、南安洪瀨、廈門港口搭輪船，途經新加坡中轉，至2月12日到達目的地馬來亞林茂，歷時三十四天。批信還記載他在廈門住的客棧和前往新加坡的輪船等資訊。

下南洋之人大都是貧苦農民，因在家鄉謀生困難才選擇出洋打拚，因此，許多初出洋的人連支付路費都成問題，他們會想出多種管道籌款，如找資助、借貸、典當、向客棧賒欠，等等。李煥月便是採取典當借款出洋的。在批信中記載，為了籌集出洋經費，李煥月用重3.54錢的金手指，價值銀48.14元作典當，支現款16元。此封僑批付還16元，加上另付2元，計18元，與封外所寫匯款金額一致。

在閩南鄉下，男孩十六歲是既冠之年，要做大生日，而黃奕住卻這樣踏上「下南洋」之路。後來其子黃欽書在《先府君行實》寫道：「既冠，請於大父，述所志。大父喜其能自奮。」黃奕住跟隨一批同鄉人出海，那是他第一次見到大海，明知這是一條充滿危險的海路，且孤身投荒萬里，仍義無反顧。正所謂：身上若無千斤擔，誰願他鄉萬里行。

閩僑出國方向，以南洋為主，俗稱「下南洋」，下南洋在閩南語系也稱為「過番」，南洋人稱華僑為「唐人」。福建沿海地區，廣大民眾下南洋的地區主要包括現今新加坡、馬來西亞、印尼、菲律賓、泰國、越南、緬甸等國。在南洋諸國中，集中於荷蘭殖民地爪哇和英國殖民地新加坡等處。十九世紀初葉，快速擴張的資本主義列強在海外開拓了龐大的殖民版圖，南洋淪為西方國家的殖民地，列強對殖民地有著強烈的開發動機。而在殖民地墾荒、開礦、修築鐵路、開發種植園等需要大量的勞動力，吃苦耐勞的中國人在列強眼中便成為補充勞力缺口的良好人選。1816年荷印殖民政府成立，需要人手建設巴城（即巴達維亞，今雅加達）和發展經濟，遂派人到閩南地區招募華工和商人往巴城經商，實行較寬鬆的政策，因而移居印尼的華僑不斷增多。在十九世紀的二十至三十年代，每年都有四至五艘載有茶葉、瓷器、紡織品、日用百貨和華工的商船從泉州、廈門出

發往巴城和爪哇的萬丹、三寶壟。1824年8月新加坡淪為英國殖民地之後，英國殖民當局為了將新加坡闢為自由港，廣招勞工、接收移民參加修建港口、船塢，興建城市。新加坡通柔佛的鐵橋就是閩僑胼手胝足建立起來的。閩僑對南洋的繁榮有過不朽的貢獻。

對於中國人出海到國外謀生，清政府原來是嚴令禁止的。中英鴉片戰爭以後，由於西方列強的侵略和國內天災人禍頻仍，福建沿海地區出現持續向南洋移民的高潮。《南京條約》簽訂後，廈門成為五口通商中的港口之一，便利的航運條件使之成為全國最大的輸出勞工的「苦力貿易中心」之一。在廈門碼頭，成千上萬的華工，或逼於生計，或遭誘騙拐賣，從這裡被送往海外，從此背井離鄉，羈旅他國。他們多被藏匿在不見天日的輪船底艙，以躲避海關檢查，這種販運方式與買賣生豬類似，當時人們就將這種買賣華人勞工的方式稱為「賣豬仔」。閩僑在南洋也開拓了廣大的生存空間，華人勤快，能吃苦耐勞，到哪裡去都可以從事農、工、商、漁各業，就業和發財的機會很多，其中經營有方者，已成富翁，掌握雄厚的經濟勢力。華僑在海外經年努力的結果，就是每年龐大數目的僑匯，這無異給清朝政府的國庫增加了不少真金白銀的收入。因此，隨著出國人數的增多，清朝政府也逐步弛禁，樂觀其成，放開民眾出國謀生。

1866年，清政府在準備與英、法政府簽訂移民公約前發表聲明：中國政府對於自由移民不加阻撓，如中國人民自願向海外遷移，並自己擔任旅費者。英、法政府後來卻拒絕在公約上簽字。1868年，清政府與美國政府簽訂《中美續增條約》，其中規定：「大清國與大美國切念人民前往各國或願常住入籍，或隨時往來，總聽其自便，不得禁阻。」自此之後，中國人自願向海外遷移，成為合法。自遷移海外合法之後，閩南華僑出國謀生達到清朝以來第三次高潮，這些人幾乎都是從廈門啟程的。《福建省華僑志》有一組數字：1881年以前，福建人出國當華僑的，每年在3萬人以下，1881年後迅速增加。該年突破3萬（33,682人），1882年突破4萬（45,367人），1884年又突破5萬（51,095人），1888年竟達65,342人。黃奕住也是屬於這次出國高潮中的一個，他在1885年出國的時期，也是福建人大批出

● 菲律賓居住證明書

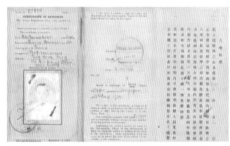

● 華僑出入境持有「大字」（護照），黃清海提供

國的年代，平均每年五六萬人。

據泉州歷史文化中心黃梅雨在《清代華僑出國的三次高潮》研究文中寫道：「僅光緒三十至三十二年（1904—1906年）經由廈門出國的華僑，就達二十五萬人以上。這些人絕大多數是泉州人，這是泉州現代華僑之多冠於全省的主要原因。」

廈門與南洋交通便利，夏季時受西南季候風影響，中國沿岸流自西南向東北，船隻自南洋出發順洋流可以到達廈門，冬季風向洋流則反之，可以從廈門到達新加坡、印尼等南洋諸國，於是廈門成為了閩南華僑出海的集散地，據統計從1841至1885年，閩南約有六十萬人從廈門下南洋。

閩人出洋，向南走的，差不多都是先到新加坡，然後再輾轉到馬來西亞各埠、東印度群島和泰國等地，形成了華僑移動的一條路線。黃奕住隨同一起出洋的鄉親，也是先走這條路線去了新加坡。當時從廈門出發，除了傳統的木帆船外，已經有了外國商人與福建華僑經營的輪船，有定期之南洋班船。乘班船票價昂貴，貧窮青年出國謀生，搭乘的都是木帆船，一艘六十噸的木船，擠滿二百個乘客，四五十天才能到達新加坡，船費較便宜，但黃奕住還是付不起。從黃奕住女兒黃萱後來收集提供給趙德馨教授的資料得悉：黃奕住去

賈棹到南洋，定居三寶壟

新加坡時搭的船，是同安縣籍的印尼三寶壟華僑黃仲涵家族經營
的木帆船。筆者從其他史料查詢到，1858年，黃仲涵的父親黃志信
在福建家鄉參加民間反帝反封建的「小刀會」起義，黃志信是廈門
小刀會首領之一黃位的侄兒，被清政府懸賞緝拿，因而逃亡海外到
印尼三寶壟做生意，開辦「建源棧」商行，經營中國與印尼間的土
產貿易，是三寶壟巨富。他擁有多艘木帆船，經營船運業務，往返
於中國、新加坡、馬來西亞和印尼，
把印尼的糖與煙葉運往廈門，然後
把中國的茶葉、絲綢和香料再運回
南洋，隨船也兼營運載廈門赴南
洋各埠的同鄉。客貨混裝，乘客不
多，船費也便宜，岷棧老闆與船主
熟悉，介紹安排黃奕住搭乘。黃奕
住第十二子黃世華回憶往事自敘文

● 閩僑下南洋海上交通路線圖，
謝佳寧、黃清海提供

章，也說父親是搭乘貨船到南洋的。黃奕住乘黃仲涵家族建源公司
的貨船到新加坡，冥冥之中，後來與黃仲涵竟有著一段「糖王」的緣
份，這是後話。

〇 | 無桑弘之志，豈大丈夫哉

離開廈門，離開祖國，飄向那人生地不熟的地方。等待著黃奕
住的，就像他看到的大海那樣的寬闊，又是那樣的多風多浪，變化
詭譎，難以捉摸。木帆船走得很慢，盡是無邊的大海，黃奕住一路
暈船，水土不服，失眠睡不著，辛苦又難受，但他還是強忍挺過來。
經歷長達四十多天的航程，終於到達新加坡，黃奕住住在一個開商
店的鄉親家中，這家商店經營樹膠、紋膠、椰子、菠蘿等土產。東南
亞華僑素有提攜幫助初來鄉親的優良傳統，對於來自祖國的同鄉提
供食宿，黃奕住自小勤勞成性，能吃苦，又機靈，未找到職業之前，
主動幫助主人做些雜務，頗得鄉親的喜歡。後來又一面幫助鄉親做
些家務事和店中雜務，一面整理剃頭工具，挑著理髮擔，到碼頭等

人多的地方，特別是窮人多、華人多的地方，為人剃頭。隨著時間推移，認識他的人越來越多，熟人們親切地稱他為「剃頭住」。「剃頭住」這個稱呼，伴隨著黃奕住初到南洋的漂泊生涯。在新加坡，因為理髮匠多，活路不多，不夠吃飽，省吃儉用，到1886年春，黃奕住一年辛勞之所得，僅僅夠償清所欠的船費。黃奕住原是在福建農村學理髮，從藝不久，技術上也不適應新加坡的要求，因文化水平低，找不到其他固定的事情做，他想到這樣下去不是辦法。這年的夏天，在鄉親的介紹下，他轉到了雪蘭莪港。

雪蘭莪（Selangor）港位於新加坡的西北方向，臨近馬來西亞最大城市吉隆坡（馬來亞聯邦獨立後，吉隆坡處於雪蘭莪州境內）。十九世紀八十年代正處於開發之中，是華僑集中地之一。據《福建省誌‧華僑誌》記載：就在黃奕住到達雪蘭莪的前一年，1885年5月28日，閩籍僑胞在吉隆坡原崇聖宮成立了雪蘭莪福建公司（1926年改名「雪蘭莪福建會館」），其宗旨是聯絡同鄉感情，增進同鄉福利，發揮互助精神，辦理慈善公益，振興文化事業。1991年6月，朱南參加福建省一個訪問小組赴馬來西亞聯誼僑情，走訪檳城、馬六甲和吉隆坡等地的福建華僑社團，在雪蘭莪拜訪了福建會館。圍繞籍貫形成的閩南人同鄉會，是福建海外華僑特有的現象，閩籍華僑有一個特點，他們無論是以什麼契機下南洋，只要在當地能夠成功立足，就會承襲傳統文化，在宗族的基礎上，幫助、帶動宗親、同鄉人一起發家奮鬥。這是閩南人到南洋異域求生圖發展的關鍵，南洋華僑「先去帶動後去」的故事屢見不鮮。這種傳統，使一地的華僑能形成勢力，或許使想到南洋去的人們敢於離鄉出海到南洋去。華僑熱愛祖國，又講團結，極重鄉情，對新去的同胞，特別是到異國他鄉去謀生的同鄉人，無論過去是否認識，均會熱情接待，甚至接到家中免費食宿，直到他謀得生計，能獨立生活為止。這是以免這些同鄉在舉目無親的異國他鄉流落街頭，客死異地。華僑們把幫助祖國去的同鄉謀求職業，團結互助，俾能立足扎根，熟悉環境，視為義務。當年黃奕住到了雪蘭莪，不僅受到個別鄉親的熱情關照，也得到這個同鄉組織的幫助。他後來對此總是念念不忘，並

多次捐款給雪蘭莪會館。

在雪蘭莪，黃奕住為種植園中的華僑理髮，以此為生。此地種植園主有歐洲人和中國人。栽培的作物有胡椒、丁香、豆蔻、檳榔、西米、甘蔗、橡膠等，在種植園充當勞工的華僑生活很苦，只是在華僑種植園主那裡，勞動與生活條件比歐洲種植園主統治下要好些。因為大部分工人與園主同一籍貫，操同一鄉土方言。這些園主雖然也靠工人的勞動發財，但畢竟是中國人，具有國家觀念和鄉土根源，又沒有種族歧視，不像西方殖民者把華人苦力視同牛馬。所以華僑勞工盡可能地到華人辦的種植園中去勞動。黃奕住奔波在這些種植園之間，為這些園主和園工理髮，收入很少，同絕大多數華僑勞動者一樣，生活頗苦。他在這裡苦幹了一年多之後，1887年，便隨同幾個熟識的鄉親越過馬六甲海峽，到了海峽西岸的蘇門答臘島的棉蘭市。

〔三〕│ **破釜沉舟，義無反顧**

棉蘭位於印尼蘇門答臘島北部東岸日里河畔，1880年闢為商埠，在此謀生的閩籍華人甚多。在棉蘭，黃奕住仍以理髮為業，所得僅足糊口，情況並不比在新加坡、雪蘭莪好。於是又於1888年南下，轉到爪哇的三寶壠市。

三寶壠（Semarang，又譯「史瑪琅」），華僑簡稱為「壠川」。三寶壠市是中爪哇的首府，地處爪哇島中心。它不僅是首都巴城（地處西爪哇）和東爪哇首府、主要商港泗水市之間的交通貿易聯絡中心，而且本身亦有良好的港口，是印尼僅次於泗水、雅加達的第三大港，成為爪哇島內外貿易、特別是中爪哇各種土特產品的主要集散地。這個城市的歷史和中國人血脈相連。三寶壠是地道的中國名字，在東南亞，用古代中國人命名的城市十分少見，三寶壠是絕無僅有的，它起源於明朝七下西洋的鄭和。「三寶太監下西洋」的故事，在僑鄉傳播了數百年。鄭和下西洋出發前，曾專程到泉州的伊斯蘭教「聖墓」去焚香祈拜，在印尼三寶壠這個地方，為許多華人華僑知

曉。鄭和曾經帶領他的艦隊和二萬七千隨從在這裡停留，對這裡的經濟文化影響至巨。三寶壟也留有兩處關於鄭和的著名建築，一處是三寶廟，是當年鄭和船隊登陸的地方，當地人為了紀念他，建了這座廟。另一處是後來興建的大覺寺，鄭和的塑像就安放在三寶壟唐人街側旁的大覺寺廣場。

在三寶壟，黃奕住踏上新路，結束四年的剃頭匠漂泊生涯，其中的艱難險阻不足為外人道。在三寶壟安居，他開始了新的人生旅程，發生許多傳奇故事。本書作者之一的朱南，曾在黃長溪身邊工作幾年，在上世紀八十年代中開始與黃奕住家族的一些後代家人多有見面聯誼，接觸到黃奕住及黃聚德堂的一些資料，特別是黃聚德堂存於香港的檔案資料，因而產生撰寫黃奕住傳記的想法，自茲開始注意收集黃奕住有關生平事蹟資料。1991年3月，應印尼僑領林紹良、林文鏡的林氏集團邀請，朱南參加一個訪問小組，赴印尼聯誼僑情，曾經到黃奕住經商的三寶壟作田野調查。

印尼是福建人移居歷史最早、人數最多的國家之一。朱南此行到印尼，曾經走訪拜會雅加達、泗水、巴厘島、日惹和三寶壟旅居印

● 印尼林紹良公司會客室聯誼留影，右邊是作者之一

尼的福建華僑社團，在三寶壟，亦對黃奕住三十年人生傳奇進行調查了解，收集有關僑情。三寶壟與福建華僑華人有著難解的情緣，是福建華僑華人在爪哇最早的定居地。朱南在現場進行了考察，因而了解到閩籍華僑對三寶壟的經濟發展起了重要作用，十七世紀四十年代中期起，就有一些來自福建泉州甘蔗產區的華僑開始經營小規模的甘蔗種植園。自十八世紀以後，閩人來此經商日漸增多，成功的不少，處處都留有印記。如今印尼的三寶壟市仍有一條街叫「黃仲涵街」，這是印尼國內以華僑姓名命名的街道之一，它提醒人們，在中國近代華僑史上，福建華僑在這裡曾有一段輝煌的歷史。黃仲涵1866年11月出生於印尼三寶壟，與陳嘉庚同籍，屬泉州府同安縣人，屬於真正的富二代。1870年後，荷印時代進入資本主義自由競爭階段，1890年，二十四歲的黃仲涵接替父親黃志信主持經營的三寶壟建源棧，改名為建源貿易公司。由於其經濟地位和影響力，荷印殖民當局於同年任命黃仲涵為「瑪腰」（Majoor，意為殖民地專門負責當地華僑事務的首領）。1893年，黃仲涵率先把經營的建源公司擴充為在同鄉中發行股票的有限公司，突破印荷公司對糖業的壟斷。1894年，他發展大面積甘蔗種植，擁有蔗園萬畝，先後創辦了巴基斯、里約阿貢等五家糖廠，不惜重金聘用外國專家和購置最新設備，採用科學製糖方法，蔗糖年產量達十萬多噸，被譽為「爪哇糖王」。在三寶壟，還有兩位閩南籍「爪哇糖王」，一位叫郭春秧，另一位就是黃奕住。

　　黃奕住小黃仲涵兩歲，和黃仲涵不一樣，黃奕住在三寶壟卻是白手起家，從小販做起，從小本生意起家。他天資聰明，富有遠見，敢於冒險。1893年荷蘭殖民政府修改政策，取消強迫種植甘蔗，放開自由貿易，給黃奕住提供機遇，他因而開始涉足蔗糖生意，經營規模不斷擴大，食糖批發轉售印尼各地，輸出至中國、香港、新加坡及歐美各國，遂發大財，迅速致富。1914年第一次世界大戰爆發，西方資本主義國家忙於戰爭，無暇東顧，黃奕住的商業嗅覺極準，運氣甚佳，在這間隙期間，他以獨特的天份、遇到的緣份、誠信的本份，加上商人的勤奮，經商有道，絕處逢生，糖業生意得到迅速發

展，成為崛起的商業名人，進入爪哇糖王之列。幾百年來，華僑下南洋的歷史，其實就是一段從謀求生存到自我實現的歷程，黃奕住從剃頭匠一路逆襲，終成巨賈，算是一個傳奇。黃奕住現象是南洋華僑史的一個縮影，他的這段印尼窮則思變傳奇將會在下面的章節依次展開敘述。

當年黃奕住到達三寶壟時，先是在一個開雜貨店的鄉親家裡住下，幫助做些店裡事。幾天之後，看到店裡並非非有他不可，他不想成為鄉親的負擔，就決定重操理髮業，自食其力。日間出門，挑著理髮擔，到華人集中的碼頭為人剃頭。顧客少時，就走街串巷，上門為華僑服務。夜間便寄宿於三寶壟倫塞翁街陳姓祠堂旁邊的濱海媽祖廟中，因人生地疏，言語不通，生意不好。遇到下雨，幾天做不成生意，就要餓肚子，就這樣半饑半飽地生活了一段時間。

在為人剃頭的過程中，黃奕住有機會與當地下層民眾及華僑進行廣泛接觸與交往，從而學習掌握了當地爪哇方言，也觀察了解了不少民情和風俗習慣。他了解到三寶壟商業發達，經營商業有較多的賺錢機會。華僑中經商者多，在商業界有實力，且富戶大都是經商起家的。他清楚，理髮這個行當，無論是在南安，在新加坡，在雪蘭莪，在棉蘭，還是在三寶壟，只能得點工錢餬口，一輩子也發不了財。他認為自己已漂泊四年，亦已粗通方言，可以做點小本買賣，於是漸有了放棄理髮業，改行做商販的想法。經過幾年的刻苦耐勞、勤儉節約的工作與生活，他積蓄了一點錢。有一天，黃奕住在為熟客老華僑魏嘉壽理髮時，談了這個想法。魏嘉壽也是從做小本買賣發家的，說這個想法很好，他對黃奕住的處境同情並願意予以協助，借五荷盾給黃奕住做資本。這使黃奕住下了改業從商的決心，為了表示改行的決心，黃奕住帶了理髮工具來到海濱，面對一望無際的海水，想想多年理髮匠的生涯，心潮澎湃，毅然把用布包裹的理髮工具全部丟到海裡。關於這件事，作者陳延俟一篇介紹黃奕住的文章中寫道：「（黃奕住）發憤賭咒，不再做剃髮工作。把剃髮刀的刃部向磨石挫壞，和其他用具一起，用破布裹過，自己持至海口，投沉在大海中。」這生動地記載了黃奕住破釜沉舟、誓不回頭的改

行決心。滔滔的大海霎時吞沒了黃奕住多年使用的謀生工具，果斷告別過去背水一戰，踏上新的人生道路。

03

黃奕住扔掉剃頭刀，挑起貨郎擔，邁出了謀生職業的新步子。這是他一生中具有轉折意義的一步。這是東南亞地區大多數華僑，特別是在印尼的華僑走過的第一步。

㈠ │ 初事負販，自力以食

黃奕住的人生道路進入新的軌跡，他用魏嘉壽借給他的五個荷盾，加上幾年來省吃儉用節約下來的一點積蓄，作為本錢，開始充當肩挑小販。由於本錢少，起初他販些日用小雜貨及食品，每天清晨肩挑各種日用小雜貨及食品，走街竄巷，沿途叫賣；或翻山越嶺，走到別的小販少去的荒山僻村落去做生意。

當時廣大鄉民及華僑勞動生產收入低下，因此，他採取了薄利多銷、以貨易貨的方式，鄉民用當地自家生產農副土特產品換其日用生活品。他同時向村民收購土特產，挑回三寶壟市內賣給市民和商人，從買賣的兩頭中賺得蠅頭小利。他從事城鄉商品交換，替顧客代購、代售等，很是便民，加上腿腳勤快，態度友善，恪守信用，人多樂與之交易。這個時期，在三寶壟地區，做這種苦力般的買賣，幾乎都是吃苦耐勞的華僑。他用賣價比人略低，收購價又略高，多賣多收，利薄收入不薄的辦法，逐步取得了不少鄉民及華僑的好感和信任，買賣有所發展。嚐到甜頭，兩個月後，黃奕住便將欠款還清，成了自有資金的肩挑小販，踏上了經商之途。

黃奕住扔掉剃頭刀，挑起貨郎擔，邁出了謀生職業的新步子。這是他一生中具有轉折意義的一步。這是東南亞地區大多數華僑，特別是在印尼的華僑致富路上走過的第一步。成敗難說，但許多南洋華人商業巨子其實最早都是從小本生意起家的。

黃奕住為人機靈，加上初識文字，因為給人剃頭，接觸了各方人仕，現在從挑理髮擔改成「貨郎擔」，挑著貨郎擔走街串巷，細心觀察市場動態，籌謀新的生計。在四處推銷生意的過程中，他看到在街邊的咖啡擔子、茶點攤上，咖啡這一地方特別飲品甚受一般平民百姓歡迎，價廉物美，製作簡單方便，生意很好。而印尼是咖啡產地，他覺得經營咖啡擔或擺流動咖啡攤位，不需店屋，也不用交店租，成本低，收益所得應可足夠自己的生活。於是他改變經營的商品，肩上挑的貨郎擔變為咖啡、糕點擔。並且上門服務，將做生意的範圍從鄉村轉移到了城市。

黃奕住挑擔賣咖啡飲食，每天起得比其他商販早，腿快口勤，又省吃儉用，錙銖累積，也就漸漸有了盈餘。有了本錢，便添置爐灶、桌椅之物，在城中美國花旗銀行樓前，租一固定地點，擺設咖啡茶檔，兼賣食品。由挑擔子到擺攤子，由移動到定點，收入也由少到多。黃奕住的生意，做得頗為順手。

黃奕住誠實勤勞、熱情待客、講究衛生、服務周到，得到了顧客的信任，光顧他攤檔的人越來越多。他一個人又要進貨，又要煮咖啡，又要給一些顧客家中送咖啡、糕餅，又要洗杯盤，生意越做越好，忙得實在一個人顧不過來，他感到需要有人幫忙。一個單身男人，自己的生活便有多方面的困難，整天忙於謀生的活計，也需要人照顧。這時，一位僑生姑娘蔡疆娘，在他的咖啡攤旁也擺有一個固定的咖啡攤。她看到黃奕住人老實又勤快，有時看到黃忙不過來，便走過隔壁攤幫手，之後更是互相關照，接觸的時間一長，彼此了解加深，日久生情。黃奕住的為人，博得蔡疆娘的喜愛。蔡姓於1753年由福建漳州蔡阪遷往爪哇，蔡疆娘有著華人血統，由於華人血統及家中保留華人生活習慣，大多數僑生願與華人成親。蔡疆娘這個熱情的南國姑娘，先是主動提出合夥經營，後來又表示願意與黃奕住結為夫妻。對蔡疆娘的美意，黃奕住的內心存在矛盾，他也喜歡蔡疆娘，可是之前在福建有一個童養媳王時在南安家中。考慮及此，他坦誠告訴蔡疆娘，中國老家中已有一個童養媳，雖未成親，但卻是奉父母之命訂下的夫妻關係，蔡疆娘表示她不計較妻妾名分。黃奕住是名孝子，遵從家鄉傳統的規矩，將此事告訴父母，慈祥的父母徵求王時的意見，心地善良的王時，雖然心情痛苦，對遠在異國他鄉發生的這種事情無可奈何，況且閩南僑鄉有「兩頭家制」的傳統習俗，也就認可了這樁婚事，但為了不傷自己的尊嚴，王時也提出了自己的條件：「那女子只能做妾。」

黃奕住於1890年與蔡疆娘成親，在三寶壟有了一個穩定的家庭，這使黃奕住後來在社交、經商、購置產業上得到了不少便利條件。因為，在印尼的三寶壟、巴達維亞與泗水，蔡家是華僑中的大族，到十九世紀八十年代，從漳州遷居印尼已有一百三十餘年，在

從「剃頭住」到新華商的轉變

當地已居住數代，已在當地扎下了根。他們享有土著居民的一切權利。例如：1800年建立的荷印殖民地政府，規定後到的華僑不得購買土地，而先於該政府規定定居的華人則可以購買。黃奕住後來能在三寶壠等地購置地產、種植園，就得益於蔡疆娘已享有當地土著居民的權利。

黃奕住與蔡疆娘成親之後，為了多賺些錢，兩個人便開始分工合作。蔡氏主持咖啡攤，黃奕住騰出手來另尋財路，經營蔬菜與雜貨。營業的地址選在新興起的佐哈爾市場。佐哈爾市場靠近三寶壠中心市場（又稱貝達馬蘭市場，Pasar Pedamaram），這裡原是一個廣場，有許多佐哈爾樹。1890年以後，三寶壠市政府將佐哈爾廣場開闢為自由市場，並在市場內建起攤棚點，修建攤棚的費用為1,800盾，每個攤位的租金為65盾。新闢的佐哈爾市場發展迅速，由於地點適宜，與另一個叫貝達馬芝的市場並駕齊驅，成為著名的貿易中心。該市場有240個攤點，絕大多數是華人經營的。黃奕住此時也用多年積蓄在該市場租了一個固定攤位，繼續經營日用食雜及土特產品，在其妻蔡疆娘的輔佐下，起早摸黑，通力合作，精心經營，生意取得較好的發展。不久，他將攤位擴展成一家正式商店。隨著生意的經營發展，黃奕住買了一輛馬車，經常親自駕駛到附近村鎮地區收購廉價土特產及推銷商品。他做生意守信用，有固定的攤位，行家肯先付貨給他，一兩個月才向他收錢，商品不斷增多，規模也越做越大，攤位已容納不了。1891年黃奕住租了房子，辦起了雜貨店。黃奕住終於有了自己的店舖，批發零售日用雜貨及土特產品。他給雜貨店取了一個吉祥的名字叫「日興」，寓日日興隆之意。「日興」招牌的掛出，標誌著黃奕住由小販變成了「坐賈」店主。結了婚，有了家，辦起了雜貨店，二十三歲的黃奕住算是成家立業了。

他很喜歡「日興」這個名字，這也寄託了他的心願。從此以後，他果然事業日興。因此，無論他後來事業規模發展到多大，也無論是在三寶壠、巴城、棉蘭、岷里拉、新加坡，還是在香港、上海，他的商業機構都用「日興號」這個名稱。

日興雜貨店賣的商品真可謂之雜，既賣咖啡，也零售咖啡粒、

●三寶壟老市場外街景，檔案資料

● 三寶壟華人住宅區，檔案資料

白糖、蔬菜及土產雜貨等。黃奕住為了能進到易銷、質優、利厚的
貨物，每日凌晨帶著自己的運貨車貝達蒂趕到貨棧等候。貨棧開門
時他往往是第一個到達的，搶先選購當市的蔬菜、土產，如馬鈴薯、
胡椒、蔥、蒜等，迅速運回店內，交由蔡輾娘趕應當日早市。在資本
增多後，他又購置一部馬車，到各地收購熟悉的貨源，如蔗糖等土
特產品。黃奕住和蔡輾娘善於觀察市情，又講求信用，生意蒸蒸日
上，積蓄日多。隨著生意的開展與資金之增多，日興店又開闢批發
業務，變為批零兼營的日興商行。黃奕住終於賺到錢蓋了自己的店
屋。日興商行的成立，標誌著黃奕住一生中一個階段的結束。度過了
早期的悲慘生活，黃奕住已不再處於窮人的行列了。

　　黃奕住在南洋，時常思念家鄉，惦記著過苦日子的父母、弟弟
和未婚妻王時，僑批未曾間斷，到做生意有所積累之後，匯回家的
錢也逐漸增多。他的父母按照當地華僑家庭的習慣，在收到兒子匯
款後，將其中的一部分留下來，供兒子將來回國成親之用。1891年，
王時十六歲時起，父母疊函催黃奕住回鄉與王時圓房，使他的家庭
後嗣有人。經過幾年的努力拚搏，他手中已有了頗豐的積累。與大
多數華僑一樣，他認為是時候可以回歸故鄉。據黃萱私人檔案記
載，1894年，在家人的催促下，黃奕住回到闊別十年的家鄉，與王時
舉行結婚儀式。

　　黃奕住雖先與蔡輾娘在爪哇成親，但王時是奉父母之命定下
的婚約，在名份上，王時到黃奕住家中生活之日，便已是他的妻子。
按照中國傳統的家庭習俗與華僑兩頭家習俗，王時屬元配，是正

宗。正如陳達教授在《南洋華僑與閩粵社會》一書寫道：華僑和僑鄉的傳統觀念是「華僑在外經營興盛之後，必回國完婚，以誇耀於鄉里。普通華僑雖在南洋娶有土人婦，但一般人不以正式婚姻看待。」

據黃騫先生提供的家族史資料，黃奕住這次回南安，在家鄉住了三個月，除完婚以外，黃奕住此時雄心勃勃，還想在生意上大幹一番，為此他要在家鄉找人做幫手。在南安完婚期間，黃奕住用了很多時間來物色幫手。從日興商行成立與蔡纆娘生了女兒以後，黃奕住就開始僱人幫忙做生意。後來，生意甚多，僱的人也不斷增加。在黃奕住看來，僱的人不一定是貼心人。在華僑商人傳統的觀念中，還是家鄉人可靠，其中族人與親戚更可靠。所以經營班子多是以家人、族人和親戚為主要紐帶構成的。其中的核心是「父子兵」。在閩南僑鄉與海外華僑中，還有一種特殊的習俗：若無親生兒子，或事業大而親生兒子少，或事業發展快而親生兒子幼小，則以領養義子的辦法來彌補。1894年到1895年間，黃奕住在回家鄉物色幫手時採取了兩個辦法。一是準備買養子，以備將來使用；二是尋求歲數與他同代的鄉下農民，當時即就可隨他到印尼去。這次他帶了三個人：葉源坪、黃則盤與黃奕宿。他們三人與黃奕住一起到達三寶壟，成為日興商行的主要夥計，後來一直是黃奕住的得力助手和代理人，日後也因此變為富有者。

〈二〉｜ 「日興」肇立，以「糖」而興

黃奕住在南安家鄉住了幾個月，又重回海外。這次再度出洋，他帶著幫手，準備大幹一番，此時，他果真遇上了開拓生意的好機會，走進了糖業領域。

種甘蔗製糖據說最早來源自古印度。著名學者季羨林先生從1981至1998年，花了十幾年時間撰寫《糖史》一書，對糖的產生及流傳史作了詳盡的考證。他指出：一千多年前印度最早製造出砂糖（San ka Ra），曾傳到埃及。唐貞觀二十一年，唐太宗派人去印度

● 明朝《天工開物》「黃泥水淋法」製白糖圖說

學習甘蔗的種植及製糖技術，此後傳入中國。經過數百年的傳承，中國的製糖技術日益精進，到了明末，中國人發明了「黃泥水淋法」（參見明朝《天工開物》記載），使糖的顏色接近純白，乃當時世界上最好的白砂糖。

白砂糖的製法傳為中國人發明，中國把製糖術提高了，將赤砂糖化為「白糖」，又反輸入印度這個糖的發源地，印地語稱白糖為Cini（意思為「中國的」）。季先生還認為，正是由於白砂糖的出現，糖業擴展到全球的飲食文化鏈上，流行於世，貢獻良多。其中，中國糖商的營銷使之成為一大產業，實在功不可沒。

按照季先生的說法，白砂糖是明末才發明的。然而，在《馬可‧波羅遊記》中曾提到，泉州的永春是當時最大的甘蔗種植基地和最大的白砂糖產地，據說是兩位阿拉人將巴比倫使用「木灰淨糖脫色」技術教給永春人，使原來只能生產紅色蔗糖的永春人把這種製白糖法發揚光大。馬可‧波羅是元朝來華的，如果此說確實，那白糖製造技術是阿拉伯人帶到泉州的。而相比之下季羨林先生說的明末才發明的「黃泥水淋法」遲了將近三百年，這說明白糖製法並非中國人發明的。

然而，據黃奕住墓誌銘撰寫人蘇大山在民國時代所著筆記《溫陵碎事》中的〈閩中之產白糖〉一文所云：「閩中之糖，南安所產為最，晉江次之，以其地宜蔗也。」（筆者按：此句也在墓誌銘中出現，

指印尼其地。）他引劉繼莊《廣陽雜記》：「嘉靖以前世無白糖，閩人所熬皆黑糖也。嘉靖中有一糖局偶值屋壞，墮泥於漏斗中，久之發現糖之在上者色白如霜雪。異之，遂取泥壓糖上，百試不爽，白糖自此始見於世。徵諸吾郡父老，其記亦同。」另外，據泉州民間口傳，明末宰相、泉州浮橋人李九我發明白糖製造法，遂發大財，被人稱為「糖王」。

上述數條，《馬可·波羅遊記》所說的發明時代最早，是元代，但「木灰淨糖脫色」法並非製作白砂糖的方法，而應以《天工開物》圖說「黃泥水淋法」為準。後者與蘇大山所記的「黃泥壓紅糖上，漸變為白砂糖」基本相近。蘇說時代早一百年左右，且永春、南安相毗鄰，當地人稱這一帶甘蔗種植面積相當大，糖作坊非常之多。

黃奕住自小就熟知這個情況，但做夢也沒有想到，他後來的巨大商業王國竟然以「糖」為起點。中爪哇三寶壟地區有不少華商聚集，十七世紀四十年代就有一些來自泉州永春等甘蔗產區的華僑經營甘蔗種植。比黃奕住更早從商成功的黃仲涵等，都是睥睨世界糖業的。糖一直是早期東南亞華僑的主要商業貨品，歷代都有稱雄世界糖業的華人糖王，一直到當代的閩僑郭鶴年等，都是糖商產業的翹楚。二十世紀六十年代，郭鶴年以「亞洲糖王」取代了黃仲涵家族的「爪哇糖王」，因而聞名於世。

說來真是奇妙，多年後的上世紀八十年代初，印尼的糖業又一次與黃氏後人產生關係。事緣福建改革開放伊始，東南亞一些國家嚴格限制華僑回中國投資，旅居印尼的福建福清籍華僑愛國愛鄉心切，他們籌集一筆資金，在家鄉福清投資一家糖廠，以福清華僑中間兩字，取名「清華糖廠」。時任福建省華僑投資公司董事長，也就是曾經的印尼糖王黃奕住的孫子黃長溪，兼任清華糖廠的董事長，清華糖廠為當時福清縣的經濟發展起了積極作用。

印尼經濟在1890年以後進入發展時期，其特點是流通領域經濟增長快，對外經濟貿易特別是出口貿易發展快。在十九世紀末至二十世紀初，荷印政府取消了甘蔗強迫種植制，中爪哇地區的甘蔗種植、製糖業及食糖貿易進一步發展，三寶壟對外對內的

商業發展迅速。附近的莫佐（Modjo）、塞達尤（Sedajoe）、扎巴拉（Tjapala）、卡里翁姑（Kali Woengoe）、澤比靈（Tjepiring）和格穆（Gemod）等地所產的蔗糖都運往三寶壟銷售，在這個時期，三寶壟成為印尼蔗糖的主要集散地之一。而後有一部分開始輸出至歐美各國，中爪哇地區成了世界主要製糖及售糖業的中心之一。在這印尼經濟轉型的時期，黃奕住的貿易經營方向也發生了轉型。1890年以前，印尼經濟以國內居民購買力和國內商業增長快為特徵，黃奕住經營業務的對家是以印尼國內居民，尤其是三寶壟當地居民為先的，並由此積累起他的最初資本。1890年以後，荷蘭殖民政府為了發展當地經濟，政策上作了修訂，放開自由貿易，印尼經濟進入對外貿易特別是出口貿易快速增長的時期，黃奕住將自己的經營重心轉向了對外貿易，而且是其中增長速度更快的蔗糖出口貿易。

　　黃奕住以敏銳的洞察力意識到經營糖業的發展前景，當時國際市場對糖的需求量增多，食糖突然之間變成荷印殖民地的主要出口產品。據資料記載：在鼎盛時期，印尼年出口食糖達二百萬噸。黃奕住正是看中這一波紅利，開始經營蔗糖，並將觸角伸向南洋各地，經營規模不斷擴大。因此，1895年後他即以經營糖業為主。從1895年至1914年第一次世界大戰爆發時，爪哇糖維持在每一百公斤價值十盾到二十盾，比較平穩。黃奕住以較低廉的價格向各中小榨糖者收購糖後，批發轉售至爪哇及各地，並組織輸出至新加坡及歐美各國，獲得可觀的利潤。黃奕住這次經營重心或經營方向的轉變，適應了印尼經濟變化的趨勢。他抓住了經濟變化中發展最快、最有利的行業與商品，因而其財富能與時俱進。黃奕住每每能在關鍵時刻瞄準方向，果斷地轉向或作出決策，這是他能迅速致富的原因，也是他聰明過人之處和經營經驗之所在。

　　隨著資本的增多，黃奕住將業務擴展到三寶壟以外的地區，經營糖的批發和出口貿易。在1895年以後的十多年內，黃奕住已將他的生意範圍擴大到了荷屬東印度的境外。

　　在三寶壟註冊成立的黃奕住公司（日興）專營進口糖、咖啡及爪哇各式土產；出口米、豆、麵粉及其他東南亞土產。其在香港的分行

「勝興行」，後來對黃奕住事業發揮很大作用。隨著三寶壟對外對內商業的迅速發展，日興公司經營規模不斷擴大，使日興商行組織形式難以適應。黃奕住為進一步擴大他的業務，於1908年將日興商行改組為日興股份有限公司，註冊資本四十萬盾。經營白糖、咖啡、米豆為主的進出口貿易。它雖名為股份有限公司，但股份的絕大部分握在他手

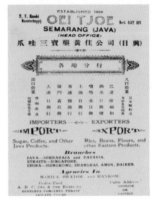

● 三寶壟日興公司貿易廣告，檔案資料

中，其餘部分主要列在兒子、女婿名下，少量列在幾個幫手名下，公司由他一個人的私人企業變成了在他主持下的一個家族企業。不過，日興股份有限公司成立後，在黃奕住家中，在日興公司職員中，在有業務往來的熟人中，大家仍習慣稱該公司為「日興行」或「壟日興」。

日興股份有限公司的成立，在兩個方面意味著黃奕住在商業上又進入了一個新階段。日興股份公司的成立，代表著黃奕住已站在印尼商業的最高層次上了。就在日興股份公司成立的這一年，三寶壟至井里汶（Cirebon）鐵路通車，這兩個地方與北加浪岸（Pekalongan）之間交通方便，為日興股份有限公司帶來不少的生意。

三 | 首位入選1914年版《世界商業名人錄》的 中國富商

黃奕住在搏擊商海的時間雖然不多，卻善於吸收成敗的經驗和教訓，這使他在由小富到中富、大富的遞進中幾乎不曾損手，進階跳躍勝於一般同行。日興股份有限公司的成立，也是黃奕住雄心勃勃想大幹一場的表現。據黃萱提供的資料，黃奕住與王時完婚後，因為需要人手，便與父母、王時商量收養義子之事。他離開南安後，由其父親主持，著手準備工作。1903年，黃奕住又回到南安，經過當面考察，一舉收養三個兒子，命名欽書（1893年生）、鵬飛

（1896年生）和浴沂（1899年生）。他們成了黃奕住的長子、次子和三子。在公司成立的前一年，即1907年，黃奕住把十四歲的長子從家鄉接到三寶壟，放在身邊學做生意，隨後又送回國內暨南學堂學習。黃欽書通過實踐和學習，懂得了經商之道，粗通中英文，成為黃奕住貼心的幫手。蔡疆娘生的兩個女兒杏、章長大成人，相繼與許春隆、曾源順結婚。黃奕住與他的兒子、兩個女婿以及1895年從家鄉帶出來的黃則盤、葉源坪等人，組成一個經營班子。這個班子既是黃奕住在經濟方面經營與發展的組織基礎，也是黃奕住財團的核心。這個班子中的任何人，都要服從黃奕住的指揮。他是這個班子的總司令。他派這些人到各地的分行任職，獨當一面，而他則坐鎮公司，指揮四方。這樣，就形成了一個由他指揮的商務系統。

除了這個以血緣關係和地緣關係組成的親信核心外，隨著業務的擴大和與各地聯繫的頻繁，黃奕住聘請了賬房先生，中、英文簿記（中、英文秘書），通過他們及各分行，收集荷印及東南亞其他各地的商情。他在紐約、倫敦、古巴僱傭特約通訊員，每天專電報告甘蔗生產、食糖製造及運銷動態。他訂了定期報道世界糖市行情的專業刊物，由公司的英文秘書翻譯。到了這個時候，黃奕住已能迅速地得到荷屬東印度各地與世界各地糖市的資訊，作為一個精明的商人，他根據這些資訊，指揮公司的業務活動。他高瞻遠矚、運籌自如、指揮若定，故常操勝券、日進千金，兒子、女婿及幫手都深為之折服。此後，隨著糖業經營的發展，他先後在印尼的巴城、泗水、棉蘭、巴領旁（Palemban）、北加浪岸等地設立了分行，這是黃奕住在商業上取得第一次重大發展的時期。

1910年，家鄉傳來惡耗，父親黃則華仙逝。黃奕住趕回南安老家奔喪，在金淘地名為「西頭柯」（今金淘鎮亭川村）的山上為父親修了很有氣派的墳墓。1966年墳墓被毀，平整為園地，1983年政府落實華僑政策歸還墓地，黃奕住孫子黃長溪派堂弟黃長庚及次子黃騫先生為代表，到南安金淘與當地生產隊簽訂協議書，付一次性的墓地價及青苗補償費人民幣860元，收回原墓地，以黃聚德堂名義重新修建祖墳，由當年閩南書法家羅丹書寫墓碑。

● 買地修墳的協議書，黃聚德堂檔案資料

● 1983 年重修後的黃則華墓近影，楊文淵提供

那次黃奕住回南安奔喪，在老家小住時，對建成不久的新宅猶感狹小不滿意。原來黃奕住在1894年奉父母之命回南安家鄉與王時結婚，於光緒三十三年（1907年）又回過一趟南安，把十四歲的黃欽書接到印尼。那次回家，他在金淘鎮中心村尾厝自然村買了一塊地，幾千平方米，興建一座三進五開間連雙護厝住宅。宅第毗鄰金淘主街，坐西北朝東南，硬山頂，穿斗式木結構，燕尾脊，以一棟皇宮體古大厝為核心，左右連續雙護厝，後護厝之後興建一護厝樓，為傳統的閩南民居建築。建築材料用的是優質的磚、石、木料。紅磚壁上嵌有輝綠岩鏤空花窗。北側為磨房、畜房、廚房、儲藏間和炮樓，後進與左護厝築建二層樓閣。一般的閩南華僑發達之後，都有在「窩籃血跡（出生之地）」蓋一座大樓，以志不忘鄉里，報孝父母之心。金淘僑鄉民風向來有鮮明的特點與傳統，那就是「故土造屋」，指的是華僑在海外事業有成之後，回出生地建造或者修繕祖屋以示不忘本及飲水思源之意。黃奕住也不例外。「錦城雖云好，不如早還鄉」，葉落歸根，倦遊思歸，祖國才是他的最後歸宿，必須在家鄉預留後退之路。且房屋是不動產，人們可望又不可得，就是盜賊也拿不走，是很安穩的一種財產。

黃奕住這次回家鄉，對之前建造的房屋甚不滿意，故決定在住宅的南側加建一座兩層高洋樓，於 1912年興建，因該樓以八卦原理修建而得名，皇宮體大厝與西洋式「八卦樓」相倚，房屋連廊相通，各自獨立，卻又連為一體。花崗岩砌築立面牆裙，上砌紅磚，「出磚入石」是閩南建築的特色，鑲輝綠岩，水車堵繪花鳥人物彩畫和磚

● 黃家八卦樓牆上公社化留下的時代標語

● 黃家八卦樓外景，嚴文堪攝

雕。房屋門面用木料裝飾，木雕廳堂神龕。宅、樓前鋪石埕，外砌圍牆。圍牆內築有水井，植有果樹，栽有花卉，成為一座花園式小莊園。建築構件的精美程度，設計的巧妙之處，即使經過百年時光的侵蝕，仍難隱魅力。近期筆者去做田野調查所見，即便黃家大厝歷經百年之後已有頹倒之虞，但至今仍是金淘最大的民國時代建築群。當地人也有稱之為「蕃仔樓」，這是南安鄉村第一棟現代化的住宅建築。八卦樓其實是閩南傳統民居和南洋風格的蕃仔樓緊密結合的樓群，且是典型南洋樓房的特色，蕃仔樓與舊大厝水乳交融，渾然一體，有意思的是，大厝的窗戶是條石狹窗，與蕃仔樓的百葉窗似乎「舉案齊眉」，度過風風雨雨一個世紀。國內「公社化」時代，黃家大厝被徵用為南安縣金淘人民公社辦公處，上世紀八十年代政府落實僑房政策才歸還黃家。

● 1945 年南安縣政府補發的黃奕住建住宅的土地使用證，黃聚德堂檔案資料

● 黃奕住金淘舊宅全景，黃華忠攝，南安市呂秀清提供

從「剃頭住」到新華商的轉變

日興股份公司成立以後，因年年贏利，擁貨日多。隨著其事業的發展，原有的店面已不敷應用，黃奕住在三寶壠市繁華商業街的中間華人區，買了一座較大的店屋，改建為兩層、五個店面的商業樓房（後來成為三寶壠國際銀行行址）。為了擴大業務範圍，同年黃奕住到新加坡籌建日興公司的分行。此分行的設立，是黃奕住具備了跨國經濟力量的第一個標誌。新加坡分行開業，四十二歲的黃奕住精力充沛，事業上一帆風順，躊躇滿志。據《廈門文史資料（選輯）》第八輯有關資料記載，其實至1913年，他的資產已達三百萬盾至五百萬盾之間，躋身於爪哇四大糖王之列，其他的三大糖王也是華人，他們是黃仲涵、郭春秧和張永福。黃奕住因業務活動與外國人交往日漸增多，往來商務函件，宜用中文時，署名「黃住」；宜用英文時，署名「Oei Tjoe」或「Oei Ik Tjoe」。在1914年出版的歐洲人編的《世界商業名人錄》中，列有OEI Tjoe，即黃奕住。在世界級的商業名人錄中，首次有中國人入選，這件事當時轟動了印荷華人社會。

1914年春夏間，當地政府籌備在蘭度薩利（Randoesari）舉行慶祝荷蘭獨立二百周年的博覽會。這是荷印殖民地有史以來規模最大的一次博覽會。1914年8月13日開幕，11月底結束，為期三個多月。為籌備這一盛會，荷印總督伊登伯爾格（Gouverneur General Indonburg）出面動員富有的華商捐款。在共列名二十一個（公司或個人）捐款名單中，黃奕住並列第五位。已經大大超過借五盾給他做小本買賣的魏嘉壽了。

在中國封閉山村環境中土生土長的貧窮農民阿住，經過二十多年的艱苦奮鬥，變成了一個腰纏數百萬，眼觀國際市場動態，經營著跨國企業，並揚名世界，頗有幾分「洋氣」的糖業資本家Oei Tjoe。

既為僑領，
當為僑胞爭權益

04

黃奕住的社會地位與聲望隨著財富的增加而提高，進入二十世紀，在三寶壟市，他既是一位成功的華僑企業家，也是一位積極參加華僑社團活動、熱心文教公益福利事業及祖國僑鄉各方面建設的社會活動家和愛國者。

黃奕住在童年時，因家貧失學，識字不多。出國後，文化程度低，受過一些人的白眼，在經濟上吃過不少虧。

早在1904年，黃奕住的經營事業有些初步發展時，就積極參加了居留地的多種華僑社團活動，興教助學，傳承中華文化。黃奕住的社會地位與聲望隨著財富的增加而提高，進入二十世紀，在三寶壟市，他既是一位成功的華僑企業家，也是一位積極參加華僑社團活動、熱心文教公益福利事業及祖國僑鄉各方面建設的社會活動家和愛國者。他出力最多的是組織三寶壟中華會館、中華商會、華僑子弟教育事業，儼然已成該地的華僑領袖之一。

華僑下南洋，已逾千年歷史，華人僑居異國，不論貧富窮達，皆十分注意華文教育。然而在印尼，早期荷屬印尼政府實行壓迫華人的政策，完全無視華人兒童的教育，荷印政府所辦學校，只准在華僑中委任的「瑪腰」、「甲必丹」、「蘭珍納」的子女入學，把其他華僑子女一律排斥在校門之外。

印尼最早的華僑教育是1591年在巴城的華人公館（荷印政府委任甲必丹等處理華僑事務的機構）倡議下建立的義學，開設於華僑辦的醫院兼養濟院內，經費由公館承擔。義學完全採用舊式私塾的教育方式，教學內容是四書五經，教學方法是以背誦為主，教學語言是閩南方言。由於經常請不到掌教（教師），義學時辦時停。

1690年6月，巴城甲必丹郭訓觀又開辦義學，嗣後巴城明誠書院、南江書院相繼創立，均為以閩南方言教學的私塾。到了1900年，印尼華僑在巴城組織成立了第一個中華會館，主要活動是聯絡鄉親，敘鄉情，聚集華人力量，交流經商經驗教訓，討論商規，商議策略，互相幫助，教育子女。中華會館在教育方面的宗旨是改良華人習俗，提倡現代的華文教育。據李學民、黃昆章著《印尼華僑史》資料所載，中華會館成立後，第一件事是著力於辦學，1901年3月17日，印尼華僑社會第一間新式學校，也就是「中華學堂」呱呱墜地。這樣，中華會館既是華僑聯誼團體，又是主辦華僑學校的文化機構。1901年9月，中華學堂

● 十九世紀初印尼中華學堂，檔案資料

又另成立另一間英文中學，名為耶魯學院，由去美國留學的李登輝（後任復旦大學校長）任校長，但四年後又併入中華學校。中華學堂的建立意義深遠，隨後爪哇各地華僑也都陸續辦起華文學校，兩年後的1903年底，爪哇中華學校已增至十三家，以後發展更快，1908年達四十四間，到1911年，全東印度便有七十四間華校。

印尼的中華會館，成為了華僑團體團結、幫助鄉親的文化中心，助教興學成為他們愛國主義表現的首選之道。在僑民中開展華文教育，是培養華僑及其子弟，保存中華文化和民族特性最直接和最有效的手段。

黃奕住那時候起就積極參與其事，1904年1月17日，黃奕住與三寶壟的其他華僑領袖出面組織三寶壟中華會館，黃奕住是創辦者及董事之一。三寶壟中華會館成立之後，仿效巴城中華學校的做法，在「義學」的基礎上建立附屬學校，取名三寶壟中華學校。校址在騰阿巷（Gang Tengah）的一座小房屋。上課用中國國語，允許女子入學。商務印書館第一批教科書出版後，該校即予採用。學校的主要問題是經費。這個問題由黃奕住負責解決。由於經費問題解決得較好，學校規模迅速擴大。開始時只有八十名學生，很快就增至數百名，有一個時期近一千人。經費的來源是向當地僑商募捐。黃奕住負責此事，總是捐款較多，起了帶動作用。1906年7月15日，爪哇各地中華會館負責人雲集三寶壟開會，決定成立「荷印中華總會」，作為所有僑團和僑校的中心組織。總會會務每年分別由巴城、三寶壟及泗水三市中華會館輪流主辦。1907年，三寶壟中華會館主持了第一期會務，並決定將中華總會易名為「爪哇學務總會」，專管華僑學校教育事宜。1911年至1915年，三寶壟中華會館主持了第二期會務。黃奕住擔任了「爪哇學務總會」的領導人，是董事之一，並負責財政工作。當時籌備學校教育經費是最重要且非常棘手的工作之一，黃奕住在任期間花了不少心血，且經常慷慨解囊，出資協辦。

在黃奕住、黃仲涵等三寶壠僑商的努力下，1916年3月15日，三寶壠中華會館主辦了第一所華人子弟中學，招收中華會館小學的畢業生，讓他們有機會繼續升學。這所中學取名華英中學，寓培養中華英才之意。用中文教學，也教英文，子弟們畢業後，或能適應現代商業的需要，或能升大學深造。當時在印尼，荷印政府學校畢業生可進入當地高等學校，再赴荷蘭高校深造，華僑子弟在華文學校畢業後，如要接受高等教育，則需到中國。這所三寶壠的華英中學與香港大學有聯繫，從華英中學畢業的學生可以直升香港大學。此外，華英中學又與國內專為華僑開辦的國立暨南學堂掛上關係，安排畢業生回暨南學堂求學深造。華英中學的建立，為廣大華僑子弟升入中學深造創造了良好的條件。黃仲涵擔任該校董事會擔保人，黃奕住出任董事兼任財政委員，直到回國為止負責這所學校的經費。由於黃奕住及其他董事的共同努力，此校經費較充裕，師資及設備較好，建校以後培養了不少人才，始終是全印尼著名的華僑中學之一。由於華僑中學教育事業的發展，三寶壠地區華僑的社會地位得以提升，進入了一個新的階段。

黃奕住熱心華僑公益事業，不僅負責三寶壠華英中學的經費，還為印尼其他地區的華文學校捐款，解決辦學經費，他在《自訂回國大事記》中寫道：「余在壠、泗、巴等埠，有捐助各學校巨款。」三寶壠、泗水和巴達維亞，是印尼華僑的主要集居地。「壠、泗、巴等埠」，「各學校」實即印尼華僑所居地的華僑學校。在印尼，黃奕住給華僑學校捐助的面很廣。

黃奕住在印尼熱心華僑教育事業，為人稱讚，聲名遠播印尼之外。1918年6月，陳嘉庚向各同鄉會館及僑領募捐二十五萬元，創辦新加坡、馬來西亞的第一所新式華文中學——新加坡南洋華僑中學。陳嘉庚《南僑回憶錄》寫道，他向遠在印尼的黃奕住募捐，黃奕住即解囊捐款五萬元，佔當時募捐成功總額的五分之一。同時，黃奕住又捐助新加坡愛同學校15,000元。1919年初，黃炎培到印尼募捐籌辦暨南學校，黃奕住認捐了五萬元。

因黃奕住在印尼、新加坡等地為華僑子弟受教育，特別是對華

文教育出錢出力，成效顯著，事跡聞達於國內。1919年春，中華民國大總統黎元洪向黃奕住題贈「敬教勸學」匾額一方，以資褒獎。

㈡ ｜ 熱心公益，積極參加社會活動

1907年3月7日，為了促進三寶壠地區僑商的團結與合作，維護華僑的正當利益，黃奕住和三寶壠市著名僑商周炳喜、馬厥猷、甘欽福等三十餘人共同發起創辦了「三寶壠中華商會」。這是印尼華僑僅後於巴城、泗水及巴厘陵三市而成立的第四個中華商會。該會的宗旨是：「增進華僑商業知識，保持本島華僑利益，發展本島華僑商業，促進祖國對爪哇島的貿易。」從1907年成立第一屆董事會起至1913年的第七屆董事會，黃奕住都被選為董事。1917年至1920年的幾屆董事會，他又被選為該會副會長。為促進該會會務，他確實做了不少工作。

黃奕住在參與該會領導層工作期間，積極參加會務，活動範圍廣泛，不僅關心華僑商務活動，為祖國的一些事業或活動募捐，也向中國政府反映華僑的要求，請中國駐巴城總領事館與荷印殖民政府交涉，以維護華僑的利益。該會經常接待來自中國的貴賓，兼做中國領事館的某些工作，諸如發給華僑回國護照等。該會不僅管理華僑教育事業，而且還辦理華僑的婚、喪事。學務總會還準備建立助學基金，發給貧苦但聰明的僑胞學生，使他們能夠繼續入學接受教育，並且革除那些被外人認為不合時宜的中國風俗習慣。為祖國及當地僑社做了很多事情。

1907年，在三寶壠的福建南安和惠安華僑為了祭祀祖先，在桑博克（Sompok）建立一座廟（「回得廟」）。黃奕住積極參與，是主要捐人。1910年，由於荷印殖民政府將當地華人養老院及貧民院解散，華僑商人聞訊，極為憤慨，中華商會召集各社團聯席會議，決定成立「慈善堂」，以救濟年老無靠之貧僑。黃奕住被推舉負責該堂的財務，籌措及管理該堂的一切經費開支。1914年，荷印殖民政府在三寶壠舉辦了一個「博覽會」。黃奕住和其他董事認為這是一

個宣傳介紹祖國的好機會，共同出資建立一個具有中華民族風格的陳列展覽室。黃奕住在各種組織中的活動以及其他社會活動，加強了華僑之間的團結，密切了華僑與祖國的聯繫，促進民族意識的覺醒，使他們更加關心祖國。

黃奕住的社會活動，有力地促進當地華僑，與祖國的親情聯絡，便更多僑胞關心祖國人民的生活、建設與發展。以他在三寶壟中華商會中的活動而言，黃奕住分工管財務，包括募捐活動在內。《三寶壟中華商會三十年紀念冊（1907—1937年）》記載：從1907年至他回國為止的十多年間，本書傳主積極參加和推動該會的活動，向會員發動過十多次對祖國廣東、廣西、福建、河南、河北、湖南及山東等地的水、旱、地震等災害進行募捐的救濟活動。拯救同胞，義不容辭，他向來宅心仁厚，也作了不少的捐獻。1917年，中國駐巴城總領事寫信給三寶壟中華總商會，請求捐款救濟中國水災，經過三寶壟中華總商會的努力，共募得13,000荷盾。三寶壟中華總商會的這些活動，黃奕住或負責籌辦，或參與議決，起到了積極作用。

黃奕住還十五次負責幫助推銷中國政府的公債和私營企業的股票。例如，1909年，三寶壟、巴城和泗水的中華商會本著增強祖國海軍力量的願望，開展了「捐助中國海軍」的活動。同年，清政府派了王廣圻參贊到三寶壟募集航業銀行股資，促進祖國航運業之發展，黃奕住認捐了五百股。1910年12月，廈門信用銀行代表許綸華到該地招股，以推動廈門的經濟發展，黃奕住認股五千元。1912年3月29日，福建都督孫道仁派葉國瑞到三寶壟徵募閩省軍務債票，黃奕住和其他商會董事都認為此事關係到家鄉的改建及救國活動，與當地中華商會會長周炳喜、董事馬厥猷等人都慷慨認捐，黃奕住認購五千元。1915年，中國駐巴城總領事來到三寶壟，向華僑推銷中國政府的公債，黃奕住也是積極配合。此外，1916年，福建省政府曾致函三寶壟中華商會，希望獲得當地甘蔗良種及其種植方法。黃奕住是多年經營蔗糖業的著名糖商，熟悉情況，因此和諸董事一道，寫了詳細介紹文字寄回省政府，推廣種植，促進福建家鄉經濟作物的發展。由於祖國政局等種種原因，黃奕住上述種種活動雖未必

全收到良好的效果，但是，他的一片愛國愛鄉之誠是值得肯定和讚揚的。

㊂ | 支持孫中山，關注祖國的新生

中國近代民主革命的先行者孫中山，在清末領導推翻清朝統治活動，被清廷通緝流亡海外，據朱傑勤《東南亞華僑史》記載，從1906年到1911年，孫中山八次到東南亞一帶活動。1907年春，在胡漢民、汪精衛等人支持下，他在南洋另外成立了同盟會總部。

印尼同盟會成立前後，三寶壟同盟會負責人李載霖領導的三寶壟同盟會支部以樂群書報社名義公開活動。該社就設在三寶壟中華學校裡。1908年，另一個福建華僑黃乃裳（閩清人，舉人，1906年加入同盟會）應三寶壟中華學校之邀，擔任該校學監。黃奕住管該校的經費，與李載霖、黃乃裳過從甚密，黃乃裳之女黃端瓊嫁給新加坡華僑林文慶，黃奕住與林文慶又是好朋友。東南亞地區同盟會的負責人之一、宣傳家陳楚楠（廈門人），也是在新加坡加入同盟會，後任東南亞英、荷兩屬同盟會會長。他與黃奕住同為閩南人，同是華僑商人。黃受他的影響頗大。陳為孫中山發動的武裝起義籌款，常請黃奕住捐助。

1894年孫中山首創興中會於檀香山，1906年春，孫中山到爪哇，黃奕住參與接待並與孫中山見面，還為同盟會活動提供資助，包括起義經費等。在李盛平主編的《中國近現代人名大辭典》有此記錄：「黃奕住在爪哇接待孫中山先生，並多次資助同盟會的革命活動。」孫中山領導革命事業，多次聚眾起義，需要大量經費，幾乎沒有一次不是靠華僑幫助的。他在《中山先生全集》裡說：「慷慨助餉，多為華僑。」他把華僑置於「革命之母」的地位上，是有根據的。作為中國革命之母的華僑具有優良的革命傳統，如1911年4月27日黃興領導的黃花崗起義，七十二烈士中的福建志士大半是僑居南洋的，他們愛祖國比國內人來得更深切，他們的財力也確比國內人強。1911年三寶壟另一糖商僑領黃仲涵，以「軒轅後人」的名義

發動捐款，支持孫中山辛亥革命，黃奕住積極響應，黃仲涵捐了五萬荷盾，黃奕住捐了三萬荷盾。那年辛亥革命成功，推翻了清王朝，建立了民國。1912年1月中華民國成立時，三寶壟中華總商會發出籌備慶祝的告示，向各僑團募款（共募得二萬荷盾以上），從2月29日起，領導各社團華僑進行了三天的群眾性的盛大慶祝活動。黃奕住擔任慶祝活動籌委會委員並負責財務工作。在這三天的慶祝活動中，三寶壟華僑熱烈的愛國之情空前高漲。黃奕住也為推翻了腐敗的滿清封建王朝而歡欣鼓舞，愛國熱情進一步增強。

1912年10月，三寶壟中華商會董事會經商議後，致電北京民國政府，要求撤銷所有中國與外國訂立的不平等條約。1913年，商會委派會長回國參加北京會議，選舉出席新的國民大會的華僑代表，黃奕住積極參加了這一活動。在這前後，包括黃奕住在內的中華商會全體董事，「鑒於前清政府之舉借外債，致損國權，不願再作外債之舉借，因發起國民捐」，以幫助民國成立後的國家各方面的建設。黃奕住和全體董事分別到各地向僑胞勸募，集得巨款，匯回祖國。1915年5月13日，中華商會董事們獲悉5月9日日本向袁世凱的北京民國政府提出二十一條要求，甚為氣憤，致電呼籲北京民國政府「勿簽對我不平等條約」。印尼華僑為了表示統一意志，發動募集愛國基金（FondsTjinta Negri）的活動，即愛國館（Ay Kok Koan，閩南語）活動。在三寶壟募集了十五萬盾以上。這是中華民國成立以來印尼華僑第一次籌款資助中國的捐獻活動。全部捐款寄回中國，用於購置軍火。

言忠信，行篤敬，
蠻貊之邦創傳奇

05

1914 年 7 月 28 日，第一次世界大戰爆發。從這天開始至 1919 年 4 月黃奕住回國，是他一生中遇到的風險最大的時期，也是大顯身手、財富膨脹最快時期。

一 | 異軍突起，業界刮目相待

1914年7月28日，第一次世界大戰爆發。從這天開始至1919年4月黃奕住回國，是他一生中遇到的風險最大的時期，也是大顯身手、財富膨脹最快時期。

第一次世界大戰爆發後，儘管爪哇離戰區較遠，受影響不是很大，但由於戰爭及交通等因素，不少糖商擔心歐戰會影響輸出，所以猶豫觀望。黃奕住以過人的膽識，利用槓桿撬動資金，乘勢繼續收購了大量的蔗糖。1913年和1914年糖價每百公斤售價為11.66盾和12.1盾；但1915年至1917年，由於戰爭減少了航運的供應，歐洲各地糖價大漲，陸續漲至16.33盾、18.22盾和18.34盾。因此，短短幾年間，黃奕住的「日興行」又獲得相當豐厚的利潤。

在第一次世界大戰前期，即1914年夏至1917年夏，戰場主要局限在歐洲。對包括荷屬印尼在內的亞洲來說，不僅無戰亂，地區安謐，一切如常，而且由於歐洲國家忙於相互間的廝殺，大批人力、物力、財力用於戰爭，其工農業受破壞，交通阻梗，可以運到亞洲來的商品大幅度減少，給亞洲國家工商業的發展騰出了市場的空隙。又由於歐洲國家對軍需品需求的增加，還為亞洲國家工農業產品擴大了國外市場。亞洲各國獲得了歷史上未曾有過的發展機會。在這個「黃金時期」內，中國、印度、日本等國家的工商業都以歷史上未曾有過的速度增長。一些善於利用這個機會工商業者，發了大財。處在流通領域中的商業資本對於市場變動的資訊最為敏感，資本調動機動靈活，在市場變化時首先得利，印尼的情況也是這樣。在印尼，首先是工農業產品的價格上漲，給生產者與經營者帶來巨大利益，牽動經濟的增長。

據暨南大學華僑研究所林天佑所撰《三寶壟歷史》一書資料：1914年，三寶壟的貨船屬於兩個船運公司。它們擁有214艘船，總載重量約7,600延（koian）。貨運力量不夠。更嚴重的是，1915年2月，德國宣佈擁有潛艇，從那以後，英國及其他國家的商船經常被德國潛艇「送」到海底去。由於從歐洲運來的商品減少，所有來自歐洲的進口貨物價格日益高漲，帶動了其他商品價格的上漲。有存貨的商

店都不願意急急忙忙將存貨出售。在這種情況下，1916年初，荷屬印尼地區的所有外國進口商品的價格直線上升。印尼本地出產的商品，包括日常用品，也跟著漲價。

利用物價猛漲、商業繁榮、投機興起之時，在歐戰者之間保持中立的荷蘭千方百計想在其殖民地印尼身上開闢財源。統治印尼的荷蘭殖民政府為了增加稅收，特地規定：凡購買期貨票單（貨單），對貨方（賣主）只須先付貨款的25%，餘額在貨物交割後結算，或一次，或分期交付；買方得貨單後，經律師事務所登記、證明，即可用其副本向安達等銀行抵押，得貨單面額10%的貸款。商人們往往把成交後立即可以得到的銀行抵押款作為購貨時的貨款。即只需有15%的資本就可以做期貨買賣的生意。這是鼓勵商人多做買賣，實際上是鼓勵投機，以加速商品流轉，擴大營業額，進而政府也就在多個環節上增加了稅收。在商業繁榮，經濟處於擴張期間，上述辦法對荷蘭殖民政府、銀行家、商人都有利，一旦條件變化，對於那些為貪大財而冒險的投機商人來說，它既可以是一夜暴富的良機，也可以是一個致人頃刻破產的陷阱。

從第一次世界大戰爆發開始，印尼的糖商擔心歐戰影響糖的輸出，不敢大批買進，糖的輸出量事實上也是減少了。在這種情況下，大多數糖商在購買期貨時很謹慎，或不購，或少買，或只經營短期的。黃奕住分析形勢和自己的條件，當時認為：他經營的主要是蔗糖和糧食，它們都是人民生活必需品，即使是參戰國也需要，糖的出口量雖然在減少，但糖的價格卻未下降。因此，從長遠來看，它們不會沒有市場；他的資本此時並非一般中小糖商可比，其他大的糖商，如黃仲涵等人，其資本有很大部分是在蔗田與糖廠等生產領域，而黃奕住的資本集中在商業領域，比較靈活，好調撥；經多年努力，他已建立起了國際糖市資訊網，資訊靈通。他在把握市場瞬息萬變的關鍵時刻準確，決斷精到，敢於收放。黃奕住憑著他這種勝人一籌的見識、過人的膽略和營商條件，充分利用荷印殖民政府實施鼓勵多買政策的時機，採取了與眾不同的舉措，逆流而進，大宗買入現貨與期貨，特別是遠期期貨。

市場發展證明黃奕住的判斷和做法是正確的：糖的出口量雖在

減少，但糖價不但沒有下降，反而在逐步上升。糖價的變動對他的行為極為有利。據邱守愚《二十世紀之南洋》書中資料記載：1913年，每擔（100公斤）糖價為11.66盾，1914年為12.10盾，1915年為16.13盾，1916年為18.22盾。糖價持續上漲，使買遠期期貨者得大利。在期貨期間，糖價上升越多，黃奕住就獲利越多。他的財富與糖價上升幅度成正比例地增加著。據估計，到1916年底，他的資本比1913年增加了三倍左右，即達到1,000萬盾至1,500萬盾。在第一次世界大戰這個特別時期，在荷印政府實行鼓勵投機政策的特殊環境中，黃奕住因為採取與眾不同的經商手段，一躍而成為千萬盾富翁。

㈡ ｜ 視誠信如性命，力挽狂瀾於既倒

1917年初，印尼糖業生意的環境突然發生劇烈的變化。歐洲戰爭已進行了三年，進入決定勝負的緊張階段，各交戰國損失慘重，需要把可以動員的一切人力、物力、財力投入戰場，英、荷等國政府將許多貨船徵召回國使用，霎時間，印尼與歐洲國家的海上交通幾乎停頓，爪哇各地蔗糖及其他土特產一度無法輸運出國，滯留在貨棧，不能流動，糖商手中之貨，只進難出。當地官、私營倉庫及棧房糖包堆積如山，有的就在火車站旁邊搭臨時棚子來囤糖，又因大貨倉失火蔓延而遭焚燒，糖價一度狂跌，從每擔十五盾跌至每擔十一盾，致使各糖業商會、經紀糖商惶急緊張和困惑，不少華商因遭到嚴重損失而破產。

據黃家後人的回憶（黃騫提供），在蔗糖開始跌價之前一天，黃奕住剛買進二十萬包古巴糖，按每包跌價四盾計算，則僅此一筆交易就損失八十萬盾以上。加上大宗存糖與近期期貨，沒有人承頂。近期應付糖款卻迫在眉睫。他心急如焚，坐臥不安，在室內踱步不已，百思不得解困的辦法。對此情況，他不敢對人言，也害怕別人，特別是銀行老闆識破。在人前，他裝成無事一般，照樣做著生意，也存在著靠運氣的僥倖心理。可是商場險惡，是不可能靠僥倖渡過難關的。商業場上的人，隨時都在算計著、窺測著對方。銀行對往來客戶資產變動的情況監視得極為嚴密。在物價陡跌，時有破產

之戶的情況下，銀行家和商人一樣惶惶不安，天天在估計各客戶的實際資產。誰也難以瞞過他們精明的眼睛。

據黃驀提供的資料：1917年7月的一天，黃奕住開了一張十萬盾的現金支票交付賣主，賣主持票到黃仲涵開設的銀行去取錢，銀行拒付。賣主告知黃奕住。黃奕住馬上去銀行，問為何拒付。黃篤奕、張鎮世、葉更新在《黃奕住先生生平事跡》之文謂：「銀行經理說，『住兄，你我是老朋友、老主顧，你若沒有現款，儘可向我說明，難道你我之間不會通融嗎？何必開張空頭支票，使我為難。』黃一邊收回支票，一邊大發雷霆，說：『我黃某在貴行的存款，至少還有五十多萬盾，為什麼這十萬盾現金支票來了卻拒付，撕破我的面子，損壞我的信譽，貴行該如何賠償？』銀行經理卻心平氣和地說：『住兄，你不用急，冷靜地聽我說。你在本行的現款，是有五十多萬盾，可是當前的食糖行情，你比我清楚，你向敝行抵押的貨票已經貶值了。細算起來，對抵之後，你欠本行的，至少在三百五十萬盾以上，所以十萬盾現金實在無法支付，請你原諒。』黃奕住一聽，才想起他向銀行作價抵押時，每包糖價二三十盾以上。而現在每包僅值七八盾，看來行情還會下跌，他知已面臨立即破產的危險，心中一急，頓時暈倒在地。銀行職員趕緊請來醫生搶救，待他甦醒後，送他回家。」黃奕住信用動搖的訊息傳出後，一時間債主盈門，紛紛索債。

對處在此種境地的黃奕住，有朋友勸他避債，或建議他出走新加坡，或回「唐山」（祖國）。這樣，對在荷印的商務和債務可以暫時不管，將來情況好轉，再回三寶壟來；如情況惡化到不可收拾的地步，也就不了了之，別人對他奈何不了，而他在新加坡和「唐山」還有不少產業，他仍不失為一個富翁，還能過好生活。黃奕住對這兩條建議，思之良久，最後決定都不採納，而走另一條積極之路。他說，做生意靠信譽，做人也靠信譽。他決定千方百計，竭盡全力來清償債務，保留信譽。寧願破產，決不逃債。何況他做生意雖有冒險之舉，但總的來說，算得穩重，早已留有受挫時彌補虧損的餘地。主要困難在於近期糖款。他手中還有大量存糖和房地產等可用以籌款，應付這場危機。只要能交付近期糖款，就可以化解這場危機。於

是他果斷地決定將手中的存糖低價拋出，將在印尼、新加坡的房地產及馬來西亞橡膠園股票，向黃仲涵所辦銀行做增加抵押品，維持原借款額，得其許可，獲得解決部分資金的周轉困難。黃奕住在三寶壠活動已近三十年，人們知道他無論在小事或大事中都講信用。「信譽好」這筆無形資產此時起了特別重要的作用。一些信賴他的華僑也伸出援助之手。於是近期糖款與債務得以順利交清。在這種商情下，黃奕住仍能按期付款的消息在市面上傳出，他的信用立即回升，信譽提高了，經此一役，更受人尊敬。

黃奕住雖然渡過了近期付款的一關，但因整個糖市低落，問題尚未徹底解決。三寶壠華僑大戶中經營糖業者甚多，因為要應付這個危局，包括黃仲涵的建源公司在內的華人糖商，此時都損失慘重。1917年6月12日，黃仲涵、黃奕住及其他十多個糖商在一起，商議如何共渡難關。經過十三次會議商討，提出各種辦法克服困難，結果商定組織一個糖業股份公司，資本1,500萬盾，除與會者入股外，還公開招股，同時向荷蘭商業銀行借款以資維持，但因該銀行提出苛刻的條件而未果，黃奕住則積極籌資，但借貸無門。

然而，黃奕住的運氣很好，天無絕人之路，就在這時，日本正金銀行同意給黃奕住貸款，透支一百萬盾。據香港科技大學和文凱副教授所著《通向現代財政國家的路徑》一書介紹，1880年2月28日，日本大藏省從政府儲備內撥出三百萬日元作為資本，成立橫濱正金銀行，最初正金銀行只能向日本國內企業發放貸款。1884年7月，大藏卿松方正義允許正金銀行貸款給參與日本對外貿易的外國商人。正金銀行那時在三寶壠開設分行，進行市場調查，得悉黃奕住與日本商人有過食糖貿易，符合貸款條件。正金銀行以此了解黃奕住營商手法，經營記錄和個人誠信情況，為招攬業務，給了黃奕住一百萬盾貸款。印尼的荷蘭殖民地銀行以及三寶壠其他商業銀行，看到正金銀行敢借錢給黃奕住，為了資金出路及盈利，又想和正金銀行爭奪主顧，相繼放寬貸款期限，都同意借款給黃奕住。黃奕住因平時講求信譽，得到各個方面的支援，遂緩解資金鏈危機，轉危為安，渡過了此次難關。黃奕住此次能逃出難關，也有賴於黃仲涵等人及銀

行的幫助。此後，黃奕住與正金銀行建立業務往來，正金銀行在香港、上海均設有分行，黃奕住回國後，在廈門辦黃日興銀莊，在上海辦中南銀行，經營的日本、印尼僑匯業務都是與正金銀行合作，雙方建立了匯兌業務關係。正金銀行1945年改名為「東京銀行」。

據黃騫先生提供的資料，黃奕住在支付了近期糖款之後，就在7月底，又向銀行貸款數百萬盾，以每擔四盾多的價格，買進四十五萬擔糖現貨及大宗期貨。

8月，一次偶然的機會促使他又買進一批蔗糖現貨。該月，三寶壟火車站邊堆放蔗糖的大貨倉失火，保險公司擔心貨倉中及車站旁臨時貨棚裡殘存的糖因救火時遭到水淋而溶化，便緊急招標拍賣。黃奕住帶著長子黃欽書參與投標，標價先是每包三盾，無人承標。降至兩盾半，仍無人承標。黃奕住到火場視察。那時黃欽書年輕好動，喜登高，一見糖堆如山，便攀登而上，將近頂端時，不小心跌落在下層糖包上。當他重新攀爬向上時，無意中摸索到糖包，發覺中下層糖仍保存原狀，著火的只是糖堆的周邊，估計大部分的糖包仍是好的。他趕緊將這個情況悄悄告訴父親。黃奕住認為這是一個意外的收穫，是一次賺錢的好機會，即使借款買下，也是划算的。便與保險公司接洽，經過討價還價之後，以每包兩盾成交。這批糖，不僅進價極低，更重要的是承標時成交的包數，遠低於實際的數字。他把這批糖重新包裝，稱重加足，核算平均每包價格才一盾半。

黃奕住渡過糖價大跌，付款難關僅兩個月時間，由於戰事平靜，海上交通運輸情況又逐漸好轉，糖的出口量漸漸恢復，糖價忽然回升，價格反較年初跌開始價時還高，這是黃奕住等人所沒有想到的。8月，糖價突然回升，且回升的幅度很大，至9月，糖價漲至9.25盾，10月又升至14盾。11月和12月上升得更高。以致1917年糖價平均為18.34盾，超過1916年的18.22盾。糖價如此飆升，黃奕住手中兩批糖其中一部分，賺了四五百萬盾，他在渡過兩個月難關之後，竟又賺了一大筆可觀的利潤。付清近期糖款之後，手中還有一批現貨及握有大量遠期糖。

這兩個多月中，黃奕住在風險中搏擊情況，是他發家史中最值得重筆濃墨的篇章。歷史學家林天佑在《三寶壟歷史》一書中談

言忠信，行篤敬，蠻貊之邦創傳奇

到1917年三寶壠糖業市場時有這樣記載：「運貨到外國的輪船由於被徵用於戰爭而減少了，因而糖商業遇到了困難，糖的定價從每擔（每一百公斤）十八盾跌至十五盾，再跌至十一盾。糖價的波動非常大，致使各糖業商會、經紀商、一般商人同銀行代表開會，商議如何挽救糖業貿易的危機。只兩個月內，就有很多華人糖廠倒閉了。但一兩個月之後，海上交通運輸情況又逐漸好轉，於是糖價又從下跌轉為上漲，而且上漲幅度驚人，致使有些已經絕望的糖商卻遇到特別好的景況。在短時間內，糖價上漲至十六盾，並且還繼續上漲，糖業貿易又熱鬧起來了；糖業投機商、經紀商和糖廠都獲得豐厚的利潤。這是糖商的黃金時代。」黃奕住就屬於這段引文所說的「已經絕望……卻遇到特別好的景況」的糖商之一。

㊂ ｜ 沉舟側畔千帆過，病樹前頭萬木春

　　黃奕住看到糖市行情在上漲，除了手中的錢，又向銀行借了二百萬盾，大宗買進期貨。他想賺更多的錢。不料，就在這時，第一次世界大戰進入白熱化階段，印尼與歐洲之間的船運交通幾乎都停止了，糖的行情在進入1918年後又突然轉向疲軟，價格暴跌，至6月，每擔跌至5.25盾，7月跌至4.75盾 。幾大糖商手中均有數十萬包存貨無法出手，徒呼奈何！黃奕住手中那批三寶壠火車站邊大貨倉失火全部買下的數萬包「倖存糖」及新買的現貨糖，一部分是向銀行借的錢，負利沉重。到了1918年10月，黃奕住手中可供周轉的資金已不多，銀行的信用透支看來不能如期歸還，當然也難再借。對於世界大戰何時能結束？海上航運何時能恢復？近期糖價是漲是跌？他心中毫無把握。這次因借的款比上一年多，買進的糖也比上一年多，黃奕住的糖突然間無路可銷，一夕之間又瀕臨破產的邊緣。

　　某日，黃奕住有事由三寶壠到香港，恰巧遇見一位相熟的荷蘭朋友，交談之中談到糖生意的行情，這位荷蘭人告訴黃奕住，在三寶壠每磅糖只賣三分幾荷盾，如能運到香港，要值三塊多銀元一斤，有上百倍的利錢，如此厚利的生意，還不趕快想辦法做。黃說我也知

道，但問題是沒有辦法租到貨船。那個時期，香港人食用的糖，除了土產的來自華南外，差不多全是爪哇運來，稱為「爪哇糖」。過了幾天，那位荷蘭人找到黃，告訴他已找到一艘可裝貨九百多噸的舊船，可以租用，黃說破船能走嗎，荷蘭人說可以走，利錢大，可冒險走，船可以不必先付租費，只要買燃料及支付船員的伙食費就行，他們遂與船東商量，將這艘船租了下來，解決船員的生活費用，船東也喜出望外，辦妥手續後船開到碼頭，裝滿糖運到香港，由日興行在香港的「勝興行」負責銷售。勝興行是黃奕住在香港註冊設立的日興分行，商品委託代理行，原址在西環文咸西街42號（即現時的新成大廈）。那船糖被香港糖商搶購一空，都是現金交易，黃奕住大獲其利。船又開回三寶壟再裝糖，如此走了三回，那艘破船居然沒有出現毛病，一路順風，如有天助，實在神奇。那邊船主看自己的破船裝糖走了三趟香港，一路並無危險，就不肯再出租了。扣除買糖成本，付船租及給荷蘭友人的分成，黃奕住賺了一千多萬荷盾，他用這筆錢歸還銀行貸款，這一轉折，緩解了資金困難。正如《南安奕住黃先生墓誌銘》所寫：「但憑七尺涉波濤。」他又一次踏浪而行，安然渡過危機。這筆進賬，是黃奕住商業中極大的成功，使他轉危為安。

然而，一波剛平一波又起，荷蘭殖民政府由於在第一次世界大戰中遭到不少損失，因此，戰後加緊了對其殖民地印尼人民和廣大華僑的盤剝壓榨。早在大戰結束前夕的1917年9月26日，荷印殖民政府即制訂了所謂《戰時所得稅條例》，其中規定凡是從1914年起獲利三千盾以上者，必須繳納30%的「戰稅」。這使商人叫苦連天，因為他們在大戰時期所賺的錢大多已派了用場，所以不少華人的商號都因補交不了稅而破產。同樣，荷印殖民政府也下令要黃奕住的「日興行」補交各項「戰稅」1,500萬盾。事實上，黃奕住的「日興行」和其他華僑糖商在過去五年間都已照章納了稅。荷印殖民政府的行動是明目張膽地對僑商進行搶劫掠奪。對於黃奕住來說，追加補交所得稅是一筆很大的金額。荷印政府於1918年間反覆催他交納。他再次陷入困境之中，便與許春隆、葉源坪商量應付之策。三人認定，事已至此，不得已，黃奕住只好以到新加坡去視察分行業務為由，暫時迴避一下。

1918年11月11日，黃奕住滿懷愁緒登上前往新加坡的客輪，在海上旅途中，他卻再次時來運轉，柳暗花明──他從船上收音機裡聽到德國投降並與協約國簽訂和議的消息。時刻密切關注世界局勢變化的黃奕住，知道世界大戰結束了，他的好運要來了。歐洲需要糖，航運也會很快恢復，糖價必然回升，這種時機，一天也不能耽誤，他當機立斷，船到新加坡後立即買票返回三寶壟。黃奕住又一次絕處逢生。

（四）│ **歷三十年商海風波，旋蹶旋興，終成一代巨賈**

1918年，第一次世界大戰結束，歐洲地區由於戰爭破壞，食品及砂糖奇缺，居民久困於缺糖之苦，糖價極貴。當戰爭結束的消息一宣佈，西歐航運恢復，糖價開始回升，糖商們電告在東南亞代理人或派人前往印尼，在三寶壟糖市上，爭相提價收購糖，行情日漲，從11月中旬起，糖價漲勢迅猛，且持續了一個較長的時期。在糖衝價格如此變動的情況下，黃奕住之前以每包兩盾承標下來的那數萬包失火糖，又給他送來一筆巨額財富，他讓夥計們重新包裝，稱重加足，價格漲了十幾倍，且很快銷完。經此一役，「日興行」庫存的蔗糖暢銷一空，黃奕住還利用此大好時機，憑著自己的財力和信譽，大批買進，大批銷出，賤買貴賣，日入數萬盾，有時甚至多達數十萬盾。在糖價跳躍式上升的日子裡，黃奕住獲得空前的暴利，其資產激增至數千萬盾。從1918年11月中旬到1919年3月底的這四個多月裡，黃奕住握有的資產為3,750萬盾左右。 與此同時，他與黃仲涵等人攜手左右三寶壟糖價，並影響新加坡和香港的糖市，稱雄於亞洲的糖業。

對這個時期的黃奕住來說，信譽在風險中建立，財富在風險中膨脹。正如他去世後蘇大山為他撰寫的《南安奕住黃先生墓誌銘》中所描繪的：「金豆撫拾充囊橐。」

當時在日興公司任出納的黃奕住的第三兒子黃浴沂曾親歷其事，在九十一歲時寫的《先父黃奕住傳略》中記有：「至1917年，世界大戰，遇德國潛水艇出現打斷海路，將世界交通斷絕，而糖不能運出，價格大跌，至每擔四盾。糖市全然停止。氏之公司亦被拖至將近

破產。幸得尚有能力將本地所存大批舊糖買進，約近四十五萬擔，價每擔四盾。氏即運出爪哇，陸續賣清。此筆之舊糖獲利不少。氏即大批買入糖期貨，價在七八盾之間。後來陸續升至十二三盾。在1918年期間，世界第一次大戰結束後，世人乏有糧食等大變化，物價亦大升起。1919年，由十幾盾升至最高七十五六盾。可謂千載一遇之機會也。氏在該年中獲利1,800萬盾⋯⋯在糖業界稱為三大之一也。」

其間黃奕住（日興行）、黃仲涵（建源公司）、郭錦茂（錦茂棧）和張盛隆（昌隆棧）成為爪哇最著名的四大糖商。與此同時，三寶壟華僑糖商為了相互協作，黃奕住的日興行和建源公司、錦茂棧、昌隆棧、瑞遠棧、信豐號、合昌號、聯成號、隆美號及瑞慶號等十家糖商組織了「華商糖局」，共同促進華商糖業的對外貿易和發展，打破荷蘭資本的壟斷。據1920年2月4日三寶壟中華商會會議記錄記載，「華商糖局」綜計獲利共有三十萬盾左右，除捐助各埠中華會館經費及各項辦事費、律師費等之支出外，尚存實銀十九萬盾，公決該款作為華商糖局永久基金。

在1917年和1918年糖市價格陡跌猛漲的大風大浪中，黃奕住有兩次幾乎翻船。他之所以能安全地渡過迎面打來的波濤，既有偶然的機遇，也有深層的原因：他已擁有巨額貲財，又以守信用聞名於市，最難能可貴的是他善於抓住千載難逢的商機。《南安奕住黃先生墓誌銘》寫道：「專營糖業，歷三十年，雖間有折閱，而旋蹶旋興，蓋信義夙孚，為裔氓引重，故終能志遂而業成也。」黃奕住從兩次商海沉浮中懂得了金融業在現代商業中能左右市場。於是，他的資本主要投向，除進出口業務外，又擴展到金融業。

黃奕住1918年在三寶壟投資保險公司，1919年，在新加坡倡設華僑銀行，在菲律賓組織中興銀行，在馬來西亞的檳城和中國的廈門設立黃日興分行，贖回在新加坡、馬來西亞的橡膠園，在新加坡購置貨棧。黃奕住經營的業務，逐步形成跨商業、銀行業、保險業、房地產業、種植業等多個行業。其商業業務也漸向中國、印尼、馬來西亞、新加坡、菲律賓等多個國家和地區拓展。在行業上，蔗糖出口業仍是其重點。在地域上，印尼的三寶壟是其大本營所在地。

06

1919 年春季，黃奕住面臨三十四年來最重要的一次抉擇：是當一個荷蘭籍或日本籍的華人，在國外賺大錢，還是堅持中國籍，並攜資回國，參加祖國的建設。

㈠ | 不堪外侮，心繫家國

黃奕住搏擊風險，把握時機，成為印尼糖王，復為國際商界名人，既握有巨資，又是僑商中的領袖之一，聲名鵲起。他因此備受社會各界青睞，不僅當地華僑、華人尊重他，中國政府及駐三寶壟的領事亦器重他，就連當地的荷蘭人企業主也很敬重他。例如，日興商行經營的業務僅白糖一項，或收進，或輸出，動輒萬包、數十萬包，靠船運送。於是日興行成為荷蘭渣華輪船公司的大客戶。黃奕住及其家人，乃至日興商行的職員，乘坐該公司的船，不僅免費，還給予貴賓級的照顧。當地的海關對日興商行的糖一律放行，免予檢查。在糖業進出口貿易過程中，生意保險額做大了，當地三寶壟「因知西雷保險公司」也邀他投資入股。

當然，樹大招風也會惹來不少麻煩，麻煩主要來自荷印殖民政府。對於在荷印的華僑商人，荷印殖民政府既要依靠他們的資金和開拓市場的能力來發展經濟；又對他們的財富眼紅、妒嫉，對他們影響力日增感到害怕，想加以限制。因此，戰後荷印殖民政府又重提下令華商必須補交1914年至1918年五年間的戰時所得稅，以及其他因戰爭影響而停徵的稅收。荷印殖民政府此舉是妄圖一箭雙雕，達到掠奪華商合法財產及排斥以至扼殺華僑工商業的目的。追繳稅率之高，令人瞠目。荷印政府通知另一糖王黃仲涵的「建源公司」要徵3,500萬盾的「戰稅」。黃仲涵被迫避居新加坡，最後客死其地。吳金棗在《愛國華僑企業家黃奕住》書中記載：根據這種規定，黃奕住要補交的各項稅款共達1,500餘萬盾，約佔他當時（1918年）全部資產3,750萬盾的42%。對於在戰時五年中已遵章完納稅款的黃奕住等華僑商人來說，荷印政府的這種節外生枝，無端脅迫，是明目張膽搶劫華僑工商企業家的財產。其用意在於打擊、排擠華僑的經濟勢力，迫使倔強的黃奕住等華僑巨賈就範，以增強荷蘭在印尼的統治基礎。荷印政府向他下達了補稅通知書，儘管黃奕住之前都已按章納稅，荷蘭殖民政府的仍然無端苛索，對此，他理所當然不服，遂委託日興公司的律師出面提出訴訟。

經歷了荷印政府這次無理增稅、公開劫奪華僑財富的事件之後，黃奕住再憶起歷代大批華僑前輩受到的歧視和不公平待遇的屈辱，感同身受華僑在海外寄人籬下，雖苦心經營、節衣縮食，積累下一點資產，但殖民政府只需頒佈一紙法令，再大的公司也就經受不了打擊立即陷於困境，再多的個人資產也會頃刻間化為外國政府國庫之財。黃仲涵就是前車之鑒。在海外，若要堅持做一個中國人，不入外國籍，發財固不易，守業則更難。

因華人善於經商，荷蘭殖民者於1678年1月15日佔領三寶壟後，為維持其政治上的統治地位和經濟上的壟斷地位，制定了各種法律、條例、規定來壓迫、虐待、侮辱華人，排擠、打擊華僑經濟勢力，限制其發展。1740年，荷蘭殖民者開始對爪哇華僑實行限制居住和旅行自由的政策，後來愈發變本加厲。

有壓迫就有反抗，二十世紀初華僑民主運動（泛華運動）在印尼各地興起，在群眾性運動的壓力之下，荷印政府不得不稍微放鬆了上述政策。據陳達《南洋華僑與閩粵社會》書中資料，1907年，荷印政府採取同化境內華僑的政策。其入境的條件包括：能說荷蘭語；有若干財產；兒與女均分遺產權。1909年，荷蘭頒佈國籍法，採取出生地主義（Jus Soli），規定凡生於荷蘭屬地的華僑皆為荷屬殖民地籍。同時，又將原來對包括中國移民、日本移民等「東方人」一視同仁的政策，分為對日本移民的政策和對中國移民的政策，前者享受同歐洲各國籍人差不多相同的待遇。這樣，荷印殖民政府就將居住於爪哇的居民，實際上分為荷蘭人、歐美人、日本人、土著人和華僑等幾個等級，把華僑壓在社會的最底層。

在二十世紀頭二十年間，在印尼，零售商絕大多數是華人（華僑和僑生）。在進口業和出口業中，多數中間人是華僑。這些華僑一方面聯繫著當地的生產者和消費者，一方面聯繫著國際貿易商人。換言之，他們處於聯繫各社會階層的地位。華僑的經濟勢力在印尼的社會中佔有很大的份量。

為此，荷印統治者一方面對華僑商人實行歧視、限制、排擠的政策，另一方面也引誘、拉攏或逼迫一些華僑商人加入荷蘭國籍，

成為荷蘭勢力中的一員，以擴大荷蘭在印尼的勢力。例如，在稅收上，對華僑商人和荷蘭籍商人實行差別稅率，規定前者按高稅率交納，後者可以享受低稅率等特權。對於經商者來說，是否荷蘭籍，稅額差別甚大。在這件事上，荷印政府對於黃奕住這類大華商，採取拉攏、勸說的態度，其官員多次表示，如果黃奕住願意加入荷蘭國籍，則可無須交納此「戰稅」。荷印政府利用徵稅手段威逼的同時，又派官員誘勸，動員黃奕住加入荷蘭籍。

那時日本為了迅速擴張在印尼的經濟勢力，也在印尼拉攏富有的華僑加入日本國籍。日本駐三寶壟領事也企圖乘隙而入，游說黃奕住，中國政府無力保護華僑，日本國勢強盛，稱雄亞洲，日本國民在南洋各地受到的待遇遠勝於華僑。若黃奕住成為日籍商人，他可以代黃奕住向荷印政府交涉減納稅款。該領事以此為餌，一再邀黃奕住掛籍日本。

黃奕住是一個精明的商人，他當然清楚，對於以荷印為經營基地，以荷印的蔗糖為主要經營商品，營業額和資本額如此巨大的他來說，改變國籍，意味著可以少支出很多錢，可以享受特權，從而在競爭中處於更有利的地位。不僅如此，在東南亞三十多年的所見所聞，讓他知道華僑在東南亞致富者雖不少，若不入殖民國國籍，依附殖民者勢力，總是難以長期立足的。由於受制於人，在致富時雖然似乎備受尊重，但隨時可能受人算計，遭人打擊，即便富賈頃刻間也可能傾家蕩產。黃奕住深知加入荷蘭國籍或日本國籍的經濟利害關係。但他有著強烈的民族自尊心和愛國心，早就識破荷印政府和日本領事企圖「恩賜」和籠絡的目的，因而毫不猶豫地謝絕他們的游說，他以做中國人為榮，人生道路上絕不見利忘義。這個「義」就是對祖國的熱愛。許多印尼華僑因此盛讚黃奕住很有骨氣，是個堂堂正正的中國人。對於那種見利忘義、附庸於荷蘭與日本的做法，黃奕住深為恥之。在義與利相矛盾時，黃奕住以義為上。他下了決心既不入荷蘭籍，也不掛日本籍。

1919年春季，黃奕住面臨三十四年來最重要的一次抉擇：是當一個荷蘭籍或日本籍的華人，在國外賺大錢，還是堅持中國籍，並

青山一髮是中原

攜資回國，參加祖國的建設。這裡有一個義與利孰先孰後、孰輕孰重的問題。荷印政府官員和日本駐三寶壟領事動員黃奕住改變國籍之舉動，促使他認真思考最終的歸宿問題。他想，自己從一個身無分文飄洋謀生的窮漢，幾經風險，刻苦經營，終成巨富，深深體會到「創業維艱」之含意；環顧海外的環境，卻不得不為「守成匪易」而擔心。他在籌謀新的一步。形勢的發展也令他面臨新的抉擇。在荷印政府利誘不成便威逼的形勢下，黃奕住自知處境的艱難。他認為：「苛刻稅率，將來辛苦經營所得，也是盡充外庫，徒勞無功。」與其在國外喪財受氣，不如在有生之年，攜資回國，興辦實業，服務桑梓，為祖國經濟建設和家鄉民生貢獻力量。

《南安奕住黃先生墓誌銘》指出，其時國內正當軍閥混戰，政局不寧之際，有人知道他有回國之意，因而為他擔心，並獻策，曰：「中原多故，不如此間樂，君雄於貲，何地非吾土，為終焉計，不亦善乎？」他慨然答道：「吾為中華民國之國民，安能忍辱受人苛禁，託人宇下，隸人國籍者乎？且我國地大物博，建設易為功，昀昀禹甸，寧非樂土？天下事在人為耳！」他深深地感到，祖國不富強，便不能保護華僑的正當權益，根本之道在於使祖國富強起來。黃奕住對中國的獨立與強盛為什麼寄予殷切的期望，長子黃欽書在《先府君行實》中追憶，黃奕住曾說：「念吾僑民苦異國苛法久矣，若不思為父母之邦圖其富強，徒坐擁浮貲，非丈夫也！」這擲地有聲的錚錚之言，天可憐見海外赤子願為祖國興旺發達效力的一片忠誠之心，可永垂後世。

二 ｜ 錦城雖云好，不如早返鄉

回國定居，對於黃奕住來說，如同三十四年前出國一樣，是他人生旅途中的重大決策。出國時隻身一人，只是為了謀生餬口。他從十六歲起漂泊洋海外，經歷了剃頭匠、貨郎擔、咖啡攤主、日興雜貨店主、日興商店、日興股份有限公司等幾個階段的發展，經過三十多年的艱苦奮鬥，一步一個腳印由窮致富，變成一個腰纏數千萬資產

的糖業資本家。他在印尼又有另一個家,有側室蔡韞娘和與她生育的兩個女兒以及女婿與外孫。離開印尼回國,對黃奕住來說,無論從事業上,還是感情上,都是一個重大的、艱難的、從某種意義上而言是痛苦的抉擇。在1918年冬季裡,他也曾反覆考慮,輾轉難眠,內心矛盾,猶豫不決。據其家人回憶,從1919年新年元旦到華人春節期間,他心情煩躁,常常坐立不安。直到春節之後,黃奕住才下定了回國的決心,並立即為回國作準備。其中最重要的一項是佈局在印尼的產業。他將日興行另行註冊,改由三兒子黃浴沂任總經理,其他成年的兒子任各地分行經理,長子黃欽書在泗水,二兒子黃鵬飛在新加坡,六子黃天恩在三寶壟繼續經營。據黃浴沂1989年寫的回憶錄,黃奕住回國前,已部署將實業交與其長子欽書、三子浴沂繼續經營,而他則繼續掌控營業大權。日興總行設在爪哇三寶壟,由其第三子浴沂為總經理,管理一切業務。該行之分支行設在泗水,由其長子欽書經理。其他的分行設在巴城、北加浪岸、新加坡及棉蘭,經營爪哇糖業,運銷香港、澳門、上海等世界各處,最多之一年的1922年,曾出口佔爪哇全部糖包的五分之一,約五百萬擔,在糖業界稱為三大之一;而將不動產(房屋)等分別劃歸其在爪哇的妻子蔡韞娘和女婿許春隆接管;他則將大批流動資金經各種管道匯回國內。當一切準備工作完成之後,他懷著業成返國的喜悅心情,乘輪回鄉,翻開了他一生中豐富多彩、耀人眼目的新一頁。

在中國近代史上,雖說從1862年開始已有海外華僑陸續回中國投資,到1919年,更形成一股熱潮,但絕大多數海外華僑回國內投資企業的情況是,錢來人不回,即拿出一部分錢,投資於祖國的某種事業,人仍定居國外,所有資金的大部分也留在國外,像黃奕住這樣義無反顧地回國定居,將在國外賺的錢大部分帶回中國,投資國內企業,可謂是鳳毛麟角。黃奕住屬於這少數人中的攜資回國最多的一個。況且黃奕住回國定居的初心亦與眾不同。

1919年4月5日,黃奕住離開印尼的三寶壟,踏上葉落歸根之途。在他的《自訂回國大事記》記錄,他到達廈門日期是4月29日。三十四年前從廈門隻身出國時,他是一個貧苦的後生、不知前途

為何樣的農民，四顧茫然。現在，他腰纏數千萬，想回國辦點大事，也光宗耀祖一番，躊躇滿志。正如蘇大山在《南安奕住黃先生墓誌銘》中所寫的：「君真健者今人豪，但憑七尺涉波濤，金豆撿拾充囊橐，乘風長謠歸故國。」可謂知人之言。

宋代大詩人蘇東坡被流放離京城萬里之外的「天涯海角」的海南之後，本以為「餘生亦老海南村」，忽有一日接朝廷赦命到內地時，在煙波浩淼的歸途中，遠遠地看到彼岸上一片青綠的樹林，遂寫下名句「杳杳天低鶻沒處，青山一髮是中原」（《登邁驛通潮閣》二首之二），那一抹青山就是他魂牽夢繞的神州。黃奕住在歸國途中，也是這樣一種百感交集之心吧。

黃奕住在海外依靠堅韌和智慧成功致富，而在當地被歧視、被殖民統治勢力盤剝的經歷和濃郁的家國情懷，激發了他的國家認同感和鄉土意識。他決定衣錦還鄉後，用自己的方式，為家鄉和祖國做出貢獻，成為國家在積貧積弱時代一股重要的力量。回到祖國，給祖國一份重要的見面禮，就是把他在國外的大部分流動資產轉移到國內來。這在擁資千萬、國外有經營基地的華僑巨富中，是極為罕見的。黃奕住帶回國的錢有多少？當時人們猜測紛紜，沒有一個人可以摸得到底細，後人的各種記載也不一致。

據《深圳特區報》1989年9月21日《民族商業名人黃奕住》一文中引用黃奕住的秘書葉子鬱告訴其後人的話，黃奕住「曾匯寄三千萬盾到廈門」。按洪卜仁、吳金棗《華僑黃奕住的愛國思想及其業績》文中計算的比率，當時「一盾合中國銀幣兩元多」，按此計算，則合六千多萬銀元。而在黃篤奕、張鎮世、葉更新的《黃奕住先生生平事跡》一文中說，黃奕住歸國時攜帶之款折中國銀幣四千多萬元。黃長溪（黃欽書的第五子）也說是四千萬元。

廈門《江聲報》1934年12月2日的報道謂：黃奕住自1919年返國後，十餘年間，先後在國內投資各種事業，「總共達二千萬元」。

1919年，黃奕住回國前，已擁有一個相當規模的商業王國，其實他並未下決心全部結束在印尼的經濟活動，只是收縮在印尼的經營規模。他成立了獨資的海原產業公司，註冊股份二千股，價值

二百萬盾，繼續保留在三寶壟的因知西雷保險公司的股份。在印尼的八打威、北加浪岸、三寶壟等地也都辦有企業，在泗水有日興棧和新棧房，在昆郎沙里，購有面積達數十萬平方米的地段。這些列出的地產、棧房等不動產與動產，只是黃奕住留在印尼財產的一部分。他的資本大部分留在印尼，餘下一部分留在馬來西亞、新加坡的分行，以及投資於新加坡、菲律賓、馬來西亞的銀行，印尼爪哇的保險公司，房地產業和橡膠園，酒精廠，倉儲等企業；一部分匯至美國，準備以後轉匯回中國，但其中只有一部分轉回國內（包括香港）。待他在國內站定腳跟，事業逐個興辦之後，他再根據這些事業所需資金數額，逐步將其在國外的部分資金（主要是匯到美國的錢和在印尼的本與利）匯回國內。直到他逝世時，他還有大批產業留在印尼、新加坡、菲律賓、香港等地。

如上所述，黃奕住所有的資產富可敵國，但這些資產，和他回國後可以支配的資金，以及在國內的投資是三個概念。這三項在不同的年代數額不同，特別是資產值。第一項，是根據他的遺囑及繼承人之所得估算出來的。1919年不少於八千萬元。第二項，1919至1924年，不少於四千萬元。第三項，根據他在回國後頭六年即1919至1924年，他在國內已投資於各行業的金額，約為二千多萬元。

有三點是可以肯定的。其一，他帶回國款額之巨，為華僑中前所未有。 其二，黃奕住是近代華僑投資國內企業最大的實業家。在這一點上，所有研究近代華僑史的學者意見是一致的。其三，黃奕住將資金匯回國內是一個長達近十年的過程；即使在十年之後，他的資金也沒有全部匯回國內。1919年，黃奕住出洋三十四年，帶回國內資金四千萬元，是攜資回國最多的華僑；人們所鮮知的是，1983年，黃奕住逝世三十八年後，黃聚德堂又從他的部分海外資產匯回上海中國銀行的5,100多萬元，同樣是中國有史以來最大的一筆僑匯，對國家改革開放予以有力的支持。

在中國近代史上，旅居海外的華僑辛勤奮鬥稍有點積蓄，即匯款回家鄉贍養親人者比比皆是，經濟狀況改善後葉落歸根者有之，發達致富以後拿出部分資產投資國內企業或捐助公益事業者有之，

至於已成巨富，回國定居，並將在國外積累的財富大部分攜回國內者，卻極為罕見。更沒有發現一個像黃奕住這樣的人：已擁資數千萬，竟然回國定居，將大量資金投向國內。

三 | 綢繆實業興國計劃

黃奕住從印尼回國定居，開始時既不是想要結束在印尼的事業，更不標誌著海外事業的結束。他從印尼回到中國，只不過是把大本營從異鄉搬回祖國，將根基扎在生他養他的鄉土之中。

黃奕住辦事，都是要先做調查研究，了解情況後再作決定。回國之前，居住在印尼的三寶壟時，他投資的企業有的在印尼，有的在新加坡，有的在馬來西亞，有的在香港。印尼是荷蘭的殖民地。新加坡、馬來西亞、香港是英國的殖民地。在他回國之前投資的企業多，已跨多個國家和地區。他對印尼、新加坡、馬來西亞的情況，以及對歐洲、古巴等地的糖市了解甚為詳盡。1919年黃奕住回國之後，投資地域進一步擴大到菲律賓及中國的上海、天津、漢口、廈門等地。大本營移到了中國，商業重點也移到了中國，黃奕住的人生進入一個新階段。他在考慮如何實業興國，認為拉動經濟勢必能提振國力，而金融恰是拉動經濟的一種有效手段。那時候中國太窮，資金太少，首先要解決的是資金問題。根據在海外多年的經商經驗，他體會到銀行對經濟建設、商業活動的重要作用，在回國前後，即已開始著手把資本逐步地調回中國，同時鋪排回中國設立銀行的境外銀行關係網絡。離開印尼前，黃奕住相繼投資參股印尼泗水中華銀行、三寶壟華南銀行，又入股台灣華南銀行，並與林文慶等人在新加坡創辦和豐銀行，1919年回國途中經新加坡時，又與林文慶、黃仲涵等幾位華僑組織合辦華僑銀行，黃奕住認股一百萬叻幣（先交五十萬元）。畢觀華寫的《林文慶傳略》文中談到，林文慶為華僑銀行主席，黃奕住為董事。該行在中國上海等地多處設有分行。1919年，在調查商務旅途中，在菲律賓的馬尼拉倡議創辦中興銀行，他本人投資菲幣一百萬元，佔該行資金總額的五分之一。

該行在中國的上海、廈門等地均設有分行。同年,他也在香港入股東亞銀行,成為創始股東之一,該行分別於上海及越南西貢開設分行。2021年7月本書定稿時,黃世華夫人鄭大明確認,在上世紀七十年代初,黃世華得到父親黃奕住生前留給他的東亞銀行股票。黃奕住先行在海內外建立起一個跨多個國家、地域的,以經營貨幣與商品為主的商業金融網絡。這使他的資金處於可以靈活調動、進退自如的有利境地。

黃奕住回國之前,在振興福建經濟方面已經有著自己的思路和計劃,其中主要項目是修築鐵路,使物暢其流。黃奕住注重鐵路建設,福建省山多,省內各地區之間,以及福建省與鄰省之間,交通極不方便,這是福建經濟發展的一大瓶頸。因此在處理福建經濟建設問題上,黃奕住將目光集中在內陸交通的興建上。黃奕住在福建的投資中,按經濟部門分類,用於修築鐵路的最多。同時,福建礦產資源豐富,有煤、鐵、銅、鋅、鉛、鎢及金礦,可以開採礦藏,使地盡其利,解決工業發展的燃料和原料供應問題,讓福建由窮變富。

在眾多的投資計劃中,他第一步選定在廈門落地。早於回國前的1918年,他已在廈門設立黃日興商行,活躍國內外物資流通。他回國後定居於廈門,遂在當地投資,一是用於活躍國內外資金流通,如開設黃日興銀莊、中興銀行廈門分行、中南銀行廈門分行;二是參與市政建設,修馬路、築海堤;在鼓浪嶼獨資興建日興街、投資房地產;接辦廈門電話公司,創辦自來水公司,投資電燈公司、汽車、輪船公司,為廈門城市的現代化及二十世紀二十至三十年代廈門經濟起飛奠定了基礎。

第七章

對廈門現代化市政建設之貢獻

07

1919 年黃奕住回國之後，選擇定居在中國的廈門鼓浪嶼，廈門離他的故鄉南安很近，人情、風俗、方言、習慣都與之相似。對黃奕住這樣的人來說，廈門是一處既可向外擴展，又可向內延伸，可進可退的定居地。

一 | 以廈門為歸宿之地

1919年黃奕住回國之後，選擇定居在中國的廈門鼓浪嶼，廈門與他的故鄉南安很近，人情、風俗、方言、習慣都與南安商行相似。他和許多華僑一樣，有一種長期浪跡天涯後就想回家的心態。鼓浪嶼在1902年設立為「公共地界」（華界與租界），形成「華洋共管」的國際化社區，黃奕住在國外印荷殖民地生活了三十多年，許多方面受歐化的影響較大。環境優雅的鼓浪嶼，建築物和生活環境頗具西方色彩。中國近代軍閥割據，政府無能，社會秩序混亂，多兵匪之亂，富有者或東南亞華僑為安全起見，多擇居於租界。鼓浪嶼成為列強的共同租界，亦成為閩南富商聚居之地，華僑、台胞尤多。南洋華僑組織的同鄉會常在此地開會。黃奕住回國前已是南洋閩幫僑界領袖之一，他的許多經濟事業是與華僑聯合經營的。在廈門，鼓浪嶼成為閩幫華僑聯繫最為方便之地。況且鼓浪嶼氣候宜人，風景優美，相對僻靜，這對於久居海外，接受過近代西方生活而又思葉落歸根的福建華僑來說，是安度晚年的不二之選。對黃奕住這樣的人來說，廈門是一處既可向外擴展，又可向內延伸，可進可退的定居地。

當然，這不僅是選擇一個宜家居住的地方，同時也意味著他此後的經濟活動的指揮中心，從印尼轉移到了中國。廈門地處中國東南沿海，港闊水深，數萬噸巨輪出入便利，是中國的優良港口之一。就國內而言，它居於香港、廣州與上海航海線中間。黃奕住認為：「此地與港、粵毗連，滬淞亦帶水之限，閩南商業之樞也。」（見《南安奕住黃先生墓誌銘》），廈門背靠漳州、泉州，互為依託，形成金三角。這個閩南三角地區，是中國三個著名的「三角洲」之一，歷來是福建經濟最活躍的地區。黃奕住選擇廈門作為定居地，與他的實業報國的宏圖大計有關。

廈門亦是著名的僑鄉，人口中的四分之一是華僑或僑眷。廈門又是華僑重要的出國歸國口岸之一。據1946年廈門市政府編印的《廈門要覽》統計：1913年，出國72,200人，歸國44,667人。1915年，出國41,012人，歸國34,190人。1919年，出國46,050人，歸國29,023人。

廈門因此而成為福建僑匯集中點與轉匯點。1912至1919年，每年廈門僑匯少則1,100餘萬元，多時1,900餘萬元。黃奕住早在回國時就謀劃經營僑匯業，通過金融機構攏集華僑的資金，在祖國、特別是在福建幹一番經濟建設事業。廈門則是實現他這一心願的理想之地。

㈡ ｜ 回國初期的四件大事

黃奕住在國外三十四年的活動總是隨機應變。當1919年攜資回國時，環境變了，他想幹一番事業，所以他的活動要有計劃地先行安排。《自訂回國大事記》記載了他回國初期（1919年4月至該年年底）所做的四件事：

1. 1919年4月28日，「余由壟（印尼三寶壟）到廈（廈門）。因吾南（指福建省南安縣）地方未靖，迎家慈蕭太夫人就養於鼓浪嶼，遂卜居焉」。

2. 6月12日，「為家慈七秩晉四壽辰，謹備採觴為之上壽。闔廈官紳商學各合撰壽文，分具壽幛，並登堂祝嘏者不下五百人。頗極一時之盛」。

3. 8月12日，「興建（黃家花園）南北兩樓」。

4. 9月12日，「由廈搭海鴻輪赴香（香港）。此行係欲遊歷上海、日本、小呂宋（今菲律賓），並調查商務」。他到達香港後，調查了約半個月。9月28日由香港到上海，在上海活動了近一個月。10月26日，又由上海回到香港，以便與同期到達香港的三寶壟日興公司律師磋商荷蘭政府抽稅事。11月4日從香港乘西湖丸到日本，在日本訪問了二十多天。12月1日由日本赴菲律賓的馬尼拉，用了二十天的時間了解商業金融市場狀況，組織華僑投資，成立中興銀行。23日由馬尼拉到香港。28日由香港到廈門。他調查商務，為確定新的實業計劃與經營方針做準備工作。

🔳 為母祝壽，以報慈恩

1919年6月12日，是黃奕住的母親蕭氏七十四歲生日。黃奕住

將她從南安接到廈門，大事慶賀。多年之後，廈門的老人猶能描述其時的盛況：那次為母親辦壽宴，黃奕住請了當時鼓浪嶼和廈門所有社會名流共一千人赴宴，這次宴會在鼓浪嶼歷史上算是空前絕後的，被稱為「千人宴」。黃奕住要求這千人宴以自助式的西餐形式舉行，因而約請了鼓浪嶼有名氣的西餐廚師「瑪送伯」主理壽宴，瑪送伯親自做了兩樣菜，一個是無骨雞，另一個是大型生日蛋糕，並親手做了蛋糕的糖面和糖花。場內擺有大型糖面雕花的生日蛋糕，增添了壽宴的氣氛。宴會地點設在黃家花園，也就是現在的鼓浪嶼人民體育場毗鄰處，宴會場搭了兩個戲台，請了兩個戲班子同時唱對台戲，還給聞訊趕來的所有窮人予以施捨。辦壽宴那天，有人經過他家，只要向他母親敬禮祝壽，他就發一個銀元給人家，為了防止多領情況發生，黃家就在門口放一個大木桶，桶裡放著沾有紅色染料的銀元，願意拿的，每人可以拿一個，拿了的，手指染紅了，一時洗不掉，便不能再拿。於是，官、紳、商、學來賀壽的，看壽星的，觀戲的，為了得銀元的，絡繹不絕地從廈門渡海來到鼓浪嶼，把中德記樓周圍擠得人山人海，盛況空前。黃家人回憶，黃奕住母親問他：「我生日你花了那麼多錢，我很擔心你花得起嗎？」黃奕住告訴母親說：「放心，我的錢非常多，如果四塊銀元疊在一起，整個壽宴場排都排不完。」他母親這才放心。那次生日千人宴場面非常之大，來賓很多，壽宴後還合影，那張合影是分三次拍的，然後把三張照片拼合起來。

黃奕住的這種做法，一是使母親高興，以表達他的孝心。二是表示對窮者的同情，以母親的名義施捨前來看戲的窮人，木桶裝銀元染紅色，規定一人只能拿一塊，即便有貪財者想多拿，手已染紅也不好意思再拿，這是希望幫助更多窮人，以當時的物價，一元大洋亦是不少的錢銀。可謂是有善人之心，又有商人之精明。三是藉此之機，向社會發佈了一條新聞：發達了的黃奕住已經歸國了。以此揚名立萬，樹立富有的形象，擴大社會影響，把樂善好施的名聲傳播開來，正是他回國之初所急需的造勢。事後，這場壽宴成為廈門市民一個熱鬧話題。廈門人說：「過去說一個人富，總愛說是百萬富翁，

黃奕住不是百萬,而是千萬,萬萬!」不久,在廈門和鼓浪嶼就開始流傳起一句口頭禪:「想要(致)富,要像黃奕住」。

閩南僑民的社區中,對於祖先的崇奉是十分顯然的。耀祖榮宗被認為是人生最體面的事業之一。他們一方面相信去世的祖先有庇蔭影響後代子孫禍福之權,一方面又相信作為子子孫孫輩應負有祭祀祖宗的義務。一個華僑若是發了財而不在這些方面花費與財力相適應的錢,自己心中難安靜,宗族中人、周圍的華僑與鄉親也會看不起他。如果說在一般華僑中如此,那麼對黃奕住來說,他從一個閩南最窮的農民躋身世界商界巨賈之林,特別是在商業場中屢挫屢興後,自己的成功肯定是得庇於祖宗的保佑。另一方面,黃奕住還想既為父母,也為自己揚眉吐氣,對那些曾經看不起他及他家的人,顯示男兒人窮志不窮的氣魄。孝順父母、光宗耀祖和炫耀鄉里是他人生的目標之一。他發財後,在光宗耀祖方面做出了一件件的事來。

黃奕住先後於1907年、1910年回國在南安蓋房子,起大厝和設圖書館,並捐巨款修建黃氏宗祠。1910年父親去世,黃奕住為其祖父母及父親修了很有氣派的墳墓。回國定居之後,他在光宗耀祖方面的動作更多了。1920年8月14日,其母去世,他大辦喪事。黃奕住在《自訂回國大事記》寫道:「弔者不僅廈中之官紳商學,即蘇、浙、閩之長官及諸好友,亦函電紛馳,前來弔唁。因匯成哀輓錄一冊,以誌不忘。」蕭氏生前深感兒子幼年失學之苦,要黃奕住在家鄉辦座學校,使貧困農家的孩子能上學讀書。黃奕住在母親辭世的第二天,即「8月15日,遵先慈遺命,設斗南學校於南安樓霞故鄉,俾鄉中子弟得有求學之區」。不久之後,在鼓浪嶼獨資承辦以其母親私諡命名的慈勤女子中學,使家鄉人和鼓浪嶼人感德其母。又在福建省城福州的鼓山,修堂崇祀父母祿位。1926年8月15日,「福州鼓山歲寒堂興工。此堂係余出資四千元,陳培錕(時任福建省財政廳廳長)出資一千元,洪鴻儒會長(時任廈門總商會會長)出資一千元,共同建築,以崇祀余及陳廳長、洪會長三人之先嚴慈祿位者。因取松竹梅歲寒三友之義,故以歲寒名堂。」同時為母修墓。1927年8月29日,

「為先慈出殯、執拂者不僅廈、鼓之官、紳、商、學、社團,即泉南之親朋戚友宗族,亦不辭跋涉而來。計千餘人。頗極一時之盛」。在這幾年裡,他還捐資16,000餘元修泉州南安黃氏發祥地泉州開元寺東塔,捐資修黃氏族譜,倡建廈門江夏堂(閩南黃姓均稱江夏黃氏,謂其祖先來自湖北江夏)。黃奕住辦這些事,皆大肆張揚,馳名一時。

② 大興土木,興建住宅

黃奕住1919年春決定定居廈門鼓浪嶼後,首先想的是在島上興建兩處住宅——黃家花園和觀海別墅。

● 黃家花園南樓,林聰明攝

1919年3月間,他派人買下了廈門鼓浪嶼島上一座名為「中德記」的房屋,作為回國定居的臨時住宅。「中德記」原是廈門英資德記洋行大班助手的住宅。樓房的主人離廈回國時,將它賣給菽莊花園的主人林爾嘉。1919年3月,林將其賣給黃奕住。黃奕住回國住進該樓以後,感到太窄了,既不能滿足他全家生活上的要求,更難適應他經濟與社交活動的需要。於是又購進該樓北邊的明道女子學校的樓房,還購得該樓南邊的曠地及吳家園樓房一座。1919年8月12日,拆除明道女子學校的樓房,興建北樓;在曠地上興建南樓。

1921年,黃奕住及其家眷遷入南樓與北樓居住後,開始拆掉「中德記」。在原址上後退丈餘,興建中樓,主體結構為歐式風格,局部有中國特色,是中西建築風格的和諧結合,處處透露出一派豪華的古典美氣韻。1925年8月15日,中樓落成。這是一座最現代化的獨院式住宅。規模宏大,精美奢華,建築之優美,超過廈門鼓浪嶼所有的別墅,呈現出了一種人與自然和諧共處的風貌建築。

北樓及南樓、中樓建成之後,黃奕住又砌圍牆。其外牆、女牆、隔斷線都裝飾得很精美,花飾與建築物和諧。尤其是正面女牆上的花飾,配搭得恰到好處,流暢大方,顯得豪華氣派。黃奕住在三座樓前興建佔地11,988平方米(約合18市畝)的大型花園——黃家花園。

● 黃家花園中樓、北樓及花園一角，林聰明攝

　　黃奕住在營建如此豪華住宅的同時，沒有忘記自己的苦出身與對後代的提醒。他在這三棟樓房裡裝飾了許多掛鏡，鏡端均刻有三件理髮工具：剃刀、鬍刷和淘耳筒。家人以鏡正衣冠時，就會聯想到他的創業維艱。中樓的二樓掛了他父母的遺像，佈置了「家史館」，作為教育子孫的拜堂。為了子孫能守成，可謂用心良苦。黃奕住對自己的這個舉措甚為得意。中樓落成後三個月，11月15日，菊花怒放時，他邀請廈門和鼓浪嶼中西人士賞菊，並參觀中樓。到者五百餘人，攝影以留念。

　　在興建黃家花園北樓、南樓的同時，黃奕住又在鼓浪嶼田尾路海角尖上購買和營造房屋。這個地方原有兩座建築，一座是大北電報局經理（挪威人）的住宅，另一座是法國領事館，1919年，大北電報局員工因被虐待發動罷工，電報局經理匆匆回國，房子空著，看守需人，維修需費，黃奕住乘機將其買下。黃奕住又找法國領事商

量，用新建的，地址就在法國領事館後面的洋樓，換取領事館原有的那幢房屋。事成之後，黃奕住把兩幢房子重新裝修，填海擴地，沿海岸築堤。為了安靜，築牆以與外界隔開。在牆內，建一丈左右高的螺旋形的觀海台，以觀看海潮，在台與樓之間，闢花園、迷宮，以與隔壁的菽莊花園相媲美。全部建成之後，黃奕住稱它為「觀海別墅」。當年結成兒女親家的黃奕住與林爾嘉，原本兩家計劃在觀海別墅和菽莊花園之間造一座橋方便走動，卻遭到工部局的阻攔，雙方為此打了一年多官司，最後橋沒建成。鼓浪嶼現有一個觀海園，院內有很多別墅，但真正能觀海的只有觀海別墅。別墅為仿法式、單層平房，設有地下隔潮層，四面拱券環廊，拱券寬窄相間，配置頗有韻律，甚為美觀。西面拱券裝有柳條百葉，以擋避陽光。南北兩端有附房，是為主人沐海服務的。南面附房前建一小庭院，內有石凳石桌，供浴後休息。女牆和簷線均極簡練明快，流暢自然。走廊為平頂，臥室為坡頂。整座建築選址恰當，造型秀美，視野開闊。

　　田尾路海角尖上這個地方地勢特別好。此處可臨海觀濤，海風輕拂，空氣新鮮。白日倚樓觀潮，水天相接，美景盡收眼底，胸懷為之開闊。夜間倚枕聽拍岸濤聲，可淘盡心間濁氣，實是欣賞海景的勝地。除了欣賞海景，黃奕住看上的是在別墅附近五十米處，有一條海底電纜登陸點，黃奕住曾經利用海纜開闢海外通訊，以便及時獲取國際商情。

　　黃奕住在觀海別墅招待過許多中外客人，當時的廈門市首長也經常借該處宴請外賓，其中最令他高興的是曾在此地宴請過英國王子約克公爵。1928年夏天，英國一艘軍艦到廈門訪問，有英國皇家約克公爵隨艦到來，黃奕住與廈門海軍官員在觀海別墅設宴招待，請民國政府外交部駐廈門交涉員劉光謙主持，剛從美國留學回國的黃鼎銘（黃奕住第五子）也參加了這次接待。劉光謙一家住在鼓浪嶼雲海樓，其子劉渭平1936年畢業於廈門大學文學法律系，1949年前曾出任民國駐澳洲悉尼領事，後成為學者。2002年3月5日，他給本書作者的孫立川寄過一篇回憶文章《鼓浪嶼與鄭成功水操台》，當中也談及此事，他回憶年幼時與兄長跟隨父親劉光謙到黃奕住

的觀海別墅參加歡迎
約克公爵及其同僚的
活動，並與公爵合影留
念。約克公爵1936年12
月11日繼承英國王位，
稱號喬治六世。劉渭平
在文中寫道：「此人為
當時英皇喬治五世之
次子約克公爵，彼為皇

● 觀海別墅照片，黃奕住曾孫女婿陳世晞教授攝於
2018 年 7 月

太子溫莎公爵之弟。及後溫莎公爵以『不愛江山愛美人』而遜位，約
克公爵乃得繼承大位，為喬治六世，即今英女皇之父也。」

㈢ | 涉足金融，初試啼聲

前文提及，黃奕住回國後，把投資的重點轉移到金融業，他心
中十分清楚，無論是現代化的企業，還是現代化的城市，如果要發
展，條件之一是要資金充足和資金流動管道通暢。要做到這一點，
必須有活躍的金融市場和與之相適應的金融機構。他的目標是辦銀
行，實現目標之前，先在廈門小試牛刀，遂獨資開辦了黃日興銀莊。

❶ 開辦黃日興銀莊

在中國近代史上，福建旅外華僑眾多，每年的僑匯數目相當龐
大，閩南籍的華僑，匯款回家鄉是他們的傳統心態及人情義務，閩
南籍僑民且流行著一種迷信，每寄一封家書，都得附寄若干款子，
否則便認為不吉利。閩南僑鄉把僑匯都說成「僑批」，「批」是福建
閩南地區對信件的通稱，而「僑批」產生於近代東南亞華僑社會。
閩南話的「信」與「批」讀音相同，華僑有信寄回家鄉，家人知道僑
批來了，同時附有寄錢。閩僑在海外，通過一封封僑批和國內親人
保持著聯繫，寄錢回家瞻養老小。僑批在僑鄉社會和經濟發展佔有
特殊重要的地位。廈門是著名的僑鄉，僑匯業務發達，廈門經濟

發展與華僑關係密切，1905至1938年間，匯入廈門的僑匯達11.8億元。

　　清光緒六年（1880年）福建龍溪縣流傳社郭有品創辦了首家僑批局，取名「天一信局」，比1896年成立的大清中華郵政局還要早。信局主要經營呂宋與閩南僑鄉之間的華僑銀信匯寄業務，開辦後，銀信由郭有品及家人親自押運，除了信譽，還有周到的便民服務。泉州研究僑批的學者謝佳寧、黃清海提供了一封僑批件，記載華僑下南洋的史料。

　　下圖中所示為丙午年臘月初五（1907年1月18日）菲律賓華僑黃開物寄家鄉（時屬同安縣錦宅社美頭角）妻兒的僑批，該封僑批的收批和送批均由郭有品批館辦理。內信寫有：「自去月廿三晚在廈起程，至廿四早到汕，廿五早到香，在香本月初二搭大名船前往，至初五日二點鐘抵垊，水途平安。」批信詳細記載黃開物從家鄉錦宅經廈門、汕頭、香港中轉，南往馬尼拉的行程，路程十二天。批信還記載黃開物從香港前往馬尼拉乘的輪船為「大名」號。在清末，如同黃開物一樣，有無數的東南沿海民眾在青年時期離開家鄉，出海「下南洋」。在之後數十年間，他們通過一封封僑批和國內親人保持著聯繫，寄錢回家贍養老小。

　　郭有品創辦的僑批信局，採用的是銀信匯寄的傳統經營手法，後慢慢被銀行匯款所取代。僑批成為海外華僑華人通過民間管道以及銀行、郵政機構寄給國內家鄉眷屬匯款與書信的合稱，黃奕住的黃日興銀莊一度扮演過重要角色。

● 1907 年 1 月 18 日，菲律賓華僑黃開物寄給家鄉（時屬同安縣錦宅社美頭角）妻兒的僑批

　　黃奕住開辦黃日興銀莊經營僑批，就是運用了銀行網絡的新經營手法，當然，最重要的還是信譽。1918年黃奕住回國前已在廈門籌辦黃日興銀莊，同時在新加

坡與林文慶創辦和豐銀行，又投資四十萬坡幣入股華僑銀行，還有入股香港東亞銀行、台灣的華南銀行，在菲律賓馬尼拉倡議並投資創辦中興銀行，都是為經營新式的現代僑批業務鋪路，設立僑批樞紐。1920年4月8日，廈門黃日興銀莊開業，銀莊設在廈門今鎮邦路42號。聘戴燕新為經理。「其資金之巨，為廈門各銀莊之冠」。廈門的錢莊分為甲、乙、丙三種等級。黃日興銀莊屬甲等，經營上海、香港等處之匯兌及存放款，還兼營外國貨幣、金、銀元之買賣。在市民口中，黃日興銀莊又被稱為「黃日興錢莊」或「黃日興銀號」。其所以取名「日興」，一因為黃奕住在印尼、新加坡、馬來西亞等地經營的企業稱「日興行」。「日興」這塊招牌與黃奕住這個人一樣，在東南亞華僑社會信譽卓著。

《南安奕住黃先生墓誌銘》有云：「創立黃日興銀號，以與南洋群島通呼吸。」所謂與南洋群島通呼吸，就是與分散在南洋群島各地的黃奕住的企業通呼吸，便於他調動資金；也是便於散在南洋群島各地的福建籍華僑與家鄉通呼吸，匯款回家。福建華僑的分佈主要在東南亞各國，其中旅居印尼的最多，約佔30%—40%。福建的華僑，出入境多經廈門。華僑離妻別子，離鄉別土，飄洋出海，將血汗換來的些微所得，節衣縮食，日積月累，儲集起來，匯款寄回祖國家鄉，上光宗耀祖，下蓋房子或孝敬父母、撫養親人。

在1919年以前，華僑匯款很大部分是通過僑批信局，如天一信局，或外資銀行，如英商滙豐銀行。廈門匯兌業務的對象主要是商家、華僑和金融同業。在黃奕住定居廈門之前，在廈門的外資銀行主要有英資滙豐銀行廈門支行、日資台灣銀行廈門支行和新高銀行廈門分行。在黃奕住回國之後設立的外資銀行，有中美商人合資的福建美豐銀行廈門分行。由於黃奕住在印尼三寶壟經營的黃日興商行早已聞名於華僑界，黃奕住的信譽好，廈門黃日興銀莊與東南亞幾家銀行開展業務往來，關係很好，資金支付暢順，華僑匯款回家鄉方便簡捷，僑批安全可靠，銀莊開辦後得到南洋華僑的信任，業務十分興旺。隨著黃奕住的金融活動在廈門逐步展開，一些外資或中外合資做僑匯業務的銀行受到競爭的影響，或停業，或業務減少。

　　由於資金雄厚，加上黃奕住在僑界以講信用著稱，因此，廈門黃日興銀莊開辦後，東南亞各地華僑及廈門各界人士認為可以信賴，紛紛把他們的游資匯廈寄存。黃篤奕、張鎮世、葉更新《黃奕住先生生平事跡》書中記載，印尼華僑李丕樹，就曾一次匯寄銀洋三十萬元。日興銀莊的存戶、存款與日俱增，業務興旺。據1936年《銀行周報》的資訊，銀莊開業以來，獲利百餘萬元。黃日興銀莊的大批存款及巨額利潤是黃奕住在廈門投資的重要資金來源。章淑淳在《我與中南銀行》文中描述：「黃奕住將做糖賺的錢匯到廈門，自己也回廈門，又開設黃日興銀莊，兼做爪哇糖。因為他信用好，存款源源而來，就利用自己資金及存款，創辦自來水公司、廈門電燈公

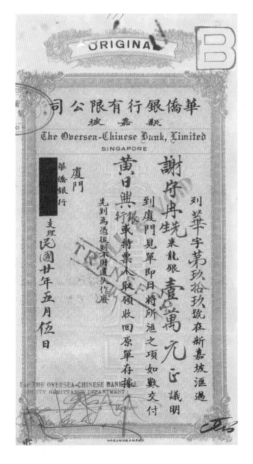

● 新加坡匯黃日興銀莊的僑匯兌單及黃日興銀莊付中南銀行支票，黃清海提供

　對廈門現代化市政建設之貢獻

司。以上是股份有限公司，他是大股東，並辦鼓浪嶼電話公司，這是他獨資的。」

黃奕住1919年回國時，逼於形勢，需要把在印尼的大部分流動資金轉移到印尼境外，最終的目標主要是轉移到中國投資實業。如前所述，黃奕住帶回中國的資金，估計在四千萬元以上。剛回國時，投資方向未定，故很大一部分資金首先轉移到他定居的廈門。後來隨著投資事業的發展而轉移到上海、汕頭、天津等地。從《廈門要覽》廈門僑匯的統計數字可以看到：1918年，黃奕住回國的前一年，廈門僑匯為1,180萬元。1919年，黃奕住回國之年，廈門僑匯增至1,890萬元，1920年又增加到1,920萬元，1921，即黃奕住創辦的中南銀行開業和在廈門興辦的幾項事業起步之年，廈門僑匯猛增至4,400萬元。這其中當然也有黃日興銀莊的功勞。

1921年6月5日，中南銀行在上海創立，1922年8月7日在廈門開設分行，黃日興銀莊搬至位於鎮邦路的廈門中南銀行分行大樓營業。隨著中南銀行業務的不斷擴大，在國內各主要商業城市設立分行，並設有外匯課，在菲律賓、新加坡、馬來西亞、印尼等南洋各埠設立代辦機構，經營包括國外匯兌和僑批業務，來自黃愉整理的黃聚德堂檔案資料《中南銀行三十年簡史》指出：「（中南銀行）在華商銀行中，實為首創之一家。」為爭取海外華僑匯款及融入國際金融市場，中南銀行聘請前德國德華銀行經理柯祿為銀行顧問兼辦國外匯兌事務，除了東南亞以外，在倫敦紐約均設有代理。到三十年代中期，中南銀行在發展中遇到風險，為支援中南銀行穩步發展，1934年8月1日，黃奕住突然宣佈黃日興銀莊停業，黃日興銀莊僑批業務轉給同是黃奕住創辦的中南銀行辦理。

在黃日興銀莊收盤的過程中，黃奕住特別注重維護存戶的利益和他的信譽。收盤時，黃奕住以在廈門的產業向中南銀行抵押借款一百萬元，用以支付存戶的存款。隨後，他在廈門《江聲報》上刊登啟事：「不論定期活期存款，即日起前來領取本息。」由中南銀行代為辦理支付存戶取款業務，一一清償，不使客戶受到絲毫損失。刊登的通告表明：8月1日辦理結束業務，以兩個月為期，委託中南銀行廈門

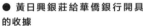

● 黃日興銀莊給華僑銀行開具　　● 廈門中南銀行收款回單，黃清海提供
的收據

分行代付黃日興銀莊各存款人到期及未到期之本息，並定辦法四條：
（1）顧主（即存戶）一切存款本息，由黃氏備足現款，交由上海中南
銀行轉撥廈門中南分行存儲代付。（2）國內外顧主執有日興銀莊存
摺或存單，可逕至廈門中南銀行算取本利，其利均照原定之利率計
算，到付款之日為止。（3）付清日期自8月1日起到9月30日止，以兩個
月為期。（4）即日起專理清各事外，不再辦理收受存款及匯兌等事。

　　通告見報之後，市面平靜。一則因為廈門人知道，黃日興銀莊
與中南銀行廈門分行的老闆都是黃奕住，且在一棟樓內營業，前者
在二樓，後者在一樓。「存戶一見啟事，都紛紛向錢莊支領，卻即轉
存樓下的中南銀行，結果並不產生什麼困難」。二是中南銀行廈門
分行事先與中國銀行廈門分行商定，凡有黃日興銀莊存單，均由中
國銀行廈門分行託收，請開中國銀行與中南銀行往來戶；如數目太
大，即由中南銀行上海總行撥交中國銀行上海總行。外地的存戶，
或請轉中國銀行存單，中國銀行收到託收存單，或轉往來戶，或請
轉中南銀行廈門分行存單。故日興銀莊收盤過程，毫無風潮。在這
個過程中，黃日興銀莊的存戶沒有受到損失，黃奕住卻吃虧不小。
因為存戶必然要來支取本息，而貸戶並不都來償還歷年借款項。黃
奕住背下了一大批呆賬。這件事足以說明，黃奕住對維護商業信譽
極為重視。黃日興銀莊收盤事全部結束後，他很高興地問女兒黃

萱：「信譽與生命哪個更重要?」未等女兒答覆,他就說：「信譽更要緊。」黃奕住一貫視信譽重於生命,寧可在經濟上受損,也要保持信譽。他所得的是顧客的一句話：「黃奕住這個人真講信譽。」

● 《世界記憶遺產名錄》僑批檔案證書,福建泉州王偉明提供

　　廈門僑批當然不只是黃奕住一人匯款回國的,但這幾年中他匯回廈門的款項,在整個廈門僑匯中佔有很大的比重。據黃聚德堂資料,以黃奕住在1919年至1921年匯回廈門的資金2,000萬元計,則佔此三年廈門僑批增長額3,220萬元的62%。黃奕住匯回廈門的資金,並未都用在廈門,有的用在上海中南銀行,廣東潮汕鐵路,1919年至1927年間,用在廈門的錢,如屬於他自己所有的房地產、自來水公司、電話公司及廈門大學、廈門中山醫院、廈門中山圖書館及其他如捐建同文中學奕住樓、街道工程以及慈善事業捐款,還有廈門商業銀行等其他投資,各項款項合計不下五百萬元。據林金枝教授在《近代華僑在廈門投資概況及作用》書中統計,1919年至1927年,華僑在廈門的投資,平均每年2,025,000元,則這個時期的投資總額為1,620萬元。黃奕住佔31%。

　　僑批歷時近兩個世紀的發展演變,直至二十世紀七十年代歸口中國銀行管理,1983年11月,黃聚德堂出售黃奕住在海外部分銀行股票,匯回國內上海5,100多萬元外匯,成為中國有史以來最大一筆僑匯,正是通過中國銀行辦理。福建僑批終成歷史,多年來,福建閩南僑批與廣東潮汕地區僑批的歷史資料,受到學術界及各界的研究關注,「僑批檔案」三年間進入三個級別:2010年2月,被國家列入《中國檔案文獻遺產名錄》,2012年5月,又被列入《世界記憶亞太地區名錄》。隨後中國國家檔案局向聯合國教科文組織申報,將中國福建、廣東「僑批檔案」列入《世界記憶遺產名錄》,2013年6月18日成功入選,這是迄今為止福建首個入選該名錄的項目。

❷ 設立金融分支機構，打破洋資銀行的壟斷

為方便融通資金，黃奕住在廈門設立的金融機構，投資的銀行，其總行設在廈門或在廈門設立的分支機構，有如下表：

黃奕住在廈門投資的金融機構

單位：萬元

創辦年份	企業名稱	行業類別	合資或獨資	投資人	該行資本額	其中黃家投資額	幣制名稱	備註
1920	日興銀莊	錢莊	獨資	黃奕住	10	10	銀元	1934年歇業。
1920	廈門商業銀行	銀行業	股份	黃奕住	60	2	銀元	1935年倒閉。
1921	中興銀行廈門分行	銀行業	股份	黃奕住	15	15	銀元	廈門分行資本額。1935年停業。
1922	中南銀行廈門分行	銀行業	股份	黃奕住	750	525	銀元	總行資本額。總行設在上海。
1922	華僑銀行廈門分行	銀行業	股份	黃奕住	500	50	叻幣	總行資本額。總行設在新加坡。

在廈門的現代化進程中，黃奕住對廈門資金市場的貢獻有三，一是帶回大量資金，其數目超過1919年以前廈門地方金融機構資本的總額，也超過這些金融機構存款的總額。其資金量之大，已非本地資金市場所能容納，後來逐步疏通到上海等地。二是增設大量金融機構，以便從國外和國內各地融通資金。其中有他獨資辦的，有他的兒子及夥計辦的，也有他投資的銀行在廈門設的分支行。如果把黃奕住帶回的資金比作注入人體所需要的血液，那麼設立這些金融機構則是構建輸送血液的血管。正是這些金融機構的設立，使廈門金融市場大步邁向現代化，並使廈門資金市場與國內國際資金市場進一步連接，保證本地資金量充足，資金流通暢，使廈門不僅成為閩南，而且是整個福建現代化金融中心。三是黃奕住帶回的大量資金和這批金融機構的設立，逐步代替和排擠了廈門的外國金融機構，局部地收回金融市場上的國家利權。

上世紀二十年代以後，隨著金融市場紙幣逐漸取代銀元，中國的貨幣逐漸取代外國貨幣，廈門金融市場上的貨幣逐漸本國化和現代化，使用的紙幣大部分是中國銀行和中南銀行發行的。中南銀行是黃奕住創辦的。黃奕住對廈門地區貨幣的本國化與現代化作出了重要貢獻。

● 中南銀行 1924 年發行的廈門地名紙幣樣本，中南銀行館檔案資料

㈣ │ 投身參與市政建設

1919年4月29日黃奕住從印尼抵達廈門，回顧三十四年前，在此買棹下南洋，他不禁心潮澎湃，看到市政環境依舊破爛不堪，他又感慨萬千。黃奕住定居廈門鼓浪嶼時，鼓浪嶼是租界，有一些現代化設施和建築，而彼時的廈門島則極為落後，市容簡陋，房屋大多是矮小的平房，又髒又亂。

1920年以前廈門之所以很髒，還被稱為「垃圾城市」，與當時的街道狀況有關。那時的廈門實際上還是一個鎮。市區侷促於島西南隅，東沿山，西濱海，北臨箕簹港，南止於澳仔嶺和鳥空園沙灘，略呈三角形。中有鎮南關、麒麟山、虎頭山，連綿自東迤西，橫貫海濱，將全市截為兩段，使廈門市區形成為市中心和市郊廈門港兩部分。市區總面積約5,180畝，除河池和窪地700餘畝外，實際面積4,400餘畝。人口近12萬，人均陸地面積僅2.4平方米，地狹人稠。因居民紛紛想方設法佔用公路以擴大住房，相習成風，街道因之狹窄，一般是寬1.5米至2米，由條石或碎石鋪成，曲折迂迴。由於市區靠山，道路崎嶇，坎坷不平。下水道亦高低凸凹，又無出水的系統溝渠，污水排泄不暢，雨天到處泥濘。即便是商業繁盛地區，有的街道僅寬一米左右，如磁街、史巷、水仙宮、寮仔後等。有的街道，如水仙宮、擔水巷、魚仔市等，長年潮濕泥濘，路人行走極為不便。由於糞便是農家的好肥料，可以賣錢，私人競相設置公廁和便所，街頭巷尾、轉彎抹角處都有便缸。更有人就私有之地修墳埋葬死者，

鎮南關、麒麟山、虎頭山一帶，古墓新墳，荒塚廢穴，縱橫重迭，房屋和荒塚交錯為鄰，活人與骸骨雜居。閩南又有「死貓掛樹頭，死狗放水流」的習俗，河邊樹上，不時掛著死貓。河中海灘經常有腐爛狗屍，臭氣薰蒸，行人莫不掩鼻疾走。加上隨地亂倒垃圾，又無清理機構和設備，垃圾堆積如山，老鼠出沒。每年春夏期間常發生瘟疫，尤以鼠疫和霍亂症最為猖獗。在傳染病嚴重流行的日子裡，商店停市，居民閉戶，全市籠罩在死亡恐怖中。光緒十年六月十七日《申報》第一版〈廈門多疫〉有較詳細報道：「廈門時疫盛行，染之者，一經吐瀉，即時斃命，名為霍亂症。閏五月間，死者聞有七八百人。近則尤甚。有已補閩清縣吳明府承鼎，奉差查勘海口，到廈猝罹此厄。……或以廈地雨暘不調，寒暖倏變，蒸穢之氣一經鬱結，即易遘災。或謂廈地有所謂甕菜河者，污穢不潔之物，充積河中，烈日薰蒸，臭味撲鼻，民間取食，亦易招疾。二說未知孰是。」可知廈門傳染病流行之久遠與嚴重。

二十世紀三十年代，陳達教授在廈門調查，在他的《南洋華僑與閩粵社會》一書中寫道：聽一位太古公司的老買辦說，廈門從前是很髒的。據外國輪船的水手說，還有一個土耳其的城市也極髒，和廈門並列為世界兩大髒市。這種情況一直延續至1920年，才開始轉變。1920年之所以開始轉變，是由於該年成立的廈門市政委員會積極推動了廈門的市政建設。

那時候的廈門，經濟脆弱，政府沒有能力推動基礎設施建設，一些本應是政府份內的事便由市民階層自己去實現，成為了黃奕住為代表的華僑回饋家國的機會，傳主直接參與推動廈門的市政建設。黃奕住踏出國門，在新加坡、雪蘭莪、棉蘭等地漂泊幾年，生活雖苦，卻開了眼界，長了見識，後來在印尼三寶壟，看到和接觸到不少現代化的事物。現在黃奕住選擇廈門作為回國定居和經濟活動的指揮基地，離開了現代化城市的條件，他便無法進行經濟活動。他的生活，特別是他的跨國經營，要求廈門的交通、通訊、金融、商業以及其他相關方面實現現代化。而廈門當時的實際狀況，與此種要求相距甚遠。黃奕住在回國後的最初階段，費了很多功夫來推動

廈門城市的現代化。黃奕住根據自己切身的經驗和見聞，認為要使一個城市進步成為現代型社會，需要很多條件。這要求做多方面的工作，為此，他參與倡議成立廈門市政委員會。

根據黃萱提供的資料，黃奕住在印尼三寶壟生活期間，對該市1906年4月1日成立的市政委員會（Gemeenteraad）及其活動留下深刻的印象。1906年以前，該市禁止談論政治，可以說還沒有政治生活。第一屆市政委員會由三寶壟州副州長普里斯特爾（L·R·Prister）擔任主席，其成員都是委任的，包括荷蘭人、當地土著居民與華人中的知名人士。從1909年成立的第二屆市政委員會起，委員由選舉產生。「市政委員會的委員還不是由執法者（Wethouler）來領導，但他們非常精通有關市政府的各種問題，向市政府提出了各種重要的建議和報告。」在他們的建議下，荷蘭城市管理的機構與制度被移植到三寶壟市。三寶壟市能在1906年以後迅速改變面貌，與這個市政委員會的工作有密切的關係。以經費為例，過去市政建設的一切費用都要通過政府的預算。每鋪設一條人行道或者加寬一條馬路，其費用都必須納入預算。市政委員會成立後，很快就改變了上述做法，即市政建設的一部分費用由市政委員會籌集，而無須政府的預算撥款。這使三寶壟市政府能夠開展許多有關修繕居民住宅和改善人民衛生狀況的工作。例如，過去三寶壟以不衛生城市而出名，1901年和1902年傳染病流行，市民死亡不少。後來，在市政委員德·福格爾醫生等的積極活動下，進行人口死亡統計，修建自來水，新修住宅區，衛生狀況有很大改善。黃奕住親身體驗了這種市政委員會的作用。定居廈門後，黃奕住看到當地政府既缺經費，對市政建設又不甚關心，且效率低下。為了促進廈門市政建設，便想移植三寶壟市政委員會的經驗。

1920年春，廈門市政委員會成立，林爾嘉出任會長，黃奕住為副會長。官、紳、商、學各界人士洪曉春、黃慶元、周殿薰、李禧、黃竹友等二十九人為會董。會所附設在總商會（即現在中山路廈門市工商聯舊址）。1922年林爾嘉出國，市政委員會換屆，黃奕住出任會長，新一屆市政委員會的主要任務是通過各界合作，發動海外華僑

與國內富商投資，開闢馬路，填海擴地，建設公共設施，發展公用事業，並負責工程審議和籌款，下設工程、總務兩課，由剛從英國留學回來、積極支持黃奕住倡議市政改革的會董黃竹友任工程課長兼工程師，擔任工程設計事宜。同時，成立「廈門市政局」，負責執行施工。該局設委員長一人，委員若干人。

❶ 興修馬路與助築海堤

黃奕住和市政委員會的委員們認為，廈門市政的建設，首先要解決交通與街道問題，兩者應同時並舉。他們的行動在1920年春新的市政委員會成立後就開始了。主要的工程是修馬路，同時也改造了街道。

據廈門大學出版社1997年出版的《廈門工商史事》一書，張鎮世在《我所了解的廈門民辦汽車交通事業》中寫道：「1920年春，林菽莊、黃奕住和當時到英國留學回來的工程師黃竹友，提倡市政改革，組織『市政會』。林、黃分任正副會長，黃竹友為工程師。當年夏天開始築路，拆卸民屋。先由打鐵路頭至浮嶼角建一馬路，全長0.7公里，寬30市尺，是為廈門第一條馬路，當日稱『新馬路』，現名開元路。」三十年代初，陳達教授到廈門調查後在《南洋華僑與閩粵社會》寫道：「開元路，寬30英尺（9.1米），長101丈（0.7公里），水泥三合土造，面上加瀝青。成為廈門市內近代化的第一條馬路。人們喜歡在工餘飯後來此散步，成為各種活動的中心。」隨著開元路的竣工與下文所述日興街的興建，廈門市街道的現代化邁出了第一步。蘇大山在《南安奕住黃先生墓誌銘》中，亦將「協助廈門市區之開路以便交通」，視為黃奕住對地方的貢獻之一。

市政委員會成立以後，提出築海堤議題，其目的是使廈門成為現代化的海運港口，同時擴大市區面積。人們在談到廈門早期市政建設或黃奕住對社會的貢獻時，都會談到他對修建海堤與街道的貢獻。例如，張鎮世、郭景村在《廈門早期的市政建設（1920—1938）》中說：「他投資助建了廈門海濱堤岸及一些街道。」他的兒子黃浴沂在《先父黃奕住傳略》中寫道：「氏對廈門之建設資助頗

多，如築路及海邊堤岸等。」六十多年後，1996年8月6日《廈門晚報》葉清〈海堤與海洋地理環境〉文章，對黃奕住的這種貢獻是這樣評價的：「修築海堤對廈門的開發、建設起到了重要作用。最早的築堤工程由第一碼頭至媽祖宮的鷺江道（從1926至1936年歷時十年之久）的修建，帶來了廈門繁華的老市區，並創造最早的深水口岸——太古碼頭（和平碼頭），為廈門開闢對外航運、促進國際貿易起了重要作用。」

　　《廈門市房地產誌》記載，由廈門市政委員會推動的華僑對廈門市政建設的投資，和由之宣導而開始的廈門城市現代化，在1925年以後繼續發展。到1927年，市區有四條馬路在修築，住宅建築面積2,672,967平方米。該年市區人口119,800人，人均居住面積22.31平方米。

❷　實現廈門島與內地的水陸聯運

　　1921年市區內開元路即將完成之時，市政委員會計劃實現市區與市外、廈門島與內地的水陸聯運。其辦法是：由市政委員會決定、由市政局組織拓填廈門通往禾山、五通的公路；由黃奕住的長子黃欽書投資創辦廈禾汽車公司。據廈門檔案館存張鎮世《廈門民辦汽車交通事業的始末》記載，1926年，馬來西亞華僑黃晴輝回國，他與黃奕住、黃欽書商定，由黃欽書邀馮開讓等八人，集資萬餘元，購小汽車兩輛，行駛於美仁官至江頭鄉之間，獲利甚多。這吸引了本地及歸僑投資，資本額擴大到十萬元，組成廈禾汽車股份有限公司，董事會由八人組成，另有八個監事。黃欽書為董事之一。

　　廈門是四面環海的島嶼。直到1928年，廈門與其他地方的客貨往來，全靠帆船渡海，貨物幾次卸下裝上，既耽誤時間，又不太安全。黃奕住見此，與黃欽書商議，籌辦海通船務公司，修築晉江縣東石碼頭，購置順昌、順利、順興、順安、順慶等輪船，往來穿行於廈門至安海、東石、集美、高崎等地，解決海上交通運輸問題。據黃家後人回憶，船務公司最興旺時有六艘船，其中有一艘「順安號」是上海江南造船廠造的，那船很好很豪華，跑得又快。抗日戰爭中，

這些船都被國民政府徵用，抗戰勝利後，國民政府既沒有歸還，也沒有賠償。

廈禾公路的修成，廈禾汽車公司與海通船務公司的創辦，使廈門實現了水陸聯運。1929年，閩南各縣官辦或私營的汽車公司，紛紛與廈禾汽車公司掛鈎簽訂聯票聯運協定。五通線由全禾、巷南、泉安三公司聯運。高崎線由全禾、同美、泉安三公司聯運。五通添設兩艘小汽船，航行沃頭。高崎添設一艘小汽船，航行集美。實行聯運後，由內地買票可直達廈門，手續比以前簡便，時間比以前快捷，乘客劇增。水陸聯運的實現，對促進閩南地區城鄉物資交流、旅行及各項事業的開發起了重要的作用。這使廈門交通邁入現代化，為廈門經濟在二三十年代的高歌猛進，創造了一個重要的條件。

❸ 更新市容面貌的地產投資者

黃奕住與廈門城市現代化，特別是與廈門市區街道建設關係密切的事項之一，是他在廈門投資房地產及興建自己的住宅。

在1934年以前廈門私人出資興建的房屋中，以黃奕住的為最多。如果不計地皮的價值，單算房屋的建造費，黃奕住所費當不下三百萬元。廈門興業地產公司1934年估計，有兩個「華僑黃君」的地產和地皮投資均為兩百萬元。這兩個「黃君」當為黃奕住和黃仲訓。1934年廈門市工務局統計：「民間年來的新建築物，估價約1,500萬元。此項投資，至少十之六七出於華僑。」則黃奕住佔其中的五分之一。1938年以前，華僑和銀錢業投資於廈門房地產的資金，總計不下八千萬銀元。據林金枝在《1875—1949年華僑在廈門的投資及其作用》一書中的統計，1927—1931年，華僑在廈門投資的房地產業較大的有26家，投資額達到3,000萬元。黃奕住在廈門的房地產均置於1938年以前。根據其遺產中所列項目，計有營業性的房地產39項，金額1,294,612.17元；地產16項，金額534,988.97元；非營業性的產業5項，金額850,954.9元。三項合計金額2,680,556.04元。據廈門市檔案館存廈門市房管局1957年廈門房地產管理處的調查統計，黃奕住佔有地產51,500.8畝，在廈門房產投資戶中居首

位。就時間而言，黃奕住在廈門的房地產投資，高潮是在1920至1925年。

黃奕住投資於廈門市區的房地產，位於港仔口、賴厝埕、大史巷、寮仔後、大走馬路、石埕街、斗美街、九條巷、中街、竹仔街、水仙宮、提督路頭、中正廟、戶部大厝、二王街、竹樹腳、上田、甕菜河、升平路、山仔頭。在外海灘、鷺江道、左城路、虎園路等處亦置有地產。黃奕住在廈門市區投資的地產主要是商業及住宅建築，大都是建成後出售，這些投資經營的建築物從設計、建材、風格等，都具有現代性，美觀大方，華洋風格兼具，當時盈利甚豐。

為了管理營業性房地產的投資與收入，黃奕住於1930年獨資組建黃聚德堂房地產股份有限公司，負責管理其在廈、鼓的房地產及所置地產物業，主要是鼓浪嶼的房產，其中包括黃家花園、觀海別墅及為子女所建的住房；建築用於出租的房屋，如鼓浪嶼日興街整條街兩則的店面及樓上住宅；所辦企業的營業用房。這些房產均以黃聚德堂登記為業主，也就是後來研究黃奕住的學者所說的，黃奕住在鼓浪嶼建有超160幢房產（包括別墅）的由來。

在廈門市現代化進程中，黃奕住在街道、房屋現代化方面的貢獻是顯著的。黃奕住等歸僑倡議改善廈門市政，又投大批資金於房屋、街道、交通的建設，使廈門在1920年後的十餘年間，市容面貌更新，市民住房條件改善。一個長期住在廈門竹樹腳禮拜堂（教堂）的牧師說：「廈門近年的市政，真有驚人的進步！在1919年，本地的紳商人士，因街道狹隘，病疫時生，於是成立市政會，改革市政，結果第一條近代式的街道（開元路）就與廈門居民見面了。」研究閩粵華僑的著名社會學家陳達，在1929年和1934年冬季兩次遊歷廈門後寫道，廈門市的新市政，除街道外，當推房屋的改造，……近年來南洋的富僑往往投巨資於房產業，因此廈門有許多近代化式的高樓，建築比較堅固，設備比較適合衛生，廈門市內不僅是商業建築改換一新，即住宅區域，也有改良，云云。

㈤ │ 投資經營公用事業

黃奕住定居廈門後，對市政建設的關心除街道、住房外，就是市內公用事業的建設。他一有空閒時間，便到處觀山審海，探索利用自然資源，為他的投資尋覓理想的場所，同時也為桑梓造福。在他看來，廈門迫切需要興辦或改進的有四項——電燈、電話、自來水和海輪服務，也是現代都市所必須的公用設施。在這四大公用設施中，電燈、電話與自來水當時均列入工廠類。根據抗戰前的調查，廈門共有21家工廠，資本總額530餘萬元，工人730人。其中，自來水公司、電話公司、電燈公司與淘化公司罐頭廠是建廠較早、資本多、規模大、影響力強的四個企業。前三項都與黃奕住有關。

❶ 合資主持創辦遠東第一水廠

廈門是一個淡水資源缺乏的城市。據公開資料顯示，上世紀二十年代，廈門和鼓浪嶼都是小島嶼，四面環海。海水非常充足，但是不能飲用。《廈門市誌》寫道：「廈門淡水資源緊缺，歷史上靠山的居民大都飲用井水和山泉，濱海地帶居民飲用水則靠內地船運送淡水供應，每噸水的價格高達1至1.5銀元。若遇風雨，水船阻航，即發生水荒。」由於居民飲水大都靠運水船從九龍江淡水區運來，由賣水的販子挑擔出售，現在廈門鷺江道旁還有一條擔水巷。這種「船仔水」既未經過消毒，又幾經周折，沿途污染，每當春夏之交，鼠疫、霍亂、瘧疾、腸炎等瘟疫滋生。

祖籍廈門鼓浪嶼的新加坡歸僑林振勛，有一個兒子林全誠在美國哈佛大學讀水利工程專業，有一天，他從大不列顛百科全書看到，廈門每年因為水源不潔導致超過兩千人患流行病死亡，也因此被評為當時最骯髒的城市之一。他很有感慨，回國後組織幾個志願者進行建廈門自來水廠的工程勘察，形成一份建議報告提交當局部門，但沒有得到回應。直至1920年春，廈門市政委員會成立，黃奕住為副會長，看到這份報告，發起籌辦廈門自來水公司。他與林爾嘉會長找到林振勛以及廈門商會會長洪鴻儒等幾位華僑，一起

著手籌辦。1921年6月15日召集第一次籌備會議，會議由林爾嘉主持，黃奕住沒有出席，主要原因是6月5日，中南銀行在上海成立，黃奕住任董事長。7月5日，中南銀行上海總行開張營業。7月20日，黃奕住才從上海搭綏陽號輪回廈門。1922年林爾嘉出國，市政委員會換屆，黃奕住出任會長，再次發起自來水公司籌辦會議，進入實質的事務。據《申報》1923年3月21日報道：「廈門自來水公司於3月7日假座黃奕住君宅內開發起人會，發起人出席者黃秀烺、黃乃川、吳蘊甫、邱世定、黃奕住、黃世金、黃仲訓、葉心鏡。」公司設股本一萬股，每股一百元，共一百萬元。決定收足股本後選舉董事會，發起人會後的4月3日，黃奕住先認購兩千股，出資二十萬銀元。為第一大股東。林振勛認七百股，投資七萬元，為第二大股東。自小生活在廈門的鼓浪嶼人林聰明，對廈門自來水公司股東投資做過研究，他從現在的廈門水務集團檔案室查找了當年商辦廈門自來水股份有限公司的股東名冊原始檔案，公司歷史上曾經五次募集股份，從五本股東認股名冊中，具體查證了黃奕住家族認購股票投資的具體數額為418,400元。在1927年和1930年黃奕住家族投資認股的名號有：黃

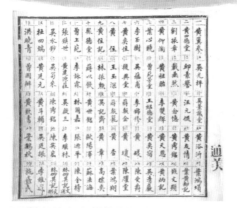

● 商辦廈門自來水公司股東檔案

● 黃奕住入股記錄檔案，林聰明攝

奕住、黃住、黃住記、黃翼參、黃欽書、黃浴沂、黃友情、黃鼎銘、黃天恩、黃錦記。在1932年的股東名單中，黃奕住家族除上述十個名號外，認股的名號還增加了黃聚德堂和黃章、黃杏、黃瓊、黃羨（黃萱的名號）。這樣黃奕住家族在股東名單中就有十五個名號出現。由此說明，黃奕住絕對是商辦廈門自來水股份有限公司最主要的發起者和最大的投資者。

1923年5月，公司定名為「商辦廈門自來水股份有限公司」，由黃奕住負責操辦。黃奕住聘請了林振勛兒子、專攻水利建設工程的林全誠，擔任自來水公司的總工程師，月薪260元大洋。公司成立後，設董事會，其中常務董事七人，黃奕住為董事長，黃慶元（黃世金）為副董事長。黃奕住與其他六位常務董事、總經理周幼梅、總工程師林全誠每星期開會一次，研究一周的大事。日常事務由黃奕住、黃世金、周幼梅、林全誠四人開會研究。如有事不能解決，

● 商辦廈門自來水股份有限公司股票，檔案資料

再請其他五位常務董事開會議決。如果再不成，就召集臨時董事會解決。1924年4月30日，中華民國實業部頒發給商辦廈門自來水股份有限公司執照，執照中寫明——所營事業以供給全廈門及鼓浪嶼用水為營業；股份總銀數：二百萬元；每股銀數：一百元；本店所在地：營業事務所設在廈門水仙宮，蓄水池設在廈門禾山上里，沙濾池及清水池設在廈門禾山赤嶺，分水池設在廈門鼓浪嶼。」

公司董事九人：黃奕住、葉心鏡、林振勛、葉鶴秋、吳蘊甫、黃慶元、黃欽書、黃世銘、戴蒸然。黃友情、李雙輝為公司監察。公司成立後，隨即進行自來水工程建設。總工程師林全誠隨後又請來美國水利工程師衛根協助，一起勘察水源、選擇廠址，進行工程設計。他們幾乎走遍了廈門島內的山巒峽谷尋找合適水源地，經過幾

個月的探測，林全誠與衛根在曾厝垵上里村發現一處絕佳山谷，這裡三山環抱，水源充沛，砌石築壩，可將泉水和雨水集儲其間，這就是後來的上里水庫。

廈門自來水公司在設計用水量時，力求能滿足廈門市區、鼓浪嶼居民的全年用度，以免發生水荒。工程包括：在廈門島東南部的上里山曾厝垵附近築壩蓄水，建成一座容量為一百萬立方米的水庫；在南普陀寺西北側建成一座日製水能力五千立方米的赤嶺水廠及濾水池、清水池；鋪設輸水管道、配水管道等。工程1924年在上海招商投標，有中、英、荷、德、美、日等

● 上里水庫大壩，檔案資料

六國的公司投標，1924年8月23日，西門子公司以九十二萬元中標承建。同年年10月動工興建，1926年7月，工程初具雛形，開始試行送水，市區供水管網26.1公里。1926年10月28日，召開商辦廈門自來水股份有限公司成立大會，並通過章程，黃奕住當選為董事長和辦事董事。1926年11月開始營業供水，1927年工程全部完竣，公司正式營業。先租借太古公司的房屋辦公，後在鷺江道水仙路建五層樓的自來水公司大樓（現在廈門國際銀行原址）。

廈門自來水公司竣工，為廈門市區居民飲用水開了新紀元，廈門居民的飲水問題開始逐步得到解決。1929年，黃奕住開始解決鼓浪嶼的用水問題，公司又集資九十萬銀元，1930年，黃奕住聘請俄籍工程師華拉素與林全誠設計，建設廈鼓上下水碼頭，並購買大小水船三艘，拖輪一艘，通過船運供水，用船載水過渡到鼓浪嶼，在鼓浪嶼建一水塔，1932年正式對鼓浪嶼居民供水。水船每日把濾清的水從廈門市區運往鼓浪嶼的西仔路頭，送到水塔，在鼓浪嶼梨子園和日光岩，分別與建造低位水池和高位水池及相應配水管道，用電機抽至蓄水池。供水是先經過配水庫，貯存一定的水量作短暫備用；紓緩耗水高峰壓力，可以在維修或突發情況時，繼續維持供水穩定。此設計和建築至今仍在日常運作，成為廈門現代化市政建設的組成部分。此種長遠規劃見證黃奕住的家國情懷和商業眼光。

● 廈門自來水股份有限公司辦公樓，林聰明提供

　　廈門自來水公司因其設備先進，管理嚴格，上里水庫的水源又好，所供水的品質極高。當時廈門成為通商口岸，很多來往於廈門的外國船隻靠岸補給，用的是上里水庫的水，各國商船，在試用廈門自來水公司所供之水的過程中，經過多種儀器的化驗，確認廈門自來水的水質在東亞居第一位，廈門自來水公司由此獲「遠東第一水廠」之稱，名聲遠播，中外經過廈門的輪船，均願在廈門添水。於是，該公司1932年購造小汽船一艘，名曰「甘露」，速率較高，專供輸送各商船吃水之用。外國船來裝水，每一噸水費五角，僅此一項，每年收入可達三十萬元。

　　廈門自來水公司從事的雖是公用事業，但其實也是賺錢的行業。1928年已有700用戶，1929年1,200戶，一年內增加了七成。1931年2,375戶，比1929年又翻近了一番。1932年增至2,532戶。由於用戶猛增，公司的營業狀況良好，年年有盈餘，積累增多。1932年，鑒於廈門市政擴展，居民激增，水量不敷供應。公司於是再增資，在上里至赤嶺增裝水管線一條，在赤嶺增建沙濾池一座，每日濾水量增加到1,636噸。1933年用戶增加到2,633戶。1934年，國民政府實業部發給執照列設字701號，准予專利三十年。林聰明說，從三十年代廈門《華僑報》等舊報紙的資料中看到，1935年，自來水公司獲利十二萬餘元，公司資產2,424,129元。自來水公司從開始營業直到日本侵

● 鼓浪嶼自來水低位水池和管理房，林聰明攝

略軍佔領廈門之時，始終有盈利。1938年5月，日本侵華軍佔領廈門後，該公司為日偽劫奪，日偽劫奪廈門自來水公司後，進行掠奪式經營。1945年抗日戰爭勝利後，國民政府將該公司據為己有。

　　自來水公司當年建設的曾厝垵上里水庫、南普陀赤嶺水池、鼓浪嶼日光岩水池、鹿礁路水池、新路頭碼頭海上抽水站、地下管網等，至今還在使用，為廈門市民提供清潔食用水。有人說，上里水庫的歷史就是一部廈門的自來水歷史，因為自從有了上里水庫，廈門才有了自來水。當時廈門成為通商口岸，很多外國船隻靠岸補給，用的是上里水庫的水，水質被譽為「亞洲第一」。2014年11月，黃奕住最小的兒子黃世華攜夫人到上里水庫回顧歷史，他說：「我爸爸建上里水庫，絕對不是為了自己，他是為了廈門人能喝上乾淨的水。」從上里水庫建成蓄水至今，整整九十五年過去了，大壩還沒聽說過

有滲水，2016年上里水庫大壩被市政府列為第六批廈門市級文物保護單位。

❷ 獨資創辦廈門電話公司

1871年，廈門與上海一起成為中國最早出現電報通訊的城市。清光緒三十年（1904年），日本人率先將電話技術引進廈門。清光緒三十三年（1907年），華僑林爾嘉在廈門寮仔後，投入資本二萬元。創辦了中國最早的民營電話公司——「廈門德律風（電話）公司」（「德律風」是英文電話Telephone的音譯），容量僅四百門磁石式電話機，通話範圍限於廈門市區。費用昂貴，用戶稀少，到1921年才112戶。鼓浪嶼當時是公共租界，民國元年（1912年），日本人川北德廣（Kawakita）經政府工部局註冊許可，也在鼓浪嶼開設一間「川北電話公司」，該公司也只有81用戶。這兩個公司的設備都比較落後。

1919年黃奕住回國後，看到廈門是重要的通商口岸，商業繁盛。可是，電話設備不夠完善，不能滿足群眾需要，更不能適應他定居廈門，經常要與福州、漳州、廣州、香港、上海及印尼、菲律賓、新加坡等地通訊的需要，此外，隨著廈門市政建設開始發展，原有的電話通訊已不適應發展的需要，黃奕住深感發展廈門內外通訊聯繫的重要性，決定創辦一個較大的電話公司。林爾嘉見黃奕住熱心實業，又知他有經營才幹，於1921年4月16日，將廈門德律風公司的所有權割讓與黃奕住，承盤十萬元。黃奕住同意承接，並開始籌建商辦廈門電話股份有限公司（以下簡稱「廈門電話公司」）。原有的電話公司設備簡陋，器材陳舊效率低，黃奕住再投資三十萬元，在廈門賴厝埕（今大元路）建築新總機房，改良電話線，添設新器材，包括改裝共電式交換機及所有附屬設備。向美國開洛公司訂購共電式交換機等設備，先訂電話機480門，後又追加120門，取代日漸落後的日本磁石式交換機；他派送部分老接線員赴上海電話公司學習深造，提高業務水準，改進工效；並大膽招收選用一批有文化的女青年充當總機接線員，先經訓練實習，然後工作；他還為固定客戶

所想，給予配兩副乾電池備用急需，用戶深感滿意，在短期內要求新裝電話者竟達千戶以上。

黃奕住接手廈門德律風電話公司後，因為他住鼓浪嶼，看到鼓浪嶼的電話業務操在日本人的手裡，川北興德律風兩個電話公司屬於不同國籍的人所有，彼此沒有聯繫，廈門與鼓浪嶼之間雖僅一水之隔，卻不能互相通話，用戶常望海興歎，殊感不便，因此他下定決心設法收購川北電話公司。他函託鼓浪嶼工部局出面居中接洽。經過許多周折，多方努力，終於在1923年8月，以23,250元的價格，將川北電話公司收購自辦，在鼓浪嶼龍頭路設接線站。接著黃奕住從上海聘請來一位高級工程師錢咸昌，設計敷設廈鼓之間的海底電話電纜及陸上線路。1923年10月11日開始施工，經過百日奮戰，1924年初竣工，首次實現廈鼓兩岸電話相通。至此，黃奕住統一了廈門市電話通訊，當年這在全國電話業中也是破天荒的壯舉。

此後，他又將電話網絡覆蓋區域擴展至漳州、石碼、禾山等地。為了溝通廈門與漳州的通訊聯繫，1925年4月，黃奕住出資十萬元，派他的族弟黃奕守與廈門電話公司工程師錢咸昌，到漳州和石碼創立通敏電話公司，設漳州市內電話。一年後在石碼、海澄、浮宮、南靖、靖城、天寶、浦南等地設立分線，進一步溝通了廈門與內地的通訊聯繫。通敏電話公司的招工簡章被福建省檔案局收藏，成為華僑回鄉帶來現代化通訊手段和管理方法的見證。接著黃奕住又派錢咸昌工程師到泉州勘測，籌劃泉州、永春等地與廈門的長途電話，後因軍閥割據、地霸橫行而未果。

黃奕住獨資經營的廈門電話公司，於1929年11月20日報請交通部立案，申請立案時，黃奕住聲明該公司「以服務桑梓

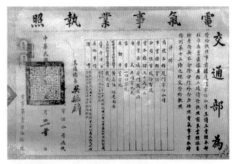

● 交通部發給廈門電話公司的營業執照（複製品），陳芳提供

為宗旨，不以牟利為目的」。以此主旨辦的私人電話公司，全國獨此一家。申請立案獲准後正式領照營業，公司資本額增至一百萬元。

公司申請經交通部批准後，1933年9月10日，黃奕住召集全體股東在鼓浪嶼觀海別墅開公司創立大會。由黃奕住報告公司創立經過，訂立章程，選舉黃奕住、黃欽書、黃浴沂、黃友情、黃鼎銘、黃天恩、黃天錫等七人為董事，黃奕守、戴蒸然等為監事，公推黃奕住為董事長，公司宣告成立。董事七人，除黃奕住外，其餘六人中，五個是他的兒子，黃天賜是他的胞侄；監事兩人，戴蒸然為黃奕住的夥計，黃奕守是黃奕住的族親，也是夥計，這個公司是黃奕住家族經營，聘汪慕常為工程師。1933年10月11日，該公司報請福建省建設廳轉實業部，核准擴大股份為一萬股，每股一百元，資本總額一百萬元。1934年6月8日實業部發給廈門電話公司設字第726號執照。黃奕住以董事長身份發表講話，他在追述公司開辦之初的過程時說：「竊敝公司自1921年承接舊公司時，用戶僅有112家。經敝公司之苦心經營，竭力整頓，即於是年更換共電式之新機，頗臻完善，各用戶咸嘖嘖稱快。蓋敝公司繁以地方交通利便為職志，故不惜巨資作此番之改良。旋又感於廈鼓只隔一水，而彼此各自為政，以致氣不能通，殊為缺憾。爰於1923年，苦費心力，收回外國人在鼓浪嶼之電話敷設權，其時用戶只八十一家。收回以後，敝公司即安設海線，廈鼓間遂告通話，愈形便利，用戶乃日見增多。迨1926年，經徇漳碼人士之請，而漳州通敏電話公司亦因以成立焉。」

1935年7月1口，實業部發給漳州通敏電話公司執照。此時，黃奕住在廈門電話公司的投資，連同通敏電話公司的股份，共二百萬元。

廈門電話公司自1921年創辦以後，營業情況甚佳，從該年起至1935年，平均每月收入盈利一萬餘元。在黃奕住統一全市電話的1923年，廈門地區電話容量為五百門，此後用戶每年有增無減，到1936年，廈門市電話的實際裝機戶數2,400號，電話機達3,000台，每千人擁有電話機兩部，居全國前茅。電話是現代通訊不可缺少的工具，在二十世紀上半葉，衡量一個城市現代化程度標準之一是每

千人擁有電話機的數量。另外，電話公司在廈門市內及鼓浪嶼人流密集的商業街添置公用電話亭，公司也兼辦漳廈長途電話中轉站，不但市內通話方便，還能與禾山、石碼、浮宮、海滄、漳州、南靖等閩南部分大小城鎮直通電話。電話公司的營業額也逐年遞增，1936年突破三十萬大關。

1937年7月抗日戰爭爆發，廈門處在日本侵略軍的威脅之下，為了避免損失，廈門電話公司準備遷往漳州未果。1938年5月間，日本侵略軍佔領商辦廈門電話公司市區交換所，竊奪所有設備。只有鼓浪嶼交換所因是外國人居留地所在，得以繼續經營至抗戰勝利。淪陷期間除鼓浪嶼交換所留用人員外，廈禾兩交換所人員全數遣散，轉入內地謀生。日偽統治期間，廈門市區與鼓浪嶼的電話聯絡於1938年12月13日開始恢復。1940年11月11日，由敵偽政府為主成立「廈門電氣通訊股份有限公司」，廈門電話公司的設備系統被日本人佔用。太平洋戰爭爆發後的1941年，鼓浪嶼也淪陷了，廈門敵偽市政府為取悅日軍，提出他們成立的「廈門電氣通訊股份有限公司」的股份分配方案：政府出資16萬日元，日本國際電訊株式會社出資14萬日元，日資福大公司出資65,000日元，而將黃奕住的商辦廈門股份公司原有的電訊大樓房產、機房設備、倉庫備品備件及海底電纜估價10萬日元參股。該公司派日本人到上海，要求黃奕住與他們合作。黃奕住回答說：「你們或者把電話公司還給我，或者把電話公司拿去。」指明日本人是強佔了中國人財產，拒絕與日本人合作，態度鮮明、堅決。關於黃奕住在廈門辦起的電話事業對廈門現代化的作用，以及廈門電話公司後來的情況，1947年8月廈門市商會編的《廈門市商會復員周年紀念刊》中《商辦廈門電話公司概況》有簡要而客觀的記述：

「廈門市內電話之設立，早在民初。當時設備簡陋，難應公眾普遍需求。迄民十三年，故華僑巨子黃奕住君有鑒於電話乃交通要政，不僅便利公眾，且有助於推行政令，協維治安，遂集資創設商辦廈門電話股份有限公司。……於民十八年正式呈准立案，領照營業，以服務桑梓為主旨，不以牟利為目的。並以餘力創辦漳州、石

碼、海滄三處市內電話，及敷設漳廈長途電話，各地交通，因以利暢，公眾稱便。廈埠今日繁榮，該公司與有功焉。民廿七年五月廈門失陷，該公司淪敵七載，損失慘重。其時該公司廈所全體員工不為敵用，決然撤退，大義凜然。光復後，廈所先由政府接管，幾經呈訴，始於卅五年四月十一日奉准發還，原有美國式設備殘剩不及45%。該公司接收於浩劫之餘，百孔千瘡，又處物價不斷升漲，材料來源斷缺之維持殊費苦心，據發表卅五年度營業報告虧損達國幣九千萬元。」

抗日戰爭結束後，廈門電話公司一度被國民政府接管，因公司是黃奕住獨資創辦的，幾經爭取，1946年4月歸還黃家經營。而黃奕住1945年已去世，該公司由三兒子黃浴沂出任董事長，聘請董事黃天賜兼任公司經理。1949年黃浴沂辭任往新加坡居住，黃欽書接任董事長。電話公司在鼓浪嶼有營業所，主任是黃奕住第七子黃德隆，臨解放前他要到香港定居，告訴大哥黃欽書說他要走了，人走之後營業所主任就由黃長溪接任。1949年春，在上海大夏大學外語系讀書的黃長溪剛滿二十歲，風華正茂。大夏大學是廈門大學一批師生於上世紀二十年代中出走上海另起爐灶創辦的，也是華東師範大學的前身。黃長溪接到父親黃欽書之令輟學返廈，當上鼓浪嶼交換所主任，開始了他的經商生涯。1952年底，公司經理黃天錫去世，黃長溪接任廈門電話公司代總經理兼廈門廈禾汽車公司經理，時年二十四歲。1954年9月，廈門電話公司成為全國首批實行公私合營的企業，黃長溪擔任第一副總經理。

一百年前，黃奕住先知先覺，強烈意識到電話對國計民生的重要作用，從1921年4月承盤德律風電話公司開始，傾注精力、財力，大膽設計了廈鼓電話圈。經歷黃奕住、黃欽書與黃浴沂、黃長溪三代人的嘔心瀝血，這一設計至今仍對廈門電信公用事業的發展產生積極的影響。

❸　入股廈門、鼓浪嶼兩地電燈公司

黃奕住定居廈門時，該地已有兩家電燈公司。一家是陳祖琛發

起的「商辦廈門電燈電力股份有限公司」，人們習慣上簡稱它「廈門電燈公司」。1911年籌辦，1913年投產發電，設備比較先進。隨著廈門市區發展，原有的電力供應不足，1921年黃奕住等華僑注資，增加發電量。在林金枝、莊為璣編輯的《福建華僑工業調查》有所記錄：「1921年黃奕住投資廈門電燈公司，資本額一百萬元，全係僑資。」另一家是1913年英國商人皮利的偉仁洋行，在鼓浪嶼設立電廠，安裝電燈，名曰「偉仁電燈公司」，廠址在今電燈巷。該公司於1917年、1923年、1927年三次轉手，先賣給上海英商禮昌洋行，易名禮昌電燈公司；再賣給香港滙豐銀行所屬的香港電燈公司，更名為鼓浪嶼電燈公司；又賣給廈門和記洋行。1926年廈門人民開展收回租界的鬥爭，其中抵制電燈運動提出了收回電燈權，並由此成立爭回電燈權委員會。1928年，鼓浪嶼工部局迫於形勢，以公開招標形式決定鼓浪嶼電燈公司經營權。有四家中國人商團參加投標，一家中標，遂改名「鼓浪嶼中華電氣股份有限公司」（或說名稱是「鼓浪嶼電燈電力股份公司」），實現了贖回自辦的目的。1929年春，該公司發行股票二千股，每股一百元，集資二十萬元。投資者大多是華僑。1932年，經理一職由黃奕住的管家黃省堂擔任。黃奕住在1943年的遺囑中提及有鼓浪嶼電燈公司股票八千元。從由黃省堂任該公司經理及黃奕住常將股票分贈給子女等情況來推測，1932年前後，他掌握的該公司的股票當不止八千元。

　　黃奕住在廈門的投資建設和經濟活動，成為廈門城市現代化的推動者，為廈門城市的現代化及二十世紀二三十年代的經濟起飛奠定基礎。那時候居住在廈門的人，每天的生活都與黃奕住有關，廈門的自來水公司和電話公司，都是他辦的，他也入股電燈公司，市民每天打開水龍頭或拉電燈開關、打電話都會接觸到；廈門的第一條現代化馬路開元路他有份投資興建，廈門許多住房他也有份投資建築，人們要離島外出，汽車公司、輪船公司的車船也是他投資創辦的，甚至手上花費的鈔票，也有他的中南銀行印發的錢。可以這麼說，那時候，在廈門市區、在鼓浪嶼島上，幾乎每個角落都可以看見黃奕住建設的事業，黃奕住對廈門城市現代化之成型，傾注了

大量的心血，一百年以後的今天，黃奕住留在廈門的業績，仍然可以讓人直接看到的，他建設的供水設施、電話海底電纜，至今仍在使用。他當年為改善民生捐辦醫院、學校、圖書館等，投資興建的其他公共設施，今天仍在惠及當地百姓，廈門的發展歷史，應該記住這位華僑巨商的貢獻。

六 ｜ 毋忘國恥，爭回鼓浪嶼租界的主權

❶ 租界的由來及演變

1842年8月29日，鴉片戰爭後，中英代表在停泊於南京下關江面的英軍軍艦上簽署了《南京條約》，開啟了近代中國的屈辱史。

按照條約內容，清政府除了割讓香港島、向英國賠款外，還須將廣州、福州、廈門、寧波、上海五處設為通商口岸，允許英人居住並設派領事。與廈門島咫尺之遙的鼓浪嶼，自然也難逃洋人染指，清政府也很配合地在條約上寫下「鼓浪嶼仍由英國人暫居」的文字，鼓浪嶼從此開始了一個多世紀的滄桑歷程。1844年，英國第二任駐廈領事阿禮國一上任，就大手一揮在鼓浪嶼建領事館，連向清政府打一聲招呼都沒有。德國人同樣對鼓浪嶼虎視眈眈，與英國人合夥在島上成立「鼓浪嶼道路墓地基金委員會」，想坐實兩國對鼓浪嶼的行政管轄權。1895年甲午中日海戰，清政府戰敗後割讓台灣及澎湖列島予日本，形勢有了新變化，日本人企圖獨佔鼓浪嶼，強行低價買下鼓浪嶼一大片土地，並向清政府提出在鼓浪嶼劃地並設立「專管租界」，引來英、美、德等其他列強不滿。據歷史學者考證，為「杜絕日本獨佔野心」，時任美國駐廈門領事巴詹聲拉攏其他國家駐廈領事，找到閩浙總督許應騤，提出把鼓浪嶼劃作公共租界。閩浙總督上報朝廷，弱國無外交，朝廷又要面子，找個台階下，將之稱為「公共地界」。1902年11月21日，《廈門鼓浪嶼公共地界章程》正式生效，鼓浪嶼從此成了實質上的公共租界，租界是列強國家的一種侵略行徑。隨後鼓浪嶼即成立由洋人把持的市政管理機構「工部局」和審判機構「會審公堂」，自此淪為獨立於清政府管轄

體制之外的「國中之國」。在這樣一座連巡捕都是由外國人擔任的小島上，鼓浪嶼逐漸成為西方文化的匯集之地。舊中國時期有兩個公共租界，就是上海和鼓浪嶼，在鼓浪嶼的租界中，先後有英國、美國、法國、德國、日本、西班牙、荷蘭、菲律賓、比利時、奧地利、丹麥、挪威、葡萄牙、瑞典等十四個國家使用，比同期的上海還多。在此後的近半個世紀，鼓浪嶼沒有主權，只有西方文明風氣和華僑資本的湧入。

1919年4月，功成名就、立志興業報國的黃奕住回國選擇定居鼓浪嶼，他初到島上看到的是在列強治下的公共租界，在這多個列強國家共同佔用的租借地，洋人耀武揚威、生活舒適，而中國人卻處處被排擠壓迫，就連島上的建築，也大都是外國人興建的別墅。黃奕住是帶著痛苦的心情離開印尼的。荷印殖民政府對華僑的種種無理迫害行為，在黃奕住的心頭刻下深深的傷痕。這種殖民統治下的切膚之痛，黃奕住在海外已受了三十多年，深有體會，他對列強欺凌同胞的行徑深惡痛絕。於是他下定決心要改變這種狀況，首先以自己的經濟實力提升個人在租界的知名度和影響力。為此，他做了幾件事：

一是高姿態為母親做壽，發銀元賑濟窮人，把樂善好施的名聲傳播下來，樹立中國人也可以一展經濟實力的形象。

二是大手筆開發房地產，並從外國人手中買回土地，建設日興一條街，打造黃家花園、觀海別墅等中西合璧的歷史風貌建築，蓋過島上林立的洋房公館，彰顯華人尊嚴。在島上，沒有人擁有的土地比他多，沒有人建的樓房比他多、比他好。廈門、鼓浪嶼傳出新的口頭禪「有黃奕住的富，卻沒有黃奕住的厝」（閩南語稱豪宅為「大厝」）。黃奕住與先

● 黃奕住本人投資建設的中南銀行鼓浪嶼業務樓，檔案資料

後從海外回國居住的華僑及1895年台灣被日本佔據後內渡到鼓浪嶼的仁人志士一起投資房產，使鼓浪嶼建設開發由過去外國人主導轉變為華僑主導。

三是在鼓浪嶼收購日本人德廣的北川電話公司，鋪設海底電纜，統一經營廈門電話公司，並把電話服務擴大到廈門周邊地區，還把自來水引到鼓浪嶼，解決島上居民用水問題。

四是在廈門金融業投資大量資金，在廈門開設黃日興銀莊、中南銀行分行及鼓浪嶼辦事處等金融機構，將金融市場的外資勢力逐步排擠出去。中南銀行鼓浪嶼辦事處地位舉足輕重。因有許多華僑定居，中南銀行承載了整個華南及南洋僑匯的業務，維繫著在南洋打拚的閩南華僑與故鄉之間的聯繫，也是鼓浪嶼這座小島「金融夢」的延伸，當時幾乎每一位華僑名流，都成了中南銀行股東，其中包括菽莊花園園主林爾嘉、創辦廈門近代史上第一家房地產公司的越南歸僑黃仲訓、發起閩僑救鄉大會的菲律賓華僑李清泉、與黃奕住同為印尼糖王的郭春秧、緬甸華僑兄弟王紫如、王其華等人。正是這些人，在1902年《廈門鼓浪嶼公共地界章程》簽訂生效之後的二三十年間，逐步成為鼓浪嶼住宅與公共設施建設、工商業發展的主導力量，共同開創了鼓浪嶼的黃金時代。中南銀行鼓浪嶼辦事處舊址位於由黃奕住本人投資建設的龍頭路商業街，其業務量和盈利能力在中南銀行中首屈一指。

與此同時，黃奕住也開始以政治上合法維權的方式，爭取中國人在鼓浪嶼租界的權益。以黃奕住為代表的一批批海外歸來的華僑華人、內渡的台胞以及島上中國居民，在被西方列強盤踞百年的鼓浪嶼上，留存下不滅的中華文脈香火，將中華文化的基因和明滅未絕的華夏文明之光深深地根植於這小島。他們暗中發力，都在等待鼓浪嶼回歸故國這一天的到來。

❷ 工部局董事會副董事長

自從鼓浪嶼淪為公共租界以後，這個島上的所有事務均由工部局董事會管理。1902年中國外交部大臣曾與有約各國駐京大使商

妥，奏請清朝廷批准《廈門鼓浪嶼公共地界章程》，其中第四款規定，工部局董事會由中國廈門道台委派「殷實妥當」之一二位中國人與五六位洋人組成。而該章程的英文文本中，出任董事的中國人卻寫成只有一人。由外國駐廈門領事組成的「領事團」，以該章程的英文本規定華人董事（簡稱「華董」）一人為依據，只接納華董一人。1909年，廈門道台改派林季商充任華董，「領事團」竟以不合格為由，拒絕接受。道台只好改派林爾嘉接任，林爾嘉原為台灣富紳，甲午戰爭後台灣被日本佔領，他毅然放棄龐大家業，率眷屬內渡遷居鼓浪嶼。那時華董的任命，實際上操縱在外國人手中。在外國人佔絕大多數的工部局董事會的管理下，島上中國商民的負擔日益加重。1922年春，鼓浪嶼商人反抗工部局增設店舖牌照稅，「領事團」通過林爾嘉、黃奕住等島上有影響的華人，出面做工作。黃奕住以調停者身份向島上的中國商人允諾，將爭取取消這項店舖牌照稅，如果爭取不成，此稅由他代交，總之，不會讓他們交此項稅錢。中國商人與工部局的對抗由此緩和，此事使工部局中的中國人意識到華人的力量與作用。隨後，林爾嘉和中國政府廈門交涉員劉光謙發動鼓浪嶼上中國居民的各界代表人物組織「華民公會」，由「華民公會」選派黃奕住、王宗仁（廈門基督教青年會總幹事）、黃廷元（海化公司董事長）、卓綿成（美商美孚洋行買辦）和薛永黍（廈門大學教授）等五人出任首屆華人顧問委員會委員。1923年1月13日，「領事團」同意「華民公會」推舉的五位顧問委員，顧問委員會由此成立。

　　1923年1月16日，顧問委員同工部局董事開了第一次聯席會議，討論1923年工部局的預算案。顧問委員向工部局提出兩條建議：第一，在路上有叫賣的兒童和老年婦女，他們是很貧苦的，生活完全依靠每天所賺的幾個銅板。「我們建議這些人可以免付小販牌照稅。我們認為這些提籃叫賣的小販和那些肩挑的小販要有區別。」第二，「我們認為最好是取消空地的產業稅，因為我們相信這個新稅會引起地城契所有權範圍的糾紛。如果要抵補這年不敷的數字，我們認為可以將工部局所擬的房屋估值比率稍為提高，作為增稅的標準」。第一條建議，在會上即為工部局董事會同意。第二條建議，

經過洋人納稅者會1月23日的討論，也為工部局董事會所採納。

　　1925年上海「五卅」慘案發生後，全國人民反帝情緒高漲。廈門、鼓浪嶼人民高舉反帝愛國旗幟，提出「收回租界」、「廢除會審公堂」的口號。6月25日（農曆端午節），廈門人民舉行反帝示威遊行，聲勢浩大的隊伍渡海到鼓浪嶼，當街宣傳，散發傳單，工部局的洋人董事惶惶不安。此時，由黃奕住、黃廷元、黃仲訓等組織的華民公會提出由該會設董事會、收回會審公堂等主張。這些主張符合廈鼓人民的願望，因而得到各階層廣泛的支持。黃奕住成了島上中國居民與以「領事團」為代表的島上外國勢力鬥爭的領袖之一。

　　1925年5月15日，廈門總商會換屆選舉，選舉黃奕住任第八屆會長，洪鴻儒為副會長。1926年3月1日，華民公會會員代表和廈門各界代表共同在廈門總商會（黃奕住任會長）舉行會議，向「領事團」提出：「工部局董事應定為十一人，華董居七，洋董居四」；「收回會審公堂，改設特別法庭」。5月20日，該委員會通過修改草案，交付各界代表審查。8月12日，經審查委員會修正通過。9月24日，北京外交使團電示廈門領事：鼓浪嶼工部局「准許董事會有三名華董，作為暫時的辦法」。至此，華人董事由一人增為三人。據上海《申報》12月24日報道：「廈門廈交涉員提出黃奕住、王宗仁、李漢清、高振聲、林剛義交鼓浪嶼各社團選三人為工部局華董」。12月27日，由華民公會推選黃奕住、王宗仁和國民黨思明縣黨部常務委員李漢清三人為1927年首屆華董。新的工部局董事會於1927年1月6日召開第一次會議。美國人錫鴻恩被推為董事長，黃奕住當選為副董事長。

❸　鼓浪嶼公共市公約

　　1926年3月6日黃奕住以廈門總商會會長的身份召開華民公會會議，有各界代表出席，他自己也是成員之一，會議議題是成立修改《廈門鼓浪嶼公共地界章程》起草委員會，負責研究修改該章程。鼓浪嶼華民公會提出修改鼓浪嶼章程案，經廈門各界組法權研究會通過，修約起草員李漢青、林和清等七人於3月17日著手起草，19日在鼓浪嶼策進俱樂部召開第二次會議。林和清提出修正意見書，

當經議決：改鼓浪嶼為公共市；改鼓浪嶼章程為鼓浪嶼市公約；公
共市之土地主權仍歸中華民國；市政管理權屬諸本嶼人民，由人民
付與市政委員會執行市政府上一切措施；現在之工部局裁撤，員警
權歸市政委員會管轄；設檢查官檢查民刑訟事。3月21日召開第三次
會議，修訂關於鼓浪嶼公共市委員會之權力及鼓浪嶼市民應享之
權利，詳細列舉市政委員之各項權力及市民各項權利及自由約十餘
條。並於市民自由項下附帶說明，以後工部局（或市政會之員警機
關）之員警，於逮捕人犯時，不得擅施鞭笞，及工部局逮捕人民後，
限於二十四小時內轉送法庭，被捕人之親友，均可提出庭狀請求法
庭審理之。

　　據上海《申報》1926 年7月7日報道，廈門鼓浪嶼修改公共界章
程，改名為鼓浪嶼公共市，公約的修約草案條文於7月3日召集審查
會逐條審定後，即照舊章第十六條規定，呈請廈門道尹及交涉員向
領事團提出交涉，磋議完妥後再分呈我國外交部及公使團批准。修
約條文如下：

　　《廈門鼓浪嶼公共市公約草案》總說明書：此次修正鼓浪嶼公
界章程。改稱為鼓浪嶼公共市。公約條文亦從新釐訂。驟視之幾疑
為全部改造。其實就原章程漢文本而言。固屬改弦更張。若就原章
程英文本觀之。則前今制度精神仍相符合。並根本推翻。蓋方。前
清咸豐時。外人在天津上海等租界內設立管理市政之機關。名之為
Municipal Council。以管理工程員警衛生租稅等。事實則享有地
方自治權之市自治團體理應譯為市自治局或市政局。惜當日我國人
通英語者猶少。翻譯名詞不能恰切。僅就Municipal Council職權
中之工程一部定全部之名稱。譯為工部局以致名不稱實。市自治性質
不能表現我鼓浪嶼於前清光緒二十八年關為公界章程內亦設有工部
局。在英文本仍係Municipal Council。可知當時訂立章程各國實
共認鼓浪嶼為自治市區。所遺憾者其時各國均已立憲。我國則為君主
專制。各國僑居之納稅者有參與市政之權。我國則雖納稅遠超外人
之上。終不得問津。僅由官廳指派一人列席。待遇不平。莫此為甚。今
時勢變遷。我國已革除君主專制建立民主共和自由平等。舉國醉心

全民政治。懸為鵠的。鼓浪嶼章程內不平等之條文當然不能適用。鼓浪嶼華人身處其中。平日極多感觸。爰思因時制宜從事。

　　修正章程一再審議。特將原章程漢文所謂公共地界章程改為公共市公約。將工部局改為市政委員會。Municipal Commission正名定義與原章程英文本Municipal Council精神仍相符合。市政委員則聽公民自由選舉以人身為本位。不為國籍之分配。藉示大公無我之心並秉歐儒（不出代議士不納租稅）之名言及求合義務權利平等之原則。將中外住民之權利義務改為一律平等。使凡市民不論其為何國人均得依據市公約參與市政。不稍偏枯。冀鼓浪嶼成為完美之自治市。中外融洽通力合作。以臻進地方之安寧幸福及社會之文明。此則修正章程之初意及願望。深期各國人士充分諒解。悉為容納以成茲盛舉者也。

　　《廈門鼓浪嶼公共市公約草案》。中華民國因前清政府將鼓浪嶼作為公共地界所訂章程之名稱及內容多有不適現今情形。特依據章程第十六條提出修正。以期實現自治精神。臻進本市之安寧幸福。第一章。總綱。第一條。鼓浪嶼為公共市。其土地主權仍屬中華民國。第二條。鼓浪嶼在中華民國福建省廈門之西南偏西其界限依本嶼現在周圍。距潮落之處十丈劃一無形之線為界。其面積為四個半方里。合英里一個半方里。第三條。凡中華民國人民及有約各國人民住居本市者均為本市市民。第四條。市之自治權屬於市民全體。依本公約委託市政委員會處理市內一切事務。第五條。市之自治事務如左。（甲）關於市內道路碼頭公園水井溝渠電燈電話及一切建築物之管理監督修繕改良事項。（乙）關於市之公安員警事項。（丙）關於市之公共衛生事項。（丁）關於市之教育事項。（戊）關於市之房屋捐房租捐及牌照費等事項。（己）關於市有財產之管理處分及其收入事項。（庚）關於市之公共娛樂事項。（辛）關於戶口調查及市公民之登記事項。（壬）關於市民會議議決之執行事項。第六條。本市之地丁。錢糧。海灘。地租及其他國家稅均由中國地方官徵收之。第二章。市民。第七條市民在法律上一律平等。無男女種族宗教階級之區別。第八條市民之權利。舉其重要者如左。（甲）市民有保護其身體生命之權永遠

不受體罰。非有犯罪不受逮捕。拘押時不得虐待。須於四小時內以拘押理由通知本人。最遲須於二十四小時內送法庭訊問。否則本人或第三者得以出庭狀請求法庭立即提訊。（乙）市民有住居不可侵權。非經本人特許或依法定程式不受搜查。（丙）市民有住居遷徙之自由。（丁）市民有宗教信仰之自由。（戊）市民有言論出版之自由。（己）市民有集會結社之自由。（庚）市民有營業之自由。非依法律不受限制。（辛）市民有書信秘密之自由。（壬）市民經市政委員會給照有購置槍械謀自衛之權。非依法律無論何人不得強借或提取沒收。（癸）市公民依本公約規定有選舉被選舉及創制復決撤回各權。其他人民之現在市內者均得享受（甲）（乙）（丙）（丁）（戊）（己）（庚）（辛）等項之權利。第九條市民應盡之義務如左。（甲）市民有完納房屋捐房租捐牌照費之義務。（乙）市民有遵守奉行市民會議議決案之義務。（丙）市公民有被選舉擔任市政委員之義務。因年在六十歲以上或沾染疾病。或為職務關係須他往者不得謝絕。第三章。市民會議特規定凡市公民不論其為何國人均有出席該會議參與市政立法之權。此為修正之大關鍵。第四章。市政委員會初於委員之中外人數頗費斟酌。後以強為國籍之分配亦未當於事理。卒擬為聽市民自由選舉。

以上為公共市的修約內容，頗符現代立法之內涵。

黃奕住在1925年5月被選為廈門總商會會長，隨後被推薦為鼓浪嶼華民公會負責人，以及1927年1月被選為鼓浪嶼工部局董事會副董事長（首席華董）之後，成了廈門人民反抗外國侵略勢力鬥爭的領導人之一。在與帝國主義有理有節的鬥爭中，依靠、籍助人民群眾的力量，取得了局部的勝利。通過數場長期的鬥爭，中國居民奪回了部分權利，黃奕住在工部局的影響亦日益擴大。工部局中的華人董事和華人議事會中的多數議員具有基本的民族自尊意識和愛國心，他們為島上中國居民做了一些有益的事，維護了中國人民應有的一些權益。諸如：督促工部局取締島上的流氓集團；改善環境衛生，增設公廁；改善街道照明，增設路燈；向工部局交涉，使該局局務報告兼用中文，以便納稅華人明了該局市政設施和收支情況；多次召開全嶼納稅華人會議，力爭工部局減輕房屋捐、小販牌

照稅和節省開支,並終於獲該局允許。這些鬥爭的成果,雖只是局部性的勝利,但卻是可貴的。在這些鬥爭中,黃奕住曾起過重要的作用。

1929年3月,黃奕住因中風養病,行動不便,遂辭任鼓浪嶼工部局董事,退居幕後,由他的代理人、族弟黃奕守出任。同時也呈辭退出廈門總商會會長,而商界仍力挽他留任會長,經商議,選舉黃奕住、洪鴻儒、陳瑞清三人為會長,採取集體領導形式,任期至1931年。在黃奕住、洪鴻儒、陳瑞清的領導下,廈門市總商會及廣大市民一起繼續與帝國主義鬥爭。1930年9月13日,英國駐華大使邁爾斯·W·蘭普森與國民政府外交部長王正廷,於南京正式互換照會,解決廈門英租界問題,決定仿鎮江英租界收回辦法,由國民政府收回英租界,以照會了結,不另訂協定。廈門市總商會等各界堅持十多年的收回英租界鬥爭,終告勝利結束。

第八章　中國金融現代化的
　　　先驅者

08

在黃奕住的規劃中，開辦銀行是醞釀已久的一項事業，所以，歸國後，他遂將營業重心逐漸轉向金融業。此後，他便精心地試圖構建起一個以上海為中心的金融機構網絡。在所有這些金融機構中，黃奕住個人注入資本最多、最為他重視的乃是中南銀行。

一 | 南洋華僑回國投資創辦銀行第一人

黃奕住在返國前夕，即考慮今後如何運用其資財為祖國的建設事業出力。他在印尼三十多年的商業活動中深刻體會到金融業的重要地位和作用。特別是1917年華僑糖商遭遇困難之際，卻遭到荷蘭銀行資本的掣肘和刁難，使他深感建立華僑資本銀行及本國資本銀行的重要意義。據邱守愚在《二十世紀之南洋·新加坡華僑銀行五十周年紀念刊》一文中記載，1919年4月，黃奕住從印尼回國途經新加坡時，曾與林文慶、李光前、李俊承、李玉堆，陳延廉、陳振傳等福建籍華僑共商發起成立華僑銀行，他入股叻幣50萬元。華僑銀行註冊資本1,000萬，實收520萬元，是當時新加坡三家華僑資本銀行（其他兩家為華商及林文慶、黃奕住創辦的和豐）中資本最多者。華僑銀行在中國的上海、廈門、廣州和香港等地均建立了分支機構。

1919年12月，黃奕住到達菲律賓馬尼拉後，與華僑商界人物廣泛接觸，得知旅菲僑胞約有五萬人，其中，福建籍約佔總數的80%。菲島華僑大多數從事商業、零售商業的90%，批發商業的大部分，均掌握在華人之手。而銀行、保險業卻為歐美資本所壟斷。華僑經營商業，難以得到西方人所辦銀行的貸款，即便肯貸，條件也頗苛刻。華僑的經濟活動往往受到西方銀行的掣肘，華僑商業雖有一定基礎，但金融權全操在西方國家所辦銀行手中，他們對華商多加刁難，阻礙了華僑工商企業的發展。有鑒於此，黃奕住與當地華僑領袖李清泉、薛敏老、吳記藿、邵允衡等人商議對策，黃奕住提議由華僑辦個銀行，取名中興，大家同意。創辦時的註冊資本為一千萬比索（菲幣），第一次招股六百萬比索，實繳資本二百萬比索。黃奕住認股一百萬比索。李清泉被推為董事長兼總經理。薛敏老任協理，黃奕住因不在當地居住，便只任董事。黃奕住後來被選為歷屆董事，但只在1929年2月出席過一次董事會。該行成立以後，設立了商業部及儲蓄部，採取了許多措施，吸引了廣大華僑、華商的資金，為華僑企業提供信貸等各種金融服務，取得良好的信譽、業務蒸蒸日上。

後來，該行在中國的上海、廈門設立分行。據《菲律賓岷里拉中華商會三十周年紀念刊》介紹，1933年，該行繳足資本已增至571.33萬比索，資產總額增至2,400萬比索，成為菲律賓最大的僑營銀行。此外，黃奕住也入股台灣華南銀行、香港東亞銀行和廈門商業銀行，並在廈門創辦黃日興銀莊。此後又投資諸多華資銀行，這都是為了開拓民族金融業而作的鋪墊。

在黃奕住的規劃中，開辦銀行是醞釀已久的一項事業，他很早就有要自己創辦銀行的理念，他目睹了銀行在世界經濟發展新趨勢中的地位，看到了中國工商業發展快，亟需大量資金，而華僑手中有大量的資本，這需要銀行為之中介；他還看到了在中國銀行業中外資銀行一直竊據重要地位，中國資本勢力薄弱，投資銀行，可以在金融業中增加中國資本力量，改變洋人、外資對中國金融市場的獨大局面。為國家與民族奪回部分利權；他還了解到當時國內銀行業的利潤奇高。所以，歸國後，他遂將營業重心逐漸轉向金融業。此後，他便精心地試圖構建起一個以上海為中心的金融機構網絡。在所有這些金融機構中，黃奕住個人注入資本最多、最為他重視的乃是中南銀行。

㈡ ｜ 邀史量才參與籌辦中南銀行

黃奕住為實現創辦銀行理想，回國後第一步棋是頻繁出入上海，廣結人緣，細心搜尋各種資訊，了解金融行情。1919年9月12日，黃奕住從廈門赴香港；28日，由香港赴上海；10月26日由上海赴香港；11月4日離香港赴日本。他在港、滬兩地調查商情四十餘天。其中花在上海的時間最長，近一個月。調查得知，在上海商埠，自鴉片戰爭後的1865年滙豐銀行創立，隨後有多間外資銀行進入上海。辛亥革命後，銀行業正在興起，有許多資本正在陸續進入金融行業，大都選擇銀行這一金融業態，有幾家實力雄厚的中國舊時錢莊，也改組蛻變成為銀行，當時上海中外銀行約有四十餘家之多，只是這許多中外銀行之中，獨缺的是南洋華僑所經營的商業銀行。據了

解，1902至1913年間，平均每年的僑匯數額達到1.5億之多，這些款項基本都由外資銀行經辦。如果有了南洋華僑創設的銀行的話，就以南洋地區的領域之廣，華僑居留之多，相信專門經營華僑的僑匯匯兌業務必能大幅贏利，而銀行的本身事業也必然成功，同時還可能吸引眾多華僑回國投資。這次調查的結果促使他下定決心將經濟活動的重心轉向金融，立足上海。他以敏銳的嗅覺，洞察到上海必將成為中國經濟發展的中心城市，因而開始考慮創辦銀行。在此行之後的二十二個月中，他三次從廈門到上海，在上海共滯留七個月（1920年6月、11月至次年1月、1921年4月至7月），均為開辦中南銀行事。此亦成為他回國兩年多的時間裡的活動中心。這是他一生中投入資本最多，對社會影響最大的企業。

黃奕住在上海調查商情時，拜會了眾多工商界中的華僑及社會名流，了解到上海工商業的真實情況，並與社會各界人士建立了聯繫。1920年6月9日，黃奕住赴上海，他首先去探望黃炎培。

黃炎培，光緒四年（1878年）出生於江蘇省川沙縣，字任之，號楚南，是民國教育家、實業家和政治家，中國民主同盟、中華職業教育社主要發起人之一。他提出職業教育之目的在於「解決社會國家最困難的生計問題」，得到工商界人士的積極支持。黃炎培又是「教育救國」和「實業興國」的倡導者，他參與籌辦東南大學（現南京大學）、暨南大學、同濟大學、上海商科大學（現上海財經大學）、廈門大學等高校，在當時的教育界、工商界以及政界都有重要的影響力。

黃奕住与黃炎培之前已認識，二人惺惺相惜。1917年夏季，時任江蘇省教育司司長的黃炎培，受教育部所託，到南洋各地調查華僑辦學情況。在印尼三寶壟，作為僑領之一的黃奕住接待過黃炎培等一行人，因而相識。黃炎培認黃奕住作黃氏的宗親弟兄，借居黃家，對他的起居飲食，黃奕住備極優禮招待，雙方朝夕盤桓，臻於莫逆。黃炎培以富裕華僑理應回國投資興辦事業殷殷相勸，動員黃奕住回中國辦實業，振興國家經濟。誰知他答稱：回國投資創業，實是久有此意的一樁事情。所以遲遲至今未能實現，因有兩個問題無法解

決。一是不知回國到上海去，有哪一種穩妥事業可以投資創辦？二是找不到一個知心合作的朋友。黃炎培立即答覆黃奕住說：宗兄，你所說無法解決的兩個問題，做兄弟的我都可借箸代籌，自有辦法替你解決。

過了八天，6月17日，黃炎培回訪。見到黃炎培後，黃奕住談起1917年曾在印尼請求幫他解決兩個投資難題，第一個，黃奕住已自行解決，決定在上海辦銀行；第二個是黃奕住很想找一個能代替自己管理銀行的人。黃培炎遂向他舉薦一位才能卓越的朋友作為其創辦銀行的合作人，那就是上海《申報》社長史量才。據民國報人胡憨珠在《申報與史量才》描述，黃炎培曾說：「除掉我的朋友史量才外，實不作第二人想。」於是，他便滔滔不絕地介紹史量才的才能，舉說出各種事例，最現實有力的憑證是他把《申報》的新聞事業辦理成功，其成績美好，確實達到有欣欣向榮的進展形勢。黃炎培對黃奕住解釋有關於史量才的其人其事，使黃奕住聽得語皆真實，事屬可信。

史量才（1880—1934年），名家修，江蘇溧陽人，傑出的商人、教育家和報業巨子，曾與黃炎培等發起組織江蘇學務總會。1912年接辦《申報》，成為當時中國最大的報界企業家，主持《申報》及《新聞報》。他曾經說過一句名言：「人有人格，報有報格，國有國格，三格不存，人將非人，報將非報，國將不國。」由於思想傾向進步，1934年11月13日，史量才在由杭州乘汽車返回上海的途中，被戴笠所指揮的國民黨軍統特務狙擊而遇害。

經黃炎培介紹，黃奕住赴《申報》館拜會史量才，兩人一見如故，傾心交談，黃奕住說出他此次來上海，志在創辦一家銀行。史量才雖非銀行業出身，但他於十年前，曾經斥資開辦過兩家半的錢莊，亦曾為錢莊業務的別調頭寸耗盡心力，深得此中三昧。至於銀行業務雖沒有親手經營過，但從清末開始，在西藏路上狄楚青所開設民影照相館樓上的影樓俱樂部裡，他就與徐寄廎、蔣抑之、盛竹書等一班銀行朋友時相過從，常聚一起。尤其在近十年來的時日中，於社交應酬場裡，他認識了宋漢章、張公權、傅筱庵、秦潤卿、

錢新之、孫衡甫等銀行界、錢莊業的權威人物。因此對於經營銀行業務有關的事業之話，聽也聽得多了，倒是耳熟能詳，毫不感到陌生。是以當黃奕住說到欲他投資銀行之事時，史量才就滔滔不絕地說出經營銀行業務的得失利弊來，最使黃奕住聽得有「實獲我心之感」的言詞，便是他竭力主張，不要開辦平平常常的小銀行，若要開辦的話，非要做發行鈔票的大銀行不可。聽了史量才的一席話，黃奕住也認同，開設發行鈔票的銀行實為天下發財的第一事業。

胡憨珠在《〈申報〉與史量才》中還寫道，黃奕住與史量才有了這一次的暢談後，黃奕住認為史量才實是辦理銀行的第一位高手，便即取出一張五百萬的外國支票，雙手捧給史量才收受，託他全權辦理開設有鈔票發行權的一家銀行。在《中南銀行的招股啟事》中，創辦人是黃奕住與史量才。創辦銀行的資本是黃奕住出的，他卻要申報社長史量才與他同列創辦人，這裡透示出黃奕住對社會名人與知識的尊重，以及史量才在中南銀行發起過程中的作用。

黃奕住與史量才交談籌建銀行時，談到主持人問題，史量才推薦了徐靜仁。徐熟習金融業務，徐與史是民國元年鹽政處同事，徐是總務處長，史是松江運使，二人私交極好，知悉史有意請他擔任新組銀行總經理。徐卻告訴史說：我現在辦紗廠很忙，分不開身，有交通銀行北京分行經理胡筆江先生，現在人在上海，如請他出來組建銀行，最為合適。

胡筆江，名筠，號筆江，江蘇江都人，1881年4月27日出生於平民之家，雖只有私塾的教育背景，但憑藉自己的努力，精心經營，一步步成為金融界巨子。他二十歲時在李鴻章的侄子李經楚開辦的揚州仙女廟義善源銀號當店員，學到許多業務知識。他天資聰明，善於鑽營，博得李家歡心，結識了不少金融界人物。後來到北京，得於順利進入金融界，他交遊廣泛，巧於周旋，先是經天津花旗銀行買辦王筱庵介紹，到陸軍部辦的公益銀號任副理，後又經人介紹進入交通銀行北京分行，任調查專員。得到交行總經理梁士詒的賞識，梁在袁世凱政府中身居要職，通過交行積極為袁世凱稱帝籌款，梁在擔任內國公債局總理時，先後發行三次內債，交通銀行經募債券居

各行之首。那時胡筆江隨侍梁，多方獻策，深得梁信任，兩年之中，從總行稽核到北京分行副理，1914升為北京分行經理，一時在金融界內負有盛名。1915年梁士詒因交通銀行募債居首，為政府提供大量的墊款，政府庫存空虛，梁又大肆發行紙幣，致使銀行信用動搖，發生擠兌風潮。1916年5月12日，北京政府頒佈停兌令，規定中國、交通兩銀行所發行的紙幣，一律不准兌現付現，引起了社會及金融界的混亂。黎元洪繼任總統後，於7月14日下令通緝鼓吹帝制的梁士詒等人，梁聞風而逃。在此次重大京鈔風潮中，胡筆江利用內部消息，乘機買入低價鈔票，利用兌換率不同，獲得暴利。1920年，京鈔再次暴跌，胡故伎重演被發現，董事會展開調查，胡筆江遞交辭呈，離開了交行，跑到上海找機會。

　　黃奕住籌辦中南銀行之時，急需一個精通銀行業務而又有政治背景的管理人員，在當時北京銀行界有賢能之名，胡筆江與政府軍政官員多有交往，關係密切，是一個適應中國金融市場特定環境、具有特殊素質與能力的人，也是黃奕住辦銀行需要的人才。徐靜仁對胡筆江一篇讚美，把胡推薦給史量才，史請徐約胡見面，此時胡筆江剛從交通銀行辭職，正無所適從，遇到這一極好的發展機會，便立即應承下來，並託人調查黃奕住底細，得知黃在廈門辦的事業很多，很有錢，知道機會真的到來。經史量才、徐靜仁推薦，黃奕住與胡筆江約好時間見面。

　　據黃奕住長孫女黃玉口述回憶，黃胡二人第一次見面時，兩人都在試探對方，當時上海時髦穿長衫，黃奕住穿一身有點縐的藏綠色長衫，胡看不上這「鄉巴佬」，交談中談到辦銀行，黃問胡：辦一間銀行要多少錢，胡回答說：少則幾十萬，多則幾百萬，看你要怎樣辦。話題一轉，胡問黃，有沒有到過北京？黃答：沒有去過北京。胡說：中國的大銀行都在北京，最好現在去北京觀光一下。黃即刻應允，於是談妥6月下旬動身。

　　胡請黃一起去北京，一是想展示他的人脈關係，還有就是想游說黃把銀行辦在北京。胡與黃到了北京，那時總理還是段祺瑞，財政總長是李思浩，交通總長是曾毓雋，皆與胡非常相熟。由胡介紹，

黃奕住以華僑資格覲見段祺瑞。黃奕住介紹了他在南洋營商辦學及回國投資辦事業的情況，講出了他辦實業興國的設想及經營理念，段祺瑞聽完很感動，頒給了黃奕住三等大綬嘉禾章。黃奕住一口閩南腔的國語，胡之前不大看起他，聽了黃奕住的商海傳奇，賺了大筆錢的故事感到羨慕，同時也被黃奕住的人格魅力所吸引，看在黃有那麼多錢的份上，決定與黃合作，但內心上卻另有盤算，尋思如何詐取黃投資銀行的錢。其間黃奕住又多次與胡筆江交談，黃奕住看重胡筆江的經歷，既有在銀行工作的經驗，又有當時與政府各官員的關係。此時他們方談組織銀行事，黃還是堅持辦在上海，取名中國南洋銀行。

黃奕住將他創辦的銀行起名「中南」，表達了他對祖國的熱愛之情，也表達了南洋華僑的共同心願。黃欽書在《先府君行實》追憶，黃奕住曾說：「念吾僑民苦異國苛法久矣，若不思為父母之邦圖其富強，徒坐擁浮貲，非丈夫也！乃歸國謀設中南銀行於上海。中南云者，示南洋僑民不忘中國意也。」取名「中南」，是表明南洋僑胞深切懷念鄉土，願意回國傾資興辦實業，振興中華。黃胡兩人在北京商討確定幾項辦銀行的原則後，就一起去見財政總長李思浩。醇廬在《銀行外史：中南銀行與黃奕住》一文（載香港《大人》第九期）中說，中南之名定於黃奕住、胡筆江到北京之時。他們見到民國政府財政總長李思浩，說了想辦銀行之意。「財政總長當然贊成，遂定名為中南銀行，總行設在上海。」如果說銀行名稱的選定表達了黃奕住的愛國情操，那麼銀行行址的選擇則反映了他的遠見卓識。其時上海被稱為「冒險家樂園」，萬商雲集，東向無邊的太平洋，西依神州廣袤的腹地。讓人回想起黃奕住故鄉泉州，南宋時是當時全球海上貿易中心，被馬可·波羅指為「東方第一大港」。《南安奕住黃先生墓誌銘》記載，黃奕住考察上海時，見「上海為五口通商之一，外商麕集，皆行使國幣，君與商界名流組織中南銀行」。黃奕住選擇上海為中南銀行總行所在地，著眼於資金市場。事後證明黃奕住把銀行辦在上海的思維超前，眼光獨到，此後幾年，設在北京的幾家大銀行總部都陸續遷到上海，上海成為了中國的金融中心。

中國金融現代化的先驅者

黃奕住聘請胡為總經理，認定胡筆江正是他要物色的人才之後，就把銀行籌備諸事及成立後的經營權委託給胡筆江。黃奕住歷來是疑人不用，用人不疑，但這次卻被這狡猾的銀行家表象所蒙蔽，後來差點陰溝翻船。黃奕住原計劃單獨出資1,000萬元，後聽取了胡筆江意見，改為股份制，投資金額2,000萬，開業時先招股500萬，由黃奕住認股70%，即350萬，其餘向公眾招股，胡筆江與史量才等人都有參股投資。這樣的投資規模，在當時國內的商業資本銀行中已是絕無僅有的，中南銀行也是近代華僑回國投資的最大的一家銀行。在中南銀行成立之後，黃奕住任董事會董事長，胡筆江任總經理，任筱珊（原滬寧鐵路局局長，既是有名的企業家，也與官府關係密切）為協理。中南銀行創辦之初實行所有權（股權）和經營權分離，即此二權分別由黃奕住、胡筆江掌握。這種現代企業管理體制，是黃奕住回國辦中南銀行、聘請專業人才管理、實行兩權分離的一次實踐。

三 ｜ 特許印發鈔票的私人銀行

《申報》1921年1月13日〈中南銀行籌備處消息〉報道，黃奕住「此次創辦中南銀行，全為提倡海外華僑攜資回國經營事業起見，定名中南，實取中國與南洋互相聯絡之義，以黃君之熱誠內向，成此偉業，又得胡（指胡筆江）任（指任筱珊）諸君等為之經理其事，將來成績優著，海外華僑各大資本家，當必有接踵而起者，於吾國國計民生之關係，裨益當非淺與」。該行的創辦，乃「華僑與祖國聯絡的先聲」。中南銀行創辦時的代理招收股處有上海、北京、廈門、香港、新加坡、馬尼拉、三寶壟、仰光等，顯示了中南銀行面向華僑華人的特色。

1921年6月5日中南銀行宣告成立，資本總額2,000萬銀元，開辦時收足四分之一，計500萬元，其中黃奕住出資350萬元。1924年3月，經股東會議決定增加資本250萬元，合計實收資本750萬元。第一任董事長黃奕住，第一任董監事為黃奕住、史量才、吳秀生、葉沅坪、王敬祥、韓希琦、馬亦錢、徐靜仁、陶希泉。總經理是胡筆江。

　　黃奕住創辦中南銀行的意旨,以及他籌備此行的大體經過,均見諸於他在該行創立會上的演說之中。《申報》1921年6月6日「本埠新聞」《中南銀行創立會紀事》中,有他的演說摘要。

　　《紀事》中寫道:「昨日下午2時,中南銀行在三層樓開創立會。計到股東102人,共47,132權。首先推舉黃奕住為主席。」接著他以會議主席身份發表演說:「今日為本銀行創立會。承諸公惠臨,無任欣喜。所歉者奕住語言不通,不能與諸君直接長談耳,然亦有不能不作一二表白者。奕住久客炎荒,歷時三十餘載,亦華僑中艱苦備嘗者也。華僑資本家良多,於祖國國家、社會各事業抱有熱誠者,亦極不少。奕住不才,宜無足齒數,然窮有志焉,以為今後為南洋華僑資本家與祖國國家、社會各事業發生關係起見,不能不於吾國內商業繁盛之區,首創一二比較的資本稍厚之銀行為之嚆矢也,於是有與國內外諸同志共同籌畫、創辦中南銀行之舉。今幸賴諸公贊助之勞,得告成立,欣慰何可言喻。抑所為欣慰者,正不僅奕住個人之關係已耳,諸公倘幸有以賜教焉。」

　　由於黃奕住擔心大家聽不懂他的閩南話,他的籌備經過報告稿請秘書韓君玉(韓希琦)代讀:「歐戰以還,時局丕變,往時之以武力競爭者,今將一變而為經濟競爭。大勢所趨,萬邦一轍。我國幅員遼闊,未闢之利甚多,倘不急起直追,人將為我借箸。我僑商眷懷祖國,報恩連袂來歸,舉辦實業。待實業之舉辦,必恃資金為轉輸,而轉輸之樞紐,要以銀行為首務。故奕住等自去秋回國,即集合同志,倡議創設中南銀行,著手籌備。資本總額定以銀元2,000萬元,開辦之始,先招1/4,即銀元500萬元,由創辦人認繳350萬元,其餘150萬元,留待海外僑商及國內同志。蓋區區之意,於海外僑商,則使其資金內轉,歸志將從而益堅;於國內同志,則與之事業共同,關係乃因之愈切。所幸邦人君子,一致樂與贊同,曾不數月,股額已滿,私竊引以為幸。邇者,內部組織均已就緒,俟房屋修繕畢工便可開始營業。今為本行開創立會之期,亦即本行成立之日。所有本行章程及選舉董事、監事,皆將於此會觀成。謹報告其經過情形如此。以後行務之進行,深冀股東諸君指導扶掖,俾可日進無疆,豈惟

● 中南銀行成立大會合影，檔案照片

銀行之幸，實業前途、社會經濟、國際貿易，實利賴焉。」

　　中南銀行擇吉日於1921年7月5日開張營業。在開幕的這一天，門前空前絕後的熱鬧。7月6日的《申報》報道了開業典禮的情況：「昨日本埠中南銀行開幕。來賓極多。本埠政商學各界，中外各銀行、商會及南洋僑商代表，均往志賀。京滬及長江一帶，並有來賓共約一千五六百人，衣冠楚楚，濟濟一堂，頗極一時之盛。各處之以祝詞楹聯，贈者凡一千餘事，賀電有百餘通。當時櫃面收入存款銀洋共合五百餘萬元。查僑商組織銀行，此為首例，而資本之雄厚，實為商業銀行所僅見。加之主持者皆為社會上著名人物，前途發達，正無量也。」

● 中南銀行的標誌，林志勝提供

　　在籌辦銀行過程中，黃奕住向胡筆江提出要求，就是中南銀行要有發行鈔票權。黃奕住回國投資，目標要辦一個能夠發行鈔票的銀行。胡告訴黃奕住，新辦銀行發鈔很難，政府對於銀行發行鈔票，除中、交兩行及已有發行權的幾家銀行外，已有明令絕不再核准申請者。胡筆江說要私下與財政總長李思浩密商。事後他告訴黃密商過程：以黃為歸國華僑為由，今欲興辦銀

行，要求發行鈔票權，並不為過。李說，政府已有明令，不再核准銀行申請發行鈔票權，事不易辦。胡答：為鼓勵華僑回國投資起見，應該想一個辦法。但這其實是胡筆江與財政總長李思浩在演一場戲，他們在密謀套取中南銀行資金。當時的北洋政府缺少收入，靠發行公債以維持經費支出，政府濫發無度，層層累加，社會金融又大搞投機活動，導致政府信用崩潰，政府想錢想瘋了。兩家政府發鈔銀行——中國銀行和交通銀行資力不足，準備金不足以抵付發行紙幣的數量，特別是胡筆江到中南銀行受聘總經理之前，在交通銀行北京分行任經理，該銀行折買了政府公債數百萬元。銀行資本金不足，於是濫發鈔票，在京鈔市場信譽大跌，多次發生擠兌風潮，鈔票價值一路下跌。1921年中南銀行成立，集股五百萬銀元，資本充實，胡筆江取得黃奕住的信任，利用中南銀行的資金在中國金融界樹立個人地位，與北洋政府勾結，他們之間達成共識後，胡告訴黃奕住：拜託多人幫忙，政府終於鬆口表示鼓勵華僑回國投資，予以中南銀行視同中國、交通二行發行鈔票。但中南銀行須在中國、交通國有銀行各存入一筆定期銀元，以支持政府。黃奕住同意後，胡筆江把中南銀行集資入股的60萬銀元存入中國銀行北京分行，同時將50萬銀元存入交通銀行北京分行，作為定期存款放在兩家銀行，此外又購買交通銀行北京分行七年政府公債短期抵押款135萬銀元。這三筆款項合計245萬銀元，動用了中南銀行額定股款500萬銀元的近半數，款項金額在財政部驗資報告中均有列出。

　　據1995年中國金融出版社《中國銀行行史》資料：「1916年以及1921年，中國、交通兩銀行的擠兌風潮，對金融市場產生了很大的影響。袁世凱政府財政困難，由中國、交通銀行為其提供墊款支援，至1915年底，中國銀行墊款1,204萬元，交通銀行墊款4,750萬元。」由於替政府墊款，兩行大量發行紙幣，現金準備嚴重不足，1916年4月間發生了擠兌風潮，北京、天津、濟南等地出現停兌，對兩行信用造成負面影響。1921年初，交通銀行發生第二次擠兌風潮，產生持續多年的「京鈔」問題，到了胡筆江用中南銀行的新錢，清理重整交通銀行的資產負債表，才解除了兩家國有銀行的信用

中國金融現代化的先驅者

危機，使之恢復折兌。著名作家魯迅當時在民國政府教育部任僉事兼科長，月工資三百大洋，發的是交通銀行鈔票。北京發生擠兌風潮停兌，他手中的鈔票換不到銀元。後來恢復折兌，他將手裡交通銀行鈔票去銀行換成現銀，一開始是六折，後來漲到七折，最後把所有的交行鈔票都換成銀元。他把這樣的一個親身經歷寫在《燈下漫筆》的一篇雜文中，自己還說：「沉甸甸的銀元墮在懷裡，似乎這就是我生命中的斤兩。」魯迅所說這兌換到的銀元，正是黃奕住籌辦中南銀行發鈔時存於交通銀行的銀元。此外，胡筆江又告訴黃奕住，需要拜託金城銀行周作民在北京找財政部次長潘復運活動幫忙發鈔運作，金城銀行1917年成立時，實收資本才50萬銀元，正在增加資本金，辦理驗資需要存入資金，周也希望黃存些錢到金城銀行。那時黃奕住剛好有一筆35萬4千銀元匯款到上海，就將這筆錢存在金城銀行。黃奕住正是以這樣的代價，換取了北京民國政府財政部「准予中南銀行發行兌換券以示優異」的特許批文。接著申請發鈔手續也就從正規做起。

民國政府財政部當時對辦銀行的組織法規與管制條例擬定較為寬鬆，凡一家銀行創設，所定資本額，只要收足半數以上，經派員驗資無訛以後，即可頒發部照，准許該銀行開張營業。對新開張的銀行，如要申請發行鈔票，財政部的法規和條例就苛刻很多，其中一條是：要從資本額中抽繳所發鈔票數額的四分之一作為儲備保證金，此舉純為應對民間社會流通該銀行鈔票時發生擠兌事件著想，是為維護利益之故的安全措施。而中南銀行創立對於發行鈔票的條件資格，其實都已具備。

據上海市檔案館藏《中南銀行檔案》記載，1921年7月11日，幣制局下達第11號批文，特許中南銀行有發鈔權。中南銀行呈請財政部查驗股本，財政部派駐滬中國銀行監理官查驗後呈報：

經財政部核查，中南銀行額定股款500萬元全部收足，其收集股款分存通商銀行13萬6千元，滙豐銀行34萬2千元，正金銀行20萬5千元，花旗銀行6萬8千元，中國銀行60萬元，交通銀行50萬元，東亞銀行6萬9千元，上海銀行20萬元，中孚銀行6萬8千元，大陸銀行

4萬元，金城銀行35萬4千元，已做北京交通銀行七年公債短期押款135萬元，庫存現銀39萬兩，核洋53萬元，庫存現洋53萬8千元，以上各項總共計銀元500萬元整，與所收股本數目查驗相符。

1922年10月4日財政部第441號批文准許中南銀行註冊。批文如下：

前據該行呈請驗資本，當經本部電據駐滬中國銀行監理官復稱，查驗所收資本五百萬元數目尚屬相符，茲據該行先後尊批補送法定註冊要件，核與定例亦無不合，應准註冊。其註冊執照俟本部印就再行發給。

黃奕住1919年自海外歸國後，於1920年籌建中南銀行，該行於1921年6月5日成立，7月5日正式開張，7月11日獲得發鈔權，1922年10月4日獲批准註冊，其間頗費周折。中南銀行鈔券於1922年11月1日開始發行。中南銀行在十四年的鈔票發行史中一直堅持十足準備發行的原則，信譽鞏固，鈔票發行量逐年遞增。中南銀行慎重選擇印鈔公司，先後由美國鈔票公司、英國華德路公司、德納羅印鈔公司承印中南銀行紙幣，十四年間發行的鈔票共有六版十三種，每張鈔票上印的是中南銀行行名，並有董事長黃奕住的簽名。中南銀行鈔票版式：

第一版，1921年美國鈔票公司印製的日晷圖案鈔票，有1元、5元、10元、50元、100元五種。

第二版，1924年美國鈔票公司印製的日晷圖案鈔票，有5元、10元兩種。

第三版，1927年美國鈔票公司印製的日晷圖案鈔票，僅有5元面值。

第四版，1927年英國華德路公司印製有「滿、漢、蒙、回、藏」五族婦女半身像，象徵五族共和之意。

● 中南銀行鈔票版式

● 中南銀行鈔票，黃鵠提供

第五版，1931年英國華德路公司印製日晷圖案鈔票，有1元、5元兩種。

第六版，1932年德納羅印鈔公司印製日晷圖案鈔票，僅有5元面值。

中南銀行獲得鈔票發行權以後，由於採取了穩妥的辦法，發行額穩步增加。上海市政協文史資料會編《舊上海的金融界》資料顯示，到1935年11月，南京國民政府財政部宣佈實行法幣政策，取消各商業銀行鈔票發行權。鈔票發行權被取締時，中南銀行鈔票發行總額達到10,300萬元（內流動券7,228.24萬元），超過了交通銀行。中南銀行信譽很好，聯儲發行的紙幣設計精美，是當時金融市場上最受歡迎的銀行券之一，鈔票發行結束前，回收率相當高，存世量非常少。

㈣ │ 中南銀行與四行聯營

重視信用，有利於民，是黃奕住創辦銀行的指導思想。中南銀行獲得鈔票發行權後，黃奕住認為此事責任重大，考慮到「有發行權之銀行遇政局變故不免受擠兌影響，本行欲求免此影響，惟有十成現金準備」。為了使發行的鈔票取得金融界的承認，並為廣大用戶和社會各界所信賴，黃奕住找胡筆江多次商議，決定仿照採用美國聯邦儲備銀行的做法。胡筆江十分贊同黃的想法，胡在交通銀行北京分行任經理之時，經歷了京鈔風潮，深知發行鈔票的風險之大，為避免擠兌風險，發鈔銀行必須有足夠的現金準備，單憑中南銀行資金難於應付危機。

黃奕住同意胡筆江邀請當時幾家資本額較大，又無鈔票發行權

的民營商業銀行，當時的鹽業、金城、大陸三家銀行，已營業多年，曾經都向財政部申請過發行鈔票，但都因條件資格不夠而作罷。鹽業銀行總經理吳鼎昌、金城銀行總經理周作民都是胡的朋友，他們之前也都想獲得發行鈔票的利益，只是實力不夠，他們很想與中南銀行共用此權。因此，從鹽業銀行、金城銀行來說，都存有聯合發行中南銀行鈔票的想法。1921年9月，適值鹽業銀行總經理吳鼎昌從國外訪問回來，途經上海與胡筆江會晤，兩人商議拉入金城銀行共謀發展，而後吳鼎昌到天津後又與周作民商議。三人決定鹽業、金城、中南三家銀行聯合營業，胡報黃奕住同意。同年11月，三行宣佈聯營，在各報刊登《三行聯合營業廣告》。在上海成立三行聯合營業事務所，中南銀行的鈔票發行事宜由事務所共同辦理，利益共同，風險共擔，鈔票票面仍是「中南」字樣。聯營的基金二百萬元，由中南出資一百萬元，鹽業、金城各出資五十萬元。三家銀行的總經理擔任聯營事務所的辦事員（後改稱執行委員），而以吳鼎昌為主任。聯營的目的是厚集資本，彼此提攜，藉以提高聲譽，擴展業務。聯營的範圍，以不侵害各行各自的營業為限。營業既各不牽涉，合作亦不受束縛。聯營初期只搞些聯合放款，以後逐漸發展。1922年7月周作民又邀請大陸銀行總經理談荔孫加入，改為四行聯營，之後才進入聯合發行中南銀行鈔票的實際操作階段。就中南銀行發行的兌換券合組準備庫，制定十足準備的發鈔原則，共同承擔責任，聯合發行鈔票，這是中國商業銀行史上的一大創舉。

　　黃奕住通過創辦中南銀行，獲得國家信用級的發鈔權，卻毫無自私，他仿效美國1913年建立聯邦儲備銀行的做法，努力建立了四行聯儲發行貨幣，成為中國金融走上現代化之道的拓荒者。美國聯邦儲備銀行（Federal Reserve）是美國聯邦儲備系統所屬的私營金融機構，是一家私人股份制性質的中央銀行。根據1913年《聯邦儲備法》規定，全美國劃分為十二個聯邦儲備區，每區設立一家聯邦儲備銀行並以所在城市命名。它是執行貨幣政策的機構。美國的中央銀行在組織形式上與其他西方國家的中央銀行有所不同，它並不是一家單獨的銀行，而是由聯邦儲備委員會、十二個地區的聯邦儲

備銀行、聯邦公開市場委員會和聯邦諮詢委員會等組成的執行中央銀行職能金融系統。其職能包括發行貨幣、代理國庫、調節貨幣流通、監督私人銀行和管理金融、組織票據清算等。

當時四行實力如下：中南銀行，1921年成立，資本總額2,000萬元，實收資本500萬元，黃奕住個人投資350萬，具有獨特穩定的資本結構。其他三家銀行，均為軍閥官僚投資創辦，銀行資本大部分為官僚資本。鹽業銀行，成立於1915年，額定資本500萬元，實收125萬元，總行設於北京，總經理吳鼎昌。金城銀行，成立於1917年，資本50萬元，1920年提出增至資本總額350萬元。總行設於天津，總經理周作民。大陸銀行，成立於1919年，資本總額100萬元，總行設於天津，總經理談荔孫。聯合事務所由四行總經理任執行委員（董事），逐年輪流主持所務。從此以後，在金融界，中南、金城、鹽業、大陸四銀行遂有「北四行」之稱。四行聯合事務所設於上海，中南銀行總行亦在上海，其所以被稱為「北四行」，與金城、鹽業、大陸的總行原在北方的京、津，以及四行的總經理皆北方金融界出身有關。金融界還有一個「南四行」之稱，為浙江興業、浙江實業、上海商業儲蓄、新華信託儲蓄銀行。

1922年9月，四行聯合營業事務所在北京舉行第一次會議，決定聯合發行中南銀行鈔票。從此進入四行聯合發行中南銀行鈔票的實操階段，規定為十足準備金，設立四行準備金庫，獨立於四行之外，專理中南銀行券（鈔票）的發行，準備金的存儲，以及印票、兌現等事務，不兼做其他營業。由於有這樣的準備庫，中南銀行就此宣佈：它發行的中南銀行鈔票在其總行所在地上海漢口路三號可隨時兌現。1924年3月，四行聯合發行鈔票，由中南銀行印鈔。四行共同向社會公告：中南銀行所發鈔票，是由四行共同負責。從歷史上看，聯合發行鈔票是中國銀行界仿效美國聯儲的創舉，是金融領域的制度創新。

1923年1月24日，上述四家銀行的代表在北京開會，決定在四行聯合營業事務所下，開辦四行儲蓄會，專營儲蓄業務。該會總會設在上海靜安寺路（今南京西路）170號，於上海、天津、南京、北京、

　　　　　　　第八章

漢口等地設立九個分會。無完全獨立的資本，由四行各出資二十五萬元，共一百萬元為基本儲金。並共同擔保還本付息。該會儲戶可得利息外，還可分紅。對此，1923年5月21日《申報》的〈四銀行合組儲蓄會定期開幕〉報道談到：「近年中外儲蓄機關發生極多，然因資本不巨，濫發獎券，期限過長，營業放濫，以致流弊殊多，儲金者常懷觀望，金融益見滯塞。鹽業、金城、中南、大陸四銀行有鑒於此，特聯合另設儲蓄會，以四銀行總共資本二千萬以上為儲金本息之擔保，保息七厘之外，如得紅利，會員分六成，四銀行及辦事員等只分酬勞四成。」無論是定期儲蓄、分期儲蓄、長期儲蓄，期滿後，均可將本息及紅利完全取回。長期者並以複利計算，逐年照加入本，隨同起息。假定儲金1,000元，周息7厘，10年期滿，即可得本息1,967元。若每年平均有紅利5厘，10年期滿，可得本利3,105元。於養老儲金及子女教育婚嫁儲金，最為相宜。其有未經期滿而臨時需用款項者，可隨時將儲蓄證向該會抵借，其於儲戶，尤為便利。「且繫以正當利益獎勸會員，復可一洗現在各儲蓄會之缺點。」

　　1923年6月3日《申報》又有〈四銀行之準備庫與儲蓄會〉一文介紹：四行聯營事務所下屬的部門有四行準備庫、四行儲蓄會、四行企業部和調查部。四行準備庫之組織，貫徹兩條原則：第一，使準備庫完全獨立，保證所有四銀行營業金不能混雜或流用絲厘。第二，使準備金數目完全公開，四銀行與使用者同立稽查地位。其具體辦法是：（一）中南銀行為慎重政府賦予發行權及保持社會流通之信用起見，特將該行發行的鈔票規定十足準備（六成現金，四成有價證券）之章程，聯合鹽業、金城、大陸各銀行設立四行準備庫，公開辦理，以備核實。（二）四行準備庫在滬、津、漢及其他已經設立四行之處所分設之。（三）準備庫設主任一人，由四行聘任（總庫主任吳鼎昌）；各分庫設處長一人，由四行協商（以多數同意）任之。設總稽核四人，由四行總經理充之；分稽核若干人，由各地四銀行之副經理充之。對於各處準備庫賬目及庫存現金鈔票得隨時嚴格稽查。其章程另有規定，且歡迎財政部、幣制局、銀行公會來庫調查。（四）各庫準備金數目，逐日有表，由稽核員檢查，呈報幣制局。後

來還在《申報》和《銀行周報》上定期公佈於眾。

　　1923年6月3日，四行聯合營業事務所主任吳鼎昌亦就四行準備庫和四行儲蓄會的創辦目的與作用發表講話。他說：「近年來金融枯窘，利率高騰，已辦實業幾無以維持，未來實業更無由興起，四行聯合之宗旨，繫為活潑金融，壓輕利率起見，以期實業勃興，而國民生計可籍以發展。其辦法，第一，使硬貨之代表品有確實保障機關；第二，使不生產之遊金有確實存放機關。故有準備庫與儲蓄會之設，俾金融事業漸入正軌。」「四行之意，與庫、會兩事，不在謀利，尤不欲專利。」儲蓄會完全係一獨立機關，所受儲金，在限定放款章程內，由該會運用，四銀行也不能動用。

　　中國的現代儲蓄機構起源於二十世紀初，1912年9月法國商人伯頓在上海設立萬國儲蓄會，是中國第一個專門辦理有獎儲蓄的機構。1923年1月，四行儲蓄會的成立，就以「存戶就是股東」的口號，以「節約儲蓄乃美德」、「積腋成裘」為宣傳，採取保本、保息、優息等辦法，廣泛吸收儲蓄，如有盈餘，除提業務費用外，按一定比例給儲戶分紅，這種辦法新穎，吸引了大量存戶，吸存了民間大量資金。四行儲蓄會是一個很特殊的金融組織，首創由銀行出資、用儲蓄會名義辦儲蓄的辦法。凡在該會儲蓄者都是會員，存款可得周息七厘，並可得紅利，若盈利不夠付息，由四行負責補足，因此很受社會歡迎。該會在上海、天津、漢口等處同時開業。1923年6月4日《申報》報道〈四銀行儲蓄會開市日之狀況〉記載：「開業的第一天，收兩年以上定期存款110餘萬元，計1,000餘戶。」至1924年底，存款總額已達到9,223萬元，為當時中國金融業收儲額最高的儲蓄機構。這在舊中國民族資本的儲蓄會中是很少的。四行儲蓄會走的其實是一種利民儲備的新路，開拓了中國人個人儲蓄的先河，也是今日的「共同富裕」，以備急需的風習的開端。

　　北四行聯營能成為事實，在很大程度上是由於四家銀行總經理之間的人事關係和他們在各自銀行中的作用。在四行聯合經營過程中，中南銀行的黃奕住起了關鍵作用。這首先是由於中南銀行允許其他三家銀行分享鈔票發行權的利益。其次，中南銀行的資本最

多，出資也比其他三家銀行多。第三，是黃奕住在人事安排上的企業家胸懷，成立聯合營業事務所時，中南銀行資本最多，理應為主導，但他已發現胡筆江存有異心，決定支持由鹽業銀行總經理吳鼎昌為主任（吳曾出任過中國銀行總裁、民國財政部次長、造幣廠廠長），錢新之為副主任。此決定是正確的，後來在1930年黃奕住提出由四行儲蓄會撥款五百萬元建「四行儲蓄會大廈」，吳鼎昌積極配合，建設很快得到實施，即後來的上海國際飯店大廈。

四行聯營在近代中國銀行業中是絕無僅有的，儲蓄會規模宏大，在當時堪稱東方之冠。四行聯營也為各參加單位提高聲譽、增強信譽和擴大業務帶來有利條件，可見當時仿效美聯儲的探索路向是正確的。

黃奕住在世時，四行聯營除上述各機構與業務外，還有1931年7月成立的四行企業部和四行調查部。1937年1月，四行準備庫結束。同時，四行成立聯合信託部，正式開始營業。1948年，四行儲蓄會和四行信託部合併，重組為「聯合商業儲蓄信託銀行」，簡稱「聯合銀行」，從此四行儲蓄會聯營事業宣告結束。

四行聯營以及四行準備庫與四行儲蓄會的成功運作，形成犄角之勢，互相支持，互為補充，成為北四行的堅強後盾，增強了北四行的整體實力，為其發揮各自的優勢提供了雄厚的資金，保證了貨幣發行的穩定。中南銀行十四年的發鈔史，可能是民營銀行在中國近代歷史中唯一的成功記錄，它也令北四行收穫了巨大的財富。

⑤ | 銀行現代體系的設置之嘗試

在黃奕位去世之前，中南銀行取得了顯著的成就，其中重要表現是在銀行網絡連接設置上。

中南銀行作為近代中國重要的商業銀行，成立當年即被中國銀行總管理處經濟研究室列入全國二十七家重要銀行之一。其業務經營上有獨特性的同時，有計劃增加分支機構數目，在經濟發達的地區增設基礎營業網點，搶佔市場份額，實現了規模擴張的重要

策略。在營業網點的佈局上，亦體現市場導向型的理念。其分支行處總體數量不多，卻始終以效益性為原則。中南銀行分行設於天津、漢口、廈門、香港等重要商埠，獲得了豐富利潤和長久發展。在北方網點的數量很少，主要依靠北四行聯營實現北方地區業務發展。大致發展脈絡如下：

1921年6月5日中南銀行成立。同年，與鹽業銀行、金城銀行成立聯合營業事務所。

1922年7月5日設立天津分行。8月7日設立廈門分行，以僑匯為主要業務。中南銀行營業範圍沿海岸線向南北兩個方向延伸。同年，大陸銀行加入聯合營業事務所，建立四行聯合準備庫，發行中南銀行鈔票，北四行中的鹽業、金城、大陸銀行在廈門都沒有分支機構，中南銀行便成為北四行在廈門地區業務的代表。

1923年1月，四行儲蓄會成立。6月16日設立中南銀行漢口分行。中南銀行營業範圍深入到華中腹地。中南銀行以高薪聘用外籍僱員，兼營國外匯兌，逐步與各國銀行建立聯繫。1924年1月13日，據《申報》消息，中南銀行宣佈「在中外各大商埠均有特約代理機關」。國內國外各大都會商埠，均專約代理匯兌收付機關，並代顧客保管國內外發行各種公債及契據，經理付息取本等事宜。

1925年1月21日設立北京支行。1929年3月11日設立南京支行。隨後在無錫、蘇州、鼓浪嶼、泉州等地設分支機構。1929年8月，中南銀行附設儲蓄部，黃浴沂兼任主任。

1931年夏，由金城、中南、大陸、交通、國華等五家銀行為股東銀行，註冊資本五百萬元，改組聯合經營的太平保險公司。1931年9月23日設立杭州支行。同年，中南銀行與金城、鹽業、大陸三家銀行成立四行企業部和四行調查部。

1933年10月26日在上海設立八仙橋辦事處。1934年12月1日設立香港支行。隨後設立廣州支行。

1937年5月21日在上海設立靜安寺辦事處。11月8日在上海再添福煦路辦事處。同年，北四行共同創立四行信託部，由四行共撥營業基金一百萬元，並對一切業務連帶負責。該信託部專營各項定期

及活期存款、不動產之負債、執業經租及建築等事務，經理保險及代理投保者各種保險原封及露封保管，並出租保管箱，自建倉庫寄存貨物等業務，其他特約信託，隨時商辦。

1938年7月設立重慶支行。實際上是其南京支行由南京經漢口遷往重慶。抗戰時期，中南銀行總行未內遷，北京、天津、上海等分行照常營業。抗戰勝利後，按國民政府財政部的規定進行清理。中南銀行的職員，由籌辦時的十多個，至1936年增加到365人。黃奕住去世的1945年約有500人。從中南銀行的機構設置與人員增加上，可以看出它是一個業務多樣、發展迅速、分佈廣泛的全國性大銀行。

中南銀行的創立，是黃奕住經濟活動的重心從商業向金融轉變完成的里程碑。中南銀行是黃奕住金融網絡中最重要一環，此外他還有在國內投資的其他金融機構，這個金融網絡還包括以下機構：

在廈門，黃奕住於1920年創辦日興銀莊（4月8日開幕）。後來又入股廈門商業銀行。

1929年國貨銀行在上海成立，據《申報》3月28日報道，黃奕住認購國貨銀行總行股款兩萬元。黃奕住等十人為國貨銀行廈門分行委員，黃奕住又認購廈門分行基金十萬元，佔總基金數目的五分之一。

1931年，中南銀行、金城銀行聯合大陸銀行、中國銀行在天津組成誠孚信託公司，辦理受託業務。10月，中南銀行與金城銀行（因債務關係）收購上海溥益紗廠。因該年3月，國民政府頒佈的新銀行法規定，銀行不得直接經營工業企業，便將這些紗廠交給誠孚信託公司經營。1937年5月，中南銀行與金城銀行商定，對誠孚信託公司實行改組，另增新股，資本總額定為一百萬元，由兩行平均分配，同時將公司從天津遷至上海。

1932年12月，黃奕住等籌辦福建省實業銀行。福建省財政廳聘請黃奕住長子黃欽書為該行籌備處主任。

黃奕住歸國後，還入股中國銀行（總行行址在上海）、國華銀行（行址在上海）；在香港，入股東亞銀行；在廈門投資鼎昌錢莊。

黃奕住的個人投資形成了一個金融資本網絡，為他進行實業投資提供了便利，也為近代中國經濟的加速發展作出了貢獻。

㈥ | 成功所付出的代價

在中南銀行籌備過程中，如何使它成功地長期經營下去，是黃奕住一直思索的問題。他辦中南銀行時，最初擬獨資，後來才定為股份公司形式。黃奕住個人雖然握有該行70%的股權，對中南銀行的管理卻採取了世界資本主義企業最流行的兩權分離方式，董事長和總經理各司其職。實行專業管理的關鍵在於有專業人才。胡筆江等人，正是黃奕住為中南銀行聘請來的專業人才。資料顯示，胡筆江在任職期內利用黃奕住的信任，運用其有中南銀行總經理職務而謀取個人利益，對外與北平民國政府官員互相勾結。在向財政部申請發鈔許可時乘機調走245萬白銀到中國、交通二銀行，造成中南銀行資本金減少差不多一半，逼使黃奕住於1924年3月23日在上海主持召開中南銀行第三次股東大會時，不得不通過增加資本250萬銀元。其中黃奕住增資175萬元，保持佔股70%。這次會議增選長子黃欽書為中南銀行董事。1925年3月22日在上海主持召開第四次股東會，再次增選三子黃浴沂為董事。1935年4月1日，黃奕住主持舉行第十四屆股東常會，第五子黃鼎銘當選董事，進入董事會，黃欽書當選為中南銀行監察人。

中南銀行成立後，史量才出任常務董事，開業之初，史量才每天下午會到銀行與胡筆江商議行務，過程中史發覺胡在許多事務上都在敷衍他，因而改成每周或每月去一兩次，其後更以報館事務繁忙為由，不再定去銀行的時間，胡筆江在銀行一人獨大。黃奕住聘任胡筆江與任筱珊等人管理中南銀行，是付出了很大代價的，除了付給他們高額薪金，胡筆江執掌中南銀行的大權時，在中南銀行內部安排了眾多親友故人。在總行，副理馬式如，是胡筆江從北京交通銀行帶來的舊部屬；負責外匯業務的景逸民，是胡筆江的同鄉。另以中南銀行漢口分行為例，1923年建行時，所有用人行政，完全由胡筆江一人主持，於是胡將在交行的親信舊部以及族戚鄉鄰接連援引入行，從而造成全行職員幾乎清一色為揚州、鎮江人的局面。在其他分支行，胡筆江也有類似的人事任命。如天津分行經理王孟

鐘，是胡筆江在交通
銀行時的親信。中
南銀行南京辦事處
二十二個職員中，有
十九人為胡筆江的江
蘇老鄉。正是胡筆江
安插親信的行為，給
中南銀行帶來兩次
大的虧損。

● 中南銀行漢口分行舊址，黃騫提供

第一次大的損失發生在漢口分行。1927年4月17日，武漢國民政
府頒佈「現金集中條例」。漢口市面只許中國、中南、交通三行紙幣
流通，禁止現銀流通與出口，所有在漢各銀行庫存現銀一律封存，
致使漢口銀根驟然抽緊，商業停滯，錢莊因周轉不靈紛紛倒閉。中
南銀行漢口分行由於在漢對錢莊放款不少，受其拖累，損失很大。
當時分行經理錢叔錚仰仗胡筆江的關照，「其人自信力強，藐視一
切」，儘管現金集中是政府行為，商業銀行無法預測，更無法阻止，
但是中南銀行漢口分行疏於管理，毫無章法，尤其是鈔券收兌，事
前未據賬冊上報，又鈔現不分，導致總行無從辨別，以致被動應付
造成虧損，這是胡筆江用人不當造成的結果。此次風波，上海市檔
案館藏中南銀行史料記載：「漢行賬面受損及利息虧耗總計130餘
萬元。」

第二次大的虧損發生在天津分行。1927年7月，中南銀行天津
分行成立，胡筆江推薦王孟鐘任該分行經理。王孟鐘亦是胡筆江
的舊部親信。1927年，天津協和貿易公司用假棧單向天津各銀行押
款，總數一千餘萬元。正在籌辦的匯業銀行和懋業銀行已經收了股
款，尚未開門營業，就將股款放予協和貿易公司，全部吃倒賬，銀
行因此無法開業。中南銀行天津分行因放款不慎，倒賬損失達220
萬元，原領總行的全部資金150萬元，全部賠上，尚不足數。謠言隨
之四起，信譽大受影響。為安定危局，胡筆江急命上海總行、廈門支
行籌款接濟，天津分行因此保存下來了。中南銀行總行卻因此而損

● 中南銀行天津分行舊址，黃奕住玄孫黃飛攝於 2019 年夏天

失二百餘萬元。對此，胡筆江採取停止發股息的辦法來彌補這筆損失。黃奕住作為最大的股東，損失最大。他作為董事長，要維護股東的利益，因此不贊成停發股息的辦法，要求追查這筆放款負責人的責任，開除天津分行經理王孟鐘，還要他賠償這筆倒賬。胡筆江以天津分行放這筆款時，王孟鐘適丁母憂未到行辦公，不能負責，遂令負此筆放款責任的副經理停職，然而分行副經理家中無錢，賠不起。其實這是胡筆江袒護王孟鐘的表現。在處理此事上，黃奕住公開還是支持胡筆江的處理方案，以信譽為重，作為大股東，支持採取停發股息三年，社會輿論對停股息補倒賬的辦法，即出資人利益受損，而不使顧客利益受損的辦法，反應很好。因之中南銀行的信用絲毫無損。然而，股東利益，首先是黃奕住（他佔70％的股份）的利益卻受到重大損害。經此一役後，中南銀行盈利大幅度下降，資金亦顯短缺。胡筆江對外聲稱黃奕住答應再增資250萬元，華僑股東尚有資金1,250萬元備用。注資後之中南銀行信譽迅即恢復，業務穩步上升。

這兩次虧損都發生在1927年，對中南銀行而言，這是個災年。且兩次大虧損都是因為胡筆江用人不當造成的。同是1927年春，北伐軍進至武漢，上海江浙財閥以「勞軍」為名，到漢口巴結蔣介石，胡筆江也是發起人之一。同年3月，蔣介石到上海，成立江蘇兼上海

財政委員會，胡進入委員會。南京國民政府成立，在上海宣佈承認之前的北平民國政府的銀行借款與公債，並重新統一公債。胡筆江為結交政權新貴，即刻與南京國民政府掌管財經工作的宋子文、孔祥熙結交，建立起密切的私人關係，並操控中南銀行以「統一公債」做抵押品，放貸五百萬銀元給國民政府財政部。經過這幾件事之後，黃奕住對胡筆江有所不滿，遂加以防範。1928年1月4日，黃奕住向董事會提議，中南銀行董事會聘請黃浴沂任中南銀行協理，名義上向胡筆江學習經營管理之道，實則藉此削總經理之權。

　　1928年12月6日，黃奕住從香港乘搭林肯總統號輪船到上海，船到了上海碼頭，他心中忽然冒起一種不祥的感覺，感到有人要綁架他。他乘車到中南銀行總部，就住在中南銀行樓上沒有出來，停止一切外出活動，直至1929年1月11日搭乘芝錦鵬號輪船離滬返回廈門，事後有消息證實確有人策劃綁架他。他在《自訂回國大事記》中寫道：「此行到滬，居於中南銀行樓上，計三十五天。因上海綁風甚盛，故未敢出門，頗感痛苦。」黃奕住躲過一劫，但其兒子黃浴沂就沒有那麼幸運了。黃浴沂加入中南銀行任協理後不久，被任命為副總經理。1930年5月27日傍晚，上海發生了一起震驚全國的「海格路綁架案」，帶著兩個持槍保鏢和一個專職司機的黃浴沂在下班回家路上被兩輛汽車一路尾隨跟蹤，當時車行至海格路口，前面忽有一輛機器腳踏車從左邊超越黃浴沂的車，司機恐與相撞減速相讓，正在此時，後面緊隨的兩輛汽車迫近黃的座車，從中躍出四名各執手槍的綁匪，強行開啟車門，開槍射擊，黃浴沂的保鏢一死一傷，司機也傷重後身亡，綁匪將黃浴沂挾入匪車揚長而去，隨後黃家收到劫匪索要贖金的資訊。

　　黃浴沂被綁架時，黃奕住患病在家靜養。社會各界對此事反應強烈，上海華僑聯合會致電國民政府：「中南銀行副行長黃裕沂在滬被綁，有礙華僑興辦實業，請電飭嚴緝辦理。」黃奕住是社會上有名望的華僑，此事驚動了南京國民政府，蔣介石命令上海當局偵破此案。據《申報》6月26日報道，蔣介石飭令淞滬警備司令部、上海市政府嚴密偵緝此案。但是案件毫無進展，反而是黃家支付的贖金被

劫匪收下，劫匪不但不放人，還把送錢的人給殺了。黃浴沂被囚禁
在虹橋路一民房內達五十二天之久，直到7月17日黃昏，乘綁匪納涼
時奪命而逃，僥倖逃出了綁匪的控制。7月20日《申報》報道了黃浴
沂逃回的情景：「據聞黃氏綁去後，被匪居於滬西虹橋路相近小屋
中。17日午後6時許，黃氏乘守匪納涼之隙，奪扉奔逃。被二匪瞥見，
即攜槍跟追。相隔僅十餘步，匪向黃連發二槍，黃驚慌倒地，不敢
稍動。時適夕陽西下，田陌間不乏行人。匪見黃倒地不動，即亦不再
追。少許黃見匪遠去無蹤，即起而逃命，行半時許，抵交通大學後面
左近。因有小溪相隔，乃繞道赴該校門首，擬借通電話，找汽車返
家。而黃初脫匪窟，髮長面垢，猶穿夾袍，為狀至慘，且言語不通，故
為該校門者阻不使入。無奈，乃僱黃包車向法租界尋覓自己住宅，亦
以言語不通，路途不熟，徘徊於各馬路者，凡四五小時餘，換黃包車
凡三次，始抵家門。」傳奇色彩，足可拍一部電影。

　　黃浴沂後來在自己回憶錄寫道：「1930年不幸被綁去，被監禁
五十二天之久（即4月29至6月22日夜），可謂一生中之生死難關也。
當禍時，保鏢二人中之一人被當場槍殺死，一人幸只受輕傷，而車扶
亦被槍殺死。及至談妥贖款時，在送交款後又被賊將送款人殺死，
款被收去。當真是反覆無信也。因余之事而致有三人送生，真是大
難大禍不堪言憂也。余因遇此恐怖事後精神大受震驚，神經彷彿必
須靜養，故暫回鼓浪嶼休養。」

　　1931年春天，黃浴沂再次回到上海，為了安全起見，住到了中南
銀行樓上，黃奕住更從美國為其購買了中國第一部賓士牌防彈車。

　　上海號稱是「冒險家」樂園，其實經商環境並不理想。黃浴沂
被綁架事件對黃奕住的影響很大，他自己差點就被綁架。他自年輕
時代就知道老家雖僻在鄉墅，四處仍有土匪橫行，華僑被綁票早就
耳熟能詳。他歸國之後就將母親接到廈門，廈門當時的治安遠比上
海好。綁架黃浴沂的據說是杜月笙的青幫，但政府都沒辦法緝兇，
黑社會橫行，也是當時的社會毒瘤。

　　胡筆江擔任總經理直到去世為止，在業務上黃奕住尊重胡筆
江的決定，並不專權。比如，在香港分行的設立上，黃奕住也尊重

胡筆江的意見。中南銀行成立後不久，在1922年成立廈門分行的同時，黃奕住提出要在香港設分支行，將業務推廣到南洋一帶，並聲援廈門分行；胡筆江則主張將中南銀行的業務限於中國內地，遲遲不同意在香港設分行。在這個事關經營方針的重大問題上，黃、胡意見相左，黃奕住雖為董事長，卻始終尊重胡筆江的意見，直到1934年胡同意設立為止。只是為防止胡筆江再次套空竊取大額資金，1932年7月17日，黃奕住在上海主持中南銀行臨時股東會議，依照《公司法》修改中南銀行章程，依法以實收國幣750萬元為資本總額案，完善註冊，以保護資本金。

然而，胡筆江繼續利用他在中南銀行的職務謀取個人利益。對外，胡筆江利用中南銀行建立他在中國金融界的地位，又利用這種地位建立與政界的聯繫。胡筆江籍中南銀行的業務活動為籌碼，操作向國民政府發放大量貸款，承購大量公債，造成中南銀行呆賬合計金額五百餘萬元。他用中南銀行這五百萬銀元作「投名狀」，與新的國民政府拉上關係，因此得到政府及其財政部長宋子文的喜愛，被任命為政府公債股委員，兩人稱兄道弟。1932年7月，宋子文組織廢兩改元研究會，胡筆江又被列為委員，胡自此成了宋子文財政計劃的謀臣和智囊人物，並自認師爺，配合宋子文用權勢以國債作為資本金入股中國、交通兩間銀行，改組、控制、把持管理層，宋子文任中國銀行董事長，胡筆江任交通銀行董事長職務，轉身進入中國金融業最高決策層，同時仍任中南銀行總經理。1934年6月，宋子文發起組織中國建設銀公司，胡筆江作為中南銀行的代表參與投資，中南銀行認募股份為國幣二十五萬元，並參與該公司的投資項目。當年胡筆江用人不當，造成天津、漢口兩個分行倒賬，合計損失二百餘萬元，胡筆江以處分當事人了事。連同國民政府借款呆賬500萬元，總計損失金額與中南銀行增資後的實收資本750萬元大體相當。這些經濟損失全數落在股東身上，主要落在佔股份70％的黃奕住身上。而黃奕住堅守信譽，不負蒼天。當然，欠下的債總是要還的，有道是多行不義必自斃，1938年7月24日，胡筆江應財政部長孔祥熙電召，參加中央銀行、中國銀行、中國農民銀行、交通銀行等

「國有四行」首腦會議，從香港乘中航公司桂林號飛機去重慶，在廣東中山縣境內被日本軍機誤擊墜機身亡，他的後事全由宋子文親自到香港主持，可見宋胡兩人交情深厚。

中南銀行從成立到三十年代中期，在發展中遇到重重風險和挫折，特別是1934年，同列中南銀行創辦人的常務董事史量才被匪徒槍殺；胡筆江則獲財政部委任國有交通銀行董事長，仍繼續留任中南銀行總經理，在等待時機配合宋子文再施強權，用國債入股的手段吞併中南銀行。中南銀行有著獨特的華僑股東身份關係，是中國最大私人銀行，有成功的業績、信譽等無形資產及遍佈境內外各地的銀行網絡，還有銀行大樓設施等有形資產，是宋子文要謀取的果實標地。官僚集團對華僑民族工業進行瘋狂掠奪和控制，進入公開化。上海南洋兄弟煙草公司，是中國近代由華僑創辦經營的最大捲煙企業，因資金不足，黃奕住本人及中南銀行均有投資入股。為扶持民族工業，中南銀行也貸款給南洋煙草公司，1937年4月，胡筆江利用中南銀行總經理職便，引宋子文入主南洋兄弟煙草公司，宋子文出任董事長，其弟宋子良和滬上名人青幫幫主杜月笙成為南洋兄弟公司董事，之後十二年，該公司一直為官僚集團所把持和控制。1938年胡筆江飛機失事摔死後，他們吞併中南銀行的計劃被迫中斷，然宋子文賊心不死，還在繼續策劃行動，佈置收買胡筆江在中南銀行的親信參與掠奪控制。對此，章叔淳在《我與中南銀行》回憶文中有所描述：「胡公已矣，在這時候，有人向我獻計，叫我做張松，將行獻予宋（子文），我未敢苟同。」章叔淳認為，自己不夠資格接任總經理，沒有能力做這件事，且抗戰爆發，那時宋子文的力量已不能遠到上海，就是派人到上海，亦恐不易接收中南銀行。

黃奕住及華僑股東投入銀行的資本金幾乎已被胡筆江套空揮盡，華僑投資得不到法律保護，黃奕住只好無奈承受。面對險惡的局面，為挽救中南銀行，黃奕住憑著其自身穩健誠信的經營理念，開始新的佈局，安排兒子黃欽書、黃浴沂、黃友情、黃鼎銘、黃德心先後加入銀行任職，並採取措施，開展了發展策略：

一是決定停止股東派息，充實現金流，以穩定紙幣及銀行兌

換券的保兌發行。這對黃奕住來說，也是十分不容易的，他是佔股份70%的大股東，停止股東派息，個人損失是很大的；二是運用他之前設置的各地銀行網絡專注經營存放款業務，並成立信託部代客保管貴重品及買賣有價證券，賺取利潤；三是進一步拓展投資工業企業，謀得利潤抵禦通貨膨脹及貨幣貶值的雙重打擊；四是通過改組出任太平保險公司的董事長，推動太平保險公司賣保險，收保費，增收入。當時的太平保險公司業務範圍幾乎覆蓋全國主要省份，保險收入居華商保險公司同行業之首，1935年太平保險在香港設立支公司，並憑藉黃奕住在境外的網絡人脈，迅速在西貢、雅加達、新加坡、馬尼拉等地設立分支公司，開拓海外業務，與國外的保險公司訂立固定分保契約和開展臨時分保及再保險業務。

胡筆江出任交通銀行董事長後，在廈門也設立交通分行，與中南銀行爭業務，此時中南銀行廈門分行也因總行危機經營不善，存款減少，產生呆賬。為了中南銀行的生存，也為華僑小股東的利益著想，1934年8月1日，黃奕住突然宣佈廈門黃日興銀莊停业，消息令人震驚，在社會引起很大轟動。當時有文章分析是市況不佳，黃日興銀莊內部出現問題，加上經營發生虧損，黃奕住才決定停業。後來更有學者研究，認為是當時日本軍國主義加緊侵略中國的步伐，戰雲密佈，黃奕住眼看時局動盪，擔心萬一戰禍延及廈門，黃日興的存戶取不到存款，既於心不忍，亦有損平生名譽，於是決定收盤。這都是表面的，而真實情況是黃奕住為拯救中南銀行，下決心壯士斷臂。黃日興銀莊是黃奕住1920年創辦，主要業務是收兌僑匯及華僑存款，盈利額很高，自開業後獲利百餘萬元。據1934年福建僑匯的統計資料，閩僑的海外僑匯，年達兩億元之巨，數目相當龐大，而通過官方或國家銀行的僑匯僅佔及上述的十分之一二，黃奕住的日興銀莊是南洋華僑所信任的，閩僑匯款回家鄉很多都通過黃日興銀莊，方便簡捷，安全可靠，資金支付暢順，業務興旺。中南銀行與黃日興銀莊關係密切，客戶和華僑都認為中南、日興是一家。中南銀行檔案《廈行二十四年份營業報告書》中寫道：「一般人之心理，固以中南、日興為一而二，二而一者也。」黃奕住停辦黃日興銀莊，將收

中國金融現代化的先驅者

兌僑匯及華僑存款業務轉到中南銀行廈門分行,以增強中南銀行實力。他以其在廈門的部分產業向中南銀行抵借100萬元,用於支付存戶在黃日興銀莊的存款,至同年年底,中南銀行廈門分行代黃日興退還存款260萬元,其中轉存分行的有97萬元,在日興銀莊的收盤過程中,存戶沒有受到損失,而黃奕住個人卻背負了一大筆呆款。此外,1934年中南銀行還在香港設立支行,黃奕住利用中南銀行在海外的通匯處以及在南洋等地與華僑銀行、中興銀行、正金銀行、安達銀行等外國資本銀行建立的匯兌業務關係,以廈門、香港兩地的分支行,作為經營國外匯兌業務的樞紐,形成鮮明的特色經營,讓中南銀行起死回生。

中南銀行經歷多次風浪,轉危為安,穩步發展。中南銀行這些寶貴的發展經驗成為近代中國金融文化和精神財富。

1935年11月3日,國民政府突然公佈緊急法令,宣佈實行法幣政策。其主要內容是:把中央、中國、交通三銀行(1936年又增加中國農業銀行)發行的鈔票稱為「法幣」,定為國內唯一可以流通的貨幣。其他銀行已發行的鈔票在流通中逐漸收回,代之以新發行的法幣;宣佈「白銀國有」,所有以銀幣為單位的債務,應按面值折成法幣,所有銀元皆應交存政府,照面額換取法幣;採用金匯兌本位制,規定法幣對英鎊匯價,法幣一元等於英鎊一先令一便士半。為使法幣對外匯比價穩定,法幣「對外匯為無限制的購售」。國民政府實施統一貨幣政策,將鈔票發行權集中於中央銀行、中國銀行、交通銀行、中國農民銀行。中央銀行是孔祥熙、宋子文掌控的國家銀行,中國農民銀行的前身是1933年4月1日在漢口成立的豫鄂皖贛四省農民銀行,總資本250萬。當時蔣介石授予的發行紙幣特權,主要是為國民黨軍隊圍剿蘇區、進行內戰籌措經費,所以也可以說農民銀行是蔣介石打內戰專用的私人庫房。交通銀行已是胡筆江出任董事長,他勾結國民政府新貴,套空中南銀行的銀元本金後,參與策劃統一貨幣為名,取消中南這家中國最大民營華僑私人銀行的發鈔權,轉身又成為發鈔法幣的交通銀行的董事長。胡筆江在1927年操作中南銀行接受國民政府財政部以「統一公債」做抵押品,放貸給

國民政府財政部五百萬銀元，1945年抗戰勝利後，該部想用貶值非常嚴重的五百萬法幣還貸，中南銀行拒絕這種還賬方法，承擔了很大的損失，結果國民政府的欠款始終掛在呆賬上。可見國民政府對黃奕住的華僑資本盤剝掠奪已達到殘酷的程度。

章淑淳在《我與中南銀行》一文中寫道：「政府發行鈔票改名法幣，是無準備金，且發行無限制，總是趨向通貨膨脹。」中南銀行發行紙幣權被收回後，「四行儲蓄會」成立獨立銀行。中南銀行鈔票由發行到1935年底結束時，一直信譽良好，創中國私人銀行發行鈔票的最好記錄，體現了中國私人銀行家創造的中國金融走向現代化的努力所取得的成功，這也是黃奕住一生重視信用的明證。原來特准的發行紙幣權被政府收回，中南銀行的鈔票發行權移交國民政府法幣發行委員會。此後，中南銀行董事會發出一紙啟事，十四年的發鈔歷史遂宣告結束：

中南銀行啟事

敝行鈔票發行事務，係由鹽業、金城、大陸三銀行及本行組織四行準備庫辦理。上年政府改革幣制集中發行，業經遵令轉知四行準備庫，將法定準備金及庫存鈔票，盡數移交中央銀行發行準備管理委員會接收清楚，並會同鹽業、金城、大陸三行將該庫結束。惟敝行鈔票發行以來，十有餘年，獲全始終，至深欣幸。以後關於敝行鈔票一切發行收換事宜，遵照財政部二十四年十一月三日佈告，由發行準備管理委員會辦理。此啟

民國廿五年二月十五日

1921年至1935年，中南銀行憑藉其僑商投資的背景、雄厚資本的支持以及廣闊的人際關係等內在的資源稟賦，同時依託政府財政支絀、監管無力的政治經濟現狀順利取得了發鈔權。中南銀行對外和外資銀行開展競爭，對內自我約束，自我監管，十足發行穩固國內銀行紙幣信譽，穩定金融市場，推動「北四行」發展，實踐探索聯儲發鈔的路向，為工商業發展融通資金。在國內擠兌風潮不斷、銀行停業清理時有發生的背景下，中南銀行在十四年發鈔史中，一直信譽卓越，成為市場上最受歡迎的銀行券之一，而後，順應國家

幣制改革、統一發行的歷史趨勢，出色地完成發鈔權的轉移工作。當年中國尚無訂立聯邦儲備法，黃奕住和當時的金融家有眼光、有胸襟、有能力仿效美聯儲初試啼聲，在沒有國家立法保護支持的背景下聯儲發行中南銀行鈔票，將美聯儲貨幣發行制度移植中國。他們建立四行聯儲發行中南銀行鈔票制度，到1927年，中南銀行兌換券發行額達1,700萬元，相當於中南、金城、鹽業、大陸四家銀行實收資本的總和。截至1935年國民政府收回發鈔權十四年間，鈔票發行總額達10,300萬元，內流通券7,228萬元。在黃聚德堂檔案資料裡，保存著一份中南銀行發鈔準備金數目表（見右圖）。表明中南銀行發行可兌換的貨幣流通完結了。

● 中南、鹽業、金城、大陸銀行準備庫發行中南銀行兌換券暨準備金數目表（民國二十四年十一月二日）

1937年抗日戰爭爆發後，中南銀行緊縮業務，撤銷日軍佔領區一些地方分支機構，在抗日大後方的「陪都」重慶重新設立分行，業務一直保持盈利狀態。胡筆江死後，黃奕住、徐靜仁、黃欽書、黃浴沂四人主持經營中南銀行，黃浴沂出任總經理。1945年6月，黃奕住逝世，徐靜仁接任董事長。1948年2月，徐靜仁病逝，黃奕住長子黃欽書接任中南銀行董事長。1948年8月19日，國民黨政府推行金圓券政策，強制商業銀行、錢莊、公司移存外匯資產，繳兌金銀、外幣，在兩個月的時間裡，上海私營金融業的金銀、外匯資產受到前所未有的劫奪。經歷了國民政府金圓券發行即崩潰的劫難，上海的私營銀行大部分都盡可能將流動資金輸往海外，據估計有1,800萬美元流出。

㈦ ｜ 走進新時代

1949年5月27日，上海解放，剛經歷過國民政府繳兌金銀、外匯事件的摧殘，上海金融業的資力已是大不如前，黃奕住第三子黃浴沂辭去中南銀行總經理職務，往新加坡發展新業務，總經理一職由

黃欽書兼任。5月28日上海市軍管會發佈命令：中國人民銀行發行的人民幣為解放區統一流通的合法貨幣，金圓券即日起為非法貨幣，僅在6月5日前暫准在市面流通，過期即嚴禁使用。持有金圓券者應按規定人民幣一元折合十萬元的比價向中國人民銀行及代理處兌換。中南銀行響應軍管會號召，擁護決定，遵循命令，全程參與人民幣的代理兌換業務。從5月30日至6月5日，中國人民銀行共收兌金圓券35.9萬億元，是國民黨統治區全部金圓券的53%，人民幣迅速佔領上海市場。同年8月，上海市場棉花緊缺，滬棉紡廠普遍開工不足，上海市公私營棉紡業組設購棉借款處籌集資金，向銀行界洽商借款，首期急需十億元人民幣。而中國人民銀行上海分行才剛建立，力量有限，不能承擔此項放款，因此號召私營銀行為恢復生產，扶持工商服務，組織聯合放款團對棉紡業辦理聯合放款，解決棉紡業在收購國產棉花方面的資金困難。中南銀行積極參加，認繳四十五個單位（每單位五百萬元），發揮了僑資銀行正面帶頭作用，聯放基金也就增量放款到四十億元，隨後私營銀錢信託業聯合放款處成立。到了10月份，上海出現嚴重的物價波動，棉紗價格居高不下，市面資金短缺。11月私營聯放處改組，新機構設立名稱為上海市公私營金融業聯合放款處，聯放總額增至150億，人民銀行承擔50億（佔1/3），私營金融業承擔100億（佔2/3）。放款對象定為棉紡染織、麵粉、化工、電器、鋼鐵、製藥、火柴、煙草、絲織、造紙及其他行業都獲得貸款，放款總額超271億元。以扶持工廠恢復生產為宗旨，中南銀行熱誠地參與其中。

隨著1949年10月中華人民共和國成立，中南銀行走進新時代，據《中南銀行檔案史料》寫道，在新的政策下，中南銀行「鑒於時代之變更，私營金融業應有扶植生產事業與為人民服務之責任，過去保守態度亟應改變，乃努力爭」。為支持新政府，中南銀行積極開展業務，當時存款額居上海銀行同業最高額的第二位。共和國初期，經濟建設為首要工作，但因戰爭仍在繼續，國家財政困難。1949年12月16日，中央人民政府政務院第十一次會議通過《1950年第一期人民勝利折實公債條例》，第一期公債於1950年1月5日發行，總計

1萬萬份，上海分配3,000萬份，中南銀行承購78,011份，在當時上海銀行界排名第六位，表現出中南銀行的社會責任感，彰顯華僑擁護共和國、延續黃奕住興國夢的意願。同年7月份，中南銀行上海總行派專員林家棟循陸路經福州、泉州抵達廈門，指示廈行分行關於解放後聯繫僑眷爭取僑匯策略，故使廈門分行（在1952年公私合營前）仍能把握廈門市僑匯總額三分之一的款項。隨後又派林家棟、陶祖驤兩人到漢口，協助漢口分行設立外匯部，擴展存放業務，業績可觀。1950年底，抗美援朝戰爭爆發，上海市工商界和群眾十五萬人舉行示威大遊行。在抗美援朝期間，上海私營金融業把捐獻支援人民志願軍作為重中之重，當時上海私營銀行制定出增產捐獻計劃，至1951年9月底前完成的捐獻數額中，中南銀行排第三名（見附表）。表現出私營銀行的愛國熱情和犧牲精神，因為此事，中南銀行總行在美國紐約Irving Trust Co.（依榮信託公司）的美元交換信託戶口被美國聯邦政府凍結了。上世紀八十年代初，黃奕住第十二子黃世華找中國銀行總行趙崢科長反映此事，經示意又到美國紐約找有關當局交涉了解，最後仍無果而終。

1951年上海銀行為抗美援朝捐獻而制訂的增產計劃表

上海行名	捐獻數字（元）	捐獻基數	捐獻計劃增產辦法
浙江興業銀行	840,000,000	以本年上期滬區純益共計3億3千餘萬元提50%捐獻，以上期滬區純益6個月平均每月計5,600萬元為基數	7—12月逐月盈餘超過基數部分捐獻50%
國華銀行	550,000,000	7月起所有盈餘除出售資產及催收利息外以3億元為基數	3億元以者以20%提作捐獻，若超出3億則超出部分以40%提作捐獻
中南銀行	550,000,000	以5億5千萬元為捐獻目標	7—12月展開本行全行性增產捐獻業務競賽，在此期內所有全行存款匯款方面增產所得，於決算後將總分支機構所在地已經捐獻數額除去後仍有盈餘時，再以50%捐獻

摘自上海市金融業公會檔案

中南銀行創辦後經歷北洋政府、國民政府，歷經抗戰和內戰，事實表明，中南銀行從創立到鈔票發行權的取得，再到獨特的聯營方式和輝煌的發行業績，可以說是中國近代金融史上商

● 1952 年政務院財經委員會主任陳雲簽發的中南銀行營業執照，檔案資料影本

業銀行成功的典範。可惜近半個世紀以來中國局勢動盪，國民政府沒有立法支持的概念，更是收回發鈔權，民營銀行從此失去了發行鈔票的機會。在中南銀行三十年的生命歷程中，中南銀行對工商業發展，對社會進步盡到了一個商業銀行的歷史責任。所有這些貢獻與特點，都與黃奕住的現代化經營思想分不開。中華人民共和國成立後，中南銀行的繼承者黃欽書，傳承黃奕住的愛國情懷和興國理念，擁護共產黨對民族資產階級的政策，接受私營金融業的社會主義改造。1951年9月，中南銀行與金城、鹽業、大陸、聯合四家銀行成立的「北五行」聯營，成立聯合總管理處，並由人民銀行投資五百萬元人民幣，派尚明、吳承禧兩君為公股董事，改組為公私合營，接受中國人民銀行領導。

1952年秋，中南銀行以法定固定及無形資產，折算估值八億資本，加入私營金融業的全國各私營銀行、錢莊全行業的公私合營，統一組成一家公私合營銀行，黃欽書任副董事長。公私合營銀行成為中國人民銀行的構成部分，私營中南銀行在大陸的歷史到此終止。1956年，國家實行公私合營企業的贖買政策，於1956年第四季度開始，中南銀行私人股東持有的股份，收到國家按年5%發放贖買資產的定息，共計十年，至1966年第三季度結束。

中南銀行是黃奕住畢生最重要的事業，也是值得世人紀念的愛國華僑於民國時代建立的第一家「發鈔」大銀行，聲震大江南北。比起總行或分行設在國內、由廣東華僑投資的廣東銀行和東亞銀行，以及福建華僑投資的中興銀行、華僑銀行、商業銀行、集友

銀行，中南銀行的資本更雄厚，同時在爭取僑匯、存款放款以及促進社會經濟發展方面也發揮了更大的作用。中南銀行對中國金融界和工商業發展都起到很大的推動作用，也證實了黃奕住所認同的看法：開設發行鈔票的銀行實為天下第一發財事業。

辦銀行當然是以盈利為目的。中南銀行每年的營業報告、資產負債表、損益表和官利紅利分配情況，都在《申報》、《銀行周報》上公佈。例如，1921年7月5日開業，當年純益40.3萬元，年利潤率為16.1%。從1922年到1927年，歷年的利潤率為16%、18.2%、15.1%、18.2%、15.1%和10.6%。1927年的公積金及盈餘滾存達94.8萬元，有價證券482.6萬元。到1933年，歷年公積金累計達185萬元。其效益是很可觀的。中南銀行給投資者帶來豐厚的利潤。上面所說的中南銀行對中國經濟的貢獻，也可以認為是黃奕住投資對中國經濟的貢獻，因為他的股份佔中南銀行實收資本的70%。

⑧ ｜ **中南銀行在香港**

黃奕住是華僑，中南銀行以僑資為特色，在黃奕住的計劃中，他在中國創辦的中南銀行，與他在新加坡創辦的華僑銀行，在菲律賓創辦的中興銀行，以及他投資的印尼棉蘭等地的銀行，是要聯成一氣的。黃奕住主張將中南銀行的業務面向南洋，面向華僑。在中南銀行成立後不久，於1922年成立廈門分行的同時，黃奕住就提出要在香港設分支行，將業務推廣到南洋一帶，並以此聲援廈門分行，胡筆江則遲遲不予落實。1934年7月初此事再次提到議事日程上來，黃亦住先以信諮詢了其在香港的糖業公司——勝興行陳姓經理。第一次世界大戰期間，黃奕住曾租一艘破船運糖三趟到香港，正是這家黃日興分公司負責銷售，賺了一千多萬荷盾。陳即於7月14日覆信細陳在港辦銀行的利弊。信大約在四日後送至上海。信中介紹：

「查香港為華南一大商埠，亦即為轉運一大樞紐，歷來華北、華南與及南洋歐美進出口貨咸萃於此，以此為自由海岸大洋船舶起卸便利，貨物可以待價而輸，一時繁盛，無與比倫」，云云。隨後筆

鋒一轉：「晚近世界經濟恐慌，金融危機不景之氣日益一日，此間尚有華僑匯款歸國，又值內地政局不定，多在省港投資，是以二年前仍不如別處之衰落，迨自十年以還，華僑進款沉竭、南洋工業頹唐，國內農村又鬧天災人禍，紛至迭來，影響所及，隨之一落千丈，刻下物業低跌，幾及三四成，尤其是對海九龍一帶為甚，素稱繁盛之『南北行』亦有空樓成十間，從前價值六七百元，於今則只三四百元而已……」

雖然市道如此不景氣，但是「多數股商巨賈因時機未至，抱固守宗旨，未敢經營事業，而將款項放存銀行，因之銀行頓成寬裕，致利率低減。即如華人銀行活期存款亦不外給予一厘或厘半」。陳進而指出：將來粵漢鐵路倘能成功，南洋一帶樹膠、礦產漸能發達，銀行業仍有較大拓展空間，「如最近上海商業銀行在此分行及新創之永安銀行將次開幕，大抵或認為華南尚有可為乎？」

這封信首頁旁註有一行小字：將香港商況瀝陳俾資參考由。

信末又再加一段：「本港華人銀行開辦伊始，多先拉攏名譽素孚之華商，聘請董事或顧問，藉資借鏡以廣招徠……以行長一職最關重要，須得不偏不倚，誠實可靠者方能勝任。」叮囑殷殷。這一段對於黃奕住及董事會物色香港分行負責人時有所提醒。

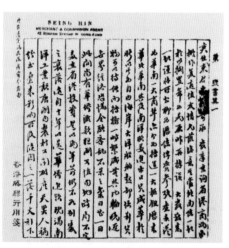

● 日興行香港分公司勝興行經理覆信東主黃奕住在港辦銀行利弊，黃聚德堂檔案資料

接信後，黃奕住即將此信批轉給董事會及總管理處：「各銀行之情形極為詳細，且多中肯之語，謹將原函夾上，希諸即為一閱，亦可藉資參耳。」他並不乾綱獨斷，而是請董事會予以討論議決。

對於在香港成立分行一事，黃奕住之所以存顧慮，蓋因「其開

銷較其他分行尤大，行租較貴，各項費用亦較重，還有銀行負責人人選等等，至七月十五日（未收香港陳先生信前）曾發電報給董事會：香港分行利小害大，因各銀行生理（意）多是國外匯兌，競爭利害，得利甚少。又，本行外國無代理處，鄙見此事須稍緩進行，請諸君開會慎重討論為要」。陳的來信可能改變了黃的想法。

不到兩個月，9月6日，董事會開會研究，一致同意在香港設立支行。13日，中南銀行董事會議決通過在香港設立支行。董事會函告：「接第64號函稱：香港密邇粵桂，華洋雜居，市廛櫛比，華僑及閩粵人士在港經營商業者尤多。前經廈行章經理淑淳親往調查，條陳意見。復經總處默察華南營業情形，認為有在港設行必要。茲擬於該埠設立支行一所，隸屬廈行管轄。即派由廈門分行經理章淑淳君擔任一切籌備事宜。相應函報鈞會即將核議示復等由准此，當經本會開會僉以。香港乃華南商業之樞紐，尤為南洋商運薈萃之區，且本行當時命名亦志在南洋，本行如欲向南發展當在香港設行。來函所請，本會經議決照准。惟念該埠近年商況變遷，競爭劇烈，故對香港支行營業方針務須稔度熟籌，而於業務監督尤宜縝密將事，藉收指臂之效。是乃查照為荷。」並以當日報送黃奕住董事長。

● 中南銀行香港支行成立批件

● 中南銀行香港支行開業批件，檔案資料

1934年11月20日，中南總管理處發佈第25號文：「陳報香港支行籌備就緒，擇定12月1日正式開幕。」經理由廈行章經理兼領；黃呈佑、道仲陶為副理；襄理為黃友情。

支行住址為香港德輔道中24號。就這個通告而言，可以確定：中南銀行香港支行是12月1日正式開幕。但中南銀行香港分行的資料記載為1934年11月15日開行，地址為上環文咸東街22號，這個時間與住址顯然有誤。分行資料可能根據原支行經理章淑淳《我與中南銀行》回憶錄裡關於開辦香港支行的章節所寫：黃奕住「要我帶其四子友情，在港行辦事，我在廈門留數日，即去香港。當時香港中區空屋極少，勉強在德輔道中郵政總局對面租到一所舊樓，加以修理，民國二十三年十一月十五日開業，當時以廈門行為分行，港行為支行，歸廈行管轄，同時成立廣州支行，歸港行管轄」。中南銀行香港支行成立，是繼中國銀行及鹽業銀行之後，在香港設立的第三家國內銀行的支行，業務成長飛快，繼之不久，又由該行倡設廣州辦事處，由該行道仲陶副理負責籌辦，業務上隸屬香港支行管理。因廣州業務蒸蒸日上，故後來改為廣州分行，直屬中南銀行總管理處。

日軍侵略香港期間，百業凋敝，中南銀行香港分行亦被迫於1941年歇業。直至抗戰勝利後的1946年3月開始恢復業務。而黃奕住已於1945年6月仙逝，他生前根本沒有想到香港分行還有復辦的一日，更沒有想到，「中南銀行」這一名號在1950年代在內地雖已不存在，但在香港卻發揚光大。

1952年秋，中南銀行和全國私營銀行、錢莊參加銀行業的公私合營改造，統一改組為公私合營銀行，接受中國人民銀行領導。而中南銀行香港分行依舊以獨立法人身份，在港持有銀行牌照繼續經營商業銀行業務。中國人民銀行的再保險業務亦交由中南銀行對外國營運。後來中國人民銀行委託中國銀行在香港成立稽核室代為管理。本來，中南銀行實際上在港只有一間分行，直到1958年12月10日在灣仔莊士敦道開設了第一家支行，從1960年5月至1964年10月又分別在上環永樂街開設上環支行；在皇后大道中開設中區支行；在湖北街開設香港仔支行；1974、1975年又開設了鴨脷洲支行、田灣支行。使香港分支行遍佈港、九及新界和離島，便利市民存取款及生意往來，尤其是因勢利導、創設輔助進出口貨物的金融服務，對香港成為亞洲最大的航運貿易中心提供了很大的助力。

中國金融現代化的先驅者

改革開放以後，中南銀行於1979年設立了中南財務有限公司及中南銀行信託有限公司。1980年始歸屬於由黃滌岩為主任、林廣兆等為副主任的中國銀行港澳管理處領導。黃滌岩小時候在黃奕住創辦的斗南小學讀書畢業，2020年10月他在《福建南安金淘斗南小學建校一百周年紀念》文章中寫到：「我當時由國家派港負責中銀集團工作，所以對集團成員中南銀行的發展過程和校主的生平事跡有關資訊資料比較注意，有所了解。」1981年後又設立中南銀行（代理人）有限公司等附設機構。中南銀行香港分行創辦幾十年，曾四度搬遷。1984年遷入上環文咸東街22—26號的自置「中南銀行大廈」，下轄二十五間支行，最後建立的支行是1996年7月16日開張的銅鑼灣支行。直至2001年，中銀香港在香港上市，中南銀行香港分行正式併入中銀香港為止。經香港立法會通過議案，中銀香港向香港金融管理局申請註銷中南銀行香港分行牌照，正式結束了中南銀行香港分行的商號，中南銀行終正式謝幕。從此，中南銀行在中國當代金融版圖上徹底消失。

● 香港中南銀行捐資在斗南學校建科教館，2021年春孫立川攝

中南銀行服務香港六十七年，其服務範圍從1949年前的華僑匯款等業務擴展至存款、放款、進出口押匯、股票買賣、外匯孖展、信用卡及保險業務等，員工數目也從草創時期的十幾個人發展到最高峰時期的近千人。

值得一提的是，在中華人民共和國成立之初期，尤其是西方金融界圍堵中國的困境下，中南銀行繼續經營黃奕住所創設的再保險信託業務，使國家的金融保險業務能透過香港窗口繼續與外國金融界有業務往來。

另外，改革開放伊始，中南銀行香港分行發揮在境外資本主義制度下金融混業營業模式，為內地同業了解外國銀行業如何運作提

● 香港上環文咸東街原中南銀行大廈，林志勝提供

供了有益的幫助和示範。為香港金融界及內地銀行業培訓及提供了不少優秀人才，譬如中國四大商業銀行巨頭的中國工商銀行現任董事長陳四清等。陳四清董事長之前也曾擔任中國銀行董事長。他曾於1996年3月至2000年5月從內地外派到中南銀行香港分行工作，擔任助理總經理，並利用時間在港進修金融管理專業知識。

　　香港中南銀行的老職員在接受我們的訪談時，曾多次提到原外派中南銀行的人事副總經理（當年的副理），後調回深圳中國人民銀行任行長及金融管理局局長的羅顯榮先生，如今已九十一歲高齡，依然與中南銀行的本港職員交往親切、懷念以前共事的經歷，他調回內地後，成為深圳經濟特區金融改革的元老與功臣。

　　中南銀行香港分行自五十年代後的宗旨是「繁榮香港，一起耕耘」。在香港躋身為全球金融中心之一的發展過程中，分行員工作出了不容抹殺的貢獻。一心為中華民族金融現代化而奮鬥終生的黃奕住先生九泉之下有知，當開懷含笑乎？！

最具民族品牌的
太平保險公司

09

黃奕住在印尼經營糖業進出口貿易的過程中，就已經認識到保險業的重要，深知保險業對工商業發展的重要性及經營保險業的可觀利潤。

黃奕住在印尼經營糖業進出口貿易的過程中，就已經認識到保險業的重要，深知保險業對工商業發展的重要性及經營保險業的可觀利潤。因為他的貿易範圍包括從古巴買糖和將糖運銷歐亞各地，海洋上的風暴常給運糖的船隻造成災害。第一次世界大戰開始以後，交戰各國爭奪海洋控制權，封鎖敵國或截斷其物資補給線，這往往傷及他國的商船。特別是德國戰時實施海上潛艇政策，對商船傷害尤大。包括黃奕住在內的印尼糖商，因此遭受慘重的損失。那些有投保的，所受損失可從保險公司得到一些彌補。這使願意投保的糖商增多，保險業因此迅速發展。黃奕住當時亦投資三寶壟因知西雷保險公司，緣此也和瑞士再保險公司建立了關係。瑞士再保險公司於1863年在瑞士成立，基地設於蘇黎世，股票於瑞士證券交易所上市。同一時期，黃奕住在新加坡購置橡膠園，與當時的南洋橡膠之父、新加坡中華總商會副會長林文慶（後曾出任廈門大學校長十六年）相知，後在新加坡一起創辦了「華僑保險公司」，成為東南亞華僑進軍保險業的嚆矢。

㊀ ｜ 太平保險公司的初創與改組

中國早期的保險業操縱在外國人手中。從外國人及其企業的保險，到中國工商企業的保險，幾乎被外資保險公司全部壟斷。上海人民出版社出版的王化南《回憶中國保險公司》一書中寫道：外商保險公司每年在中國的盈利，僅流到國外的就達四五千萬元。從十九世紀八十年代起，中國人開始辦保險公司，只因資金少，缺乏經驗，在競爭中一直處於劣勢。第一次世界大戰時期，華商保險業有較快的發展，從1912年至1925年，國內陸續創辦了華安合群等三十餘家民族保險公司，其總公司大多在上海，十多家外商保險公司也在上海設立分公司和營業機構，上海成為中國保險業的中心。1925年上海「五卅」慘案之後，中國人民掀起反帝高潮，金融業、工商業的愛國人士紛紛籌劃從外商手中奪回保險業權益，先後成立多家中國人辦的保險公司。從上世紀二十年代中後期開始，上海的

本地銀行裏挾著雄厚的資本強勢介入保險業。1926年，東萊銀行設立安平保險公司。1929年11月20日，北四行聯營之一的金城銀行創辦了「太平水火保險公司」註冊資本定為一百萬元，實收半數五十萬元，設址於上海江西路212號金城銀行大廈，辦理水、火、船殼、汽車等保險。

　　進入三十年代，多家銀行都想兼辦保險公司。黃奕住在開辦中南銀行的同時，也沒減弱對保險業的關注，他對此事很積極，多次催促胡筆江措辦。胡筆江當時知道金城銀行的總經理周作民有意擴大太平水火保險公司規模和業務，按周的話說，公司開業後，只能稍獲餘利，細細考量，問題出在規模太小，「唯一家做此，聲勢究竟不壯，遇有大宗生意每不能做」。經過商議，胡筆江報黃奕住同意，於1931年夏，將金城銀行的太平水火保險公司改組，由金城、中南、大陸、交通、國華等五家銀行為股東銀行，註冊資本五百萬元，實收股本三百萬元。其中中南銀行出資一百萬，大陸、交通、國華各五十萬，加上金城銀行原投資的五十萬，共計三百萬元。此次改組增資擴股，聲勢浩大，成為當時金融界一大盛事。1933年7月完成公司改組法律手續，在改組的同時，將公司名稱中的「水火」兩字刪去，改稱「太平保險公司」，並增辦人壽、意外等保險業務。改組後的太平保險公司所有董、監事均由股東銀行的總經理等高級職員擔任，共十九人，董事會成員包括時任中央銀行總裁的孔祥熙、中南銀行董事長黃奕住、交通銀行總經理唐壽民、金城銀行總經理周作民等。太平保險董事長由實力最大、出資最多及擁有跨國保險業網絡的中南銀行董事長黃奕住擔任，常務董事是胡筆江、許漢卿、唐壽民、錢新之、周作民，總經理由金城銀行總經理周作民擔任，丁雪農任第一協理，王伯衡為第二協理。總公司在上海江西路212號，分公司有南京、漢口、天津、廣州、濟南、鄭州等處。1933年太平保險公司收購東萊銀行旗下的安平保險公司，東萊銀行設立安平保險公司比金城銀行設立太平保險公司早三年。到了1933年，東萊銀行卻成為改組後的太平保險公司的股東銀行，也就是將自己的安平保險公司併入太平保險公司（併入後，太平保險公司並不取消安平保險

公司的牌號）。究其原因除了太平保險公司資本較安平保險公司雄厚、公司的實際負責人努力鑽研保險市場的理論與歷史、業務開展較好之外，還在於金城銀行有中南銀行、大陸銀行及四行聯合營業所的支持。

太平保險公司改組後，創立了責權分設，內控嚴格的管理體制和內控方式，為公司以後的規範和快速發展奠定了重要基礎。太平保險公司之所以發展迅速，據公司協理王伯衡在《從太平保險公司到太平洋保險公司》文中分析：「原因是多方面的。首先，董事會對於公司提出的計劃和建議，幾乎無不贊同。這樣，公司負責人可以放手辦事，有些事情來不及事先開會通過，只要事後作一詳細的報告就行。」董事會的董事長就是黃奕住。黃奕住當太平保險公司董事長的風格，與他當中南銀行董事長一樣，都是堅守信用，用人不疑，信任總經理等人，放手讓他們去管理，充分發揮他們的積極性，其效果都很好。公司由每行指派稽核一人，每星期到總公司開會一次，隨時審查賬目，稽查業務。在京、漢、津、哈、魯、粵六個區域內，又設區稽核制度，由股東銀行方面指定的區稽核六人，分別與各分公司人員定期舉行會議，區稽核的職責和作用與總公司的稽核相同，所有六家股東銀行與四行儲蓄會的各地分支、會，均由總公司與之訂立契約，委託為公司業務代理人，這樣，所有六行一會的放款與押匯保險業務統統網羅在內，太平保險從此進入了大型華商保險公司的行列，後更加入國際保險公會。

改組後的太平保險公司發展迅速，從1934年起的三年間，太平保險公司陸續收購了幾家華商保險公司，開始向集團化方向邁進，逐步建立了以太平為核心集團化經營模式。1934年初，厲汝雄所辦的豐盛保險公司因經營不善，擬將大部分股份出售。經談判，太平保險最終於一萬元低價收購了豐盛。1935年5月，東萊銀行加入成為太平保險第六個股東，同時，東萊銀行創辦的安平保險公司經營上發生困難，也由太平保險接收合併，太平保險因此成為當時最大的華商保險公司之一。

1935年5月3日，太平保險公司第六屆股東大會在上海江西路

212號公司總部召開，到會股東35人，周作民總經理代表黃奕住董事長致開幕詞，並報告詳細經營業績。會議增選新一屆董事會，當選董事有黃奕住、周作民、錢新之、胡筆江、許漢卿、唐壽民、孔庸之、饒韜叔、葉扶霄、黃浴沂、宋承熙、李道南、吳蘊齋、秦潤卿、翟季剛、劉雲岩、顧逸農、王子厚、孔祥熙等十九人。董事長黃奕住，總經理周作民，協理丁雪農、王伯衡均獲連任。5月6日《申報》報道這次股東會議詳情，文中談到，太平保險公司「資本雄厚，信用顯著，營業範圍之廣，為華商保險業之冠。現有分公司，計上海、南京、漢口、天津、哈爾濱、瀋陽、鄭州、廣州、濟南、杭州、蘇州等處。代理處除各埠交通、金城、中南、大陸、國華五銀行及四行儲蓄會計198處外，其餘特約代理計有江蘇銀行、中國農民銀行、江蘇省農民銀行、太平銀行、正明銀行、農商銀行、新華信託儲蓄銀行、江南銀行、陝西省銀行、河南農工銀行、江西裕民銀行及商店、公司223處，共代埋處420處。」另有1936年4月24日《申報》刊登介紹《上海之保險業》（上海工商業概況之二十三）寫道：「各華商保險公司中，其資本及規模最大者為太平保險公司、天一保險公司及中國保險公司三家。」 1936年8月，中國墾業銀行王伯元投資開辦的天一保險公司因股東內部意見不合，總經理梁晨嵐參與發起成立中國保險學會，無意經營業務，公司無人管理，作價轉讓給太平保險接辦。天一保險創立於1934年4月，註冊資本500萬元，實收資本250萬元，其股東皆為墾業銀行之要員，董事長為王伯元，董事有秦潤卿、何谷聲、胡文虎、王子崧等九人，梁晨嵐擔任總經理，總公司設於上海北京路255號，分公司設於南京、天津、漢口、青島、寧波、杭州、蘇州、北平等處，代理處遍設各地。太平保險收購天一保險公司，同時成立了太平、安平、豐盛、中國天一總經理處，集中管理四家公司所有業務。根據公司法中關於同業公司可以相互投資的規定，均保留原牌號。於是太平保險公司實際上擁有四個保險公司的牌號，各個牌號分別在上海及外地設立分支機構及代理處，總經理處設在太平保險總公司內，用一套人員管理來處理四個公司的業務，四位一體，效率提高，成本降低。在華商保險公司中，惟獨太平保險公司採

取這種經營方式，這種歐美托拉斯性質的管理形式，在當時中外保險公司中也是獨樹一幟，為業界所矚目，至此，中國保險市場出現了以太平保險公司為核心的保險經營集團。與此同時，太平保險公司與六家股東銀行、四行儲蓄會及其各地的分支行、會訂立契約，委託它們為公司的業務代理人，最鼎盛的時候，在全國設立八個分公司，業務範圍幾乎覆蓋了全國的主要省份，代理網點總數達九百餘處，代理處門前都懸掛了太平保險公司牌號。這樣，既把這六行一會放款與押匯中的保險業務全部包攬下來，不使利益外溢，又建立起廣泛的業務代理網。太平保險公司有了這幾家資本雄厚的銀行作後盾，在同行中提高了信用度，使收入的保險費居當時華商保險公司同行業之首。它收入的保險費又分別轉存到中南等各投資銀行，各投資銀行與該保險公司相得益彰。據1939年的《中國保險年鑑》統計，當時華商保險公司共有38家，資本總額為法幣3,665萬餘元，大多數公司平均為50萬元左右，而太平保險資本金高達300萬元，僅次於中央信託局保險部的500萬元，位居行業第二。

㊁ ｜ 進軍「再保險業」，進入海外市場

　　黃奕住創立中南銀行，入主太平保險公司董事長後，力促太平保險公司與國外再保險機構建立業務聯繫。據黃聚德堂檔案，上文曾提及黃奕住回中國之前在印尼經營糖業，認識到保險的重要性及有利可圖，於是入股印尼三寶壟因知西雷保險公司，這家公司與瑞士再保險公司有業務往來，將糖的保單分保，轉移風險，引起黃奕住興趣。經研究，黃奕住認為，保險與再保險業務均基於保險公司的最高誠信。為此，黃奕住通過三寶壟因知西雷保險公司牽線，與瑞士再保險聯繫上。這家保險公司的由來值得一提：瑞士再保險是瑞士最大的專業再保險公司，其核心業務是為全球客戶提供風險轉移、風險融資及資產管理等金融服務。瑞士再保險及其附屬公司（瑞士再保險集團）為全球主要再保險公司之一，其中主要分支機構是德國的Verieinte集團和Megdeurger集團以及Bavarian再保險公

最具民族品牌的太平保險公司

司，在全球超過三十個國家共設有七十多家辦事處。再保險也叫分保，是指保險人將其承擔的保險業務，以承包形式，部分轉移給其他保險人。進行再保險，可以分散保險人的風險，有利於其控制損失，穩定經營。

　　1933年，瑞士再保險公司負責遠東業務的主管到上海，由北美洲保險公司上海總代理克羅倫陪同，在考察太平保險後，印象很好，遂與太平保險建立了關係，雙方商定分保協定，將瑞士再保險國外保額酌量分予太平保險承保，開始時數量雖微，但頗具影響。據《太平保險公司1930年至1948年營業報告》中〈太平人壽保險公司告保戶書〉寫道，太平保險人曾這樣自豪地描述此一事件：「華商公司能有接受國外生意之機會，首由本公司開一先聲，闢一荊棘，未始非可愉悅之事也。」太平保險與瑞士再保險公司等國際再保險公司建立合作關係後，彼此交流技術、分享商機，共同開拓再保險新市場。其運作方式是採用為超額賠款再保險之方式，根據有關合約，承保超逾分出保險公司其類別保險指定自留損失之索償數額，按合約比例收取保費。太平保險公司能開展再保險業務，是基於最高誠信，獲得了保險界的認同。可以說，黃奕住對中國保險業的最大貢獻是引入再保險，他成為第一個吃螃蟹的人。

　　1934年12月，中南銀行在香港設立支行後，黃奕住找太平保險總經理周作民協商，提議太平保險走出國門，進入國際保險市場，在香港和南洋各國設立機構。根據黃奕住的提議，1935年11月，太平保險香港公司成立，公司地址在香港中環德輔道中24號，開拓海外業務。

　　太平保險公司憑藉黃奕住在境外的跨國網絡人脈關係，隨後迅速在西貢、雅加達、新加坡、馬尼拉等地設立分支公司。海外分公司經營的險種範圍較廣，有火

● 太平保險香港公司

● 太平保險新加坡分
公司廣告

● 民國時期太平保險公司廣告，檔案資料

險、水險、壽險以及汽車險、信用險、利益損益險、兵險盜險等其他
保險，代理他公司的委託保險、承受他公司的轉保險、分保及再保
險，還兼營穩妥可靠的投資。除了南洋，太平保險在歐美等地設立
代理店，因黃奕住早期在印尼經營蔗糖的出口貿易，時常派遣人到
各地了解商情，與歐美等地區的重要商埠均有聯繫。日興行的經營
基礎，使得太平保險可以在國外重要商業中心較為方便地設立代理
店，向境外不斷拓展，與國外的保險公司訂立固定分保契約和開展
臨時分保及再保險業務。

1936年，太平保險又與倫敦市場的勞合社、世紀Willis Faber
&Dumas等保險集團公司訂立了互惠分保合約。只經過短短的三四
年時間，太平保險公司在華商同業中脫穎而出，成為世界知名的保
險公司之一。開創了中國太平在國際保險業界內的再保險業務，為
中國在國際保險業界爭得了重要的一席。

在民國時期，由於外國保險公司長期壟斷中國保險市場，加

上華商保險公司資金短缺，基礎薄弱，中國保險公司的再保險問題一直都依賴外商保險公司解決，主要是英商、美商及瑞士再保險公司。華商保險公司經營的再保險業起步很晚，實際上是從黃奕住的中南銀行入主改組太平保險，並與瑞士再保險合作後，才開始推進此項業務的。由於其他華高保險公司大多資本較小，承保能力和限額受到相應限制，為了增強對巨額業務的承保力量，一些華商保險公司走上聯合道路。1933年6月，肇泰、華安水火、永寧、永安、先施置業、中國海上意外、上海聯保、易通信託公司保除部和寧紹商輪公司保險部等九家公司發起設立了華商聯合保險公司，並被國民政府特許為經營分保險業務的專業再保險公司，業務重點是為各保險公司提供分保服務。1934年1月，太平保險與肇泰、華安水火、上海聯保、寧紹商輪公司保險部、先施置業、中國海上意外、永寧、聯泰等九家組成了中國船舶保險聯合會，自行制定合理的船舶險費率，進行相互分保。1936年，易通信託公司倒閉，華商聯合保險公司資金受到嚴重影響，當年虧損兩萬元，聯合公司面臨解散。經過多次接洽，太平保險出面解決易通名下51,000元的股份，由太平保險認購26,000元，安平保險認購25,000元，並據此修改了華商聯合保險公司章程，增加董事名額，太平保險出任常務董事和董事長，主持該公司事務，安平公司只擔任董事。自此，太平保險又在民族保險公司的再保險領域取得了舉足輕重的地位。

1940年太平洋戰爭爆發後，華商保險對英、美等國的分保管道被迫中斷，國內的一些華商保險公司必須自謀出路，組建華商分保集團。1942年2月，太平保險公司在上海聯合寶隆、大業等保險公司組成太平分保集團，到7月份成員公司擴大至十九家。幾年內上海的華商保險公司相繼組建了大上海、久聯、五聯、十五聯、華商聯合等分保集團，加上太平分保集團共計六個，參加的公司達八十家。華商保險公司組建分保集團，有效地解決了中國保險業的風險分散問題，並為華商保險業逐步自主經營打下良好的基礎。然而，在這六家保險集團中，太平分保集團表現與眾不同，太平保險公司的檔案記載：「講到太平分保集團的特點，就是一切集團事宜，均由太平一

家負責處理，不受其他會員公司的支配與節制，與久聯集團由參加公司另組辦事處及大上海集團之另組一公司專司其事者有顯著區別，還有太平與國內外同業訂立溢額合約分保多以互惠為原則，惟因此而獲得的分入合約分保，均由太平獨家接受，並不能分與集團會員公司。因為一則它們資力薄弱，不願負額外的責任，二則國外無分支機構，遇有賠款，無法按原幣攤付。」

　　除此之外，在舊中國的保險行業，原先的保險單雖有中、英兩種文字，但一旦保戶與公司發生爭議，一律以保單中的英文條款為準，為此，太平保險率先向外商保險同業交涉，力主倡議廢除這一歧視、排擠華商保險業的不公平規定，這個倡議得到華商保險同業的讚賞與支持，幾經努力，終於逼使外商保險業界在保單中刪除這一條款，為華商保險業順利開展業務創造了有利條件。

　　1949年10月中華人民共和國成立，1951年太平保險參與公私合營，組成「公私合營太平保險公司」，中國人民保險公司入股，此後合營公司易主中國人民保險公司，再保險業務歸中國人民保險成立的再保部繼續經營。1996年，在人民保險公司再保部的基礎上，組建了中保再保險有限公司，1999年3月18日，中國再保險公司成立，成功實現了中國向現代商業再保險公司的歷史性轉變。2003年12月22日，經過重組改制，中國再保險（集團）公司成立，翻開了中華民族再保險業產壽險分體改制、集團化經營的嶄新一頁。2007年10月10日，中國再保險（集團）公司由國家注資整體改制為股份公司並於2007年10月30日揭牌成立。2015年10月26日在香港聯交所主版掛牌上市，股票編號：1508。此外，太平保險公司屬下還有一個「太平再保險股份有限公司」於1980年9月在香港成立，是一家綜合專業再保險公司，遍及全球非壽險和壽險業務。伴隨世界經濟一體化進程，國家更加重視再保險業。據2021年7月16日香港《星島日報》報道，國務院發佈支持上海浦東新區高水準改革開放《打造社會主義現代化建設引領區的意見》中指出：「在完善金融設施和制度部分又提及，發揮上海保險交易所積極作用，打造國際一流再保險中心。」

● 林森、蔡元培給太平壽險部題
詞，檔案資料

● 太平壽險章程，檔案資料

　　1933年7月，黃奕住提出太平保險兼辦人壽
保險業務。鑒於壽險業務的特殊性，當年9月，董
事會決定人壽保險部之會計獨立，並從公司資本
中撥款一百萬元，備作舉辦壽險業務之基金。12
月，公司指定專門籌備宜。1934年4月20日，太
平保險人壽保險部（以下簡稱「太平壽險部」）正
式成立，國民黨元老林森、蔡元培等為壽險部開
業分別題詞「同登仁壽」和「實行互助」，表示祝
賀。人壽保險部自即日起開始對外營業，到年底
有效保額已達170萬元，之後逐年增加，營業範圍
亦逐漸擴展至全國各地。太平壽險部吸收社會各
界人仕組織建壽險監理委員會，推動壽險業務發
展。太平保險公司重金 聘請了當時被稱為「中國
三大壽險精算師」之一的陳思度任壽險精算師，
太平人壽業務得到迅速發展。1936年8月，太平保
險收購中國天一保險，天一壽險部的壽險契約也
由太平人壽全部承受。

　　由於壽險具有儲蓄的特殊性質，1937年1月11
日，當時的國民政府修正公佈《保險業法》及《保
險業法施行法》，規定同一保險企業不得兼營損
失保險與人身保險。設立單獨的人壽保險公司提
上太平保險公司議事日程，董事會財險、壽險正
式分開，實行產、壽分業經營。由於太平壽險部從
一開始就自成機構，業務與會計獨立，不與其他
業務部門相混合，經過一年多的籌備，由太平保
險的股東中南、金城、交通、大陸、國華、東萊等
六間銀行另行認繳股本一百萬元，然後召開創立
大會。1938年8月10日，經國民政府經濟部核准，

太平人壽獲發營業執照，同年12月30日「太平人壽保險股份有限公司」正式掛牌成立，原太平壽險部的全部資產負債以及契約上之權利義務，全部由太平人壽保險公司承受。太平人壽保險股份有限公司總經理由周作民擔任，丁雪農、王伯衡任協理，原太平保險公司人壽保險部亦於同日取消。遵照《太平人壽保險股份有限公司章程》，太平人壽以「穩健、嚴謹」為經營宗旨，提出口號是：「惟有人壽保險可以解決人生問題」，並通過發佈廣告的形式宣傳公司產品，向公眾介紹先進、科學的保險理念，逐步更新民眾的思想觀念。太平人壽同時也開發了多種壽險產品：福壽險、兩全保險、子女教育金保險等，滿足了社會的不同需求，成為當時市場的熱銷險種。太平人壽利用股東銀行，特別是四行儲蓄會，在國內外各大城市建立起完善的經營網絡，北起哈爾濱，南到廣州，西接重慶，東至上海都開設分支機構或代理處；在香港及國外的西貢、巴城、新加坡、馬尼拉等地也設立分支公司。太平人壽的有效保額與年俱增，1938年底，其有效保額是700萬元，1939年底增至1,000萬元以上，到1941年底，有效保額已高達3,500餘萬元。太平人壽成為了當時華商保險業中規模最大，實力最強和市場份額最多的民族保險公司。從1929年11月太平保險公司創立，1931年夏改組到1938年底分設太平人壽保險股份有限公司，整整九年。這九年間，從公司增資擴股，1935年開始集團化經營，到1938年創設太平人壽，基本上是三年跨一台階，其發展壯大之迅猛，實為當時所罕見。

太平人壽在發展過程中，積極拓展業務，妥善處理分保出路問題，主動與華商各保險公司協商再保險合約，結成聯合陣線，抵制外商保險公司的刁難與控制，為能更好地解決分保問題，太平人壽先後派專人赴瑞士、英、法、美、日等國考察學習，同時加強太平人壽的國際宣傳，擴大國際影響，贏得國際保險市場信任，並與瑞士再保險公司等數家實力雄厚的國際保險和再保險公司簽訂分出與分入再保險業務的平等互惠協議，結成聯合陣線，分散風險。此舉不僅極大提高了太平人壽的國際聲譽，更為太平人壽日後業務發展拓展了道路。

● 太平人壽福壽保險單，檔案資料　　● 太平人壽兩全保險單，檔案資料

　　此後幾年，因日本侵華戰爭日益激烈，受戰亂影響，國內大部分分支機構遭到破壞，幸運的是，太平保險公司在1935年已在香港設立支公司，這一時期太平人壽的經營重點集中在國外業務，受到海外華僑及當地民眾的歡迎和支持，也為後來整個太平保險公司對外經營以及移師香港，綜合經營，重組改制，在香港上市成功打下堅實基礎。

四 ｜ 專營海外業務，赴港再造輝煌

　　在中國抗日戰爭勝利前夕的1945年6月，黃奕住在上海與世長辭。其長子黃欽書接任太平保險公司董事長。抗戰勝利後，在國民統治的後期，由於通貨膨脹，經濟秩序混亂不堪，中國保險業不可

● 太平保險公司信箋

避免遭到嚴重摧殘，太平分保集團曾於1948年7月1日組織了包括二十二家成員公司的外幣業務集團，於艱危時世中勉力支持，直到1949年中華人民共和國成立前解散。隨著全國解放，一個新的時代到來，人民政府開展了對中國保險業公私合營的改造，1951年11月1日，上海十二家私營保險公司，加上天津三家（大昌、中安、中國平安）共計十五家保險公司合併，由中國人民保險公司參股，組成「公私合營太平保險公司」，黃欽書繼續出任公私合營太平保險公司董事長。合營公司發函告示：

我公司為配合新民主主義經濟政策，在國營經濟投資與進一步領導之下，由大信、大豐、太平、太安豐、中國天一、安平、建國、楊子、華商聯合、裕民、福安、寶隆等十二家保險公司合併組織，定名為公私合營太平保險公司。擇於1951年11月1日開業，承受火險、運輸

險，以及意外險等各項保險業務。所有上述各合併公司之未到期各種保險責任，均由我公司繼續負責。按我公司合併成立之前之各單位，久承你處愛護扶持，值此合併經營伊始，還望多多指教，時加聯繫。對於防災設施或保險業務上，你處如有詢問或需代為設計解答時，請隨時賜電接洽。定當竭誠服務，以符雅望。專此佈達，尚祈

台洽是荷。

此致

敬禮

公私合營太平保險公司啟

1951年十一月一日

1955年，在社會主義改造運動的洪流中，全國保險行業的公私合營終由設想變為現實。1956年太平保險與新豐保險合併，與其他民族保險業一起成為原中國人民保險公司的成員公司，同年由上海遷冊北京，新的太平保險總公司設址於北京阜成門外天寧寺路。新的公私合營太平保險公司的任務是，加強對國外分支公司的領導，積極開展國外業務，繼續為僑胞服務和替國家積累外匯資金。1958年，太平保險全面停辦國內保險業務，標誌著中國保險業社會主義改造的完成，中國保險市場從此進入國家專營時代。黃奕住對保險業的經營思想和經營理念，影響了一代保險從業人，引領了中國早期保險界走向國際市場，使太平保險成為中國保險業跨境綜合經營的保險公司。此後太平保險移師香港，專營海外業務。在香港，太平保險公司與中國保險公司、香港民安保險公司及三個公司在海外的分支機構一道，經營各項保險業務，為當地華僑增加保險業務種類，提供各項投保服務；為國家對外貿易服務，為客戶辦理轉單，為國內的轉口商品提供保險，並代理國內出口商品保險的查勘理賠業務，通過開展業務籌集外匯資金，支援了國內建設。

太平保險香港公司在東南亞許多國家都設有分支機構，在這些國家有固定的客戶，享有很高的知名度和信譽。香港商務印書館出版的《董浩雲日記》裡有個記載，「船王」董浩雲談到1963年到越南西貢洽談船務業務，購買保險的事。他在2月5日的日記中寫道：「太

平保險公司為越南唯一我人之機構，用以辦公。海外舊有機構，其喜可知。」

1966年國內「文化大革命」（以下簡稱「文革」）爆發，涉外保險業一度停頓，1970年後始得以恢復。改革開放之後，1992年10月20日，由中國人民保險公司、中國保險有限公司、太平保險有限公司和中國人壽保險有限公司合資組建的香港中國保險（集團）有限公司在香港註冊成立。1999年，太平保險整合中國人民保險公司所有境外機構，成為中國保險業唯一的跨境經營保險集團。轉眼到了2009年6月29日，總公司完成下屬各公司品牌整合，從「中保」、「太平」、「民安」三大品牌並存，改為使用統一的「中國太平」品牌，「中國太平保險集團公司」正式啟用。太平保險公司經歷時代變化，經歷多次合營，多次重組，多次易主，曾經易名，但「太平保險」四個字得到海內外保險公司及投保人特別是華僑客戶的信賴與認可，國際上大品牌保險公司與太平保險長期合作，有很高知名度和信譽，這也有黃奕住的影子在裡面，太平保險公司的名稱，得以一路延續下來，成為中國保險業歷史最為悠久的民族品牌。2013年，中國太平同步完成重組改制和整體上市，成為國有獨資的上市公司，「瑞士再保險」成為策略投資者，上市公司更名為「中國太平保險控股有限公司」，香港上市編號0966。公司的主要業務是投資控股，公司及附屬公司主要

● 中國太平保險控股位於香港京華道十八號二十五樓，黃飛提供

● 中國太平大廈位於香港銅鑼灣新寧街八號，黃飛提供

最具民族品牌的太平保險公司

業務為：再保險、人壽保險、財產保險、資產管理、再保險經紀及養老金管理。據中國太平介紹，近年來，中國太平快速發展，連續四年入榜《財富》世界500強，列第344位，2019年，中國太平保險集團營業收入首次突破2,000億元，總資產突破9,000億元。目前，中國太平是中國保險業經營體系最為完善的公司，也是國際化特色最為鮮明的保險機構。

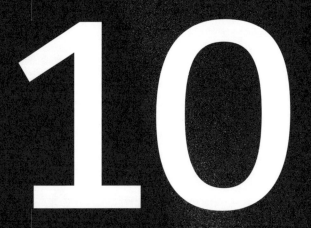

第
十
章

華僑實業家的
抱負與實踐

10

黃奕住守住商人的本分，在商言商，辦好企業，經商
報國，使國富強，為民服務，成為二十世紀二十年代
商紳的主要代表人物之一。

〇 | 投資閩粵鐵路與開發閩南礦產之悲情

　　黃奕住的實業興國夢計劃中，福建閩南佔重要地位。在他的思路中，辦好福建的交通、開發閩南的礦業是投資發展的重心之一。辦交通，是為了使閩南的人和物都能更好地流通起來；辦採礦，是為開發閩南的自然資源，發揮閩南的優勢。黃奕住投在閩南的資金，尤其注重交通。在交通方面，他著力抓了兩件事。一是廈門市與城郊的公路建設與水陸聯運；二是修築鐵路。在他開發閩南的經濟計劃中，是以鐵路為先行、鐵路為重點的。

　　黃奕住在印尼三寶壠曾與黃仲涵商議過回國投資，計劃在福建興建鐵路等公用事業。黃仲涵後來移居新加坡，因心臟病突發去世，黃奕住便自己將這個計劃付諸實踐。其實黃奕住心中早有一個興修福建省鐵路的計劃，這醞釀於回國之前。清末民初，國家開始允許民間資本進入鐵路行業，1905年8月，清廷設立了官商合辦的福建鐵路公司，由晚清名臣陳寶琛任總辦，福建許多海外華僑參與投資，黃奕住就入了股，成為股東之一。1906年，漳廈鐵路在華僑資本的推動下動工興建，為福建省第一條鐵路，1910年5月修至江東橋，全長二十八公里。1911年漳廈鐵路通車運營，由於江東段橋站沒有建成，旅客出行或貨物運輸，都需車船轉運，造成營運困難，連年虧損，1914年收歸國有。1919年9月8日，黃奕住回國後參加了葉恭綽在廈門召集的鐵路公司主要股東會議，了解了該鐵路的具體情況，獲悉鐵路經營困難與長期虧損，陷於長期停運狀況，官方與私人投資者都進退維谷，深感絕望。黃奕住毅然決定，接下這個爛攤子，提出鐵路商辦，並籌議延長該鐵路至龍岩。

　　黃奕住先是投資潮汕鐵路。潮汕鐵路有限公司是1903年11月由印尼華僑張煜南集資創辦的第一家民營鐵路公司，最初計劃擬招集華商股本一百萬兩，後增至二百萬，資本全部來自華僑。鐵路於1904年3月興工，至1906年10月築成潮州至汕頭鐵路，長39.1公里。1908年又續修了潮州至意溪碼頭支線，長3公里。黃奕住和張煜南都是印尼華僑領袖，黃奕住在印尼時，張煜南就邀他入股潮汕鐵

路。1911年張煜南去世後，其子張步青託張家在潮州的族姪張公善管理鐵路事宜，因張煜南的後人把資金抽回印尼，致使資金周轉不靈。黃奕住1919年回國後，張步青叫張公善邀請黃奕住去汕頭實地考察，目的是要他投資，以增加資金，便於運轉。1921年9月12日，黃奕住從廈門到汕頭，視察由於經營不善和缺乏資金而陷入營業困境的潮汕鐵路。黃奕住想把它救活過來，於10月4日承購潮汕鐵路公司股份共十九萬元，入股後，成為該公司的第三大股東和董事。黃奕住入股潮汕鐵路，是從他修通福建至鄰省的鐵路計劃出發，想將閩粵鐵路連接起來，使福建的物資流通多一條路線和通道。

隨後黃奕住開始了漳廈鐵路的籌備工作。1922年1月28日，是農曆正月初一，黃奕住與荷蘭工程師番梯吉拉視察漳廈鐵路，由嵩嶼起，至漳州止。他在《自訂回國大事記》中寫道：本擬第二天往龍岩，因其時係舊曆正月初二日，興伕不願往，而工程師又急欲回國，故不果行。

黃奕住做了續辦鐵路的前期準備工作後，於1922年提交意見書呈交通部，提議漳廈鐵路改為商辦，福建鐵路總公司表示反對，交通部未作任何表示。

1923年11月，黃奕住當選全國道路協會候補執行董事、介紹部主任董事，對漳廈鐵路事宜更加關注。1924年6月，黃奕住公開喊話，準備進京找交通部接洽辦鐵路。據1924年6月28日上海《申報》報道黃奕住獨辦漳廈鐵路，將進京向交通部接洽這一消息：

遠東通訊社廈門通訊云：漳廈鐵路，建設至今，形存實亡。其急須改造與繼續建築之必要，稍有地方觀念者，莫不齊口同聲。最近南洋華僑資本家黃奕住，因受國內外人士之敦促，頗有起而完成此路之意。日前特就鼓（浪）嶼召集該公司舊股東會議，討論改造與繼建方法。聞集會結果，各舊股東皆以前次損失太甚，不願再行投資。故黃奕住氏擬將該路完全收買，歸個人獨自興辦。黃氏為此事，擬不久將諧黃世金等入京一行，向交通部接洽此事。各界對於黃氏之獨自投資興築，頗多表示贊成。

接辦漳廈鐵路，除要獲得交通部的批准並商定有關條件外，

還必須得到福建省地方政府的同意與支持。當時統治福建的是任軍務督辦的孫傳芳，得到上述資訊後，囑財政廳長陳培錕致電黃奕住，邀請他續辦漳廈鐵路。1924年7月3日《申報》北京電：孫傳芳電致吳毓麟，已與周蔭人、薩鎮冰磋商，漳廈鐵路均贊同，交僑商黃奕住專辦，藉倡僑業。謂此路商辦時，僑商黃奕住亦為股束之一。若得黃出而續成，實輕而易舉，可不勞政府之力，而獲路之惠。孫然之，當即電黃，請其興辦此路，時黃在滬，接孫電允予考慮，返廈後即招集漳廈鐵路各舊股東，討論此事。

1924年7月6日交通部電邀黃奕住進京，接洽漳廈鐵路事。1924年7月16日孫傳芳電黃奕住：「奉洛吳巡帥電，已轉電保黃君專辦漳廈鐵路，黃君晉京時，請便道來洛。」1924年7月30日，黃奕住從廈門搭海寧輪赴福州。此行係承孫傳芳督辦電邀辦漳廈鐵路，故晉省與之先商，並決（定）赴北京向交通部接洽條件。8月2日，黃奕住從福州赴上海。因齊魯軍閥混戰，滬寧、津浦線路阻塞。他在《自訂回國大事記》中寫道：「欲覓輪迂道洛陽轉入北京，與交通部接洽漳廈鐵路事宜，因江浙戰事忽然發生，水陸交通一時俱告斷絕，以故北京之行遂不果。」黃奕住被迫於28日從滬返廈。將此事暫時擱起。他由此深深感到，時局不靖，社會不安定，實業難辦成。

在1924年秋季至1926年春季的兩年多時間裡，黃奕住為了漳廈鐵路等振興福建事，與多方交涉，特別是與閩籍著名華僑加強了聯繫。黃奕住將漳廈鐵路接抵龍岩的計劃，傳至南洋各地，獲得部分閩籍華僑的稱讚和響應。黃奕住的好友、菲律賓閩籍華僑首領李清泉在菲律賓華僑界發起救鄉運動，成立「南洋閩僑救鄉會」，本設總會在馬尼拉，1926年初，總會遷移至鼓浪嶼。《申報》報道：1926年3月15日，在廈門鼓浪嶼策進俱樂部召開臨時大會。李清泉、黃奕住、黃仲訓、林文慶、郭漢全等二十七人到會。黃奕住在會上發言說：「前年承孫馨帥、吳玉帥、顧（維鈞）、吳（敏麟）總長以完成此路相囑，並召赴京接洽移歸商辦。後因江浙戰事因此中止，然余欲續以此路之志，未稍輟也。」黃奕住提出，救鄉首宜發展生產，以救民貧，發展生產，以交通為先，提議續辦漳廈鐵路，接抵龍岩，以利

交通。大家都說敷設鐵路為救鄉根本要圖，即經全體通過，並公推籌務委員十一人，以黃奕住為主席。籌備處設在黃奕住家中，黃奕住將漳廈龍鐵路籌備處的牌子掛在黃家花園中樓門前。他親自擬定發表了《民辦福建全省鐵路股份有限公司緣起》一文：

我國素稱天府，而今朝野上莫不言窮，寧不可異？毋亦地利有所未闢，人事有所未盡歟？不然何為而至此。福建人煙稠密，生計大難，吾民之流轉海外者數百萬計。向來視為瘠土。其實寶藏於野而莫知啟發，貨棄於地而莫能轉運，以致產業不興，民生凋敝，內已成兵匪之世界，外以啟強鄰之覬覦。言念及此，能無痛心！前清光緒年間，本省曾有鐵路公司之組織，謀建設全省之鐵道，以辦理未盡得當，僅成漳廈江嵩一小段，已負債累累。十餘年來未得發展。前年（1924年）六七月間，南洋群島華僑發起救鄉運動。去夏（1925年夏），開第一次代表大會於菲島。今年（1926年）3月15日又開臨時大會於廈鼓。當由奕住提議續辦漳廈鐵路接抵龍岩，以利交通。隨交第二組委員會審查，認為可行。於同月27日，大會提出討論，僉以為敷設鐵路為救鄉根本要圖，即經全體通過，一致贊成，並公推籌備員十一人妥為計劃。一面邀集發起人擬定計劃書及章程等，以資進行。竊維龍岩，地當本省南部之要衝，物產豐富，即就煤礦而論，據（法國）工程師報告，足供全世界五十年之用而有餘。現廈門所有煤炭，每噸二十餘元，而龍岩不過一二元，徒以轉運維艱，棄而不採。然強鄰虎視耽耽，垂涎已久。儻再不著手進行，誠恐越俎代庖者大有人在。此間人等之所由夙夜彷徨不能自已者也。天下興亡，匹夫有責。人之好善，誰不如我。況以所集之資本，興有利之事業，即可開發富源，振興實業；又可便利交通，增進文化；更可挽回利權，以救危亡；而於個人之投資，則子母相權日進無量，一舉而四善備，吾人何樂而不為。惟路權、礦權為國人所共有，設有外資之關係，啟洋商侵入之漸，或有壟斷之野心，成少數人獨佔之弊，皆非吾人所敢贊同。用是明定章程，由國民集資組織股本，擬向南洋僑商暨國內各埠分招以期普及。並訂明每股20元，使人人皆有入股之機會。庶幾實業之心，確為公眾之利益，而救鄉之義，得以大白於天下。我父老兄弟諸姑姊妹盍興乎來。

　　　　　　　　　　　　　　　　　　華僑實業家的抱負與實踐

黃奕住的《緣起》文中強調了群策群力開發自然資源，使福建由窮變富，以及維護國家主權，不容強鄰壟斷的觀點。黃奕住接辦漳廈鐵路與投資潮汕鐵路，都與他開採閩南礦產的計劃相關。閩西南礦產儲量豐富，黃奕住首先看中了龍岩、漳平、寧洋三個縣的煤。黃奕住興辦鐵路的計劃，與開採龍岩煤礦密切相關。接著，黃奕住又發表了《民辦福建全省鐵路股份有限公司計劃書》，內容包括：一、主要方略，談到路礦兼營、測定路線、招股方法、規定股額；二、人手事業，談到立案手續、籌墊開辦費、承受舊股、分段敷設；三、續辦事業，談到本公司擬承接前商辦福建漳廈鐵路。根據清光緒三十四年（1908年）原案，以福建全省為範圍。「候龍漳廈全路通車後，本公司之營業略有成績，擬再第二步計劃，繼續敷設一縱貫全省之幹線。即由龍岩南行至永定峰市，接通潮汕為第二幹線。再由漳廈本路之石尾，北行經角尾灌口，出同安，越泉州、莆田以至福州，為第三幹線。繼由福州至延平，過建甌以至浦城，期與浙江之江山相接，為四幹線。另由泉州築一支路至安溪，其間如永定、泉州、莆田、福州、延平、建甌人煙稠密，物產豐富，而安溪、浦城之鐵，延平之煤，其產額均不亞於龍岩。邦人君子其急起而圖之。」

1926年4月14日，黃奕住發表商辦福建全省鐵路公司暫定章程，預定招收股金2,000萬元，興建福建鐵路幹線，同時經營採礦業務。5月20日，黃奕住認股300萬元，李清泉負責向菲律賓華僑募集及本人認購共150萬元，李双輝負責向印尼泗水方面募集及本人认购共150万，楊忠信10萬元等，並派員南洋招股。李清泉也是續辦漳廈鐵路的發起者之一，他會後到北京會見內閣總理杜錫珪時，談及續修漳廈鐵路事，杜同意交黃奕住商辦。華僑的贊同，政府的支持，使黃奕住受到鼓舞，感到信心倍增。經過一段時間籌備之後，1926年8月20日，他向民國政府交通部提交報告，其中表述了他修鐵路的計劃：「請准予續辦漳廈鐵路，接抵龍岩，然後貫通全省，以達於江西、浙江、廣東。」這個計劃的要旨，一是要使鐵路貫通福建全省，二是運用鐵路，使福建與所有鄰省聯接起來，從根本上解決福建陸路交通問題。從私人辦鐵路而言，這個計劃頗為宏大。它是

中國歷史上最大的私人興辦鐵路計劃。

　　同年8月24日，黃奕住為漳廈鐵路一事從廈門動身赴滬。約福建省財政廳廳長陳培錕由福州至滬，兩人一起到南京會見浙閩蘇皖贛五省聯軍總司令孫傳芳及民國政府農商部長張志潭，提交《續辦漳廈鐵路改為商辦並擬開採福建內礦產計劃書》，孫表示贊同，並備文諮交通、農商兩部校辦。託陳培錕代表黃即日赴北京呈交計劃書。9月22日，交通部提交內閣會議討論並獲通過，准予黃奕住經營福建全省鐵路特權，然交通部要求：雖由民辦，須部代管。農商部也有留難，要求開採龍岩、漳平、寧洋三縣的煤礦以六百里為限。10月12日，陳培錕代黃奕住領到交通部、農商部特准公文。然而，1926年11月北伐軍入閩，接著北京民國政府垮台，南京國民政府不承認北京民國政府已批准的成案，取消黃奕住漳廈鐵路延長到龍岩及閩南開礦的計劃。黃奕住的第三次努力又落空，惟有在《自訂回國大事記》中感歎：「此事遂寢，亦殊可惜也。」

　　1927年5月12日，國民南京政府發電文委任黃奕住為福建省政府委員兼建設廳長，各報紙均有登載，黃奕住致電覆辭。5月26日，海軍總司令兼福建省政府主席楊樹莊邀請黃奕住到福州，楊先委省財政廳長陳培錕、省政府秘書長關山陪同黃奕住遊鼓山，登歲寒堂。歲寒堂是1926年黃奕住與陳培錕及廈門總商會副會長洪鴻儒三人出資捐建的，黃出資四千元，陳、洪各一千元，以三人之先嚴慈祿位者，因取松竹梅歲寒三友之義，故取名歲寒堂。楊樹莊並派衛隊四十人保護，一路風光，黃奕住持百銀元賞衛隊，士卒咸歡。中午湧泉寺僧設素筵相待。遊鼓山後第二天，楊樹莊請黃到其辦公室，又提委任之事，黃仍遜謝不敏，極力敬辭。兩人談起辦漳廈鐵路的話題，楊隨即打開留聲機播一唱片，請黃奕住聽京劇三國演義《空城記》唱段，黃不明所以，楊說：我是軍人，很爽直，黃兄也是明白人，我就明人不說暗話，黃兄備二千萬元辦中南銀行，尚能再備二千萬元支援軍費，得到軍政界相助，建鐵路和開礦方能辦成，否則計劃談何容易，就算辦成也是徒勞的。黃聽後心低意沮，感到悲哀，無言以對，但仍未放棄修鐵路開煤礦此案。此後楊幾次約黃奕住到福

州見面，黃均不予理睬，1928年10月2日，楊樹莊致電黃奕住，謂閩省正在籌議鐵路與銀行，再次請他到福州會商。黃奕住「對以時機未至」，還是不去。10月13日，省府又再邀請，黃奕住派族弟黃奕守和秘書葉子鬱前往福州，表明意見。 1928年10月22日《申報》有篇〈閩省府整理及與建漳廈漳龍路礦〉的報道：「去年楊樹莊組織省政府，薦黃奕住為省府委員兼建設廳長，其用意亦欲由黃吸收華僑投資，興辦閩省路礦，為實地的建設。黃力辭未就，故亦未成議。近新省府成立後，主席楊樹莊與財政廳長徐桴電廈邀黃入省，洽商建設事，蓋擬賡前議，令黃完成整理漳廈路，建築漳龍路及興辦龍巖煤礦也。黃以事未果往，派族弟奕守及葉子鬱代表晉省謁楊徐，前日奕守與葉返廈，據談此行結果如下：予等此行抵省謁主席及各委員，楊主席對予等表示，閩政整理，現統一財政，縮減軍額，已有辦法。惟建設交通，礙於經濟，一時似未能兼籌並顧，故特竭誠歡迎各地華僑投資，奕住君為華僑巨子，必能出而提倡等語。予等乃以奕住君之漳廈及漳龍之路礦建設意見書上楊主席，內容大要分三端，對新投資者，應有確實之擔保及保息；應先消理舊廢之漳廈鐵路產業、舊漳廈鐵路公司所負政府債款，一律取銷；舊漳廈鐵路所有產業及物用，應再估價，即按其股額還股東，或准其以此估價額作為新股，另換股票。楊主席閱過，允提出省委會討論。云云。」

　　1932年，蔣光鼐、蔡廷鍇領導的十九路軍調入福建，蔣光鼐任福建省政府主席，黃奕住認為此事又有可為。同年10月21日，黃奕住和李清泉在鼓浪嶼的觀海別墅宴請蔣光鼐、蔡廷鍇，重新提起漳龍鐵路事。蔣光鼐表示，新的閩省政府保護華僑資本，提倡工商平等。事後黃奕住又聘德國技師駕飛機進行航空測量，繪製詳細的地質圖，請求將漳廈鐵路擴建至龍岩，以便開採礦藏。蔣光鼐聽聞黃奕住的行動，頗為振奮，切望由華僑投資修築至龍岩的鐵路，並開採龍岩煤礦。1933年5月，福建省政府設立建設委員會，由該會聘請黃奕住、李清泉、胡文虎、李雙輝、陳培錕、黃琬、薩福鋆、鄭華、黃仲訓、林榮森、薛敏老為漳龍鐵路籌備委員。同年6月28日，漳龍路籌委員會在鼓浪嶼黃家花園召開成立大會，在黃宅設立漳龍路礦

籌備處，推黃奕住為組織股主任、兼籌備主任，李清泉為設計股主任。預算該路建築費須2,000萬元，黃奕住個人承認200萬元，李清泉與李雙輝各認150萬元。

因政局多變，1933年11月，蔣、蔡發起福建事變，1934年1月以失敗告終。南京政府派陳儀出任福建省政府主席。黃奕住投資閩粵鐵路與開發閩南礦產的計劃屢次受挫，以黃奕住、李清泉等為代表的華僑修鐵路的報國之心未能實現。1937年9月，駐廈門的國民黨軍隊第157師，以備戰為由，將漳廈鐵路嵩嶼至漳州鐵軌拆除運到廈門構築抗日工事，1938年，日軍佔領潮汕地區後，將潮汕鐵路全線鐵軌拆運回日本，除了留下一條路基痕跡和一段辛酸的史話，全路煙消雲散。潮汕、漳廈鐵路消失了，黃奕住修鐵路、開煤礦，使福建致富的夢想化為烏有。他竭盡心力，費了財力，雄心勃勃的投資計劃和滿腔熱忱的赤子之心，化作一腔悲情。這是他個人的挫折，亦是福建的不幸。陳嘉庚在《南僑回憶錄》中寫道：黃奕住曾向他訴說：「前云賺錢難，今日方知用錢更難也。」

1949年中華人民共和國成立後，陳嘉庚在全國政治協商第一屆全體會議上繼續黃奕住的鐵路理想，提出了在福建修建鐵路的建議，提案獲得通過。而且得到毛澤東主席親筆批示：「福建築路的正確意見，當為徹底支持。」國家決定拿出五億元修建福建鐵路，鐵道部經過實地勘測後，提出三個設計方案，經國家批准確定東線方案，從江西鷹潭出發，經福建邵武、南平、永安、漳州等地，到達廈門。1955年2月21日，鷹廈鐵路正式開工，克服重重困難，於1956

● 1957 年 6 月，黃欽書率團到廈門慶賀鷹廈鐵路通車留影，檔案資料

　　　　華僑實業家的抱負與實踐

年12月9日完成全線鋪軌。1957年6月，鷹廈鐵路通車至廈門，時任上海市僑聯主席的黃欽書率領參觀團到廈門祝賀鐵路通車。參加活動結束後，黃欽書到鼓浪嶼九層塔之麓的黃奕住墓前拜祭父親，燒了一炷香，告慰父親在天之靈，他修築鐵路，造福福建的夢，共產黨領導的中華人民共和國政府已幫他實現。

　　1958年1月3日，鷹廈鐵路只用三年時間就實現了全線通車運營，比預定時間提早了一年。

〇二 ｜ 運用銀行資金實踐實業興國之夢

　　黃奕住回國定居後，將投資重點轉向中國的金融、保險業和家鄉的經濟建設。黃奕住以華僑的身份辦銀行，引導華僑的資金回國，同時把國內的資金融通起來。他創辦中南銀行，開始實踐以實業去圓興國之夢，運用銀行資金，致力於扶助國內各項民族工業的生產和工商業的發展，使中南銀行成為近代中國的重要商業銀行之一。

　　中南銀行成立以後，在穩健經營的原則下，對於資金的運用極為慎重，對工商業和交通運輸業等的放款和投資多採取與同業聯合的投資策略。正如《中南銀行三十的簡史》中所寫：「有巨額之投資，亦必與數家共同接受，總期共存共榮，增加對外之實力」，走「共同致富」的道路。在當時的社會經濟環境下，中南銀行的經營原則對私營商業銀行非常有利，也符合銀行業發展趨勢的經營策略。黃奕住主持銀行投資國內各項實業，範圍甚廣，其中對工業的投資與貸款尤為顯著。

　　當時中國最大的工業支柱產業，也就是棉紡織業面臨巨額資金的需求。中南銀行獨自貸款或多次與其他銀行聯合，給上海、漢口、天津、南通等地的多家棉紡織廠提供放款，幫助解決創立或經營中的資金困難。其中，獨資收購的，有原張謇為股東的上海民生紗廠，紗錠9,000枚，1936年清算；天津北洋第一紗廠，紗錠25,232枚，1936年因債務被中南銀行接管。因工廠後來無力還債而被中南

銀行參與收購、接管，即由貸款變為投資的，還有上海隆茂紗廠，紗錠17,088枚，1932年，因無力還債，被中南等幾家貸款銀行清算；張謇辦的海門大生三廠，34,340枚紗錠，1937年被中南銀行和金城銀行接管；天津裕元紗廠，紗錠71,360枚，1935年清算；天津恆源紗廠，紗錠35,000枚，布機299台。1930年，因債務被中南等七家銀行監管，1934年7月，七家銀行委託中南、金城兩家銀行代管。

由於1931年南京國民政府頒佈的《銀行法》規定，商業銀行不得直接經營工商業。因此這些紗廠被中南銀行獨立收購或參與收購後，即由中南、金城銀行合組的「誠孚信託公司」接收管理，但都各有其股東。誠孚信託公司由中南、金城兩行各投資一百萬國幣創辦，總公司在上海，以管理紡織業及紡織業附屬事業為主要業務。它們的資產管理與會計核算各自完全獨立，並非誠孚信託公司的財產。在這種方式下，幾家瀕於破產的企業恢復了生機，如天津的恆源紗廠、北洋紗廠和上海的新裕紗廠。這三家老企業由於內部經營管理不善和外部日資及日本侵華政策的制約而負債累累，無法經營，致使中南、金城等銀行所承放的貸款無法收回，如果聽任其破產，則兩家銀行也會因此蒙受巨大的損失。為了盡可能減少損失，也為了挽救這幾家紗廠，中南、金城等銀行首先通過誠孚信託公司聘請專家，對這幾家廠都進行了全面科學的評估，確認其並非無藥可救。隨後又通過聘請管理紗廠有經驗的專家任廠長，對紗廠進行一系列的整頓，完善各項規章制度，調整機器，加強管理。由此迅速提高了生產效率，工廠面貌為之一新，產量日增，業務好轉，並逐步實現扭虧為盈，因而工廠非但沒有破產、倒閉，反而煥發了生機，還清了貸款和利息。北洋紗廠在1936年7月復工之後，到年底即淨盈利一萬元。第二年添置新式紗機12,500枚。又如上海溥益紗廠，1917年由徐靜仁等人籌辦，紗廠包括一廠、二廠及其實驗所，共有紗錠87,408枚，布機490台。徐也是中南銀行董事，溥益紗廠與中南銀行關係密切，並在中南、金城兩行常年開戶往來。後來溥益紗廠經營困難，其周轉資金全靠銀行的借款，至1931年積欠中南、金城兩銀行350萬元，紗廠因資不抵債，於1931年10月宣告破產，由中

南、金城兩家銀行收購，中南銀行合佔其股份的67%。1932年2月該廠重新開工，因經濟環境惡劣，三年連續虧損，兩家銀行又撥出150萬元，中南七成，金城三成繼續維持生產，同時對該廠進行改組，並更名「新裕紗廠」，成為兩家銀行的投資產業。兩銀行於1937年2月，委託誠孚公司管理該紗廠，開始起死回生，不僅使負債累累的紗廠得以繼續運營，也使得銀行擺脫了巨額債務難於收回的困境，並獲得了一定的投資收益。新裕紗廠在1937年至1940年獲得相當餘利，所有舊欠中南、金城兩銀行的借款次第清償。紗廠的盈餘有很大一部分分配給中南銀行：1937年，新裕紗廠純益中分配給中南銀行官利、紅利共計國幣257,415.49元；1940年為568,000元；到了1941年，新裕紗廠已還清銀行欠款，那年分配給中南的官利、紅利更達到2,912,000元。

　　黃奕住在中南銀行投資實業的實踐，始由貸款支持，繼而開展同業銀團放款，再投資成立專業信託公司，收購挽救負債企業，直接參與經營管理，並將管理的企業（紗廠）聯繫在一起，在上世紀的三十年代後期，實現了金融資本與產業資本的融合，在中國初步形成小具規模的「托拉斯」，即所謂「混合經濟」的模式。中南銀行通過參與聯合投資，取得很大的投資收益，降低了投資風險，借款企業也經由銀行的資金得到發展。黃奕住的實踐實業興國夢在中國樹立了銀行資本與實業資本融合的範例，有效地為中國民族工業保駕護航。

　　中南銀行通過這樣的實踐，也逐步積累了銀行資本滲透到企業資本後進行有效管理的經驗，以後，中南銀行獨資開辦上海德豐毛紡織公司。在棉紡織業之外，中南銀行還參加創設上海益中福記機器磁電公司，投資天津永利化學工業公司、上海誠孚鐵工廠、南洋兄弟煙草公司、南京肥皂廠、民生實業公司、天津啟新洋灰公司、灤州礦務公司等工業企業。進入三十年代，中南銀行對工礦企業的放款數額增長很快，1930年為594.8萬元，1933年為907.2萬元，比1930年增長53%，1936年為1,593萬元，比1933年增長76%，為1930年的268%。有中國金融專家認為，在中國眾多的銀行中，中南銀行

以華僑投資和資力雄厚著稱，亦有較多的工業放款與投資，不但扶助了民族工業，亦推動了社會經濟的發展。在工業領域之外，中南銀行對交通運輸業、農業、漁業、房地產業也有投資。非生產性的投資中，較為著名的有明記鹽號、香港泰美公司、裕豐公司等。房地產投資，1921年17萬元，1933年增至186.5萬元。

上個世紀二十年代起至1937年抗戰爆發，中國民族工業發展一度勢頭強勁，中南銀行對民族工業的投資、扶持曾發生很大作用。這一點歷來未受學界重視，今後有俟來者詳加評估。

說到黃奕住創辦中南銀行對中國經濟發展的作用時，也不能不特別提及它對總行所在地上海經濟的影響。中南銀行是近代華僑在國內投資最大的一家銀行，以實力雄厚、規模大、業務廣成為上海商辦銀行之冠，並且享有鈔票發行權，是上海僑辦銀行的典型。應該說，中南銀行的成立給上海經濟發展增加了新的推動力。1921年後，上海的金融業及工商業的發展，與黃奕住和中南銀行息息相關，表現之一是中南銀行促進民族金融業發展，使上海成為全國以至遠東金融中心。表現之二是中南銀行和黃奕住對上海工商業的投資，在上海獨資開辦日興商行和投資工廠，帶動民族資本企業不斷增長，上海成為全國金融中心、經濟中心和貿易中心，發展的速度比其他地區快。上海解放初期，中南銀行對上海的金融業、工商業的穩定和發展，也起了重要作用。表現之三是華僑在上海的投資明顯地增長，黃奕住1921年開辦中南銀行，個人入股350萬元，並吸收其他僑資100多萬元，1924年該行增加股本250萬元時，他又入股175萬元，佔這個時期華僑在滬投資總額40％左右。黃奕住是這個時期將資本投入上海最多的僑商，他帶動了華僑向上海的投資，成了華僑回國投資增加趨勢的主要代表人物與促進者，黃奕住對上海的發展貢獻，不僅僅只是創辦中南銀行，改組領導太平保險公司，引領新式銀行業及華商保險業、工商業的迅速發展，他對上海的市政建設和發展起到積極的引導作用，如投資建設的中南銀行大樓、四行倉庫、上海國際飯店，都成為地標式建築或旅遊勝地。他在上海開發的地產項目，有淮海中路的中南新村等。

黃奕住大傳

二〇五　　　　　　　　　華僑實業家的抱負與實踐

（三）｜ 與狀元實業家張謇之往事

在中國近代史上，出現了一位實業救國的著名企業家張謇。張謇是清朝末期狀元，有實業報國的雄心抱負，1895年12月，通過兩江總督張之洞等人的關係，創辦「大生紗廠」。「大生」二字源自《易經》中「天地之大德曰生」這句古語。以紳領政府的紡織機器作為墊支資本起步，官商合辦，投資各佔一半，官方以機器作價二十五萬兩白銀入股，剩下二十五萬兩由張謇自已招股。籌辦過程中張謇認為官商合辦弊端太多，改官商合辦為「紳領商辦」，在這種形式下，官股只「按年取息，不問盈虧」。張謇從紡織工業入手，與農村家庭棉紡織手工業及棉花種植業相結合，面向農村，面向內地，逐步拓展南通地區的其他現代事業。張謇是中國一個地區實業的開拓者，他把南通建設成全國矚目的地區，創造了一個「南通模式」。1907年，張謇組建大生紡織公司，在中國實業家中，他是一面旗幟，成為那時期實業家的典範。一百年前的1920年，黃奕住在上海籌辦中南銀行，經史量才介紹，認識了中國第一位下海經商的狀元實業家張謇。史量才和張謇是好朋友，也是合作夥伴。清朝同治十一年（1872年）4月，英國人美查在上海創辦《申報》，1909年該報經營困難，美查回國，將該報賣給買辦席裕福。1912年席裕福又以十二萬元轉讓給史量才，史自任總經理接辦。張謇、應德閎等人出資成為《申報》股東。1916年，史還清了張謇等人在《申報》中的股款，從而使《申報》擺脫了張謇等人的影響。當然，再見仍是朋友。黃奕住創辦中南銀行時，史介紹張謇與黃奕住結識，張謇向中南銀行借錢用於海門大生三廠。

1922年3月2日，黃奕住與張謇同時被教育部聘為暨南學校（今暨南大學）校董事會的董事。3月19日，校董會第一次會議在上海一品香酒樓召開。會上，黃張兩人私下談及關心教育的共同點，辦企業的一些遭遇和經驗教訓。那時候，張謇的經濟事業正是鼎盛時期，他邀請黃奕住到南通參觀訪問，張謇當過北京民國政府的農商總長，黃奕住正想全面了解中國新興的棉紡織業界狀況，及其計劃

投資的福建漳廈鐵路由官辦轉為商辦的手續和申辦途徑，張謇正是最好的諮詢者之一，於是他欣然接受張的邀請。

1922年11月23日，黃奕住從上海搭大通號輪去南通專程拜訪張謇，承張謇治酒宴請，並引導參觀各學校及各種實業農場，27日搭原輪返滬。黃奕住此行的目的是去實地考察南通的大生實業經營情況，做放貸款前的盡職調查。而張謇卻另有想法：一是想向中南銀行多貸點款，他一心想把南通建成一個模範地區，因而大力擴展一系列教育、文化、慈善、公益等地方事業，經費來源都是大生紗廠；他創辦淮海銀行也從大生紗廠調撥七十萬兩白銀，辦中比航業貿易公司，又一次截留南通大生紗廠七十二萬兩資金，這些新企業只蝕不賺，造成大生紗廠資金周轉困難，中南銀行之前已多次承做大生紗廠押款，此次他想向中南銀行多借貸款應對解決困境；二是想拉黃奕住私人入股他的企業。黃奕住在參觀訪問做盡職調查過程中，與張謇有機會交換意見。他對張謇的傾資辦學、造益桑梓十分敬佩，但對張謇烏托邦式的做法並不看好，認為借錢辦公益、辦慈善的做法不可能長久。他給張謇講了一個關於他的始祖故事：他的始祖叫黃守恭，在一千多年前的唐朝就在福建泉州僱用農民開墾荒地，種植桑樹，開創桑樹園，從事桑蠶生產和絲綢紡織，銷往海外各地，數年後成為當地首富。始祖慷慨尚義，樂善好施，濟貧扶危，開設藥局，修繕學堂，服務民眾。據說當時的玄宗皇帝還特賜「義善」牌匾，以褒獎他的善舉。唐朝垂拱二年（686年），始祖拆了自家住宅，獻出方圓七里桑樹園興建寺院，取名龍興寺。唐開元二十六年（738年）改稱泉州的「開元寺」，從此後輩再也沒有人經營這個行業。黃奕住告訴張謇，他早年已出洋經商，對「棉鐵」行業不熟悉，更不懂農業，兩年前浙江省長已曾邀他赴浙江農墾，他都敬辭

● 泉州開元寺，王偉明提供

不就。以此婉拒張謇的投資要求。

　　黃奕住當時雖然已回國辦銀行和其他企業，但他在印尼、新加坡的日興商行仍繼續在做食糖、棉花和橡膠期貨買賣，對國際商業行情十分清楚。他在11月27日臨離開南通時，告訴張謇一個資訊：世界棉花及紗布市場行情已在發生變化，要引以重視。這是個私塾都沒有讀完的人向清朝狀元公提供國際商情消息，說起來有點滑稽。也不知這位狀元有沒有當一回事，或許他認為棉花是自己種的，產品也有固定的市場，問題不大。

　　黃奕住在南通訪問五天，雖然婉言拒絕個人在南通的投資合作，但對張謇的大生紗廠業務是有正面扶持的，據上海市檔案館的中南銀行檔案記錄，黃奕住訪南通回滬後的1922年12月，中南與鹽業、金城、大陸銀行合放南通大生紗廠押款銀元七十萬兩，其中中南銀行承借數額最多，為四十萬兩，其他三行各十萬兩。然而，黃奕住臨離南通時告訴張謇的資訊應驗了，一場席捲全國的棉紡織業危機襲來，棉紗市場發生變化，棉貴紗賤，持續走紅的紗布市場突然價格暴跌，虧損像瘟疫一樣，蔓延到整個行業，使大批中小棉紡企業倒閉，以往大生紗廠生產的機紗，有70%專供予東北市場，為暢銷的「關莊布」原料，想不到此時關莊布也被日本商人擠出了東北市場。遭雙重打擊，向來贏利的大生紗廠開始出現虧損，大生一廠年虧損39萬多兩銀元，二廠虧損31萬多兩；一廠負債達709萬，二廠負債125餘萬，大生紗廠陷入債務危機，由盛轉衰。南通大生紗廠與中南、鹽業、金城、大陸四行訂有往來透支戶，截至1923年11月7日，大生紗廠與四行的往來銀行透支戶口欠賬213,300銀兩無法付息，黃奕住倡議開四行行會議決：將該筆透支改為定期抵押借款，期限一年，其中中南銀行承借銀元111,800兩。1924年到1925年，大生紗廠掙扎在破產邊緣，因銀行不給借錢，被迫進行債務重組，債權人組成銀團接管大生紗廠，張謇成了名義上的董事長，南通的自治事業也半途而廢。一世心血，付諸東流，張謇不由感歎：「不幸而生中國，不幸而生今之時代。」1926年8月，張謇心力交瘁，在南通病逝。

㈣ | 華僑實業家、愛國商人之本分

1 廣交朋友

廣交朋友是黃奕住在事業上能取得成功的原因之一，在印尼時，黃奕住與人交往的面已經很廣。回國之後，交往的面更廣。他出身貧寒，青年時期是在窮苦中度過的；他的族人、親戚與青年時的朋友，窮的居多，但他與窮族人、窮親戚、窮朋友，終生保持友好。他致富之後，又有了一批富親戚、富朋友，如黃仲涵、林爾嘉、洪鴻儒等。他可以與文化程度低的人交朋友，也可以與舉人、狀元、文化界名人交朋友，如周殿薰、張謇、黃炎培、蘇大山、史量才、徐靜仁等。他的一些朋友一生是平民，另一些朋友（如陳培錕）長期為官。黃奕住的朋友有貧有富，有官有民，有國內的，也有國外的（主要是華僑華人），遍及士、農、工、商各界。有些朋友如林爾嘉、周殿薰，還與他結成了兒女親家。

黃奕住與各界交朋友，奉行兩條原則。一是義重於利。這就是他在《遺囑》中向子孫們說的：「且余來自田間，深知社會疾苦，賦性質直，見義思為，生平關於教育、慈善諸端贊助，向不後人。」回望他一生的行動，他愛國愛鄉，「未嘗稍忘匹夫有責之義」；熱心公益，可謂「見義思為」。他在愛國愛鄉及社會公益活動中交朋友，交的多是一些愛國愛鄉、熱心公益的朋友。

2 感恩之心

黃奕住年輕時漂洋過海討生活，憑著他的好運氣，搏擊商海，轉危為安，造就他的人生傳奇。他白手起家，在致富過程中也時常得到僑胞的幫助。他不僅窮困時得到僑胞無私的照顧，得以渡過生活難關；在致富之後遇到困難時，也是靠僑胞的支持，擺脫險情。僑胞的團結精神是他成功的重要因素。他有一顆感恩的心，畢生也盡可能地為僑胞多做些貢獻，在經營事業剛有初步發展時，就積極參加了居留地的多種華僑社團活動，興教助學，傳承中華文化。《易經》有云：「施人之事，不記於心；受人之恩，銘記於心。」

黃奕住與黃仲涵同屬印尼四大糖王之列，黃仲涵繼承父業，將其發揚光大，是糖王之首。前文提到過，1917年初，印尼糖業生意的環境突然發生劇烈的變化，在蔗糖開始跌價之前一天，黃奕住剛買進二十萬包古巴糖，每包跌價四盾計算，則僅此一筆交易損失八十萬盾以上。加上大宗存糖與近期期貨，沒有人承頂，應付糖款迫在眉睫。於是果斷地決定將手中的存糖低價拋出，並以在印尼、新加坡的房地產及馬來西亞橡膠園股票，向黃仲涵所辦銀行押借款項，得其許可，獲得資金解決部分的周轉困難。此次逃出難關，實有賴於黃仲涵等人的幫助。黃仲涵與黃奕住都是閩南人，是同鄉，又是同行。在黃奕住瀕臨破產時，黃仲涵沒有採取「同行是冤家」、落井下石的態度，而是按僑胞相幫的原則，拉了他一把，黃奕住對此事銘記在心。

值得一提的是，黃仲涵雖然出生於東南亞，但他與黃奕住一樣，始終保留中國國籍，拒絕加入荷蘭或日本國籍。第一次世界大戰結束，荷印殖民政府下令華商必須補交1914年至1918年5年間的戰時所得稅，根據補交令，黃奕住要補交的各項稅款共達1,500餘萬盾，而黃仲涵的建源公司要交3,500萬盾「戰稅」，稅率之高，令人瞠目。黃奕住決不屈服，毅然決然選擇攜巨款回中國，實踐他的實業興國夢。而黃仲涵卻選擇留在印尼抗爭，1921年荷印殖民政府直接對黃仲涵下最後通牒：「如果感到力不能及，願以700萬荷盾的價格收購黃氏企業。」黃仲涵忍無可忍，那一年憤然移居新加坡，三年後的1924年7月病逝，客死其地，終年五十八歲。

同是「爪哇糖王」之一的郭春秧，祖籍與黃仲涵都是福建同安。1875年十六歲時跟隨伯父郭河東遠渡南洋，到印尼三寶壟，從製糖廠學徒做起，成為「糖王」。在荷印的補交「戰稅」事件後，黃仲涵退居新加坡，黃奕住回歸廈門，而郭春秧則轉移到香港著手在北角填海造地，計劃建一間糖廠，後遇世界經濟大蕭條，糖價大跌，建糖廠計劃取消，他遂將那塊地皮改建店舖及住宅三百間，形成一條街，命名「春秧街」。他於1931年到台灣尋求

發展，1935年在台北縣淡水鎮病逝，終年七十六歲。郭春秧身故後，三個兒子爭財產，迅速分散祖業，糖業王國至此消失。

黃奕住在回國之後的第十個年頭，重返荷印作短暫旅行時，於1928年1月14日，專程往彭吉林（Peng Ling）謁黃仲涵先生之墓，並在《自訂回國大事記》中寫道：「憶十年前，余在壟時，先生與交最厚。今也舊地重遊，而先生已歸道山，不獲一談契闊，不禁為之唏噓歎息而感慨繫之。」其感慨中不能不包括兩人分袂後前途不同的強烈對比。黃仲涵曾與黃奕住計議過回國投資，在福建興修鐵路，因過早去世，其志願未能實現。黃仲涵去世後，留給了子孫兩億荷盾遺產。當時黃仲涵家族在世界富豪榜排第十四位，他留給後代的建源公司已是一個國際企業，由兩個兒子黃宗宣和黃宗孝接手主持經營，他們沒有父親的魄力和運氣，業務每況愈下，至1961年7月10日，印尼三寶壟經濟法院以「偷漏重稅」、「違反經濟法令」為由，接管建源公司，這個從十九世紀下半葉到二十世紀上半葉光耀百年的黃氏家族從此破落，銷聲匿跡。

黃奕住在上海籌辦中南銀行期間，得到史量才的協助，並將其同列為中南銀行創辦人。1934年11月，史量才在滬杭公路上遭人暗殺逝世，黃奕住深表痛惜，後來將史量才的兒子史詠賡推選為中南銀行董事。中南銀行初創時史量才推薦的徐靜仁，歷任中南銀行監察人、董事會常務董事。徐靜仁辦的溥益紗廠之前借中南銀行貸款，無法還錢收廠。1945年黃奕住病逝前，囑徐接任中南銀行董事長。在《近代實業家·徐靜仁》一書中，徐靜仁後人回憶錄寫道，黃先生（黃奕住）在滬病重彌留之際，對其子黃欽書等說：「你們今後待徐先生，要像待我一樣。」 1948年2月徐靜仁病逝，黃家子女視同自己父親去世一樣，要戴重孝。經徐家再三拒絕，才服齊衰（喪服名，次於最重的斬衰）前去弔喪，但黃欽書仍堅持服斬衰（最重的一種喪服），如行父喪之禮。從這些細節上，可以看出黃奕住的處事為人。

❸ 營商之道

　　黃奕住創辦企業的經營班子是由家族成員與專業人員結合。1919年回國以前，班子主要是家族成員，有黃奕住的兒子二人，女婿一人，管理的方式是華僑企業家的傳統方式，即家族式的，用的都是家人和近親。黃奕住靠著家族管理模式由窮變富，由小富到大富，家族管理模式之所以能使黃奕住等人的企業獲得成功，是由於這種模式自有其長處。第一，企業的利益就是管理者的利益，管理者與企業的利益一致；第二，管理者是一家人，利益、目標一致，容易齊心、穩定，很少有聘請者那種跳槽現象發生；第三，家長制指揮，事權歸一，可以及時決策，以適應瞬息萬變的市場；第四，成本低。用家裡人比聘請家外人費用要少得多。這種管理模式黃奕住沒有輕易地放棄，回國初期在廈門的獨資企業仍採用。

　　然而，由於投資領域擴大，投資轉型，產業結構中新增了金融業、公用事業、房地產業工業、商業、交通運輸業。黃奕住還一度擬向礦業投資，需要從人才市場上物色聘用專業人才，如廈門自來水工程師林全誠、經理周幼梅；又如中南銀行總經理胡筆江、任筱珊。黃奕住在聘用人才方面有自己的一套做法，他安排自己的兒子、女婿參加金融、貿易、工業企業的工作，一是使他們起監督（專業人才）的作用；二是希望他們向專業人才學習，在學習與實踐中成為各類企業的專門管理人才，最終使家族成員管理與專業人才管理相統一。

　　黃奕住在用人方面具有擔當精神，如聘請胡筆江這樣的專業人才為總經理，黃奕住對他給予充分的信任，委以管理全權，以致在經營方針上二人意見相左時，如是否在香港設分行，黃奕住能尊重胡筆江的決定。黃奕住努力協調中南銀行發展的利益，以及他與其他股東的利益和胡筆江等專業人才個人利益的關係，諸如給予專才在當時來說極高的年薪和很高比例的分紅等等。高薪、高比例分紅，加上用人不當造成倒賬，發放貸款造成呆賬的經濟損失，使黃奕住看到，採取聘專家當經理的辦法，成本太大。用當代經濟學

術語來說，就是交易成本太高，不合算。儘管黃奕住明知胡利用中南銀行謀私利，胡的一些作為直接損害黃的利益，而且他們在一些業務問題上意見不一致，黃仍讓他任中南銀行的總經理，始終予以信任和支持。胡投靠國民政府宋子文等人，出任交通銀行董事長，1938年去重慶途中墜機殞命後，黃還將胡的兒子胡惠春增補為中南銀行董事，出任業務部副經理，直至其1950年自己出走到香港。這都表現了黃奕住的用人之道和待人誠信，表現了一個現代企業家的襟懷。

黃奕住不是中國第一代企業家，卻屬於第一代現代型企業家、金融家，而且是其中的佼佼者。他回國前後在金融業領域中的活動體現了他作為現代企業家的素質、眼光與風度。當1928年中南銀行天津分行倒賬事件出現後，他決定讓三子黃浴沂出任中南銀行總行協理。1934年香港支行設立，一開始黃奕住就派自己的兒子黃友情參興籌備、任職。十年之後，當黃浴沂已在實踐中成長為銀行專門人才，1938年，在胡筆江遇空難後，黃奕住提議並經董事會通過，決定由黃浴沂任中南銀行總經理。黃奕住安排他的兒子們進入銀行工作，學習金融業務，逐步成為專家，黃奕住在新的環境、新的行業的實踐中，最終實現了專家管理與家族管理的統一。以中南銀行言，三子黃浴沂1938年成為總經理，長子黃欽書1948年任董事長，實行了黃奕住對這種管理模式的追求。

黃奕住能把他的家庭成員、相關的家族成員、忠實的代理人以及專門的管理人才組織起來，管理和監督他的企業，並設法將他們的目標與企業的目標協調起來，顯示了他作為優秀企業家的管理才能。

攜巨資回國投資第一人，其實是清末原在印尼的富僑張弼士，他曾風光一時，以致入朝當了大官。而黃奕住則一生不想當官，不介入官場，南京政府曾委他官職，他也堅拒不當。黃奕住守住商人的本分，在商言商，辦好企業，經商報國，使國富強，為民服務。他不追求官商的地位，而同中國傳統的商人一樣，追求紳的社會地位。

華僑實業家的抱負與實踐

黃奕住出身貧寒，既無高等文化，又未任過官職，既非士紳，又非官紳，本與紳無緣。華僑在僑居國向來有不謀求介入當地政界的傳統，只專注於商務和爭取華人的權益。在回國後，黃奕住憑著他在印尼以財力和積極參加社會活動的經驗，繼承中國商人與華僑的傳統，大力興學和為桑梓社會福利事業出力，便很快地取得與大紳士們平起平坐的地位。在二十世紀二十年代中國紳商結合體中，黃奕住是商紳的主要代表人物之一。黃奕住也是民國一代的大素封者，他對官場厭惡，婉拒出任任何官職。素封者，指的就是那些無官爵封邑而資財豐厚的富人也。

第十一章

大手筆營造現代化建築，功在千秋

11

俄羅斯偉大的作家果戈理說過：「當歌聲和傳說都已經緘默的時候，只有建築還在說話。」位於上海的中南銀行總行大樓，乃是黃奕住為之奮鬥的精神支柱。

　　黃奕住在廈門、上海等地投資企業、投資房產，營造了大量現代化建築，許多成為當地標誌性的建築。他有著傳奇的人生，一些他所建的樓房或與他投資的企業有關聯的建築，也都有著傳奇的故事。

　　鼓浪嶼是東南海上一個美麗小島，鴉片戰爭後，中國門戶放開，西方國家入侵，廈門成為通商港口，一些國家在鼓浪嶼設置領事館，使之成為列強國家的公共租界，他們的僑民也在鼓浪嶼買地建房，經商居住。二十世紀初以降，海外華人華僑回國，也到鼓浪嶼買地建設。一百年前，黃奕住回國定居鼓浪嶼，與其他華人華僑一起建造了大量獨棟別墅式花園洋樓供自己及家族居住；也獨資開發了商業街道及沿街店舖，參與完善了道路交通、醫院、學校、休閒娛樂、商業金融等基礎建設和配套設施。其中尤以其獨立經營、大手筆營造的現代化建築最為引人注目，他們貢獻更是顯著。在面積僅有1.7平方公里的鼓浪嶼島上，黃奕住所建的整條日興商業街，成為廈門市街道現代化起步的標誌。據廈門市博物館原館長龔潔說：「我手中掌握資料，黃聚德堂曾經在鼓浪嶼上擁有163幢房產。」在鼓浪嶼日光岩下的晃岩路，有一處獨院式、規模宏大，造型優美的黃奕住自住別墅，別墅群分北樓、南樓和中樓三幢，呈品字型佈局。黃奕住在三幢樓前又興建佔地十八畝的大型花園──「黃家花園」，超過廈門鼓浪嶼所有別墅及福建當時已有的樓房，據龔潔說，黃家花園當年被稱為「中國第一別墅」，至今也是時尚的。黃家花園作為黃奕住先生的私人宅邸，設計精湛，建築用材考究，在平面佈局、外牆立面、裝飾風格等方面，兼具了西方建築、南洋殖民地外廊式建築和中國傳統建築的風格，吸收了巴羅克折衷主義、裝飾主義的建築理念，形成了多元文化融合的建築特點，在鼓浪嶼眾多的別墅式建築中極具代表性。其主體結構為歐式風格，局部有中國特色，作為現代型建築的傑作，糅合了中西建築的藝術風格，處處透露出一派豪華古典美的氣韻。這些風貌建築群，成為這個小島的重要遺產，使鼓浪嶼獲得了「海上花園」的美稱。

● 鼓浪嶼日光岩下黃家花園別墅中樓和南北樓，林聰明攝

　　在二十世紀二十年代和三十年代，黃奕住在世時，凡到訪廈門的達官要人、富商大賈，諸如汪精衛、蔡廷鍇、蔣光鼐等，都在黃家花園別墅住過。

　　1949年4月23日，中國人民解放軍橫渡長江，佔領國民政府的首府南京，5月份蔣介石家鄉浙江奉化溪口及上海亦相繼解放，解放大軍一路南下，勢如破竹。7月20日，國民黨宣佈在台北成立總裁辦公室，蔣介石從廣州搭乘戰艦繞道廈門鼓浪嶼去台灣。之所以繞道，為的是要把存放在鼓浪嶼的一批黃金隨艦運往台灣。眾所周知，早在1948年，蔣介石已經在作退守台灣的準備，指派蔣經國、宋子文、俞鴻鈞為負責人，從大陸國庫運走黃金七百萬兩及大量銀

元。據記載，1948年11月底，在當時的中央銀行總裁俞鴻鈞的主導下，第一批共260萬兩黃金、400萬塊銀元從上海運往台灣，此後又分幾次運送，其中有一部分暫存廈門鼓浪嶼。失去大陸江山對蔣介石造成極大的心理衝擊，他對部屬疑心日益加重，他對台灣省政府主席陳誠並沒有完全信任，退到台灣之前，他曾將最後一批黃金儲藏在鼓浪嶼的中國銀行地下金庫。據可查資料顯示，1948年12月31日，中央銀行發行局簽呈，「計裝黃金151箱，計重純金572,899市兩，職局派員隨海星巡艦押運赴廈」；1949年1月1日，另有十萬兩黃金由美朋號轉至廈門鼓浪嶼；1949年1月10日，蔣介石派蔣經國到上海會見俞鴻鈞，1月20至21日，從上海通過海平號和美朋號共運出九十萬兩黃金轉至鼓浪嶼；美國合眾社2月15日電訊揭露：「屬於中國政府160噸以上的金條銀條，自廣州運抵廈門。」此次蔣介石父子到鼓浪嶼就是把這批黃金連同一批白銀隨艦運往台灣。

1949年蔣介石撤退去台灣之前，最後一次到鼓浪嶼，與兒子蔣經國也是住在黃家花園。海鷹文章《鼓浪嶼申遺揭塵封往事‧蔣介石敗退前夜宿黃家花園》摘錄蔣介石當時的日記：7月22日，「本日七時起床，朝課。風平浪靜，在甲板上消遣。……十一時，船抵廈門，展望鼓浪嶼風光，不勝卅年前之感懷。下午……經兒由粵飛廈，面報離穗後一般情形。認為此行收穫極大也。七時後，捨舟登鼓浪嶼，寄住王玉柱（黃奕住）家中」。次日（23日）「早上，帶經兒巡遊鼓浪嶼西部住宅區，經過舊德領事館與墳山，覓訪舊寓。……不見蹤影矣。步行一小時，返寓。下午，登艦離去」。24日中午，抵達基隆，表明蔣介石政權轉移台灣，此後蔣氏父子在廣州及西南諸省活動，都是從台灣乘飞机往返。

黃家花園見證了蔣家王朝退出中國大陸歷史舞台的前夜一幕。7月22日那晚是農曆六月二十七日，沒有月光，鼓浪嶼實施戒嚴。儲藏黃金的金庫就在黃家花園正對面——黃家花園在晃岩路29號，中國銀行門牌是晃岩路30號。銀行地下金庫各有兩個足有一個房間大小的大保險櫃，人能自由進進出出搬東西，可以想像有多大；保險櫃門必須要有四個人的鑰匙一起使用才能打開。入夜後，在蔣經國

指揮下，蔣家隨從和士兵將一箱箱的黃金、白銀從銀行金庫保險櫃搬出，用人力板車運到海邊鼓浪嶼觀海別墅黃奕住建的私人專用碼頭，然後再由小交通船轉運到軍艦上。據黃奕住第十二子黃世華對我們回憶：那晚蔣介石父子一行人住黃家花園中樓，他們黃家人住在北樓，花園有很多衛兵，都穿著短襬的軍褲，提著槍，戒備森嚴，黃世華那時養了一條唐狗，狗沒有進北樓，整晚靜悄悄，他以為是兵多連狗都嚇得不敢叫。第二天發現狗不見了，才知道原來衛兵們怕狗叫影響蔣介石睡眠，把狗給殺了，黃世華為此難受了好幾天。黃世華說，後來想想，其實衛兵也很可憐。

中華人民共和國成立後，二十世紀五十年代中，福建省人民政府因接待需要，借用黃家花園，闢為廈門市政府高幹招待所。此後四十多年期間，黃家花園成為接待中央和地方黨政軍官員的最佳住處，包括朱德、鄧小平、董必武、華國鋒、鄧穎超、葉劍英、聶榮臻、林彪、王震等。1984年2月7日，鄧小平視察廈門，入住黃家花園，在廈門期間，提出「把經濟特區辦得更快些更好些」，隨後廈門經濟特區擴大到全島，開啟了廈門發展的新時代。國外來華訪問者，如新加坡前總理李光耀、紐西蘭前總理瑪律登等，或在此小住，或參觀遊覽。黃家花園成為一處見證現代中國邁入富強，走向開放時代的記里鼓。

1985年9月6日，美國前總統尼克松訪問廈門，時任分管外事的福建省副省長黃長溪（黃奕住孫子）負責主持這次接待安排，本書作者朱南也參與了這次接待工作，目擊了全過程。在接待過程中，黃長溪陪同客人乘船環廈門島遊覽，向客人介紹了廈門的歷史和環境，介紹改革開放的發展變化和中國百姓生活的改善提高，兩人交談甚歡。尼克松說：「我在過去的三十八年中，訪遍世界上百個大城市，廈門的風光是最美麗的，有如東方夏威夷。這裡的氣候適宜，城市優美，人民熱情好客，有城市規劃，有深水良港，投資環境很好，回美國後，如果有人問我要到哪裡投資時，我一定告訴他們要到廈門來。」隨後他們一起登上鼓浪嶼，黃長溪邀請尼克松到黃家花園黃奕住故居作客，在客廳品嘗鼓浪嶼特色茶點。賓主一起漫步觀賞

大手筆營造現代化建築，功在千秋

● 尼克松訪問廈門，到鼓浪嶼黃家花園作客，品嘗茶點，黃騫提供

黃家花園景色，尼克松觀賞這白牆、紅瓦、綠樹濃蔭掩映的庭院時，隨行人員告訴他，這是黃先生的家族祖屋，尼克松感到很驚訝，因為他多次訪問中國，到過許多地方城市，都得到各地的熱情接待，而接待的官員邀請自己到家裡作客，還是第一次，這種別具一格的接待，給尼克松先生留下深刻的印象，尼克松回到美國後，於10月2日專門給黃長溪寫了一封親筆簽名的感謝信，附信贈送一支派克墨水筆當紀念品，通過美國駐中國大使館轉交黃長溪。

尼克松的信件，黃長溪的孫女黃愉翻譯如下：

中國福建省副省長黃長溪；黃先生：這次廈門之行，承蒙盛情接待，並安排雅致舒適的住宿，事無大小，一一照應，可謂無微不至，謹此致以衷心的謝意。附函，送上小小的紀念品，敬請笑納，順候政安。理查·尼克松；1985年10月2日。

國家改革開放後，大陸和台灣恢復往來，台灣導演拍的第一部反映兩岸關係、在大陸引發觀看熱潮的電視劇《廈門新娘》就是在黃家

● 美國前總統尼克松致黃長溪信，朱南提供

花園取景的。

　　進入二十一世紀，2008年11月廈門市政府正式啟動向聯合國申請將鼓浪嶼列入《世界遺產名錄》，黃家花園等島上風貌建築及黃奕住的中南銀行專題館成為申請的因由。前後歷時十年，2017年7月12日，「鼓浪嶼：歷史國際社區」被列入世界遺產名錄，成為中國第五十二項世界遺產項目。2017年9月4日上午，聯合國教科文組織總幹事伊琳娜・博科娃在鼓浪嶼黃奕住故居黃家花園內，向廈門市市長頒發聯合國教科文組織世界遺產證書。

　　撫今追昔，不得不說，黃家花園實在堪稱「中國第一別墅」，百年來中國社會湧現的許多大人物，如今我們似乎都能看到他們魚貫般地穿越過時代的甬道，在這座歷史性的建築物中留下斑斑足跡。

㈡ | 上海「優秀歷史建築」

　　俄羅斯偉大的作家果戈理說過：「當歌聲和傳說都已經緘默的時候，只有建築還在說話。」

　　位於上海的中南銀行總行大樓，乃是黃奕住為之奮鬥的精神支柱。當初他與史量才交談籌建銀行，給了一張支票，委託史量才全權處理創辦中南銀行事宜時，還交給史量才一張預先準備好的銀行屋宇的圖樣，並且一再叮囑，必定要依照這張圖樣建築，因為這是一家英國最有名的老銀行房屋圖樣。據胡憨珠的《〈申報〉與史量才》文中描述，黃奕住把圖樣交給史量才，對史量才說：我年輕時代，為了活命生存，被飢寒衣食所策驅、壓迫遠投南洋經商，艱辛萬狀，一言難盡。自從在英國出版的書報上看見這家銀行建築物的攝影圖片之後，覺得它巍巍峨峨，氣象萬千，於是把圖片裁剪下來，藏佩身邊，並且私下發了宏願，立了堅志，日後若有發達之日，我必要開設一家銀行，而銀行屋宇的建築，必照此式樣，方不辜負我這個人。所以從此之後，工作辛勞到疲不能興時，只要取出這幀圖片一看，立即自會振作起精神體力，重新工作。這樣克勤克儉，數十年努力不息。如今稍有成就，便想了我心願，遂我初志，決定開設一家銀

大手筆營造現代化建築，功在千秋

行。只因想著那兩句「樹高千丈，落葉歸根」的古語，遂把資金移投到上海地方來經營。對於銀行牌號也早已取定為「中南」兩字，表明這是中國一個南洋華僑歸國所創辦的事業。最後鄭重其事地說：「史先生，我把開辦中南銀行之事，全部拜託了你，任由你全權主持處理。是我絕不願問一事，也不介紹一人，以期事權統一，免生掣肘左右的弊病。不過對你只有一事要求，就是中南銀行房屋，必定要依照此張圖樣建築，因為此事有關我本人志願的歷史關係。」

史量才遵照黃奕住之命辦理，他在黃奕住選定的、介於江西路與四川路之間的漢口路上購地建樓，請馬海洋行建築師依照黃奕住給的圖樣設計，精心建成了氣派非凡中南銀

中 南 銀 行 總 行
Head Office, China & South Sea Bank.

● 中南銀行大樓，檔案資料

行樓宇：高大的銀行門前的白石平台上，列有四根粗大可兩人環抱圍拱的白石圓柱，以支撐整座數層樓屋前邊部分的重力，顯出中南銀行門面的形勢巍峨，美輪美奐，其新古典主義風格，令人一見難忘。中南銀行大樓所在地是上海的心臟地區，黃奕住把中南銀行總行定設在此地，是很有見地的。從二十世紀二十年代初開始，在上海公共租界中區的東北部，即北至北京路，西至山西路，南至漢口路，東至外灘的狹小地帶內，銀行大樓一幢接一幢矗立起來。許多當時原設立北京、天津的中國大銀行相繼遷移上海，全國著名銀行總行約80%集中於此。換言之，全國重要金融單位的首腦機構均麕集於此。此地成了貨幣發行的樞紐，外匯、金銀交易的總匯。巨額的貨幣資本在此地集散，全國的借貸利率、外匯、股市、金銀行市隨此地行情而升降。此地成為上海的金融區、中國的華爾街、遠東的金

融中心。中南銀行大樓鶴立雞群，成為金融區地標式建築。上世紀九十年代，上海市國資委以九千多萬元的價錢，將這幢大樓賣給上海愛建公司，易名「愛建金融大樓」；1997年，新的大樓使用者加建三層。1999年9月23日，上海市人民政府宣佈該建築物為「優秀歷史建築」。只是鮮有人知它的外觀原仿自英國一家老牌銀行，並擁有這樣一段歷史掌故。

三 ｜ 上海抗日戰爭紀念館

在離上海蘇州橋畔不遠的閘北，有一幢四行準備庫大樓，由黃奕住於1931年倡建，耗資八十二萬元。大樓建在租界外，以顯示主權。這是一棟五層樓高的水泥洋式建築，當年仍仿照美國聯邦儲備大樓的風格而建，作為中南銀行、金城銀行、鹽業銀行及大陸銀行的金庫，商界稱其為「四行倉庫」，氣派非凡，異常堅固，為了讓普通民眾對北四行的實力有更直觀的認識，四行聯合金庫部分對外開放，特地設立一個特製的鋼筋水泥庫房，庫內擺放許多透明儲存箱，每箱儲放五千枚銀元之現洋，供人參觀，以示儲備充足，信用十足。這種直接展示實力的做法和黃奕住剛回國時在鼓浪嶼給母親做壽時發銀元賑濟窮困百姓有著異曲同工之妙，讓北四行的信譽和業務很快突飛猛進，地下未開放的貨倉則堆放客戶的抵押品和其他貨物。這座建築物的其他樓層用作經營商業和餐飲，四行聯合準備庫大樓成為當時遠東金融中心上海的國際地標和旅遊聖地，梅蘭芳和卓別林都曾在此地飲茶傾偈。

正是在這幢大樓，後來發生了一段可歌可泣的故事。

1937年8月爆發的「淞滬會戰」在激戰兩個月後失敗，中國軍隊大部隊撤離上海，留下奉命堅守的只有420多人的第88師524團，一營以狙擊日軍的長驅直入。孤軍最後的陣地就選擇在四行倉庫，這支大部分以湖北新兵構成的部隊，在黃埔軍校四期畢業生、團副謝晉元的率領下，在蘇州河畔英租界前的中國土地上踞守。從10月27日到11月1日凌晨，面對裝備精良、兵力數倍於中國守軍的日軍的瘋

狂進攻，空中敵機不斷掃射，地面日軍炮火配合，經過四天四夜血戰，這支號稱「八百人」（實則四百多人）的年輕的中國軍隊守住這個上海最後的孤島，他們前僕後繼，殊死搏擊，斃傷日軍百餘人，用血肉之軀築起抗戰的豐碑。戰鬥之慘烈，真可謂驚天地、泣鬼神，極大地鼓舞了上海及全國人民的抗日勇氣，也在國際上引起強烈的反響，中華民族就是依靠這樣的軍人給撐起來的。最後，在列強的干涉下，蔣介石再三電令謝晉元部停止戰鬥，按列強意思退向租界，謝晉元不得不率部撤退。這場戰鬥成為中國人民反抗日本軍國主義的民族精神象徵。四行倉庫因此役而聞名遐邇，「八百壯士」的故事被多次拍成電影。作者看過荷蘭漢學家、英國劍橋大學東亞研究所教授、英國國家學術院院士方德萬（Hans van de Ven）的著作《戰火中國1937–1952》（*Chian at War*），在第五章日本侵華〈淞滬會戰〉章節，他對這場四行倉庫保衛戰有這樣的一段描述：「對照日本人的殘暴，大家都渴望聽到中國人的英勇事跡。當不得不撤退之境，八十八師的一個營奉命執行佔領公共租界邊緣、閘北區內的四行倉庫任務。外國記者從租界內觀察並報道了這支國民政府軍隊最後的背水一戰。日軍以大炮和坦克正面壓迫推進，使其野蠻行徑盡入眼下，該營在壓迫下仍堅守四天。在四周高聳建築物佈滿太陽旗的旗海中，國民政府旗幟頑強地在倉庫上飄揚，挫敗了日本宣稱取得大勝的銳氣。一位臨時記者羅得·范默（Rhodes Farmer）描寫道：『上海帶著高興的心情，喘著氣在看。』……英國向日本建議，讓這個營撤退到蘇州河對岸的英租界內，卻遭日本拒絕。日本人還在他們分批以不規則時間間隔衝過橋面，撤退進入公共租界之際，用機槍向他們射擊。中國贏得了許多同情，但無論是法國或是英國，都沒有提供實質的幫助，更別提

● 四行倉庫，檔案資料

還沉睡在孤立主義的美國了。」有的只是中國華僑黃奕住建築的堅固四行倉庫，成為中國軍隊不死抗戰的地標性建築，成為中國軍人保家衛國的堡壘。有文章評論說：這支孤軍的悲壯，是當年弱小的中國的悲涼。所幸，現在的中國，再也不是當年的中國了，這恰恰就是歷史賦予今天的意義。

2017年12月2日，四行倉庫入選第二批中國二十世紀建築遺產。上海市政府在四行倉庫遺址建立了「四行倉庫抗戰紀念館」，讓國人永遠記住這段歷史。在紀念館的西牆上，依舊彈孔密佈，「當年鏖戰急，彈洞前村壁」，壯哉！八百勇士，英靈永駐此地，佑我中華民族浴火重生！

㈣ ｜ 國寶流落避難所

抗戰時期，上海四行倉庫成為了中國人民抗擊日本侵略者的堅強堡壘，那個時期，在天津的四行儲蓄會大樓也發生過一場保護國寶免遭日寇掠走的曲折故事。

2017年11月，美國前總統特朗普攜夫人訪問中國，在參觀故宮珍品文化館時，被一組製作精美的純金編鐘所吸引，他走到展櫃前，情不自禁抱住其中一枚金編鐘合影留念。這組金編鐘，在日軍侵佔天津時，幾次險遭日軍劫掠，正是由四行儲蓄會的金融家們冒死秘藏在天津儲蓄會大樓的倉庫才得以倖存。

這組金編鐘故事，要從清朝乾隆年間說起，1790年（乾隆五十五年），乾隆皇帝八十大壽，清宮內務部造辦處製作一批壽禮，其中有耗費黃金11,439兩鑄造的一組金編鐘，共計十六枚，陰陽各八枚，外型和尺寸均相同，以鐘壁的厚薄區分音階高低，以應十二本律與四倍律，奏出樂聲。金編鐘藏於太廟，逢重大慶典時才被啟用。1912年民國政府成立，清朝末代皇帝溥儀退位仍住在故宮，1924年溥儀大婚，操辦排場婚禮需四十萬大洋，清宮沒錢撥付，溥儀岳父榮源與內務大臣搜集宮中部分金銀珠寶及文物古玩偷運出宮抵押借錢，以十六枚金編鐘及幾百件金器、玉器和瓷器作為抵

押，當給北京鹽業銀行，借得八十萬銀元，其中金編鐘抵押四十萬，其他物品抵押四十萬，月息一分，期限一年。對此，溥儀在《我的前半生》中評價道：「只這後一筆的四十萬元抵押來說，就等於是把金寶金冊等十成金的東西當荒金折價賣，其餘的則完全白送。」後來合同到期，清宮無法還款，當品變成了鹽業銀行資產，這批金編鐘與其他珍寶當品被藏在鹽業銀行北京東交民巷使館區的銀行外商保險庫裡。

金編鐘出宮的消息被《京報》披露出來後，當時的各路軍閥政客以及日本人垂涎三尺。1931年「九一八」事變，東北三省被日軍佔領，時局動盪，華北危急，鹽業銀行決定，由時任總行副總經理兼天津分行經理的陳亦侯負責，於1932年將金編鐘和其他故宮珍寶轉移到天津法國租界內的鹽業銀行天津分行倉庫地下夾層暗室。到了1937年7月7日盧溝橋事變，日本侵華戰爭全面爆發；7月30日，日軍佔領了除英、法、意三國租界外的天津市區，作為日本情報機關的日本領事館，不知從哪裡刺探到金編鐘藏在天津鹽業分行，很快就找上門來，情況萬分危急，陳亦侯派人到西安，從西安給身在重慶的鹽業銀行總經理吳鼎昌拍電報，請示金編鐘等物如何處理，一個月後，重慶回電，只有一個字：「毀」，這意味著要把金編鐘回爐融化成金條，稀世國寶將毀於一旦，不復存在。陳亦侯看完電報十分生氣，認為毀掉國寶太可惜，決定自己承擔危險，繼續保護金編鐘。同時他也清楚，金編鐘在鹽業銀行倉庫是藏不住了，必須轉移，但不知轉移到何處。此時，他想到了與鹽業銀行大樓僅一條馬路之隔，位於英租界維多利亞道的中南、鹽業、金城和大陸四行在天津的儲蓄會大樓，陳亦侯是天津鹽業銀行的經理，知道1923年建造的四行儲蓄會大樓樓上的經理室中有一個旁門，裡面通著一間小休息室，打開後有一處密封的轉樓梯，樓梯直通地下一處暗室，這無疑是金編鐘最好的藏身之地。於是，他找到四行儲蓄會的經理胡仲文，把金編鐘的秘密和盤託出，提出想把金編鐘等珍寶轉移到四行儲蓄會大樓地下密室，深明大義的胡仲文欣然同意，並願意與陳亦侯共擔風險。1940年4月的一個深夜，陳亦侯和司機從鹽業銀行把金編

● 天津四行儲蓄會舊址，檔案資料

鐘等珍寶搬上自己坐的汽車，為掩人耳目，車沿法國租界邊繞行，只有三百多米的距離，卻繞了二十多公里才繞回到儲蓄會大樓，早在那裡等候的胡仲文帶著一名親信，四人一起將金編鐘搬進密室，又用煤將地下庫封死。1941年太平洋戰爭爆發，駐天津的日軍佔領英、法租界，派出大批軍警直撲鹽業銀行，以尋找適合防空的地下室為名，到銀行地下庫房搜查，找到庫房夾層暗室，幸好金編鐘早已轉移，日本人一無所獲。抗日戰爭結束後，國民黨財政總長孔祥熙、軍統局長戴笠等都到天津尋找金編鐘下落，也是一無所得。天津解放後，1949年1月18日，胡仲文拿著登記國寶的銀行清冊，到天津軍管會金融處，把金編鐘和兩千多件金器、玉器、瓷器、古籍悉數交給了國家。1953年9月，這批國寶運回北京，在外漂泊二十九年的金編鐘重回故宮。二十世紀八十年代初，峨嵋電影製片廠將金編鐘流離的曲折故事拍成電影《瑰寶》。原四行儲蓄會大樓，今已被天津市政府列為「近現代重要史跡及代表性建築」。

　　黃奕住的中南銀行衍生出一個上海四行倉庫，成為中國軍隊抗擊日軍侵略時的護身掩體；一個天津四行儲蓄會大樓，保護國寶免遭日寇掠走。這兩座他念茲在茲的銀行建築，為抗戰作出了不朽的貢獻，冥冥之中，似是對他愛國之心的回報。他九泉之下有知，當可瞑目也！

● 故宮金編鐘，檔案資料

　　值得特別一提的還有上海國際飯店。1930年初，四行儲蓄會存款業務上升，存款額增加，資金有餘，需找投資出路。當時上海地產投資成為熱門，黃奕住找四行儲蓄會主任吳鼎昌商議，提出由四行儲蓄會撥款建「四行儲蓄會大廈」，以展示四行儲蓄會雄厚的經濟實力。黃奕住通過創辦中南銀行，取得發行鈔票權，又無私建立中南、金城、鹽業、大陸四家銀行聯蓄發行貨幣，成立四行儲蓄會。當時黃奕住提名吳鼎昌出任四行儲蓄會主任，吳對此知遇之恩是銘記在心的，他佩服黃奕住的眼光獨到和胸懷寬襟，積極配合，很快促成四行達成協議，同年5月，由儲蓄會撥出四十五萬兩白銀在上海市中心跑馬廳對面的派克路上，買了一塊2.7畝多的地皮。請國際著名建築師拉迪斯勞斯·鄔達克設計，在上海的南京路建造一座24層（其中地下兩層）、樓高達83.8米的摩天大樓。1934年6月大樓竣工，成為中國近代史上的最高樓房，超過外資在華的任何建築物的高度，當時不但是在中國，也是亞洲的最高建築物，被譽稱「遠東第一高樓」，其建築外形仿早期美國摩天大樓形式，是上世紀二十年代美國摩天大樓的翻版，整棟建築施工共計花費八百萬兩白銀。

　　有意思的是，這幢大樓原來並不是準備用來開飯店的，而是要作為「四行儲蓄會大廈」，設計時，鄔達克認為這麼宏偉的建築只作寫字樓和銀行營業場所太可惜了，建議將大廈改成飯店，得到四行儲蓄會同意。因在派克路，飯店最初起名「派克飯店」，後來又改「花園飯店」，最後才定名「上海國際飯店」。開業後迅速成為了中外軍政要員、社會名流聚集之所，自三十年代中至1949年之前，宋美玲、張學良、陳納德等都是這裡的常客。1935年5月19日，中國和美國開通國際長途電話，第一通電話就是從上海國際飯店十五樓的客房開始撥出的，宋美齡出席通話典禮。1936年，查理·卓別林訪問上海，梅蘭芳和胡蝶在國際飯店設宴款待。台灣當代作家白先勇在他的作品中回憶，1945年冬，他和家人跟隨父親白崇禧到上海，在南京路上電車叮噹響聲中仰看國際飯店屋頂時，頭上戴的呢絨氈帽脫落而掉到地上。

聞名世界的著名建築師貝聿銘早年在上海聖約翰大學附中讀書，被這幢前所未有的建築所震撼，他立志要設計出與之媲美的建築，後來他赴美國留學，先後在麻省理工學院和哈佛大學學習建築，最終實現夢想，設計了聞名世界的許多標誌性建築，被譽為「現代主義建築的最後大師」。

據黃奕住的第三子黃浴沂1978年7月寫的回憶錄提及，四行儲蓄會開辦的國際飯店，設有旅館兼辦北京菜館，名曰「豐澤樓」。「當時可稱為最高上之旅遊業務也」。這也說明黃奕住眼光獨到，意識超前，在上個世紀三十年代已開始涉足旅遊業。國際飯店除了經營京菜，還有「孔雀廳」的廣東菜、「四季廳」的法式西餐及「順風廳」、「雲樓」等不同風格的餐廳，均為此時所設。「豐澤樓」的北京傳統點心銀絲捲，後來被評為上海市非物質文化遺產。

1950年11月，上海市地政局為了統一市區平面坐標系統，對全市進行測量，測量以最高的上海國際飯店樓頂中心旗杆為原點，確立了上海城市平面坐標系。現在走進飯店，在大堂有一個「上海城市坐標原點」的金屬圓盤，上面有一幅上海地圖，正中心那個紅點，就是上海國際飯店。國際飯店直到上世紀八十年代初都是上海最高的建築物，被認為是所有上海人的驕傲。

1959年郭沫若登上飯店頂層欣然題詩，不少名流學者亦為飯店留下詩、書、畫作品，成為飯店的傳世之寶。上海國際飯店曾被評為「中外酒店白金獎」——十大地標酒店；1989年9月25日，被公佈列為第五批上海市文物保護單位暨第一批上海市優秀歷史建築；2006年5月25日被國務院公佈列為全國重點文物保護單位，一家還在營業中的飯店成為全國重點文物，可見它的份量；2016年9月入選首批中國二十世紀建築遺產名錄。

● 上海國際飯店，檔案資料

第十二章

重視教育，
熱心公益慈善

12

黃奕住回國後，在中國許多地方，在教育事業、文化事業、衛生事業、慈善事業方面大量捐款。他繼承中國商人與華僑的優良傳統，大力興學，為桑梓社會福利事業出力。

黃奕住回國後，投資所涉及的空間與業務內容，廣闊且豐富。其投資規模之大、投資行業之多、投資地區之廣，在中國經濟史上，在黃奕住之前，或與黃奕住同代的，住在中國大地上以中國為基地的中國人中，大概找不出第二人。此外，黃奕住在中國許多地方，在教育事業、文化事業、衛生事業、慈善事業方面大量捐款。他繼承中國商人與華僑的優良傳統，大力興學，為桑梓社會福利事業出力，更是值得後人點讚。

幼年失學，成年吃苦，是黃奕住辦學的動因、動機、動力。黃奕住發達後常以少年失學為憾，因此花費許多精力與金錢用於教育事業。黃奕住在童年時，因家貧失學，識字不多。出國後，因文化程度低，受過一些人的白眼，在經濟上更吃過不少虧。致富之後，他社會地位提高，但因文化修養不足而被人暗算的事仍時有發生。他的一個英文秘書，曾利用他不懂外語的弱點，騙走不少錢財。他為此下定決心讓兒子們學會英語。他自己亦在操持業務中銳意學習，邊幹邊學。最初是從檢閱來往的函電中領會文意，後來漸漸能草擬簡單信稿，或在秘書擬的稿中，添寫若干字句。黃奕住在獨立謀生、艱苦創業的過程中，對於因讀書少而帶來事業上的阻礙深有痛感，因而發達之後他憬悟道：國家要強盛，民族要振興，振興教育、開發民智尤為重要。常到黃奕住家作客的閩南名士蘇大山寫道：「客菽莊十餘年，名園密邇，兩家（指黃奕住與菽莊主人林爾嘉）均藝菊花，時恆相過從，譚（談）鄉誼，敘平生，君（指黃奕住）每以少時失學為憾，故創辦斗南學校於樓霞鄉，慈勤女子中學於鼓浪嶼，而新加坡愛同學校、華僑中學，廈門大同中學、英華中學，北京大學，廣東嶺南大學，上海復旦大學，均倡捐巨資不吝。」捐資的總數累數十萬金。實際上何止這些，暨南大學、上海商業大學（現上海財經大學）、廈門大學、南開大學均有他的捐助。

黃奕住對青少年教育的關心與捐助，早已從僑居三寶壟時便開始，那時他主要關心的是華僑子弟的教育。黃奕住在印尼積極參與中華會館學校的工作，捐助三寶壟、新加坡等地的華僑教育事業，聲名遠揚，受到中國政府的獎勵和華僑、僑屬的推崇；回國後，他

重視教育，熱心公益慈善

繼續參加華僑教育事業與華僑在祖國興辦的教育事業。這裡要敘述的是1919年他回國定居後對國內教育的關注。

　　黃奕住對國內教育關注的方式有兩種。一種是獨資創辦學校，如南安斗南學校和廈門慈勤女子中學。另一種是給已辦或正在創辦的學校捐資，如廈門的幾所中學和全國幾所著名的大學。他關注的對象，囊括幼兒園教育、小學教育、師範教育、中學教育到大學教育。下面依次予以介紹。

㈠ ｜ 韌辦斗南學校於樓霞村

　　2020年10月，是南安斗南小學建校一百周年，一百年前，黃奕住在窮鄉僻壤的家鄉創建一座小學，並且以「北斗南光」的意涵取名斗南小學。回溯淵源，斗南的前身是黃奕住1910年假其私宅大厝「八掛樓」為校舍創辦的簡易學堂，聘請鄉賢、閩南地區著名

● 斗南學校黃奕住塑像，孫立川攝

美術家、詩人黃紫霞任首任校長。免費招收鄉里貧困學童，特供書、紙筆、校服、膳食。1920年9月14日，黃奕住的母親去世。15日，黃奕住「遵先慈遺命，設立斗南學校於南安樓霞故鄉，俾鄉中子弟得有求學之區」。

　　黃紫霞（1894—1975），字德奕，南安羅東人，能詩書畫，尤精於國畫。1919年應黃奕住之聘，任南安斗南學校校長。斗南小學在他的主持下，成績斐然，培養出一大批優秀人才。他的長子取名斗

● 斗南學校全貌，右邊舊房為學校成立時校舍，黃華忠攝，南安市呂秀清提供

生，就是他當斗南小學校長任上出生的，黃斗生先生後來移民香港，2021年春在港逝世，享年一百歲。黃紫霞先生甚受黃奕住倚重，1929年黃奕住接辦廈門鼓浪嶼慈勤女子中學時，又聘任黃紫霞為該女校的校長。這兩所學校都與黃奕住的母親有關，斗南的創辦是因黃母勸他要為失學的農村孩子創造學習機會，慈勤則是黃奕住為了紀念他的母親蕭氏而改名。1920年，黃母蕭氏逝世，私諡「慈勤」，安葬於鼓浪嶼東山頂。黃紫霞還是民國泉州文化界和工商界的名人，與泉州當時的名紳、文化人交遊，後來撰《南安奕住黃先生墓誌銘》的蘇大山曾於泉州組織詩社「玫社」，黃即是詩社的社員，1926年，泉州開元寺東西塔因年久失修，黃紫霞受黃奕住之託參與負責維修事務。

　　黃奕住注重斗南學校校舍的建設。該校成立之初，同年招收小學生。1921年至1922年，黃奕住捐資在金淘區下坵牡丹山麓建「黃住慈善醫院」。後因匪患滋擾不斷，醫院辦不成，即將其房屋改作

重視教育，熱心公益慈善

斗南學校的校舍。「南安私立斗南小學」正式創辦。1923年，在該校增辦幼兒班和師範班。師範班亦稱斗南師範學校。隨後，為使住處離校遠的兒童能就近入學，借南豐郭坑「釣鼇軒書院」為校舍，設立分校。復因匪盜猖獗，地方動盪不安，校址一度遷至泉州開元寺。1927年，又擇定鳳陽寨山麓下為新校址（現校址），即時動工修建校舍，辦起了具有規模的新型學校。1929年校舍落成。同年校本部遷入。改聘江浙名流黃炳華任校長。分校由釣鼇軒書院遷至新豐頂樓下祠堂。新校舍設備齊全，有教室、辦公室、圖書室、儀器室、成績室、體育室、衛生室、儲蓄室、學生用品小賣部、會客室、足球場、籃球場、排球場、田徑運動場等。樓下鄉從幼稚園、小學、師範有了一個完整的教育體系。從此，斗南開創了金淘文化之洲，掀開了家鄉現代文化教育的序幕。

黃奕住規定，斗南學校實行學生免費入學，學生學習用品均由學校發放；為遠道上學的學生免費提供午膳；每個學生每年領得一套免費的校服。這種做法在當時福建省乃第一例。黃奕住對斗南師範學校（師範班）的學生更加優待。師範班學生的膳、宿、課本、簿冊等一律免費。讀書不用繳錢，且可吃好，故鄉村貧苦人家子弟中好學者，爭上此班。由於黃奕住強調尊師，斗南學校教師的待遇高，加上學校的設備與教學環境好，校長為地方名士，又能聘請到當地最好的小學教師。為了培養出優秀的師範生，黃奕住請校長不惜重金聘請浙江多位的名教師充任師範班教員，並撥給學校專款，設教育基金。經費足，師資水準高，教育品質好，像斗南這樣的鄉村學校，就其資金、設備和師資素質而言，在當時，為福建全省之冠。在二十世紀二三十年代，斗南學校是南安教育品質最好的學校。一百年間，它為國家培養了萬餘名人材，遍佈海內外。據曾就讀該校的李原（《福建日報》主任編輯、科普作家）在《斗南校友》文中回憶：

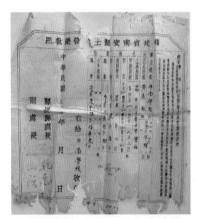

● 黃奕住買地建南安斗南小學地契，黃聚德堂檔案

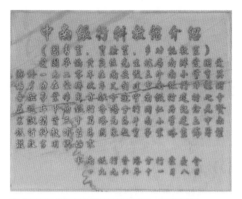
● 香港中南銀行捐建科教館介紹，孫立川攝

● 福建省人民政府授予黃奕住的獎章與匾額，黃聚德堂檔案

「半個世紀前，斗南（學校）是金淘兒童嚮往的天國殿堂。在孩子們眼中，她的校舍是那麼宏大，教師是那樣的飽學。」圖書館的「書都是校主（黃奕住）從上海購進的，主要是商務印書館的版本。各種中小學生文庫，叢書，幾乎搜羅齊全」，「我的求知慾在這裡燃起」。

後因鄉村匪患不靖，交通不便，除小學繼續在樓下鄉辦學外，師範班遷到泉州小開元寺，正式獨立為斗南師範學校。黃奕住為其制定了修建校舍、擴大規模、添辦男女中學的計劃。施工僅三個月，該寺及剛蓋的一些房屋被王永泉部隊佔作兵營。黃奕住的這個擴展計劃不但未能實現，連師範班也於已入學學生學業結束後停辦。黃奕住對此感觸極深。他說，在這樣的社會裡，想出錢做點好事也做不成。

黃奕住想為斗南學校建立基金，以解決長期經費問題。他在南安洪瀨街購買大片地皮，擬建店屋招租，將租金充作斗南小學經常費用。後因匪患頻仍，此計劃未能實現。

至1945年6月黃奕住不幸逝世時，斗南辦學費用均由他獨資供給。他生前立下遺囑，把遺產的十分之一作為公益基金，以永久支持教育事業。隨後，斗南經費由其家族會「黃聚德堂」負責，長達十年，1955年秋，黃聚德堂名下的國內（銀行、工商）企業，先後成為公私合營企業，國外企業受到種種限制，無法調匯，遂從該堂擁有的中南銀行股票中撥出八千股（合八萬元），作為學校基金，資助直至1959年，因國家辦教育規定，斗南小學才交由南安縣教育部門接辦，但黃聚德堂仍予以關注。斗南小學在改革開放之後，又有新的

變化，學校規模繼續擴大，成為一間優質學校，黃聚德堂近年中仍有撥款以續支持。1995年，黃奕住的第十子黃世哲捐資十萬元，作為斗南小學重建主體校舍的部分經費。

為了表彰黃奕住的此項業績與精神，在他去世四十年後，1984年12月，福建省人民政府授予他獎章和「樂育英才」獎狀。

㈡ ｜ 接辦慈勤女子中學於鼓浪嶼

一百多年前，在鼓浪嶼的最南端有一所廈門女子師範學校。它創立於1905年（清光緒三十一年）。當地人稱之為「上女學」。這所學校倚山臨海，有一個小小的操場，高大的榕樹掩映著一幢三層的紅瓦灰色樓房，整個校園寧靜明快。學校延聘名師，設有初中部與高中部。近處的學生可以走讀，遠道的學生可以寄宿。除鼓浪嶼和廈門外，漳州、泉州、莆田等地的一批批有志女青年和名門閨秀均來此就讀。它培養了林巧稚、黃萍（墨谷）等有名的女專家、女學者。它是廈門最好的女校，閩南才女的搖籃。可是這樣一所辦有成效的學校，在1929年卻因經費拮据，面臨著停辦的危險。當時黃奕住之女黃萱（黃寶萱）在此校讀書。該校中文部主任、清末舉人鄒鐵香是她的家庭教師，黃萱從此打下堅實的古文基礎，後來在廣州中山大學成為文化大師陳寅恪助手時就顯露出才華。在女校面臨生死存亡的危急關頭，鄒鐵香告訴了黃萱關於學校經費困難之事，並通過黃萱向黃奕住表達，學校有意請黃奕住出錢接辦的想法。黃萱從中作了一些聯繫工作，事情終於辦成。黃奕住慨然同意接辦這所學校，承擔全部經費來挽救一所即將垮台的學校。他慷慨應允，出錢出力，為廈門和閩南地區青年女子保留下這個教育基地。

黃奕住接辦這所學校後成為了校主，為了紀念他的母親蕭氏，黃奕住將學校改名為慈勤女子中學（以下簡稱「慈勤女中」）。他的母親蕭氏是一位一生平凡、慈祥、勤勞的農村婦女。黃奕住是一個孝子，對這位生他養他，劬勞受苦的母親十分敬重，他於1929年接辦「上女學」後，遂將學校易名「慈勤」，以表對慈母的紀念與孝心。

● 鼓浪嶼升旗山下慈勤女中教學樓，廈門紫日提供

　　黃奕住接辦這所易名女校之後辦了兩件事，第一件事是選擇校長。他聘請姻親林爾嘉的第四個兒子林崇智為首任校長。林崇智讀大學畢業後曾留學美國，學成回國，知識淵博，思想開明，是校長的不二人選。第二件事是添建校舍。黃奕住出錢修復原校舍，又在操場的下坡處新建一幢三層樓的校舍。建築造型明快新穎，又不失精巧別緻，使學生們有了一個優美的學習環境。落成之後將該校遷回原「上女學」舊址。該校校舍在當時的廈門中學屬於上乘。因為校舍較好，廈門其他中學的一些活動，甚至廈門大學的一些教學活動，也常借此地舉行。

　　換了新校長，又聘請了好師資，學校的教學品質與學生成績不斷提高；有了新校舍，便擴大規模，增設小學，學生男女兼收。據資料記載，1934年上學期，該校中學部學生87人，全是女生。教職員19人。小學部學生149人，其中男生30人。教職員工15人。該年8月11日，福建省教育廳公佈全省初小畢業會考學校總成績，慈勤女中參加會考的13人，考試成績平均55.2分，畢業人數4名，畢業人數與會

　　　　　　　　　　　　　　　重視教育，熱心公益慈善

考人數之比，在廈門八所中學中佔第5位。下半年，小學部教職員14人，學生增加到7個班級，238人。1937年4月27日，該校學生會籌設婦女識字學校，教員由同學自由報名擔任，學生概不收費，並供給書籍講義。同年7月13日，該校招高中生一個班，名額50人。

學校的常年經費全部由黃奕住負擔。陳達教授曾於1934年到廈門調查，在後來撰寫的《南洋華僑與閩粵社會》一書中指出：廈門正式立案的中學共11所，常年經費總數約203,170元。其中有兩所得到華僑補助，共計16,800元。慈勤女子中學是其中的一所，黃奕住負擔其常年經費15,800元，佔廈門市全市中學經費的7.8%，佔華僑補助廈門中學經費總數的94%。從1929年到1938年，黃奕住捐助慈勤女中的費用，包括建築校舍的經費和常年經費等在內，總額在20萬元以上。

黃奕住接辦這所女子中學，增加了婦女上學的機會，因而深受社會的好評。在1931年的《廈門海關十年報告（1922—1931）》中，關於廈門教育在這十年中的進步，特別提到：「由於家長對女兒觀念的改變和給女孩以同等教育機會的意識迅速提高，這方面的教育獲得了很大進步。學校工作面向女孩這種公眾觀念的改變是福建南部教育事業中最突出的一個特點。儘管學校男生仍然以4:1的比例超過女生，但女生的比例趨向於迅速增加。」 1938年日本侵華軍隊佔領廈門，黃奕住避居上海，日偽施行奴化教育，勒令該校停辦，其校舍借給同年由廈門遷至鼓浪嶼的同文中學上課。

㈢ │ 資助同文與英華中學於廈門

廈門同文中學的前身是同文書院。該書院是美國駐廈門領事巴·詹森（A·B·Johnson）於1898年邀集住在廈門的菲律賓華僑葉清池、邱振祥等人發起、創辦的，以「美國哥倫比亞大學中國廈門同文書院分校」名義在美國立案。由發起人組成董事會，巴·詹森任校長。學校經費來自董事會董事捐款、華僑募捐和學生繳的學雜費。1920年春，廈門士林首領、文教界領袖周殿薰（墨史）與黃奕

住一同成為廈門市市政委員，一起參與市政建設，當時周殿薰正在重組同文書院董事會，遂邀請黃奕住加入，與黃秀琅、葉清池等幾位華僑組成新的董事會。1922年同文書院在望高石頂興建新校舍，黃奕住、黃秀烺、葉清池各捐建樓房一座，分別命名為「奕住樓」、「秀烺樓」、「清池樓」。1925年，周殿薰向其他董事提議將該校收回自辦，獲一致贊同。遂將同文書院改為同文中學，公舉周殿薰為校長，辭退原美國人校長。學科課程都照民國政府教育部規定辦理，學生人數驟增。這個學校因教學品質好，出了一批優秀學生，如後來任全國僑聯主席、第六屆全國政協副主席的莊希泉等，周殿薰的兒子醫學科學家周壽愷亦出身該校，他後來與黃萱結婚，成為黃家的乘龍快婿，這已是後話。該校在廈門及華南地區頗負聲譽。

英華中學辦在鼓浪嶼上。它原名英華書院，是英國倫敦聖公會創辦的一所教會學校。1907年1月，在東南亞華僑中作教育工作和民主革命宣傳的黃乃裳回到福建，繼續致力於教育工作，先在福州創辦了簡易師範學堂，後來兼任英華、培元及福音三書院的教務長。黃乃裳在東南亞時與黃奕住相識。1919年黃奕住定居鼓浪嶼後，黃乃裳請黃奕住資助英華書院，黃奕住慷慨解囊。1926年英華書院改為英華中學，由黃奕住、校長鄭柏年等組成董事會管理。同年，擴建校舍。經費除黃奕住的捐款外，還有其他華僑提供。鼓浪嶼的居民中又多僑眷，所以學生中華僑子弟多。華僑及當地居民要求子女上英華中學的甚多。據廈門市誌編纂委員會會編《近代廈門社會經濟概況》資料：1922至1931年間，廈門的英華書院執行一種提高水準，限制入學人數的穩健政策。儘管如此，其學生數還是增加了三倍。」英華中學原來只有初中，1937年下半年開始招收高中生。英華中學經費充足，師資較好，出了不少優秀學生，如現居英國的著名獸醫學者朱曉屏等。同文中學與英華中學原來都是教會學校，旨在培養宗教人才，實行英式教育。黃奕住對同文中學、英華中學展開資助後，課程按國民教育大綱，加入中華文化元素，有助於學校向民族化與現代化的轉型。

重視教育，熱心公益慈善

黃奕住投向教育事業的捐助始自僑居印尼時。他在《自訂回國大事記》中寫道：「在壟（指三寶壟）、泗（指泗水）、巴（指巴達維亞）等埠，有捐助各學校

● 英華中學校園照片，林聰明提供

巨款。」此後對新加坡華僑學校及國內暨南大學、廣東嶺南大學等都有大額捐款。1919年回國後，據原廈門市政治協商會議文史資料委員會委員葉更新（1910—1996年）所說，黃奕住對教育事業的捐助，出手很大方，這一點在廈門有口皆碑。上個世紀二三十年代，廈門的機關和學校，在經費上遇到了困難，總是想到他。或者是通過與他有交情的人，請他出錢；或者請他辦的公司出錢。前者是他直接付出的，後者實際上也是他付出的，不過間接一點罷了。在《廈門市教育大事記》中有這方面的記載，其文如下：「1936年1月13日。本市教育經費支絀，除積欠外，每月不敷三千元。余市長竭盡思慮，設法籌補，當先組織寬籌教費委員會，函請電燈、電話、自來水公司三代表到府談話。商議結果，與會三公司慨捐教費每月一千元，經各代表當場欣諾，允返後報告董事會如數認捐。」在這三個公司中，電話公司是黃奕住獨資辦的，自來水公司中黃奕住是最大的股東，佔投資額的一半以上。黃奕住在電燈公司也持有股份。這三個公司每月各捐教育經費1,000元，也就是黃奕住每月捐1,500元以上，一年則18,000元以上。這一類間接的教育捐款，目前已很難計算了。

當人們對黃奕住支持教育事業的行為表示讚賞時，黃欽書在《先府君行實》中追憶，黃奕住總是說，「吾幼失學，為大恨事，今於吾父吾母丘墓之鄉，吾身數十年經營衣食之地，晚歲遊歷之區，為青年學子略盡吾情，彌吾闕憾焉。」這段意味深長的話，乃是發自他的肺腑的真實情感。

㈣ ┃ 設立慈善醫院

　　黃奕住出身貧苦，他對窮人有一種特殊的同情心。據在印尼的福建籍華僑及其後人說，黃奕住樂於助人，窮時如此，出力幫助別人解決困難，富了以後，樂善好施，既出力又出錢幫助別人解決困難。到印尼去謀生，一時生活無著的福建人，得到過他的幫助的人甚多。他參加中華會館、中華商會、中華學校的各種幫助貧困華僑華人的活動，特別是1910年任三寶壟慈善堂財政，出資和籌款救濟年老無靠的貧僑孤寡。三寶壟當地華僑華人與印尼土著中的窮困者，也有不少人直接得到過他個人的接濟。黃奕住身在異國，也關注祖國受苦受難的窮人。他任三寶壟中華商會的財政，在1907年到1917年的11年間，發動過十次向會員的募款，救濟廣東、廣西、福建、河南、河北、湖南、山東等地遭受水、旱、地震災害的同胞。每一次他都慷慨捐款，為人之先。

　　1919年回國定居以後，黃奕住對慈善事業更加熱心。他回國當年，大總統黎元洪因其在捐資辦華僑學校方面良有貢獻，贈以「勸教敬學」匾額；第二年，華北旱災，他捐救濟款三萬元。為此，總統黎元洪於1920年10月13日又按例題贈「急公好義」匾額一方。同年，政府總理段祺瑞頒給了黃奕住三等大綬嘉禾章；繼任總統徐世昌於1921年2月15日頒給他二等大綬嘉禾章，4月10日晉獎二等寶光嘉禾章。1922年，黃奕住捐助福建水災及其他慈善事業，福建地方長官呈請徐世昌總統題贈「樂善好施」匾額一方。1931年長江大水災，黃奕住所參加商會的賑災委員會，他除了自己帶頭捐款外，還出任募捐委員，據1931年9月23日廈門《江聲報》報道：從9月22日起，他逐日在中山路、民國路、廈港、中華路親自募捐。這類事跡長期流傳在廈門一些老人的口碑中。他的一生善舉，適如《南安奕住黃先生墓誌銘》所寫：「四方之慈善事業踵門勸募者，靡弗樂為之應，瑣之不勝枚舉也。」

　　黃奕住眼見窮人有病無錢治，有心設立慈善醫院。1921年至1922年，他出錢在故鄉南安縣金淘區下圩牡丹山下建起「黃住慈善

醫院」。取名「慈善醫院」，並以自己的姓名冠於其上，就是下定決心作為一件慈善事業來辦。如同他在家鄉辦斗南學校，讓鄉中子弟免費上學一樣，他在家鄉辦的這所醫院，也是慈善性質的，免費為鄉中人治病。

黃奕住在故鄉南安辦慈善醫院的計劃受挫而廢，但他並未因此而減弱對窮人治病的關心。隨後不久，他又在定居地廈門捐助建成兩所帶有慈善性質的醫院——位於廈門市區的廈門中山醫院和鼓浪嶼上的鼓浪嶼醫院。它們是1928年到1931年間在黃奕住捐助下辦成的兩所現代型醫院。以此實現他早年幫助缺醫少藥貧民的初心。

1928年，他與華僑、廈門大學校長林文慶等人一起，發起創設中山醫院。先行成立籌備委員會，籌建廈門中山醫院。同時他們認為鼓浪嶼上也應該辦一所醫院，遂與當地人士商量，大家同感有此需要，並請黃奕住出面倡議。1929年3月，黃奕住中風，在家休養，此事遂由其長子黃欽書負責。1931年，在三丘田原美國教會開設的宏寧醫院舊址上辦成「私立鼓浪嶼醫院」。經費由歸僑、僑眷為主的嶼上居民捐贈（後得到緬甸等地華僑的捐款）。1932年，由黃欽書、林文慶、林遵行等十三人組成董事會，推舉黃欽書為董事長，聘任林遵行為院長。該院規定，凡貧窮者，生病赴院醫療，一律免費；若住院，醫藥費、伙食費免收。該院於1948年遷至福建路60號。五十年代與救世醫院合併，成為廈門市第二醫院。

黃奕住認為，創辦這兩所醫院，既是急廈門人所急，也是藉此推動慈善事業的發展。

黃奕住對廈門市區及鼓浪嶼兩個醫院的捐助，以及前述新建房屋、新修街道

● 私立鼓浪嶼醫院舊址，檔案資料

和使用自來水，解決廈門缺水問題等等，使廈門的環境、衛生狀況

大為改善。在此之前的1912至1921年《廈門海關十年報告》中曾有這樣的介紹：「關於廈門的衛生環境，港口衛生官員報告說：『衛生狀況尤其難以知曉，人民生活的一般環境，從公眾健康的觀點看，是很可悲的。』」而在1922至1931年的《廈門海關十年報告》中，則是這樣描述的：「在過去十年裡，本口岸的健康狀況與其他沿海口岸相比，還是較令人滿意的。本地區沒有任何較嚴重的傳染性疾病流行。1926年，廈門發生了相對輕微的瘟疫和霍亂。但1929年後，極少接到有關瘟疫病例的報告，也沒有任何可靠的霍亂病例的報告。每年有少數天花、傷寒和腦膜炎的病例報告。1930年秋天，降雨極少，水井近於乾涸，傷寒特別流行。1926年，腦膜炎病患者人數比往年高，但沒有達到流行的程度。」在短短的十來年中，廈門的環境衛生狀況大為改觀了。

⑤ │ 捐助公共文化事業

黃奕住因在圖書館建設方面的貢獻而常為人稱道的有四件事：一是斗南學校的圖書館，設備之好與圖書之多，為福建全省小學之冠；二是在廈門大學圖書館建館之初捐贈購書款三萬元，採購了大批外文及古籍善本；三是大力捐助廈門圖書館；四是創設鼓浪嶼圖書館。前兩件事已分別記述過，這裡說說後兩件事。

黃奕住回國定居之前，廈門還沒有圖書館。那時，在鼓浪嶼島上只有兩處讀報的地方：1897年設立的位於河仔墘的鼓浪嶼閱報所和1900年設立的位於大河墘的閩南閱報社。這兩處地方只有報紙供閱覽。在廈門市區，玉屏書院藏書萬餘冊，廈門海關辦的博聞書院有圖書六千餘冊，紫陽書院藏書若干冊。就在黃奕住定居廈門的1919年，廈門舉人、玉屏書院大董周殿薰倡議設立廈門圖書館，廈門道尹陳培錕贊同，指撥玉屏書院餘款為館費，以文淵井21號的玉屏別墅為館舍，以玉屏書院、紫陽書院、博聞書院現有藏書為基礎，成立廈門圖書館，聘周殿薰任館長。縣轄鎮一級有圖書館，這在全國屬最早的一批。1920年，周殿薰向廈門社會人士募捐藏書，向廈

門富戶募捐經費，黃奕住是主要捐款者之一。周殿薰將募得的經費翻築一座兩層樓房，樓下為藏書室，排列近百個書架，樓上為閱覽室，可容百餘座位，購置新著新譯圖書三千餘冊，泉州龔氏祖遺古版，包括宋、元、明、清珍版書籍二千餘冊。廈門圖書館從此初具規模，在全國鎮級、縣級圖書館中位居第一。

　　1924年，歸僑李清泉與中國國民黨閩南地區負責人李漢青，在鼓浪嶼福建路鹽田旅社舊址創辦了一個閱書報室。第二年，在許卓然的資助下，遷址至一座兩層樓房，改稱「私立鼓浪嶼圖書館」。1926年，北伐軍到達廈門後，李漢青任國民黨廈門臨時市黨部籌委會主任。1928年，李漢青等以「鼓浪嶼華人議事會」名義，向工部局交涉接收被南京國民政府槍斃的北洋軍駐漳州暫編第　師師長張毅在港仔後的別墅，作為該館的新館址，由黃奕住、邱明昶等人成立董事會，外交部交涉員劉光謙兼董事長，黃奕住被選為副董事長。1933年以後，黃奕住任董事長。為紀念孫中山的功績，該館於該年5月5日更名為「中山圖書館」，李漢青任館長。開館時，黃奕住主動捐獻圖書，凡屬商務印書館出版的而又有存書的，除學校課本外，每種購贈一套或一冊，前後近萬冊，支付書款近三萬元。1936年《鼓浪嶼工部局報告書》特別指出：「本圖書館創設於1928年，最先由縉紳李漢青先生及富商黃奕住先生募捐而創設之。」此記錄正可證明黃奕住是中山圖書館的創立者之一。

　　黃奕住在廈門創建與捐助的公共文化事業，除上述圖書館外，還有其他一些，其中影響較大的是中華戲院。本世紀20年代，廈門已有20多萬人口，卻只有一座比較現代化的思明戲院（今思明電影院）放映電影。該戲院1927年興建，耗資20萬元。1928年，黃奕住囑中南銀行廈門分行籌建一座戲院。1929年建成，地址在中華路，取名「中華戲院」。該戲院可以演戲，也可以放映電影。先自行經營，後來由新加坡華僑企業家林秉祥之子林紹裘組織電影公司，以4萬元承租該戲院的放映權。這個戲院的建立，對活躍廈門市民的文化生活大有裨益。廈門淪陷後，該戲院被日本人強行徵租去開辦鷺江第二影戲院。

在廈門市，還有多處黃奕住全額或部分捐建的建築物以及後人據其遺囑，用其所留教育基金建成的，如鼓浪嶼少年宮藝術樓等等。據葉更新老人回憶，1920年至1937年間，廈門

● 黃奕住捐建的原廈門中山公園音樂亭，檔案照片，陳世曦提供

市凡用募捐方式籌款興建的房屋、建築，大都有黃奕住資助的一份，如1929年4月，黃奕住在位於廈門中山公園南部捐建一座音樂亭，造型優美，飛簷翹角，成公園中的一個景觀。遺憾的是，該亭上世紀六十年代末期被毀。

㊅ │ 修繕文化古跡

在文化事業方面，除圖書館、戲院外，黃奕住還關心古跡的修繕，諸如修繕泉州開元寺東塔與順濟橋等古跡，他都積極參與。

泉州開元寺有東西兩塔，東塔建於唐咸通六年（865年），先為木塔與磚塔，名鎮國塔。後於南宋重建為花崗岩石塔。塔高49.8米，周圍57.3米。開元寺西塔建於五代後梁貞明二年（916年），名仁壽塔，塔高45.6米，周圍55.7米。西塔的石塔與東塔的落成時間差不多，西塔比東塔早了10年，上面雕刻160尊佛像和40方佛傳故事。東西塔因其歷史悠久、規模宏偉和文化涵義豐富，成為著名古跡，名聞中外。東塔在明朝景泰七年（1456年）修過一次。在此之後，明萬曆三十二年（1604年），發生了震中在泉州的八級大地震（強度十度）。東西兩塔因其結構合乎力學原理，竟基本完好，僅小有損毀，為時人捐資修好。到二十世紀二十年代，兩塔均因年久失修，有倒塌危險。

1920年左右，泉州僧人轉道和尚，本是紫雲黃氏裔脈，有興復

開元寺的大志。當他和師弟轉物大師遊方新加坡時，適遇弘法南洋的名僧圓瑛法師。轉道的志向，得到圓瑛法師的全力支持，三人出缽資數萬元，於1924年將開元寺大修重建。圓瑛認為工程巨大，必須仰仗檀施。唐代建寺之初，紫雲黃氏為檀越主，捨桑園為法界，因此約同泉州黃孫哲，提請黃祝堂出函介紹，同赴鼓浪嶼謁見黃仲訓、黃奕住、黃秀烺三檀越，勸請捐資援助，以成圓滿功德。三檀樾毅然擔荷，由黃仲訓兄弟獨修法堂，黃奕住獨修東塔，黃秀琅獨修西塔。由於工程特殊，為修復保持開元寺的原貌，特聘請泉州著名建築家傅維早工程師專責籌劃。黃搏夫、黃紫霞等人全面負責事務，1926年冬季開工，至1927年秋三項工程次第完工，有1,300餘年歷史的泉州開元古寺重新煥發光彩，後來東西二石塔被列為全國重點文物保護單位，成為國務院1984年公佈的全國第一批歷史文化古城泉州的地標式建築。

黃奕住獨修東塔，出資16,000元。塔成之後，1929年11月，泉州紳商各界在東塔一層立了一塊《南安黃奕住獨修東塔記》石碑，碑身高三米多，記錄了修塔經過，以紀其事，頌其行。這塊石碑至今猶存，勒石其文曰：

泉州開元寺為唐黃公守恭捨宅建造。寺東西二塔，東名鎮國，始於唐咸通間。明萬曆年鄉先正詹公仰庇重修。歷三百餘季，復有損壞，塔尖鐵鍊八斷其七，勢幾墜，議修者屢艱於款，輒止。南安黃君奕住乃毅然獨任之。始事於民國十五季冬，越年秋告竣。糜金錢萬六千。襄其事者，黃公搏扶洎天璣、奕守、紫霞、鍾嶽四君，寺僧轉道、圓瑛、轉物，幹事林紹文，任工程者傅維早云。

郡人曾遒記並書

中華民國己巳年冬月泉州紳學商各界立

除了獨資修復東塔之外，黃奕住還贊助了《刺桐雙塔》的拍攝出版工作。由德國學者埃克與法國學者戴密微合著的英文版《刺桐雙塔》是第一部研究泉州東西塔的英文專著，該書於1935年由哈佛大學燕京學社出版。乃第一部向國際學術界介紹泉州宋代建築及文化成就的英文著作，對2021年泉州申請世遺成功可謂功不可沒。

該書作者的原序中提到，大約在1926年埃克先生與正在廈門大學國學院任教的法國漢學家保羅·戴密微教授在廈門大學第二任校長林文慶博士的支持下，去泉州東西塔對塔身的石雕佛像進行拍攝工作，得到時任開元寺主持圓瑛法師的協助。這項工作應是在泉州東西塔1927年秋修繕工作完成之後開始的。原著序中云：「曾捐資過泉州開元寺（東西塔所在寺廟）建造用地的（黃守恭）後裔黃奕住先生出資建造了塔周圍的十六個腳手架，這讓埃克教授順利拍下塔身的雕刻照片，這十層的雕刻之前未被考察過。」又云：「1926年，開元寺主持圓瑛大和尚親自指導和監督工匠們進行雙塔的修復工作，他不顧自己年事已高，還以令人驚訝的敏捷身手帶著我們爬上了腳手架。」此書出版八十多年後，2019年5月，始由泉州歷史文化中心翻譯出版。

這是黃奕住另一個鮮為人知的公益捐資，卻在一部西方漢學家的歷史研究著作中留下一段佳話。

黃奕住在慈善事業上投入甚多，難以盡述。下舉陳泗東所著《幸園筆耕錄》為例：「據民國十九年（1930）《泉州新橋溪導水工程徵信錄》載：『1930年所修新橋工程，捐修者大多是華僑，如廈門黃奕住捐大銀兩千元；泉州黃必趁捐大銀一千元，都是華僑。』」在捐款人中，黃奕住常常捐款最多。此外，黃奕住還捐資修建泉州的另一古跡順濟橋。據黃則盤說，對於此類修繕文化古跡的慈善事業，黃奕住

「皆有求必應」。誠如上述所言，黃奕住在慈善事業上慷慨捐款，不論巨細，卻鮮有自己的記錄在案，上面所記諸事，都是在其他各方人士記錄的資料中記載的。本書首次披露了其不少事跡，也只是他做善事的幾分之一而已，其積「陰德」之事枚不勝舉。

即使到了晚年，黃奕住關懷教育事業與慈善事業的拳拳之心，也未嘗稍減，不僅在世時捐資教育與慈善事業，而且還預想到身後，所留下的錢也要有一部分用於教育事業與慈善事業。1943年，黃奕住在所立遺囑規定：他的遺產，除中德記、墓地等不得分割的房地產，以及祭祀費和遺贈外，還提出其中的5％為教育事業經費，5％為慈善事業經費。這些經費「永遠不得分割或為其他任何處分」。此項「教育、慈善的遺產，由黃氏子孫推出三人，並延聘地方正式社團代表二人，組成黃奕住公教育基金保管委員會及醫院基金保管委員會，訂立章程，共同保管並處理之。」將遺產的十分之一作為教育基金和醫院基金，取其息可以永久資助教育、衛生事業。其遺志至為感人，誠愛國興教的華僑楷模。

第十三章

民國捐資多間大學的
華僑實業家

13

黃奕住與廈門大學的緣份，應從陳嘉庚籌辦廈大
說起。黃奕住捐建的群賢樓成為廈門大學第一座校
舍，奠基石下埋藏著陳嘉庚的辦學初心和辦學理念。

(一) | 與廈門大學之緣

❶ 獨資捐建群賢樓

黃奕住與廈門大學的緣份，應從陳嘉庚籌辦廈大說起。話說一百年前的1920年11月，有兩位閩籍南洋華僑在上海籌辦兩項振興中國的大事。一個是福建南安籍的印尼歸國華僑黃奕住，他正在上海和當地名紳商議實業興國，謀劃中國第一家華僑私人創辦的「中南銀行」於翌年在此地成立，之所以命名為中南銀行，依黃奕住所說：「中南者，乃示南洋華僑不忘中國也。」另一廂，福建同安籍新加坡華僑陳嘉庚長期關心華人教育，有感於當時的福建沒有一所綜合性大學，決心創辦一所大學，此時也到了上海，與在那裡參加的全國各省教育聯合會議的教育、文化界人士一起商議教育興國，籌辦中國第一所華僑創辦的「廈門大學」，並於1920年11月1日在上海召開第一次也是唯一一次的廈門大學籌備委員會會議，籌委會敦聘當年教育界、文化界的名流蔡元培、黃炎培、汪精衛、李登輝、郭秉文、胡敦復、余日章、鄧萃英為廈門大學的籌備委員。這次會議除了蔡元培因往歐美考察，汪精衛因政務纏身未能出席，其他籌委都參加會議。會上陳嘉庚吐露心聲，說自己之所以「盡出家產，以興學者」，是因為「中國欲富強，欲教育發達」。會議成立了廈門大學董事會，確定了廈大的行政機構和教學機構。半年後，1921年4月6日，廈門大學在集美學校大禮堂舉行開校儀式，會場門首懸五色國旗，門柱結綠葉鮮花，場內上方中設演說壇，壇之壁上用鮮花結成「廈門大學開幕紀念」八大字，內懸「自強不息」四字。賓主三千餘人參加，學生全體唱國歌，大學生唱開校歌，陳嘉庚等人演說致詞，中國第一所華僑創辦的大學宣告成立。據《申報》4月16日報道：「集美陳嘉庚倡辦廈門大學，原定廈門演武亭建築校舍。因演武亭尚未著手建築，先設在集美。」借（現航海學院）即溫樓為校舍。

1921年6月5日，黃奕住創辦的中南銀行在上海成立，7月5日在上海漢口路正式開張，7月11日獲民國政府批准，取得鈔票印製發行權，成為當時國內最大的民營發鈔銀行。

這兩位華僑巨子此行在上海是否見面未知，但倆人份屬海外至交，不到一年，卻不謀而合地實現了百年事業的啟動。這是現代華僑史的兩件大事，巧的是竟先後發端於上海。

廈門大學開辦，自然要有校長，籌備時最早進入陳嘉庚視野的，是他早年在新加坡結識的汪精衛，當時汪精衛是「引刀成一快，不負少年頭」的「民族英雄」，他成為漢奸則是近二十年後的事。汪精衛當時接受陳嘉庚邀請，對陳嘉庚表態道：「來廈居住，一可靜養精神兼研究學問，一可幫助廈大之事。」為表示決心，他讓自己的夫人陳璧君先行到廈門商討相關事宜。辛亥革命前，孫中山的同盟會在南洋印尼活動，得到黃奕住的捐助與支持，汪精衛是同盟會的主要人物，黃奕住與汪精衛、林文慶等同盟會成員亦有所來往，陳璧君到廈門後就住在鼓浪嶼黃奕住的觀海別墅。之後汪精衛到廈門也是住在觀海別墅。本來以為汪精衛入主廈門大學是板上釘釘的事，沒想到時局發生變化，當時的廣東軍閥陳炯明為了支持孫中山，從福建帶兵殺回廣州，趕走桂系軍閥，並請孫中山重回廣東，作為孫中山得力助手的汪精衛為了幫孫革命，只好向陳嘉庚請辭，汪精衛擔任廈大校長的動議也就此作罷。汪精衛離開鼓浪嶼時，專門錄寫一首李白的《山中問答》贈送黃奕住：「問余何事棲碧山，笑而不答心自閒，桃花流水渺然去，別有天地非人間。」汪精衛是革命者時，每到廈門，黃奕住即接他到家中住，熱情款待。後來汪投靠日本侵略者淪為漢奸，黃奕住看重民族氣節，遂與之從此割席，堅持不與汪偽政權合作，斷絕與汪精衛一切往來，愛恨分明，以全名節。

汪精衛在廈大籌辦時已辭任校長人選，他推舉了鄧萃英為首任校長，當時鄧萃英是國民政府教育部參事，鄧任校長後，沒有辦理辭去教育部公職，校長只是掛名，引起陳嘉庚和學校的不滿，鄧見二者無法兼得，只好請辭，陳嘉庚連一絲挽留都沒有，用他在《南僑回憶錄》裡的話說：「鄧君於是來函辭職，余亦不留也。」這件事情之後，陳嘉庚從新加坡請回當時頗有名望的林文慶接任校長。

在辦學經費方面，陳嘉庚先是自己捐了一百萬元用於開辦廈大前兩年的花費，之後又認捐三百萬元，以每年開銷二十五萬做計劃，

這三百萬準備使用十二年。在籌款方面，陳嘉庚有一個頗為樂觀的安排，就是等學校開辦之後，他將向數量不少的南洋華僑富商募捐，在他看來，顯然這應該不是困難的事，但後來事實證明他是過於樂觀了。及至興建校舍時，他感到資金短缺，獨力難支，便向南洋富僑募捐。由於各人認識不同，此舉竟多次碰壁。他在《南僑回憶錄》詳細記載其事：第一次募捐對像是一位「原籍同安，富冠全僑」的富僑，陳嘉庚寫了一封長信，希望對方「捐五百萬元為廈大基金，否則多少隨意，抑捐辦醫學一科，以為君紀念」，沒想到對方收到信函後，回覆說沒捐款的意思，結果是一文未得，第一次募捐失敗；廈大開辦三年後的1924年，他到南洋各地去募捐，在印尼的萬隆，遇一原籍漳州的富僑，聞其資產二三百萬盾，便勸其捐款十萬盾或六七萬盾，建廈門大學圖書館，且說明圖書館可以用他的名字命名以作紀念，對方不願解囊，陳嘉庚不死心，託另一朋友向那位富僑表示，捐款金額少一點也可以，沒想到還是吃了閉門羹。此行，「不但希望向富僑募捐數十百萬為基金歸於失敗，而僅此十萬八萬元或四五萬元建圖書館尚困難如此」。第三次募捐的對像是一個祖籍同安的印尼爪哇富僑，這位富僑剛從廈門探親回到爪哇，他也知道陳嘉庚正獨自創辦集美學村和廈門大學。陳嘉庚託了一位在當地有名望的中間人轉達，希望得到他支持捐款，沒料到對方想都沒想就一口回絕。三次捐款均告失敗，讓陳嘉庚對創辦廈大之初的樂觀頗感無奈，不由得自恨以前的理想之失敗，他在《南僑回憶錄》分析其中的原因：「所可怪者，我國人傳統習慣，生平艱難辛苦多為子孫計，若夫血脈已絕，尚復為人吝嗇，一毛不拔。既不為社會計，亦不為自身名譽計，真其愚不可及。」

雖然多次募捐失敗，但陳嘉庚「盡為廈大奔走之責任」的可貴讓人感佩，所謂世道人心，其實就是如此。陳嘉庚計劃為廈大募捐時，同時也想到黃奕住，他們兩位早在南洋就已相識，他們都曾支持孫中山，倡行反清革命，為同盟會奔走籌款。陳嘉庚和黃奕住在新加坡皆投資橡膠園，黃奕住做貿易生意在新加坡開設日興分行，經常往返印尼、新加坡，與陳嘉庚常有往來，二人惺惺相惜，在熱心

海外華僑教育事業，捐辦公益，造福桑梓方面更是同樣熱心。黃奕住在印尼熱衷華僑教育事業，為人稱讚，聲名遠播印尼之外。1918年6月，陳嘉庚向各同鄉會館及僑領募捐二十五萬元，創辦新加坡、馬來西亞的第一所新式華文中學——新加坡南洋華僑中學。陳嘉庚在《南僑回憶錄》寫道，他向遠在印尼的黃奕住募捐。黃奕住解囊捐款五萬元，佔募捐總額的五分之一。陳嘉庚用五萬餘元在新加坡購市內洋樓兩座為校舍。

黃奕住可謂慷慨，幫了陳嘉庚的大忙。這次陳嘉庚開辦廈門大學，再次遇到資金問題，遂與新任廈門大學校長林文慶一起，找黃奕住募捐。黃奕住與林文慶也是好朋友，林文慶從巴西引種橡膠到新加坡種植成功，被譽為「南洋橡膠之父」，陳嘉庚、黃奕住都是在他影響下經營橡膠，獲得巨大收益。黃奕住對陳嘉庚傾資辦學的雄心壯舉充分認同，當場滿足陳嘉庚的願望，答應認捐一座陳嘉庚已規劃好的教學綜合大樓。2019年6月，廈門大學出版社出版趙德馨、馬長偉寫的《黃奕住傳》，書中有這樣一段描述：「黃奕住應陳嘉庚與廈門大學校長林文慶之請，捐建大樓一座，費資109,000元。本來，陳嘉庚在邀請時已應允以捐資人黃奕住之姓名命名該樓。黃奕住卻建議將該樓稱為『群賢樓』。林文慶听到「群賢」二字，當即表示贊同，他說晉王羲之《蘭亭序》中有句「群賢畢至，少長咸集」，群賢寓對廈門大學師生的讚譽與願望。為表謝意，林文慶提出為該樓的樓匾題字「群賢」。

黃奕住獨資捐建群賢樓的109,000元，是陳嘉庚開辦廈門大學前兩年的計劃花費一百萬元的十分之一。這第一筆捐

● 廈門大學群賢樓樓匾，孫立川攝

助，也是黃奕住對陳嘉庚先生辦學的堅定支持，他期望廈門大學聖賢遍校團，桃李滿天下。

1921年5月9日，陳嘉庚領著一百多名廈門大學師生，從集美學

● 廈門大學群賢樓奠基石，孫立
川攝

校渡海到位於廈門島南端的演武場，在蒼茫煙雨中為廈大第一座校舍「群賢樓」舉行奠基儀式。動工前，陳嘉庚邀請黃奕住出席奠基儀式，黃奕住正在上海忙於中南銀行開業籌備，沒能參加。當年的奠基石鐫刻了陳嘉庚手書「廈門大學校舍開工」，至今仍完好嵌於群賢樓中廳的牆根下。這塊石頭是整個廈門大學校園幾千畝土地上的建築中，唯一留下「陳嘉庚奠基題」的地方。

黃奕住捐建的群賢樓成為廈門大學第一座校舍，奠基石下埋藏著陳嘉庚的辦學初心和辦學理念。閩南人有在奠基石下埋東西的習俗，通常是埋銀元，寄望子子孫孫銀錢不缺。而陳嘉庚在群賢樓奠基石下，埋藏的是一個石頭雕刻的精緻盒子，裝著他籌辦入學的演講詞：「今日國勢危如累卵，所賴以維持者，惟此方興之教育與未死之人心耳 ⋯⋯ 民心不死，國脈尚存，以四萬萬之民族，決無甘居人下之理。今日不達，尚有來日，及身不達，尚有子孫，如精衛之填海，愚公之移山，終有貫徹目的之日。」正如校慶一百周年，廈大教育發展基金會編寫的《世紀流芳》之〈黃奕住篇〉中所說：「在廈門大學，群賢樓有著無與倫比的特殊意義，它見證著陳嘉庚先生教育報國、初心大愛落地生根。」這座樓宇歷經百年風雨滄桑，依然巍峨挺立，它建築精美，長期作為廈門大學行政中心，是辦公、集會及教研的場所，魯迅、林語堂、周辯明、孫伏園、張頤、陳萬里、羅常培、顧頡剛等著名學者的報告及一些著名學術會議，都是在此樓舉行的。群賢樓群見證了廈大百年樹人的光輝歷程，已然成為廈大地標式建築之象徵符號，被列為福建省第六批文物

● 廈門大學群賢樓，廈門大學法學院周東平教授攝

● 群賢樓內部裝飾元素，檔案資料

● 廈門大學建校百年紀念郵票

● 廈門大學建校百年紀念幣背面

保護單位。2006年被評為全國重點文物保護單位，之後入選首批中國二十世紀建築遺產名錄。

在廈門大學建校一百周年之際，中國人民銀行發行一套兩枚的「廈門大學建校百年紀念幣」，其中三萬枚重量三十克的銀幣，背面正是採用了廈門大學標誌性建築群賢樓及樓前陳嘉庚雕像為主體圖，中國郵政發行一枚廈大建校百年的紀念郵票，也是以此為主體。「群賢畢至，少長咸集」，對母校有深厚感情的群賢子弟，對群賢樓及陳嘉庚的敬愛和懷念將長留校園。在黃奕住捐建的群賢樓前，校主陳嘉庚的塑像矗立，長佑廈門大學繼續前行。

如今，群賢樓被闢為廈門大學校史館，在學校舉辦的百年校史展中，校方推出一位抗戰時期晉冀魯豫邊區紅色金融奠基人——高捷成校友。他是福建漳州人，1927年考入廈大經濟學系，未畢業即赴上海，在黃奕住創辦的中南銀行任職，見習了當時最先進的銀行規章制度、貨幣發行程序和組織機構的日常實際操作，通過親身經歷積累了經驗。正如廈大百年校慶系列出版物、高慶麟著的《我的祖父高捷成》一書中寫道：「經過中南銀行近一年的工作實踐，他能夠熟練掌握商業銀行多項業務的理論知識和實踐技能，為以後的發展奠定了扎實的基礎。在上海中南銀行的這段時間，高捷成和上海的中共地下組織有了聯繫。」高捷成之後回漳州協助其堂叔高開國經營「百川銀莊」，擔任出納。1932年4月，中國工農紅軍東路軍攻克福建漳州時，高捷成積極協助紅軍籌款、理財、算賬，並加入紅軍前往中央蘇區瑞金。在任紅一軍團供給部會計科長期間，積極協助毛澤民籌

劃創建蘇維埃國家銀行組織機構，首創紅軍會計工作制度。抗日戰爭爆發，高捷成跟隨八路軍129師挺進太行，奔赴晉冀魯豫開闢敵後抗日根據地，參與創立冀南銀行組織體系和規章制度，回應毛澤東主席「造出獨立自主的地方性貨幣」的號召，在艱苦的戰爭環境裡，印出了符合要求的鈔票，成為當時抗日根據地流通最為廣泛的一種貨幣，高捷成是廈大引以為榮的紅色金融專家。

❷ 再次捐資添置圖書設備

1927年，廈門大學已經成立六年，經常費用短絀，陳嘉庚對在南洋募捐已灰心失望，學生深感缺少圖書之際，林文慶、陳嘉庚再次請黃奕住幫助。黃奕住慷慨解囊，又捐給學校三萬元，襄助廈門大學購置圖書及設備，既表現了他對老朋友陳嘉庚先生和林文慶校長辦學義舉的支持，亦表明了一位商界巨子愛國愛鄉、興教興學的赤誠情懷。據廈大圖書館館藏記錄，華僑黃奕住先生的捐款購書是該館古籍採訪史上的一次盛舉。

廈門大學收到黃奕住的捐款之後，在三年之內，在國內外陸續購買了重要書籍7,900餘冊，其中西文書籍1,030餘冊，中文圖書121部6,865冊，包括15部古籍善本。當時採購的《秦漢印統》八卷，係明萬曆三十六年（1608年）新安吳氏樹滋堂刻朱印本，2009年入選第二批《國家珍貴古籍名錄》。黃奕住當年捐款購書，使廈門大學圖書館解決了教學特別是科學研究的迫切需要。如1929年《廈大紀念刊》記載商科購書狀況：「十六年秋季，黃奕住先生慨允於十七年度捐助本校圖書設備費國幣三萬元，自是年八月一日起，本校商科每月領得二百五十元，將此款專購各國最近出版之商學圖書，則本校商科之圖書設備，將因之更形豐富矣。」黃奕住捐助購書，校主陳嘉庚、校長林文慶，圖書館的全體工作人員和廣大師生都很高興。為了表示對黃奕住此舉的永久性感謝和紀念，他們做了三件事：

1. 據2020年廈門大學教育發展基金會編寫的《世紀流芳》之〈黃奕住篇〉追憶，在黃奕住捐建的群賢樓正廳左側壁上，鑲嵌著一塊醒目的石碑，上書：「黃君奕住，慷慨相助有益圖書，其誼可

● 陳嘉庚題寫的石碑，孫立川攝

● 黃奕住贈書書標，廈大圖
書館提供

著。」這是由陳嘉庚先生於1931年6月親筆題寫的，以紀念和表彰著名愛國華僑黃奕住先生的助學善舉，讓每一個進入該樓的人，首先就能看到這塊紀念碑。

2. 在黃奕住捐贈的圖書上，貼上印製精美的書標，上有中英文字樣「黃奕住先生贈，Presented by Mr.Oei Tjoe（黃奕住的英文名），1927—1928」，使每一個使用這些書的人，都知道黃奕住勸學助教的心意。

3. 編輯專項圖書目錄，即《黃奕住先生捐贈國文圖書目錄》和《黃奕住先生捐贈西文圖書目錄》。目錄既成，1931年8月10日，校長林文慶專門作了「序」：

誰都知道，沒有偉大的圖書館，大學根本上是不算健全的。本校過去的圖書館，雖說不上有偌大的規模，然已稍具雛形，這是凡參觀過本校的人都承認的。不過最感美中不足的，就是我們的參考書籍，很難達到十分充實的地步，這的確是一件極待解決的事。民國十六年間，黃奕住先生首先同情本校，慨然捐助圖書費國幣三萬元，本校因此獲益不少，除設法陸續分購中西文重要書籍凡7,900餘冊外，並就書內各附特別標誌，留為永久紀念。此次圖書館同仁，從事編輯圖書總目錄，同時把黃先生捐款所購書籍，另輯目錄成冊，這種『飲水思源』的工作，的確是少不得的。甚望社會人士，都能夠像黃先生同情本校『作人』的事業，繼續予以切實的幫助，以期達到完美無缺的境地，這是文慶所馨香禱祝的。

林文慶在序文中強調，黃奕住是「首先」為該館捐款購書的，起了帶頭的作用，希望社會人士向他學習。此後，曾江水先生亦為廈大圖書館捐書，廈大亦銘刻於碑，以誌紀念。

4. 黃奕住的孫子黃長溪繼續捐書。1927年廈門大學開學，黃奕

住是為廈大圖書館捐款購書的帶頭人。薪火相傳,後來他的孫子亦繼續為廈大捐書。1945年,泉州華僑史研究家陳盛明教授建立的私立「海疆學術資料館」於泉州中山北路肇立,後移址廈門,1947年秋,憑私人關係,他向黃欽書借用黃奕住的鼓浪嶼觀海別墅為館址。中華人民共和國成立後,因海的對面是國民黨軍盤踞的金門島,1950年,中國人民解放軍在觀海別墅建觀察哨。海疆館人員撤出,留下一大堆書籍、剪報資料等,駐軍問當時負責黃聚德堂廈門事務的黃長溪如何清理這些資料,黃長溪知道這些學術資料收集來之不易,於是去找陳盛明。陳那時正在尋租鼓浪嶼西林別墅為海疆館新址,因剛解放,政策不明朗,無所適從。陳告訴黃長溪,不知私營資料館能否繼續辦下去,也不知資料如何處理。這時,黃想起祖父捐書廈門大學的事,建議陳把資料捐送給廈大,使資料發揮作用,得到陳的贊同。據廈大圖書館記載,這批資料中有大批圖書跟隨入藏,圖書中閩台方誌、閩人著述尤為豐富。此後,廈門大學在這些資料基礎上成立了「南洋研究所」。1998年4月,泉州市中山路整修,在臨街立面上意外發現被沙漿封了半個多世紀的「私立海疆學術資料館」的原始匾牌,時任泉州副市長的廈大校友周焜民立即指示修復保護,此發現引起了學術界研究興趣,在全國台盟會長汪毅夫先生高度重視下,2017年6月,廈門大學出版社山版了《廈門大學海疆剪報資料選(第一輯)》,2018年8月,內容以東南亞各國政治、經濟、社會情況和華人華僑問題為中心的第二輯,《華人華僑專輯》相繼出版,成為研究近代中國海洋史和華僑史的重要資料。

這段建議海疆館捐書籍資料的往事,促成了黃長溪與

● 泉州私立海疆學術資料館原址,孫立川攝

廈大南洋研究院的因緣，2007年7月，黃長溪在廈大附屬中山醫院病逝。去世之前他囑咐二兒子黃騫兩件事，一是去世後廈門親朋好友會因襲地方風俗送的帛金，要全部捐送給中山醫院；二是將生前收藏1,214冊書刊、53份個人物件及自1982至2006年間的《工作筆記》和部分資料，贈送給「廈門大學南洋研究院/東南亞研究中心圖書館」收藏。黃長溪贈送書刊資料之舉，繼承了黃家捐贈公益，造福桑梓的傳統，也是黃奕住家風的歷史傳承。特別是黃長溪贈送的工作筆記，記載了他從政幾十年，從廈門市副市長兼廈門經濟特區管理委員會副主任開始，至全國人大常委的工作歷程，是他奉獻一生、清廉一生的一筆寶貴精神財富，也是研究福建省改革開放過程、廈門特區創建始末，落實華僑政策，中國僑務乃至海外華僑華人的寶貴史料。廈門大學東南亞研究中心圖書館在給黃騫先生的感謝信中寫道：「十分感謝黃長溪子女對本館的信任並慷慨以贈。這些贈品極大地豐富本館特色收藏，提升了館藏品質。本館將悉心珍藏，以饗讀者。」

3 幫助廈門大學解決經常費用的困難

關於廈門大學的經費狀況和黃奕住給予的幫助，目前查到文獻記載如下：

據1926年3月31日上海《申報》報道，陳嘉庚在廈門擬組織「學校銀行」，分配商人助學經費。陳嘉庚致函各資本家，請其捐錢，津貼廈門大學及廈門地區學校所需經費，以助廈門教育事業，以十年十期為約，捐資者每年出資設立基金，其中陳嘉庚每年出資四萬元，黃奕住每年出資二萬元，「為津貼各校之基金俾學子均沾利益而使學」。

廈門大學全年經常費用303,130.63元，開銷甚大，而陳嘉庚經營的公司也遇到很多困難，1931年陳嘉庚被迫接受外國銀行的條件，將所有企業改組為陳嘉庚有限公司，讓外國公司佔有部分產業，每月只能領取生活費五千元，但是他將其全部作為廈大和集美學校經費捐出。陳達在《南洋華僑與閩粵社會》一書中寫道，陳嘉

庚實業虧損後更多關注集美學校，獨立負擔集美學校各項經費，廈門大學經費不足，「餘數只能隨時向他方籌劃了」。1931年《廈門大學十周年紀念刊》記載，該校的個人捐款中，除創辦人陳嘉庚外，黃奕住居於首位。

三十年代初，黃奕住的中南銀行經營上也處於困難境地，但他不顧一己之困厄，繼續傾力資助，以解廈門大學的燃眉之困。在廈大校史資料中，存有一份廈門大學在1936年至1937年度編的《廈門大學一覽》，內詳細記述：「歷年之一切經費，向由陳嘉庚先生負擔……惟獨力難支，眾擎則易舉，故更擬向國內外募集巨款，以為永久基金……自民國十六年（1927年）始，承黃奕住、李光前、黃廷元、林文慶、殷碧霞諸先生及新加坡群進公司，陸續捐助各項經費，合計國幣二十萬餘元。」這裡還是把黃奕住列為第一位。在吳玉液、潭南周的《廈門教育大事記（上）》更記錄到，1935年9月10日，廈門大學董事會開會，聘汪兆銘（精衛）、孫科、宋子文、王世傑、孔祥熙、黃奕住、曾江水等七人為該校的名譽校董。前五人是國民政府的顯要（他們分別任行政院長、立法院長、外交部長、教育部長、財政部長），黃奕住和曾江水則是因為在經費上支援多而被聘請的。黃奕住的這些善舉被一一紀錄在案，回首前塵，廈大的師生永遠感恩以黃奕住為代表的一代代華僑同胞對學校的無私與慷慨支援。

❹　發起創立中山醫院

廈門大學附屬中山醫院，是黃奕住與新加坡華僑、廈門大學校長林文慶等人一起發起創設的。1928年，由黃奕住、林文慶等組成的籌備委員會籌建廈門中山醫院。籌備經費來源一是由黃奕住聯絡地方紳商組成募捐委員會，黃奕住向社會各界募捐，共得善款六萬餘元，二是由林文慶從廈門大學醫院向新加坡華僑募捐的款項中撥出一部分，不夠部分由黃奕住捐助。接著是尋找合適的地址以買地建院，據1929年4月1日《申報》有關廈門市政建設近況報道：「……中山醫院地址尚未覓定，但計劃已妥，全部建築費六十萬，由黃奕

● 廈門市中山醫院原貌，廈門紫日提供

住認捐大部，陳嘉庚亦允捐內部設置，將來亦南方一大規模醫院也。」院址最後選定在宏漢路（現在的鎮海路），1932年1月奠基興建，院舍土建年底落成。購置醫療設施後，中山醫院於1933年5月10日開診，缺乏啟動資金，黃奕住再次慷慨解囊，解決了醫院的開辦經費。醫院董事會敬勒石碑以紀念，在《紀念碑文》寫道：「5月先設門診部，承黃奕住先生捐贈開辦費一萬元，8月醫院全面開診，正式開幕，收容病客。」該院規定，「凡貧寒者」，都給以「優恤免費」。這一舉措「素為社會輿論所崇」。創建初期醫院設備有檢驗室、化學室、太陽燈手術室，有大小病室四十間，二百個床位，設內科、外科、婦科、兒科、五官科和皮膚病等科室，該院還附設護士學校，以培養初級護理人員。一開始便奠定了醫教一體的醫院格局。

中山醫院由醫學專家、廈門大學校長林文慶出任首任任院長。林文慶（1869—1975）祖籍漳州龍海，生於新加坡。到英國求學期間因成績優異，1887年獲英女皇獎學金，成為獲得該項獎學金的第一個華人，1892年獲英國愛丁堡大學醫科學士和外科碩士學位。1893年回新加坡行醫，以後參與創辦醫學院、橡膠種植園。林文慶與黃奕住等人合資在新加坡創辦「和豐銀行」、「華僑銀行」和「華僑保險公司」，成為東南亞華僑進軍金融業的先驅。其間他也出任孫中山大總統機要秘書兼保健醫官，國民政府衛生部總監督。1921

● 文慶亭紀念碑，孫立川攝

年4月，陳嘉庚創辦廈門大學，由於第一任校長鄧萃英掛名上任不久辭職，林文慶接到陳嘉庚邀請，希望他出任廈大校長，此時，孫中山也對林文慶有新委任，要他出任國民政府外交部長。兩難之下，為培養國家人才，林文慶決定出任廈門大學校長，最後一當十六年，協助陳嘉庚先生奠定了廈門大學的百年根基。當年為了支援廈門大學，林文慶將其為人診病所得、全年薪金甚至夫人的私房錢都全數捐了出來。1934年，陳嘉庚在世界經濟危機的衝擊下破產，導致廈門大學也瀕於倒閉，林文慶毅然為陳嘉庚分憂，隻身回到東南亞，沿街沿戶勸捐，為廈門大學籌措經費。他用孔子《大學》中的「止於至善」四個字作為廈大校訓，以培養學生「人人為仁人君子」。又苦撐了三年，1937年廈大改為國立，林文慶才辭職回新加坡，時年已六十八歲。1957年1月1日，林文慶在新加坡告別人世，享年八十八歲，臨終前林文慶把他在鼓浪嶼的別墅和五分之三的遺產捐給廈門大學。2005年，廈門大學為林文慶塑了像，建設了「文慶亭」以紀念這位已經被遺忘了幾十年的校長，亭上刻著一幅楹聯：禾山巍巍懷師德；鷺水泱泱見道心。

中山醫院在抗戰時期一度淪陷，在「文革」中又被撤併，直至改革開放以後，廈門成為經濟特區，市政府規劃恢復重建，1988年，中山醫院遷至湖濱南路重新開診，當年建院董事會所立的紀念碑亦遷放於新醫院內。因中山醫院與廈門大學淵源深厚，2005年改為廈門大學附屬中山醫院。九十多年前黃奕住與林文慶創立的中山醫院，至今已成為一所集醫療、教學、科研、預防保健一體的大型三級甲等綜合性醫院。前人栽樹，後人乘涼。

5 借出校舍給廈門大學暫用

從1926年開始，時局動盪，陳嘉庚的生意走下坡路，但他還是勉力維持大學的正常運作。到了1937年初，局勢更加惡化，為不耽誤青年學生前途，作為校主的陳嘉庚分別呈書教育部和福建省政府，表達了「自願無條件將廈門大學改為國立」的意願。文書送出不久，當時的國民政府行政院長孔祥熙赴歐洲訪問，中途經停新加坡，陳嘉庚盡地主之誼，接待了孔祥熙，孔告訴他，廈門大學變更為國立事，行政院已予通過。不久陳嘉庚就收到教育部回函，同意接受他把廈門大學捐給國家，並委派薩本棟教授為校長。1937年7月1日，廈大正式成為國民政府統一管理下的一所國立大學。7月6日，清華大學物理系教授薩本棟接替林文慶，被任命為廈大校長。7月7日，侵華日軍發動「盧溝橋事變」，抗日戰爭全面爆發。在民族生死存亡之際，北京大學、清華大學、同濟大學等高校校長發表聲明，提出「教育為民族之本」的口號，揭開抗戰時期高校撤退疏散至內陸的序幕。薩本棟正是在這個國難方殷時期，於7月29日到廈門大學正式上任。8月，廈門大學登出招生公告，招收新生270人。9月3日凌晨，日軍首次發起對廈門攻擊，胡里山炮台，海軍廈門港司令部等多次被破壞，廈門大學毗鄰胡里山炮台，學校安全已毫無保障，校方因此決定跟隨諸多高校一起內撤，將廈大遷移到福建龍岩的長汀縣。為應付即將到來的開學活動，薩本棟徵求教務長及一些員工意見，認為鼓浪嶼上駐有多國領事館，日軍不敢公然轟炸，於是決定先移師鼓浪嶼暫時上課。並開始在長汀規劃建立戰時校園，這也需要時間。

廈大教務處派人去鼓浪嶼上找到教學環境及教學設施較好的英華中學、慈勤女子中學、毓德女學三間學校，借用部分教室和宿舍作為廈門大學師生教學、生活和活動的場所。在這幾所學校中，英華中學及慈勤女子中學都與黃奕住有關，兩校校長到黃家花園向黃奕住報告廈門大學欲借用部分校舍的事，黃奕住聽說廈大要借校舍，即刻表示同意，並要求兩校校方要提供協助與支援。鼓浪嶼與廈門大學僅一水之隔，校舍確定後，人員移動方便，儀器圖書教具

等教學設備搬遷容易，一切很快就緒。

1937年10月4日，廈門大學師生在鼓浪嶼正式開學，黃奕住借出的中學校舍為廈大學生提供了一張暫時安全的書桌，廈大也收留了一批因戰爭失學的外校學生。12月20日學期結束，廈門大學也結束了在鼓浪嶼辦學的短暫過渡歷史，校長決定將學校再遷移到閩西長汀，學校所有師生分為八組，先後出發轉移。廈門大學於國難時期在鼓浪嶼的這段臨時辦學經歷，是百年校史中的一段難忘的插曲。抗戰勝利遷回廈門母校後的一些教學活動，也常借用黃奕住為校主的鼓浪嶼慈勤女子中學的校舍舉行。吳玉液、譚南周的《廈門市教育大事記》曾記載，1946年11月25日，廈門大學的新生入學典禮，就是借用慈勤校舍舉行的。

黃奕住沒有想到的是，在他病逝二十一年後的1966年，中國發生了一場史無前例的「文化大革命」，一批廈門大學的學生造反派，進駐到鼓浪嶼查抄黃家多天，以致引發黃欽書心肌衰竭死亡。在那個荒唐的時代，如此迫害對祖國有貢獻的愛國僑領，實在人性泯滅。當時許多鼓浪嶼的市民與廈大師生對此也敢怒不敢言。

2021年是廈門大學建校一百周年，廈門大學教育發展基金會編寫了系列紀念校慶文集，在《世紀流芳》之〈黃奕住篇〉中寫道：「風華百年，世紀滄桑，黃奕住先生的恩義，永銘廈大史冊，而他跌宕起伏的人生傳奇也給世人以豐富的啟迪。」廈門大學，正是因為有了陳嘉庚，還有黃奕住等一批賢人志士的護持，才成就一篇教育的華章！

㊁ | 出任暨南大學校董

暨南大學是國內專為華僑興辦的第一所高校，前身是1907年3月23日開辦的國立暨南學堂（清朝兩廣總督端方倡辦），校址設在南京。第一批二十一名學生全部來自印尼巴城中華會館學校。以後又繼續有幾十名爪哇華僑學生就讀，李學民、黃昆章著《印尼華僑史》記載，到1908年10月，回暨南學堂求學的爪哇僑生共有111人。黃奕

住的長子黃欽書也在其中，他是從印尼三寶壟到該學堂學習的。

1917年夏，北京民國政府教育部派江蘇省教育司長黃炎培、林鼎華赴南洋調查華僑教育狀況。他們訪問了印尼各大商埠，在泗水參加了中華學會總會組織的教育研究會，黃炎培在《南洋華僑教育商榷書》指出：「與六十二（個商）埠、六十六（所）學校、七十八（位）教員議論四日夜。」黃炎培在這次訪問中認識了黃奕住。這兩位均熱心華僑教育事業的人一見如故，彼此都留下很好的印象。

1920年10月3日《申報》文章〈籌建東南大學之經過〉寫道，黃炎培、林鼎華回國以後，反映了華僑的要求，認為應該在國內興辦專供華僑子弟學習的學校。1917年11月1日，教育部委派黃炎培籌辦暨南學校。次年3月1日，該校補習科開課。8日，任命擔任過印尼巴達維亞中學校長的趙正平為校長。1919年1月，黃炎培為暨南學校開辦事，再赴南洋。

按照暨南學堂原章程規定，學校只招收華僑學生。在黃炎培到南洋訪問期間，由黃奕住任副會長的爪哇三寶壟中華商會建議暨南學校兼收內地學生，這是考慮到華僑中的「兩頭家」現狀，許多華僑有子女在祖國，希望他們在祖國的子女也有上暨南學校的機會，以及為改善國外華僑學校嚴重缺乏合格師資的實際情況而早作計劃。暨南學校接受了這項建議，決定變通章程，並於1919年5月呈報民國政府教育部：「凡國內高等小學畢業，其父兄或保護人現在南洋經營商業者，又師範科華僑學生有缺額，而國內學生有赴南洋為教師之志願，且具有相當資格者，均得適用入學手續，准予入學試驗。」8月，暨南學校在南京、北京、上海舉行考試，招收內地學生，應試學生有四百餘人，錄取四十人。9月初，根據南洋華僑對師資和商業人才的迫切要求，暨南學校設置師範、商業兩科。商業科招收中學畢業生，學習一年畢業，以供南洋商界的需要。

1921年暨南學校決定設董事會，《暨南學校章程》第二條規定：「本校置校董若干人，規劃本校進行事宜。」1922年3月2日由民國政府教育部正式發出聘書。校董大都為熱心華僑教育事業的教育家或實業巨子。他們是：范源濂、林文慶、袁希濤、黃炎培、陳炳

謙、簡照南、黃奕住、史量才、韓希琦、鄭洪年、葉兆崧、林熊徵、李登輝、柯成懋、趙正平、張謇、嚴家熾。第一次校董會於1922年3月19日假座上海一品香酒樓召開。會議就校董職務規程、設置籌備新校舍委員會、擴充海外教育、補推新校董等四個議案作了決議。黃奕住此時正在上海，出席了會議。根據第三項決議案，6月，暨南學校與東南大學商定，退出上海商科大學，自辦商科大學部。從1923年起，在南洋各重要商埠設商業補習學校。第二個決議的主要內容是：新校舍籌備委員會由全體校董擔任，並在校董中推舉黃炎培、史量才等七人為辦事委員，籌擬集款方法，規劃校舍工作與各校董接洽進行。

據現存黃家檔案，作為校董的黃奕住多次捐款，黃長溪回憶說，黃欽書告訴過他，自己十四歲去印尼不久又被父親送回國內暨南學堂讀書，印象深刻。1919年初黃炎培到印尼募捐籌辦暨南學校，找黃奕住捐了五萬元。黃奕住回國辦中南銀行，1922年黃培炎在上海邀請他加入暨南學校董事會，兩次籌款建校舍都找他帶頭捐錢。第一次董事會後，黃炎培等辦事委員選定寶山縣真如鄉為新校址，向黃奕住籌集款，黃奕住帶頭捐一萬元。新校舍的修建於1922年6月18日動工。同年12月9日舉行第二次校董會，黃奕住到滬出席了會議。在一品香召開的第二次校董會議記錄顯示，「現在捐款者只校董黃奕住已繳一萬元。」會上通過《擴充新校購地附辦新村》議案，黃奕住再次承諾捐款，又捐了五萬元。由於黃奕住等人在資金方面的大力支持，新校舍的建設工作進展順利，一年之後部分建築物完成。1923年夏末，一部分師生遷入新校舍。隨著其他校董捐款，1927年學校擴充，建大禮堂和圖書館等設施，黃奕住再捐了五萬元。這樣算來四次共捐出十六萬元。

由於華僑的熱情支持和師生的艱苦奮鬥，暨南學校聲譽日隆，歸僑學生增多，內地學生也紛紛要求入學。學校不得不作出決定：初中招收內地生12名；師範科不招收內地生；高中文理科及商科招收內地生，比例不得超過20%。除初中增設春季始業班外，其餘各科均招收秋季始業班。1926年，各科學生共達602人，其中商科大學

部122人，舊制商科55人，高中商科41人，高中師範科45人，高中文理科57人，初級中學部196人，南京女子部86人。這為建設完全大學奠定了基礎。

黃奕住任暨南學校董事會董事，直到1931年。1931年董事會換屆時，新董事成員換成陳立夫、孫科、宋子文、林森、孔祥熙等十一人，幾乎全是國民黨新官僚。包括黃炎培、黃奕住在內的昔日為創建學校出資、出力的有功人士，均被全部換掉。

三 | 捐辦中國第一所商科大學

當暨南學校1919年9月增設商業科之時，國內尚無商科大學，高級商業人才極為缺乏。1919年夏秋之際，印尼僑商丘心榮考慮到南洋華僑急需商業人才，特回國商議籌辦商業學校問題。不久，暹羅（今泰國）請願代表韓希琦、熊理，新加坡星洲中學校長涂開輿相繼回國，亦均主張商科急需擴充。

1920年，時任暨南學校校長趙正平在《我對南僑文化運動之回顧》一文中說：國內「經營者需要商業人才日眾，已感供給不足之苦，其在南僑商場，聞尤顯著。據回國調查銀行商業之僑商言：『近年南僑於銀行及國貨公司兩事業蒸蒸日上，所缺乏者，非資本而為應用資本之人才。』夫國內外之期望商業人才如此迫切，而一觀教育界之所以訓練此種人才者何如？求之北方，所謂北京、北洋等各大學商科闕如焉；求之江浙，所謂六大學無一設商科焉；若求諸大學以外，則全國商業專門學校名實相副者又無一焉」。在此情況下，暨南學校經多次會商，於1920年1月草擬了華僑創設商科大學宣言書及計劃書。創辦商業大學的計劃得到了上海總商會、江蘇省教育會黃炎培及國內著名實業家張謇等人的贊同，開始著手籌辦商科大學。

1921年2月底，暨南學校商科由南京遷往中國商業最發達、也是江南教育最集中的上海徐家匯松社。由於北京民國政府分裂，它所同意的五萬元撥款未能撥出，創辦商科大學的計劃受挫。1921年

春,暨南學校轉而與國立東南大學商定合設上海商科大學,苦於缺少籌備經費,議而不成。

黃奕住此時已經回國,正在與史量才等商議籌辦中南銀行等事。黃炎培知道黃奕住手中錢多,又一直熱心於華僑教育事業,為暨南學校的興辦捐過巨款,於是給東南大學籌備員(後任校長)郭秉文與暨南學校新任校長柯成懋出主意,由他們提出請求,通過黃炎培與史量才,請求黃奕住捐款。4月19日,黃奕住從廈門到上海,創辦中南銀行並籌辦上海日興商行。7月5日,中南銀行正式開業。黃奕住處於極度喜悅之中。此時,黃炎培和史量才向黃奕住提出辦上海商科大學事,黃奕住當即表示願捐款十萬元籌辦。經費困難的問題解決了,事情也就成功了。7月13日,郭秉文、柯成懋聯名給教育部的呈文中寫道,郭、柯「會同上海商學兩界關係素切各人,集會商榷,並公推黃奕住、史量才、聶雲台、穆湘玥、錢新之,張公權、陳光甫、簡照南、黃炎培、高陽四、朱進、張準、趙正平及(柯)成懋 、郭秉文等十五人,合組上海商科大學委員會,詳細討論,決定辦法。」據上海《申報》報道,1921年7月21日,上海商科大學委員會假座四馬路「一枝香」召開會議,史量才為會議主席,會議議決預算案、委員會簡章等,黃奕住被推選為大學委員會委員之一。9月23日,教育部核定校名為「國立東南大學暨南學校合設上海商科大學」。9月28日開學。這是中國第一所商科大學。郭秉文兼任校長,馬寅初為教務主任。校址在上海霞飛路(今淮海路)尚賢堂。從經費角度說,這個中國第一所財經大學的成立,黃奕住位居首功,沒有他慷慨捐款,這所大學當時是辦不起來的。所以在推舉上海商科大學委員會委員

● 上海財經大學大門,上海朱耀斌教授提供

時，大家把他排在第一名。該校1922年7月改名為國立東南大學分設上海商科大學。後來又多次易名。1950年更名為上海財經學院，現名為上海財經大學。

㈣ ｜ 捐建復旦大學奕住堂

復旦大學創建於1905年，原名為震旦學院，後改復旦公學，乃中國人自主創辦的第一所高等學校。黃奕住的同鄉，福建南安籍的歸國華僑李登輝（1873-1947），成為該校的振興者。李登輝出生於爪哇巴城，留學美國後返印尼，1901年9月在印尼巴城中華會館創辦的耶魯學院任校長。上海復旦公學改名後，李登輝出任該校校長，其間他於1914年赴南洋各地向僑胞募捐，並動員華僑子弟回國入學。那時黃奕住在印尼，暨南大學出版社出版的《華僑華人大觀》一書，曾提到過黃奕住在震旦大學捐錢。1915年，李登輝用所得之捐款在江灣購地七十畝，即如今復旦校園西半片環相輝堂區域。1917年，復旦公學改為私立復旦大學，創辦本科，李登輝繼續擔任校長，此後他即以辦好復旦為終身事業。1919年，李登輝再找同鄉黃奕住與簡照南等歸僑，得到他們的資助，建校「始得成功」。華僑簡照南兄弟捐款建教室樓一座，名簡公堂。黃奕住那時剛回國，捐資一萬餘銀元。雖然僅是區區一萬餘大洋，不及之後捐給廈門大學群賢樓的十分之一，然按當時物價指數，八百大洋可以買到北京的一套四合院。復旦人對華僑捐資辦學很感恩，將黃奕住捐助的這筆錢蓋了一棟大樓，取名「奕住堂」。1920年冬，復旦大學新校舍在江灣奠基動工，奠基石原物即現嵌於燕園假山石壁之中。二十世紀二十年代前後，復旦大學步入成熟，影響後世校園格局的建築群先後落成，其中就有當年頗有名氣的奕住堂。

奕住堂在設計方案中採用混凝土來模仿中國古典建築的木結構柱子，用鐵件製造中國式的花格窗，使這幢中西合璧式建築在外部造型上更加中國化。

別具一格的幾座宮殿式的建築立於校園中心，其中那幢別緻小

● 復旦大學奕住堂舊貌,檔案照片

● 翻新後的奕住堂,上海朱耀斌教授提供

樓就是黃奕住捐建的「奕住堂」(按:初建時誤為「奕柱堂」,但黃
奕住不以為忤)。起初,奕住堂是用作學校辦公大樓,據復旦大學
校史編寫組《復旦大學誌》第一卷記載:1922年春天,復旦大學新
校園建落成。當年,復旦大學遷入此新址辦公。八年後的1929年,學
校又為奕住堂增添兩翼,改名仙舟圖書館。在抗日戰爭中,奕住堂
的東側屋頂被日軍的炮彈掀去一角,戰後修復。奕住堂今為復旦大
學校史館,靜靜地記錄著百年老校的每一點一滴過往,展現著學校
百年發展的特殊歷史含義。

　　黃奕住與復旦大學的因緣,並沒有因為捐助過奕住堂而完結,
在他去世後的上世紀五十年代,他最疼愛的女兒黃萱成為廣州中山
大學教授陳寅恪的得意助手。陳寅恪是中國當代文化大師,他曾在
尚處晚清之復旦公學求學,成為復旦人的驕傲,他的傳承弟子是復
旦大學中文系教授蔣天樞先生,蔣天樞最為人稱道的是,在晚年放
棄自己的研究,轉而全力收集整理和編輯恩師陳寅恪的著作,嘉惠
學界,為世之學人所敬重。黃萱與蔣天樞有過不少交流,上世紀八十
年代,上海古籍出版社要出版蔣先生整理的陳寅恪先生文集,黃萱
不辭勞疾,由侄孫黃騫陪同,兩次抱病到上海,為蔣先生編輯出版
的文集補充材料。據黃騫回憶,蔣天樞先生是很老派文人,在補充
材料每每說到恩師陳寅恪時,都要欠身示敬。交談中,黃萱言錄:
「待陳做工,始於《元白詩箋證稿》,結完《柳如是別傳》,助教事
了,退休回鼓,重做女兒,番再臨滬,陳書付梓,善哉如是。」黃萱與

復旦學人，共同守護中國舊式文人的承諾與尊嚴，令文集得以出版，成為復旦人重要的精神文化財富之一。

⑤ ｜ 捐助嶺大、南開與北大

黃奕住在國內其他大學也捐了許多資金，蘇大山在《南安奕住黃先生墓誌銘》中寫道，黃奕住給「北京大學、廣東嶺南大學、上海復旦大學均倡捐巨資不吝」。 暨南大學出版社出版、張興漢等編寫的《華僑華人大觀》一書中，也有介紹黃奕住在震旦大學、南開大學、上海商科大學、暨南大學捐錢，支持興教辦學的義舉。

廣東嶺南大學，原為美國教會辦的基督教書院，1903年定名嶺南學堂，1912年辛亥革命後改為嶺南學院。校長鍾榮光於民國初年即奔走南洋，呼籲華僑捐資興建校舍，並附設華僑學校，「專為利便華僑學生歸國求學，及促進華僑教育」。該校培育了大批傑出的僑生，著名的音樂家冼星海就是從新加坡歸國而就讀嶺大華僑學校。華僑教育成為嶺南大學的辦學特色，華僑也先後向嶺大捐款達120多萬元，黃奕住亦是其中一人。陸鍵東在寫作《陳寅恪的最後二十年》時，根據嶺南大學檔案，在書中寫道：「黃奕住曾在二十年代先後為嶺南大學捐過巨款。」「巨款」是多少？黃奕住的女兒黃萱說是十萬元，1951年，周壽愷應聘為嶺南大學醫學院院長，舉家遷到廣州，住學校宿舍，黃萱對黃奕住捐款事才有所了解。至於又有說黃奕住捐助北京大學、南開大學，資料顯示，南開大學成立於1919年，學校的開辦經費主要靠個人及非政府組織捐贈，捐款者有南洋兄弟煙草公司排列在前，南洋兄弟煙草股份有限公司是中國近代由華僑創辦經營的最大捲煙企業，初期因資金不足，於1919年8月向社會招股，黃奕住出錢入股，成為該企業的股東之一，1921年黃奕住創辦中南銀行，為扶持民族工業，又投資及貸給款南洋兄弟煙草公司，1931年股東會上，黃奕住當選為該公司的候補董事，捐助的事，南開大學應該也會有記載。黃奕住創辦的中南銀行還在天津投資了中國最早的化工企業「永利化學工業公司」、開灤礦務公司

及天津新洋灰公司，恆源、裕元、北洋等紗廠。2010年，天津人民出版社出版的黑廣菊、劉茜主編《大陸銀行史料選編》中寫道，黃奕住「自1930年起曾捐助南開大學特種獎學金」。至於墓誌銘寫黃奕住給北京大學捐巨資不吝，大學也應有《日誌》記載，只是尚未去查核。

● 北京大學舊校址紅樓，北京王顯中攝

第十四章

沿襲多種習俗的
黃氏家族結構

14

黃奕住的家庭結構是在華僑「兩頭家」習俗的基礎上，融入了多妻和婢女收房的傳統。一夫多妻制下，妻妾因年齡不一樣，可以延長生育年限，帶來更多的子女，加上福建華僑流行養子傳統，黃奕住一生撫養了十二個兒子，八個女兒。

（一）｜ 閩南僑鄉特有的家庭模式

　　清末明初，在福建閩南僑鄉，許多華僑家庭，都存在一夫兩妻或多妻的習俗。黃奕住也不能免俗，他娶了兩位夫人，這與他早年的經歷有關，1885年，黃奕住下南洋避禍謀生，家裡已有一個童養媳叫王時，她幼兒之時，成為八歲黃奕住的童養媳，頗有一段戲劇性的經過。閩南農村向來重男輕女，黃奕住的弟弟出生後因家貧，無力養育就送給人家為子，後來又生了一個妹妹，也把長女送給西頭柯一戶農民家中做了童養媳，這種情況比比皆是。自王時十六歲（1891年）起，黃奕住父母屢次寫信催促他回來與王時圓房，使他的家庭後嗣有人。而黃奕住到了印尼，開頭幾年一貧如洗，後來在三寶壠街頭擺咖啡攤時認識相鄰開小店的蔡疆娘，並逐漸熟悉。兩人平時在生意上互相照應，互生愛慕走到一起。1890年，黃奕住在三寶壠與蔡疆娘成親，在僑居地成立家庭。蔡疆娘本是僑生姑娘，知道黃奕住在祖國家鄉有一位童養媳，也懂得華僑「兩頭家」的習俗，知道黃奕住是在家鄉難以謀生才出來的，必久居海外。

　　閩南一帶的華僑，家庭結構有一個很大的特色是「兩頭家」習俗，也就是華僑在故鄉和僑居地各娶一個妻子，分別組成家庭。髮妻（及妾）住於家鄉，妻作為家長處理一切家務，凡家庭經濟、兒女教誨、社交及家長所應負的責任，都託付與她。丈夫在僑居地娶當地的婦女，另外組織家庭，丈夫作為家長。「兩頭家」盛行於久居海外的華僑。久在僑居地的人，一是容易與家鄉疏遠，一是因經濟比較充裕，可以再娶，娶時以僑居地婦女最為便利。這種習俗也被當時廣東、福建的僑鄉社會所接受。黃奕住雖先與蔡疆娘在爪哇成親，但在華僑中的傳統觀點是，普通華僑雖在南洋娶有土人婦，但一般不以正式婚姻看待。

　　據黃聚德堂資料，1894年，黃奕住回到闊別十年的家鄉，與王時舉行結婚儀式。王時婚後成為原配、髮妻。這是黃奕住的第二段婚姻，但算排序，王時是大太太，蔡疆娘是二太太。黃奕住在海外期間，王時在家侍奉公婆，撫育子女，置產造房，操勞家務，支撐門

面，使黃奕住無後顧之憂，得以專心在海外經商，是黃奕住在「唐山」的賢內助。基於此，王時在家中最受黃奕住及子女的尊重，地位上為妻妾之首，黃奕住在家

● 1922年黃奕住與兩位夫人在黃家花園留影，廈門紫日提供

庭生活中也是這樣對待她的。

　　據廈門大學出版社2019年6月出版的趙德馨、馬長偉《黃奕住傳》一書中描述，蔡疆娘陪黃奕住經歷了由貧窮到富裕的過程，在黃奕住海外拚搏中出力最多，貢獻很大，故在家庭中的地位也甚高。1890年，黃奕住在南洋與蔡疆娘成婚，按照中國的傳統習俗以及華僑兩頭家的習俗，蔡疆娘也屬於黃奕住的妻子。

　　在日後的生活中，無論是黃奕住還是其子女都對王時、蔡疆娘尊敬有加。恪守「兩頭家」、兩個妻子的習俗。正房擁有的文化特權就是，她或她倆是所有孩子文化意義上的母親，包括丈夫與妾生的孩子。黃奕住的子女稱王時為「大媽」，稱蔡疆娘為「番嬤」，而其他的妾室無此尊稱。其他妾室的地位甚至不如其子女，如家庭用餐時，妻子、子女可以入座，而妾不能入席。

　　華僑不能攜國內的家眷同往僑居地，又不能時常返回故鄉。男子長期遠居異域，沒有妻子照顧，不諳語言與習慣，娶當地女子為婦，可以得到一個有力的商業助手。「兩頭家」是商品經濟發展而催生出來的風俗，是華僑生存環境的產物。「兩頭家」習俗還有一個特點，就是僑居地之妻與故鄉之妻，分居兩地，互不見面，二者之間並無直接衝突。但黃奕住卻與眾不同，1894年，他在中國南安老家與王時結婚，「兩頭家」建立。大多數男子如果有「兩頭家」的，都維持兩個家庭，兩種生活方式和習俗。黃奕住卻嘗試將兩個家庭融合在一處，圖一家之團聚。黃奕住有過兩次嘗試，第一次是1915年，黃奕住回國把王時及兒女接到三寶壠去同住。王時也很想與丈夫長

期在一起，但因過不慣印尼的生活，也因黃奕住在三寶壠還有個妻子蔡疆娘，更因為南安老家有個六十多歲的婆婆需要她侍候，在三寶壠住了一陣後，「身在番邦心在漢」，又回到南安。

第二次嘗試是黃奕住回國定居後。據黃聚德堂資料，黃奕住在廈門鼓浪嶼興建黃家花園，1922年南樓、北樓落成後，他想把蔡疆娘接回中國，將「兩頭家」合併為中國傳統的一個家。6月2日，黃奕住從廈門動身搭慶元號輪船赴新加坡，專程去接蔡疆娘和三女兒黃杏。黃奕住在《自訂回國大事記》中曾記錄此次經過：「7月16日，余偕同蔡氏搭依加剌（號）輪到廈。杏女亦偕來。居於北樓。余意此次蔡氏回國，正圖團聚一堂，共享家庭幸福，不料居甫10日，即欲返壠。余強留不得，爰於27日致電長女婿許春隆云：杏母強逼（禮）拜一起程，刻不容緩。我等勸她遲至8月14日以後，與余起程，她亦不肯。因廈門中南銀行8月7日開幕，14日先母大祥，余進退實在為難。最好春隆電蔡氏云：『請遲至8月14日以後與吾父一齊起程。』越日，春隆果即來電。而蔡氏終不肯。斯時余無限痛苦，因欲圖一家之團聚而不可得也。8月9日，蔡氏偕杏女搭天草（號）丸赴香。8月16日，余搭綏陽（號）輪赴香，以送蔡氏及杏女返壠。8月19日，蔡氏及杏女由香港搭賀茂（號）丸赴新加坡。8月20日，余搭開城（號）丸回廈。8月25日，蔡氏及杏女回到新加坡。9月1日，蔡氏及杏女由新加坡起程。5日抵三寶壠。」

蔡疆娘自小生活在南洋，習慣自由自在。黃奕住離開三寶壠後，她是一家之主。然而，到了廈門後，她對中國式家庭的傳統禮儀及人際關係難以適應，感到處處受到約束。加上語言不通，天氣較冷，食物及生活習慣上的差異，使她難以適應廈門的生活。十天後，蔡疆娘提出要回爪哇。黃奕住想盡辦法挽留，但終未能成功。

黃奕住兩次嘗試著把兩頭家併為一家，「欲圖一家之團聚」，「共享家庭幸福」。其結果均以失敗而告終，兩位夫人都因語言不通，水土不服，生活上極為不便，所以都是短暫停留之後，各自返回自己的家鄉，黃奕住感到「無限痛苦」。兩次嘗試失敗，致使黃奕住的家庭成員分佈在中國與印尼，開枝散葉，構成一個國際化家庭。

黃奕住的家庭具備「兩頭家」的特色，是一個跨國大家庭。目前，黃奕住家族的成員已有五百餘人，分佈在世界各地。

隨著黃奕住事業的發展，家大業大之後，他又分別納了兩位姨太太，一位叫楊景娘，一位叫蘇亞四，兩位收房小妾。再後來，大太太王時把她的通房丫環吳新會、姨太太楊景娘的通房丫環朱薔薇分別給黃奕住當收房小妾。當時的社會形態下，妻子的丫鬟為妻子所有，妻妾可以將其送給自己的男人為妾。

黃奕住一生娶了六位女人，分別是王時、蔡疆娘、楊景娘、蘇亞四、朱薔薇、吳新會。但是，這六個女人在黃家的地位並不相同。處於第一位的是黃奕住的妻子或夫人。黃奕住有兩個家、兩位夫人，即作為正式夫人的王時與蔡疆娘。處於第二位的是黃奕住的妾：楊景娘、蘇亞四。處於第三位的是黃奕住的收房婢女：朱薔薇、吳新會。

閩台一帶的習俗認為，「兩頭家」傳統下的兩位正式夫人可以入譜，在名份和繼承權上，兩位正式夫人待遇與地位一樣。如黃奕住的兒女在名分上均尊王夫人、蔡夫人為母。黃欽書等著《先府君行實》中寫道：「（黃奕住）享年七十有八。配王夫人、蔡夫人，生欽書兄弟姊妹二十人。」黃奕住在遺囑中將王時、蔡疆娘以妻子的身份列為遺產繼承人，而其餘四位妾室只得到遺贈（除去已經指定用途的財產之外，提取一部分財產作為饋贈）。

可以看到，黃奕住的家庭結構是在華僑「兩頭家」習俗的基礎上，融了舊中國社會一夫多妻和婢女收房的傳統。他在中國有一個中國籍妻子王時，在南洋還有一個荷屬印尼籍妻子蔡疆娘。此外，黃奕住還有四個妾室，其中兩個是娶入黃家，兩個是將丫頭收房為妾。黃奕住的六個妻妾，在家中的地位，因社會習俗與本人出身，有如上述的等級區分。這種區分，並不等同於黃奕住感情生活中的地位。一夫多妻制下，妻妾因年齡不一樣，可以延長生育年限，帶來更多的子女，加上福建華僑流行養子傳統，最終黃奕住一生撫養了十二個兒子，八個女兒。

沿襲多種習俗的黃氏家族結構

（二）│ 瓞瓞綿綿，子孫滿堂

中國文化崇尚「天壽延祚」，宗族生命的延續是第一位的。在宗法制度下，無子者收養子以傳宗接代，繼承香火。華僑家庭的組建，除了為滿足生活需求、便利貿易之外，還有一個最為重要的目的——傳宗接代，所謂「不孝有三，無後為大」。但是，華僑的家庭中，傳宗接代、延續香火的不一定全部是親生兒女，養子同樣承擔很大責任。華僑多的閩南地區，養子之風盛行，他們收養義子的目的，已經不是解決宗法傳統下的香火傳承問題，而是經濟事業的需要。換言之，在宗法制的形式中，增加了新的經濟因素。黃奕住一生有十二個兒子，八個女兒，其中長子、次子、三子、七子、八子、九子都是買來的。黃奕住一生抱養了六個兒子，這與當時閩粵地區流行的養子制度相關。黃奕住創辦的大部分企業，都是實行家族管理，需要兒子多，故多娶妻妾，多生兒子；生得不夠，便收他人之子為養子。

黃奕住出生在傳統的農民家庭，他孝順父母，也崇尚多子多福的傳統思想；現實生活中，他的生意，事業做大了，也需要盡快培養出自己可以倚重的人當幫手，用領養的方式無疑是條捷徑。他的六個養子是分兩次領養的，第一次領養的是黃欽書、黃鵬飛、黃浴沂，收於原配王時房下，其中黃鵬飛早逝，黃欽書和黃浴沂則成為黃奕住眾多子女中最得力的幫手。黃奕住第一次領養義子時，黃欽書已經十歲，這是因為黃奕住之前在印尼已先娶了蔡疆娘並生了女兒，後回國與原配王時結婚，原配為大，子女的歲數也要比蔡疆娘的女兒大才合規矩。黃奕住第二次領養的義子是黃德隆、黃德心、黃德坤，收於小妾蘇亞四的房下，不分彼此。

據黃騫提供的資料，黃奕住在去世之前已經給成年的兒子進行了事業上的分工：長子黃欽書接任掌門人，出任黃聚德堂董事長，掌管黃家產業及管理太平保險公司業務；次子黃鵬飛管理黃奕住在新加坡投資的企業，去世後由六子黃天恩接任其職；三子黃浴沂主要負責中南銀行事宜；四子黃友情負責管理黃家在香港的事業；五

子黃鼎銘去美國留學，學成回國本準備接任香港中南銀行經理，然任職前在香港車禍去世；七子黃德隆負責黃家在廈門的電話公司；八子黃德心擔任中南銀行董事。九子黃德坤、十子黃世哲、十一子黃世禧、十二子黃世華還在讀書階段。

他對養子及親生的兒子一視同仁，養子在家庭中的作用與地位也比較突出。黃奕住眾多兒子中，並不是所有子女都能夠出色地繼承乃父事業，往往是義子對家族的事

● 1940 年，黃奕住與第十、十一、十二兒子留影，黃世華夫人提供

業貢獻大。在黃奕住的事業中，真正能夠算得上是其得力助手的是長子黃欽書、三子黃浴沂，而這兩位都是養子。黃奕住去世後，管理他留下的族產和代表黃家在社會活動，並將黃奕住的精神很好的傳承、發揚的也是養子黃欽書。黃欽書作為黃奕住的長子，擔任黃聚德堂的主席，負責管理黃家事務。

黃奕住的家庭是集華僑社會「兩頭家」習俗，沿襲舊中國傳統「一夫多妻」、「婢女收房」、「養子傳宗」等多元化習俗於一體的產物。這種家庭組織形式在近代華僑社會普遍存在，是依照「家世利益」為紐帶的宗法等級原則、遵循鄉間民俗或制度組建起來的。

中國傳統儒家文化的家庭概念與華僑的社會背景相結合，孕育了閩南華僑的習俗家庭。這類家庭是中外融合的產物，在華僑（特別是富僑）中具有典型性。

● 1943 年，黃奕住七十六歲生日時全家在上海合影留念，黃世華夫人提供

沿襲多種習俗的黃氏家族結構

　　1943年始，黃奕住感到身體狀況每況愈下，便著手安排身後事。黃奕住晚年肯定很鬱悶，日軍侵佔上海與廈門，神州半壁江山淪陷；國事蜩螗，事業陷於困頓，未來不可預知。他最終還

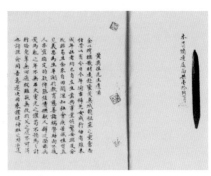

●《黃奕住遺囑》，黃聚德堂檔案資料

是選擇了鼓浪嶼作為他終焉之地，葉落歸根。他於4月25日預立遺囑，在遺囑開篇解釋道：「乘體健神旺之時，邀集見證人杜君保祺，鄂君森，洪君山仰。由余諮詢各見證人以法律上、習慣上意見，當即由余口述遺囑意旨，請洪山仰君筆記，並將筆記文字反覆宣讀講解，經余認可後依法製成。」遺囑中寫道：「余來自田間，深知社會疾苦，賦性質直，見義思為，生平關於教育、慈善諸端，贊助向不後人……所望各兒女善守吾產，尤望各兒女同心協力，善師吾行……則吾生雖有涯，而吾之精神可以不朽矣。勉之，勉之！」他將遺產的十分之一作為教育基金和醫療基金，以永久支持教育衛生事業。他說：「吾幼時失學，為大恨事。今於吾父吾母丘墓之鄉，吾身數十年經營衣食之地，晚歲遊歷之區，為青年學子略盡吾情，彌吾闕憾焉。」遺囑結尾署有遺囑人黃奕住；見證人杜保祺、鄂森；見證人兼代筆人洪山仰私人的簽字、印章。黃奕住決定以公證的方式確保遺囑有法律效力。1947年7月23日，黃奕住妻子及其子女將黃奕住遺囑送到福建省廈門市地方法院公證處備案（登簿號數：第2冊第198號）。遺囑涉及黃奕住財產的分割及繼承問題。黃奕住生前的遺囑屬於「公證遺囑」。黃奕住在遺囑列明了財產用途及受益人。

　　黃奕住立下的這份遺囑，有人稱之為「中國第一遺囑」。因為放眼同時代的富人，並沒有哪一個有像對他這樣周全的後事安排。他首先確立了三條遺產分配原則：

1. 黃奕住的六個配偶中，分為妻子（兩人）和妾（四人）兩個等級。兩個妻子成為遺產繼承人，兩個正式迎娶的妾和兩個收房的妾則沒有資格，會以遺贈的方式給她們一份遺產。黃奕住的妻子具有財產繼承權，妾只是獲得遺贈。在中國的傳統中，若丈夫去世時，妻子仍在世，一般是遺產分給兒子，妻子由兒子奉養。或者給妻子留下養老費用，妻子往往不列入繼承人。黃奕住不僅將妻子列入，而且排在前列，還寫明是兩個妻子，國內的一個與國外的一個地位相同。

2. 二十個子女中，不管是妻生、領養，還是妾生所生，不分男女均參與遺產平分。黃奕住的十二個兒子與八個女兒，人均一份，沒有男女性別的區別。黃奕住遺產繼承上對子、女一視同仁。而且在財產繼承上親生子與養子是一致，黃奕住的十二個兒子中，有六個是親生子，六個是養子。無論他們與黃奕住有無血緣關係，在享受遺產方面並無差別，平等對待。

3. 留出一部分資產用於修建祠堂、家族祭祀和教育及慈善活動。黃奕住在遺囑中明確寫出財產除遺贈、後人繼承之外，專門「抽出款項，永遠不得分割或為其他任何處分」。抽出款項的專門用途為：留為祠堂之用；留為辦理學校之用；留為墳墓之用；充為奕公之後歷代祭祀經費。中國人是世界上最有祖先崇拜傳統的一個民族。閩南人尤其講究這一條，這其實是儒家文化中以家庭為社會結構中核之傳統。黃奕住效法先人，通過遺囑訂立規矩，指定專項資金用於家族祭祀及教育事項，保證家族的長期穩定和發展。

以這三條原則為基礎，在留出房產、遺贈、祭祀等指定用途的財產之外，黃奕住把所餘遺產均分二十二份，二十二位繼承人每人一份。黃奕住所列遺產繼承人有：妻二人：王時、蔡疆娘；十二個兒子（次子黃鵬飛、五子黃鼎銘已過世，由其妻子及其子女共同繼承財產）；八個女兒，共二十二人。

明確了遺產分配，並在見證人簽字畫押形成正式文件之後，黃奕住參考西方國家的信託制度，以早就成立的黃聚德堂股份有限公司管理他名下所有資產的運營。二十二個繼承人每年按所繼承遺產

份額分紅，若繼承人過世，則由其子女接著承繼。也就是說，遺產是分配了，但不分割，還是保持整體正常運營。黃奕住在遺囑中這樣寫道：「在本遺囑財產未分割前，所有產業均委託黃聚德堂股份有限公司管理。」

黃聚德堂股份有限公司成為黃奕住家族遺產的信託機構。

第十五章 黃聚德堂的獨特性

15

黃奕住在遺囑中明確寫明：在遺囑財產未分割前，所有產業均委託黃聚德堂股份有限公司管理，由「黃氏直系子孫世世按照順序輪流管理」，任何人無權分割財產。如黃奕住的子孫後人可以永久居住在黃聚德堂名下的房子，但不具擁有房產的所有權，任何後人均無權變賣黃奕住的財產。黃聚德堂股份有限公司就是黃奕住的委託機構。黃聚德堂只管黃奕住本人及其家庭內部的事務，不涉及黃奕住企業的業務與行政。

黃奕住在遺囑中明確寫明：在遺囑財產未分割前，所有產業均委託黃聚德堂股份有限公司管理，由「黃氏直系子孫世世按照順序輪流管理」，任何人無權分割財產。如黃奕住的子孫後人可以永久居住在黃聚德堂名下的房子，但不具擁有房產的所有權，任何後人均無權變賣黃奕住的財產。黃聚德堂股份有限公司就是黃奕住的委託機構。黃聚德堂只管黃奕住本人及其家庭內部的事務，不涉及黃奕住企業的業務與行政。堂號是家族門戶的代稱，是家族文化重要的組成部分。一千多年前，黃奕住的始祖、唐朝人黃守恭在泉州就有黃氏派系以「紫雲」為堂號。黃奕住在印尼時期，將管理家庭財產、事務的賬房命名為「聚德堂」。

1919年，黃奕住回國發展，將「聚德堂」的人員及組織結構搬回中國。但是，隨著黃奕住在國內投資的增加、涉及領域的擴大，「聚德堂」的名稱、職能經歷了幾個發展階段。

1919年，黃奕住在國內外的眾多產業需要管理。他的家庭成員日益增加，開支繁瑣。大家庭人口眾多，關係複雜，不像小家庭、數口之家那樣好控制。這就需要制定家規以維持秩序，立規式為久遠之法。 他繼續用「黃聚德堂」作為自己的總賬房，管理他的全部收入，並處理家族內部的事務，如住房修繕，婚喪應酬，家庭日常生活（包括吃穿、教育、醫藥、日用等）費用。它的經費來源是：黃奕住存入中南銀行一筆基金的利息、廈門自來水公司二十萬股金的股息、廈門（含鼓浪嶼）出租房屋的租金。黃聚德堂不干預黃奕住及其子孫投資的各企業的任何業務活動。

1930年，黃奕住獨資組建「黃聚德堂房地產股份有限公司」，投資金額245萬元。該公司管理黃奕住在廈門包括鼓浪嶼的營業性房地產投資與收入。1930年到1940年。隨著黃奕住在廈門投資的增加，他在廈門的房產越來越多。據2016年廈門大學出版社出版的蘇文菁著《閩商發展史·廈門卷》資料顯示，黃奕住經營的黃聚德堂僅在鼓浪嶼投資房地產開發的金額達超200萬銀元，擁有大小樓宇逾160幢，島

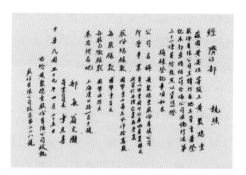

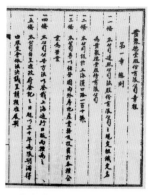

● 黃聚德堂股份有限公司執照，檔案資料，黃奕住孫女黃彩霞提供

● 黃聚德堂股份有限公司章程，黃奕住孫女黃彩霞提供

上人稱「黃仔厝」（閩南話發音「住」與「厝」諧音，厝即家屋）。

　　黃聚德堂房地產股份有限公司由黃奕住獨資開辦，其收入歸黃奕住家族財務機構黃聚德堂支配。管理黃聚德堂與黃聚德堂房地產股份有限公司的是同一批人員。兩者的區分，主要在於前者管理家族內部財務，後者管理對外的房地產經濟活動，並且是註冊的、合法的經濟法人。

㈡ ｜ 變更為家族股份有限公司

　　1940年，經國民政府批准，黃奕住以家族成員註冊成立黃聚德堂股份有限公司，並制定了《黃聚德堂股份有限公司章程》。

　　章程分六章三十條，據章程記載，公司負責經營黃奕住名下的「國內外房地產事業，及投資的各種企業」。當時的發起人有黃奕住、王時、蔡疆娘、黃奕守、黃欽書、黃浴沂、黃友情、黃天恩、黃德隆、黃德心、黃長春等。董事會是由黃奕住的後人組成，其十二個兒子各為一房、每房選出代表擔任董事。董事長為黃欽書，股份總額一千萬元，分為十萬股，每股一百元。公司所在地為上海市漢口路110號。從黃奕住的遺囑可知：黃奕住持有黃聚德堂股份有限公司股票2,500股，共計國幣25萬元。黃聚德堂所有資產分十五份，其十二個兒子每人一份，還有祭祀、教育、慈善各一份。祭祀是用於祭

祖時用的，教育就是家族成員中孩子們的教育費，慈善是用於公益事業。這三份股權掌握在董事長手中，也就是說，黃欽書手中掌有四份，重大決策開會表決時，他一個人擁有四票表決權。

從公司章程的公司發起人名單可以看出，此次成立的黃聚德堂股份有限公司，是黃氏家族共同出資設立的負責管理黃奕住所有財產（包括其海外財產）的機構。黃奕住的一句話成為黃氏家訓：「買賣錢，萬萬代。」意思是說，做官有權，只是一旦官位沒了，這個權也就沒有了。買賣就不一樣，只要有買就有賣，只要有流通，它就會一直存在，不會因為人不在而消失了，買賣錢也會一代傳一代。黃奕住想通過這個黃聚德堂股份有限公司，用黃奕住的錢和利益圈住黃家的人，讓他們萬萬代不分裂。新的「黃聚德堂」是一個鬆散但又強大的家族、社會團體，上了利益加親情的雙保險。家族的產業，並沒有逐一分配給後人，而是由「黃聚德堂」進行管理。產業是不可以賣的，叫作「永不分割」。

從歷史進程來看，黃聚德堂創建伊始，黃奕住是仿照中國富貴之家的傳統，建立以堂號為名的財務管理機構。回國後，由於經營領域的擴大，黃奕住逐漸擴大其職權範圍。最後，他結合歐洲一些大家族和財團「家族辦公室」的做法，將黃聚德堂打造為一個管理家族財產的專屬機構。

可以說，保全家族企業，保證子孫後代的基本財富收益，是家族信託設立的基本功能之一。通過基金收益的持續分配機制，可以保障子孫後代的持續收益，令其衣食無憂。黃奕住在繼承中國析產時諸子均分和設立祠堂財產傳統的同時，又吸取西方國家妻子有繼承權、子女平等的理念，採用遺囑信託方式以保護基業的做法。他在遺囑中規定「財產未分割前所有產業均委託黃聚德堂股份有限公司管理」，由「黃氏直系子孫世世按照順序輪流管理」，但任何人無權分割財產。二者的良好結合，是要實現黃奕住身後家業不衰。保住財富，守住成功，這是「物質傳承」的成功；而在其上還有企業家精神、價值觀、公益慈善事業的傳承。

　　1949年，國民黨在大陸垮台，退往台灣，中國進入了一個全新時代，影響到黃聚德堂對黃奕住遺囑的執行，黃奕住設計的黃聚德堂藍圖也就停止了繪製。

　　1950年，中華人民共和國中央人民政府頒佈新的《土地法》，規定沒收祠堂公家財產。黃奕住遺囑中關於修建祠堂設立公產的部分已經不可能實現；1952年至1956年，除房地產之外，黃聚德堂投資的所有企業先後變為公私合營企業，隨後又變為國營企業，最後收歸國有，等於上繳國家；1956年，在對資本主義進行改造中，黃聚德堂名下的房地產，按照相關政策，將出租房和生活用的房地產分別處理，黃奕住投資的鼓浪嶼日興街上的所有商業房產等被改造，其他出租用的房產，也是先公私合營後收歸國有。餘下生活用的房地產的所有權（包括黃家花園、觀海別墅等著名建築物）仍歸黃聚德堂所有，乃永久產權。這些生活用的房產，一部分由黃家人居住，使黃奕住的後裔有安定的居所，又有一部分被政府借用或佔用。當黃聚德堂名下的企業和出租房變為公私合營時，企業的利潤和出租房的租金變為定息，收入開始減少。1956年第四季度開始，國家實行公私合營企業的贖買政策，贖買資產的定息，至1966年第三季度結束。10月1日開始，這種收入也沒有了。

　　黃聚德堂股份有限公司名下管理的資產，只剩下黃家人自住的生活用房產，以及在香港、台灣、新加坡、菲律賓、印尼的產業。因公司名下持有國外銀行股票，在國內公私合營運動中，經國家財政部特別備案，成為全國僅有的一間不對外營業的私人家族公司。有人稱黃奕住的遺囑為「中國第一遺囑」，那黃聚德堂股份有限公司，也可稱為「中國第一股份有限公司」，因為它與黃奕住一樣有著傳奇的故事，它是一家私人股份有限公司，沒有營業執照，也沒有對外營業，卻在國家財政部特別備案，這是獨一無二的。黃聚德堂股份有限公司擁有海外企業及銀行投資，其資本是華僑黃奕住努力的累積，通常國際投資，必先有一項「資本支出」而後始有「企業利潤收入」

可言。國家也沒給錢投資，它卻給國家帶來外匯。黃奕住去世多年後的1983年，這家特別備案的股份公司，卻為國家帶來一筆有史以來的最大僑匯。這在改革開放初期國家缺少外匯的年代，簡直就是雪中送炭，僑匯對國家來說是無本生意，外匯額度全部給了國家，那時僑匯對國家的作用，實在比國家獎勵出口創匯的意義還要大。

1966年11月，黃欽書去世後，黃聚德堂沒了董事長，一切活動都停止了，但黃聚德堂股份有限公司還繼續存在，雖然公司沒有商業登記，也沒有工商營業執照，作為一個社會團體，在中國國家財政部有備案。這家公司繼續存在，長期在運作，成為事實。黃欽書逝世前指定第五子黃長溪做黃聚德堂代理人，第七子黃長裕做黃聚德堂辦事人，分別於廈門、上海處理公司事務。因「文化大革命」期間斷絕一切海外關係，公司十六年無法召開董事會。1981年國家正式對外開放，黃奕住海外的後代陸續回國，在上海開了一個家族會，重選黃聚德堂常務董事。時任廈門市副市長的黃長溪，以黃欽書房的代表身份被董事會選任常務董事兼國內代表，時任香港華商銀行公會副主席的黃德坤（黃奕住第九子），被選任常務董事兼海外代表，常務董事還有黃浴沂。這次家族會議是公開的，有會議記錄和公證。從廈門公證處（81）廈證字第760號公證書予以體現：茲證明設在中國廈門市鼓浪嶼晃岩路29號的黃聚德堂股份有限公司，係印尼歸僑黃奕住所有。該公司現仍行使和管理在廈門市的一切產業，財產的職權，主要是管理私人財產，沒有對外營業，其在廈門的代理人為黃奕住的孫子黃長溪。

㈣ ｜ 精神物質得以繼續傳承

黃奕住逝世後，黃聚德堂的財產，因時代變遷，該分割的已分割完畢。到「文化大革命」開始時，剩下只有存在海外的、作為教育基金和慈善基金的銀行股票。「文化大革命」之後，黃奕住的後裔中，有不少人生活困難，有些子弟無錢上學。在這種情況下，黃聚德堂董事會決定，將黃奕住指定的教育基金和慈善基金股票賣掉以濟困。

黃聚德堂持有部分的海外銀行及公司股票（證券），其中1918年黃奕住回中國定居之前，在新加坡以黃聚德堂名譽，認購四十萬叻幣的華僑銀行股份，後來將持有的華僑銀行股

● 黃奕住入股、由黃聚德堂持有的新加坡華僑銀行股票，黃聚德堂檔案資料

票分為十五張，十二個兒子各一張，另三張是教育、慈善、祭祠各一張。1945年6月黃奕住去世時，十、十一、十二兒子尚未成年，所擁有的股票據遺囑由黃聚德堂名譽持有並代保管。在新加坡華僑銀行檔案顯示，雙方有協定，這六張股票變更（或出售）要有黃聚德堂股份有限公司會議通過的決議，且有三人中的兩人聯名簽署才有效，這三人是長子黃欽書、三子黃浴沂、四子黃友情。1950年初，黃欽書到香港，在黃浴沂家中，連同黃友情一起開黃聚德堂公司會議，討論處理持有海外股票的議題。1961年，黃欽書徵得黃聚德堂全體股東同意，正式委託中國銀行上海分行辦理登記出售海外股票，中國銀行有檔案記錄。此後在1965年在上海的黃家家庭會議上又議過此事，後遇「文革」而作罷。到了上世紀八十年代初，公司股東舊事重提，1981年，黃聚德堂董事會決定將遺囑中規定的教育、慈善銀行股票出售，錢全部分掉。當時黃欽書、黃友情已去世，有效簽字僅黃浴沂一人。

1982年7月4日，黃聚德堂股份有限公司在上海茂名南路59號錦江飯店召開臨時股東會議，出席會議的股東有黃德坤、黃世禧、黃世華及業已過世股東的代表黃長溪（代表黃欽書）、劉琴（代表黃鵬飛）、黃仲淮（代表黃友情）、張士蓓（代表黃鼎銘）、黃文婉（代表黃德隆）、凌靜秋（代表黃德心）等九人，黃長裕以黃聚德堂辦事人身份列席。另有股東黃浴沂、黃世哲兩人因事不能出席，授權黃德坤及黃世華代表參加。股東會議特邀請香港交通銀行，中國銀行

總行，中國銀行新加坡、廈門、上海分行代表、廈門公證處公證員參加。股東會上，黃奕住第九子黃德坤報告：有關黃聚德堂股份有限公司擁有的新加坡華僑銀行股票，據中國法律規定，由已故董事長黃欽書徵得全體股東同意，在1961年正式委託中國銀行上海分行辦理登記出售。鑒於上項股票原留印鑑除本公司圖章外，尚須董事長黃欽書、常務董事黃浴沂、黃友情三人中兩人會簽有效。但有權簽字人中已有二人死亡，僅餘黃浴沂一人健在。為使本公司擁有的新加坡華僑銀行的股票能夠順利登記、出售，根據新加坡華僑銀行的意見，必須辦理合法手續，特召開股東會，補選新董事及更換有權簽字人。會議通過醞釀，提名補選黃長溪、黃德坤二人為常務董事，會議用舉手選舉法，選舉結果全體一致通過。會議一致同意並授權：（甲）國外董事：黃浴沂、黃德坤；（乙）國內董事：黃長溪。聯合全權辦理新加坡華僑銀行股票的登記、出售和由香港交通銀行根據黃聚德堂有權簽字人提供的分配名單在該行邀請的律師見證下進行分配。有關新加坡華僑銀行股票出售的外匯，會議一致同意遵守中國的外匯管理法令，在中國政府照顧下，50%留在國外，50%匯入中國。會議記錄事項及參加會議人員身份，經廈門公證處（82）廈證字第491號《證明書》給予公證。

● 黃聚德堂股份有限公司的委託書

會後，香港交通銀行全資附屬機構「交通銀行信託有限公司」根據黃聚德堂有權簽字人黃長溪、黃德坤簽具文件，辦完登記、出售手續，賣出六張新加坡華僑銀行股票，所得款項，於1983年11月前後，一半留在香港，一半匯回上海，按照簽字人黃長溪、黃德坤提供的分配名單，依照黃奕住的遺囑分成二十二份給各受益人。

黃奕住第十二子黃世華是美國俄亥俄州州立大學物理學教授，他持有由黃奕住遺囑分得的黃聚德堂在新加坡華僑銀行的股票，1982年在上海的黃聚

● 黃世華出售股票委託書

● 黃世華名下登記持有的中興銀行股票照片，黃世華夫人提供

德堂董事會議上，決定出售股票解決家族後代生活費用問題，黃世華為求股東一致，同意將自己持有的那份股票與公司其他名份股票一起委託中國銀行出售。

　　據可查資料，黃世華還是黃奕住當年倡設的菲律賓中興銀行原始股票的持有人，中興銀行創立時的原始股票至今已有百年歷史，他能保持真是奇跡。黃世華說：「這是父親給的，不必賣，生活要靠自己。」

● 中國銀行上海分行出據黃聚德堂賣國外股票收到外匯的證明，朱南提供

　　根據黃聚德堂檔案記載，賣出的六張新加坡華僑銀行股票，所得款項一半匯回國內中國銀行上海分行，金額是5,100多萬元，這是中國銀行成立以來結匯的最大一筆僑匯，也是海外華僑有史以來最大的單筆僑匯。1919年4月，黃奕住出國三十四年，攜資四千萬銀元從印尼回中國，辦實業興國，成為攜資回國最多的華僑，極為罕見；1983年11月，黃奕住去世三十八年，其遺產又從海外匯回5,100多萬元僑匯，對當年國家極需外匯的情況，有著不可磨滅的貢獻，這又是一個傳奇，彰顯黃奕住逝世近四十年，他留下的遺產還在國家現代化的過程中繼續做出貢獻。

● 黃聚德堂贈斗南小學房產的捐
贈書，黃聚德堂檔案資料

● 黃聚德堂贈斗南小學的原「黃住慈善醫院」房產，
黃聚德堂檔案資料

　　國家改革開放後，黃聚德堂股份有限公司開始恢復活動，黃
奕住的後裔並未忘記其遺囑中關於將錢用於教育事業的囑託。以
斗南小學為例，1980年代初，黃聚德堂名下的企業和出租房都成為
公私合營或被改造，黃聚德堂沒有其他收入的情況下，仍給南安斗
南小學捐款71,000元，存本取息，用於獎教助學。1984年4月，黃聚
德堂又派黃長庚、黃騫為代表到斗南小學，辦理將原「黃住慈善醫
院」土地及樓房無償捐獻給斗南小學為校產之捐贈手續，助力斗南
持續發展。黃長庚因1949年在上海參加人民解放軍南下服務團而
到福建，長期在福建永春縣供銷部門工作。

　　原中國銀行副董事長黃滌岩的父親黃世偉年輕時也曾在家鄉
斗南小學當過老師，深受鄉親敬仰，黃滌岩一家四兄弟捐資五十萬
港元以父親名義設立一個「黃世偉教育基金」以資紀念。據黃滌岩
回憶，他和摯友黃長溪商定，用黃世偉教育基金會這筆資金，在黃
聚德堂捐贈的那塊土地上建起「斗南小學黃世偉教育基金樓」，以
租金收入作為母校和家鄉其他學校獎教獎學資金的持續來源，支
持學校建設與獎教助學。

　　1983年，鼓浪嶼區有意建設少年宮，開展少年兒童校外音樂教
育等活動，黃聚德堂贊助三十萬元，供鼓浪嶼少年宮修建藝術樓及
添置鋼琴等設備，對廈門地區青少年教育事業的發展起到了積極的
作用。1992年，這所少年宮由於其出色的工作，被評為「全國少年兒

童校外教育先進單位」。

跨入新時期的黃聚德堂董事會，繼續遵照黃奕住的遺願，關心家族成員的生活，力所能及續辦公益事業，但最主要的職責還是維護家族的利益和權益。黃奕住留給黃聚德堂的資產無法估量，惜因時代變遷，已所剩有限。在鼓浪嶼，黃聚德堂原來擁有160多幢房產中，有135幢商業用途或出租，25幢自住或外借。鼓浪嶼日興街整條商業街道都屬黃聚德堂擁有，街道的路面用花崗岩條石鋪成，兩則建起一排排兩層樓房，它是鼓浪嶼島，也是整個廈門市街道現代化起步的標誌之一。1950年代後，一場公私合營及改造運動，這些商業及出租的房產均被公有化，黃聚德堂名下物業只剩下私人自用部分。而這些物業中又有被借用或佔用，如黃家花園及觀海別墅。

中華人民共和國成立後，二十世紀五十年代中，因福建省人民政府有接待需要，當時的省長葉飛到上海參加華東局會議期間，找黃欽書提出要借用黃家花園，闢為廈門市政府賓館。黃欽書二話

● 斗南小學黃世偉教育基金樓，2021 年春孫立川攝

● 鼓浪嶼少年宮牆上黃聚德堂捐款碑文

沒說，通知在廈門的兒子黃長溪，把黃家花園的鑰匙，連同房內的設施、家具、擺設全部無償地借給廈門市政府。

二十世紀九十年代中，有一次黃長溪到北京參加會議，邂逅全國人大原副委員長葉飛，葉飛想起了四十年前到上海開會時曾找過黃長溪父親黃欽書借用黃家花園的往事。覺得是時候應該把它歸還黃家。隨後他約見福建省、廈門市政府相關領導見面，向他們介紹當年找黃欽書借用黃家花園，給廈門市政府闢為賓館用作接待的因由與過程，明示地方政府應將黃家花園的使用權交還黃家後代。以表共產

黃聚德堂的獨特性

黨人信守落實華僑房權的諾言,此後的歷程艱辛曲折,不多敘述。1999年12月31日,廈門市政府將鼓浪嶼晃岩路29號「中德記」(黃家花園)房產及設施歸還予黃聚德堂,結束了這段黃家花園外借四十多年鮮為人知的故事,那年葉飛將軍去世。黃家花園收回後,由於一些房屋及設施年久失修,損壞嚴重。作為黃聚德堂的代理人黃長溪找廈門市政府有關部門多次商談交涉,又經歷了八年,2007年7月,終於在黃長溪患病逝前三天,廈門市政府同意支付1,100萬元人民幣,作為黃家花園年久失修的一次性賠款,如此大筆的款項賠償給私人財產,這在政府有史以來還是第一次。

1998年12月17日至20日,黃聚德堂董事會議在黃家花園召開。那時廈門市政府已召開過專題會議,同意將黃家花園歸還,但尚未辦理交接手續。黃家後代在黃奕住故居聚集開會,

● 葉飛與黃長溪等人合影,檔案資料

心情格外激動。黃長溪在會上報告「文革」後配合政府落實華僑房屋政策,收回黃聚德堂名下部分物業的經過。會議討論決議觀海別墅和黃家花園政府歸還的接收和管理問題。

經過多年努力,黃聚德堂名下擁有永久產權的私有房產在鼓浪嶼還有二十一幢,那就是:晃岩路29—33號五幢,田尾路17、19號兩幢,漳州路2、6、10、28號五幢,旗山路1、3號兩幢,復興路1號兩幢,鼓新路42號四幢,內厝澳路350號一幢。此外,晃岩路25號一幢610平方米樓房及三明路27、29號面積346平方米的私房被政府拆除,2006年政府按每平方米3,000元的標準,賠償黃聚德堂2,868,233.73元人民幣。除了鼓浪嶼,黃聚德堂名下在廈門島內思明區文興東一里、二里,私房被政府拆遷補償的五個單元住宅。除此之外,黃聚德堂名下記載還有一個無名也無實,1931年改組建立的「中國太平保

險公司」，此公司1951年公私合營，雖已易主，但名號尚存。

　　1998年底，廈門市政府將長期無償借用的觀海別墅歸還給黃聚德堂。黃世華退休後亦從美國回廈門常居，他個人出資將觀海別墅修復為住宅。觀海別墅是黃世華的「夢想屋」，他說，他三歲時看到他爸爸在那裡宴請外國人。他媽媽帶他站在橋上遠望，他那時就覺得那種場面一直定格在他的腦海中，他暗下決心，將來他一定要住在這個地方，來營造他的夢想屋。現在黃世華和家人已住進父親黃奕住留下的觀海別墅，亙古不變的海浪拍打著百年歷史建築，讓人不禁有時光錯亂之感，一切都好像穿越過歷史的時光隧道，鼓浪聽濤，別墅依舊，濤聲依舊，訴說著時代的變遷，還有那些說不盡的往事伴著海風徐徐而來。

　　2002年4月，觀海別墅被政府列為「重點歷史風貌建築」，要求外觀不得改變。黃世華裝修時，外牆形狀未動，僅內部結構有所改變。2017年中央電視台第四套節目《遠方的家》欄目組到鼓浪嶼觀海別墅，拍攝「走進黃奕住家族」的專題，專訪了在那常居的黃世華夫婦，訪談中他們再次追憶緬懷黃奕住對廈門城市現代化的付出與貢獻。

　　1999年12月17–19日、2000年12月17–20日、2002年12月12–17日，黃聚德堂在黃家花園又召開過三次董事會議，黃聚德堂辦事人

● 觀海別墅照片，黃奕住曾孫女婿陳世晞教授攝

黃聚德堂的獨特性

黃長裕做會議記錄，主要議題是家族的內部事務，會議紀要寫明「內部文件請勿外傳」。其中已對外公開的是1999年12月的年度董事會議，討論事項中第五項是有關黃聚德堂的代理人問題，因代理人黃長溪年事漸高，提議培養接班人代表本堂對外聯繫處理事務。會議決議：「黃聚德堂的代理人應為了解家族情況，能為黃家工作並能對外溝通聯繫者，大家推薦黃驥為新的代理人。並請世禧和長溪出面聘請。」此外，2000年度的董事會推舉組成黃聚德堂新一屆的董事會：黃德坤為董事長，黃世哲為副董事長，黃世禧、黃世華、黃長溪三人為常務董事，任期暫定三年。

2004年黃世禧逝世。2007年6月22日，黃長溪簽署不可撤銷公證聲明書，指定黃驥行使黃聚德堂代理人權利，並共同承擔連帶經濟和法律責任。

2007年7月，黃長溪病逝，黃聚德堂股份有限公司還有三位董事：黃德坤（第九子）、黃世哲（第十子）及黃世華（第十二子），黃世華為常務董事。黃世華重視對收回的黃家花園的維修，他在給黃聚德堂各董事的報告談到，黃家花園修復工程的費用約2,500萬到3,000萬元。黃聚德堂利用廈門市政府多年借用黃家花園失修的一次性賠償1,100萬元作為起動資金，將黃家花園逐漸修復，盡量保留原有的歷史風貌，把中樓闢為「黃奕住紀念館」。

近年黃世華回廈門常居，黃長溪去世後，他成為黃聚德堂在國內的唯一常務董事，也是黃家唯一有行動能力的第二代。2012年2月24–26日，黃世華在鼓浪嶼觀海別墅召集黃聚德堂股份有限公司董事會議，十二房中除一房無代表及十房缺席外，其餘全部出席。會議同意黃德坤辭任黃聚德堂董事長的要求，感謝他對黃家所做的一切工作；選舉十二房黃世華為新的董事會主席，任期兩年，推選五房代表黃麗紅、八房代表黃長樂為常務董事，任期十個月，黃長樂兼任董事會秘書；2012年12月7至9日，黃世華在鼓浪嶼觀海別墅召集年度第二次黃聚德堂董事會議，討論處理黃聚德堂內部事務。會議籌劃恢復設置黃聚德堂的管理機構，開展與家族財產相關的業務。

黃奕住的
子孫後代

16

黃奕住擁有眾多子孫，育有十二個兒子，八個女兒。
1945 年去世時，有家庭成員一百餘人，隨著歷史進
展，時代變遷，至今更有五百多位子孫後代。

黃奕住擁有眾多子孫，育有十二個兒子，八個女兒。1945年去世時，有家庭成員一百餘人，隨著歷史進展，時代變遷，至今更有五百多位子孫後代。其後裔分佈在中國、印尼、馬來西亞、新加坡、菲律賓、日本、美國、加拿大、古巴、荷蘭、瑞士、德國、法國、英國等十多個國家及香港、台灣等地區，成為一個國際化的大家庭。黃奕住的後代中許多人雖未能謀面，或者不清楚自己的家庭淵源，但人才輩出，不乏精英。作者將其中黃奕住第十二子黃世華的一篇自敘文章裡的章節摘錄，黃世華說：「你可能會對另一個事情感興趣，那就是我十幾歲時從香港到美國讀書搭貨輪的旅程。我的父親也在十幾歲的時候下南洋。我的旅程花了三十天時間在一艘貨輪上，當時並沒有其他選擇。我的哥哥們掌管著黃家的錢財，他們認為我沒有必要像其他去美國上大學的香港年輕人那樣乘坐更昂貴的客輪。在漫長的、有時非常危險的條件下，我經常想像我父親在木製運貨帆船上的旅程一定更糟糕。我父親和我都度過了艱難困苦的旅程，這段經歷一定為我們的人生塑造了某些性格。比如不得不乘坐貨輪而不是客輪，當時在美國，我不得不做三份低工資的兼職來維持生計，儘管我有全額學費獎學金，我當時甚至現在都不怨恨任何人，因為我知道我的未來完全掌握在我自己手中。」黃世華在上個世紀五十年代在香港高中畢業就坐船往美國勤工儉學上大學，修讀至博士學位後成為美國名牌大學物理教授。

在美國衛生界，有一位學者黃仲鶴，其父親是黃奕住第五子黃鼎銘。上世紀黃奕住送黃鼎銘到美國讀書，三十年代初學成回國，黃奕住安排他出任中南銀行董事兼香港分行信託部襄理，接任香港分行經理。1936年7月7日中午，胡筆江約他到香港太平山上餐廳午飯，飯後黃鼎銘開車下山經薄扶林道翻車身亡。據黃奕住孫女黃玉說，社會及家人對黃鼎銘的車禍有疑問，好多傳說猜測與胡筆江有關係。黃鼎銘去世後留下兩兒三女，二兒子黃仲鶴1954年在香港英皇佐治五世學校畢業後入讀香港大學，隨後美國一所基督教大學為他提供全額獎學金，他從港大退學，乘遊輪赴美國，在美國完成臨床病理學碩士課程，又獲得公共衛生助學金，繼續深造成為博

士，受聘於幾間大學。他的研究成果被用於改善社區醫療保健，他因而成為公共衛生行政專家，上世紀七十年代出任美國加州衛生委員會主席。其獨生女兒黃蒂芙妮為美國南加州大學學士、洛杉磯美國國際大學碩士及密西西比大學氣象學博士。

● 星島日報美國版刊登黃仲鶴加州任職消息，黃仲鶴提供

　　黃仲鶴的兄長黃仲麟曾在香港大學就讀土木工程系，畢業後也到美國發展，育有兩個女兒，大女兒黃衍琪在斯坦福大學畢業，擁有生物和臨床心理學博士學位，二女兒黃衍玫在加州大學獲取法學博士。

㊀ | 傳承五代的金融銀行世家

　　1919年，黃奕住回國實踐金融實業興國夢，創辦了中南銀行，使之成為華僑投資國內金融業最多的一家銀行。中南銀行獲得發鈔權後，黃奕住提出與金城、鹽業、大陸銀行聯合發行鈔票，這是中國銀行界仿效美聯儲的創舉，也是中國金融領域的制度創新，中南銀行成為近代中國的重要商業銀行。黃奕住成為由家族企業轉型金融業的第一代銀行家。他所經營的行業，也成功從貿易向金融轉型，並培養出黃欽書、黃浴沂、黃友情、黃鼎銘、黃德坤、黃世禧成為家族第二代資深銀行家。

　　1945年6月，黃奕住去世後，黃欽書接任管理父親創下的金融產業，擔任太平保險股份有限公司董事長；1948出任中南銀行董事長，黃浴沂任總經理。1949年，三弟黃浴沂出國後，黃欽書兼任中南銀行總經理，成為黃家第二代銀行家的領軍者。隨後，黃欽書的其他幾個弟弟相繼出國，九弟黃德坤讀書拿過獎學金，在香港銀行界工作多年，曾任香港華商銀行公會副主席，十一弟黃世禧當過美國獨立銀行副總裁；黃仲江、黃長贊等是第三代金融界人士；黃欽書的四弟黃友情曾在香港中南銀行當襄理，他的兒子黃仲江1966年

當上美國銀行副總裁，美國三藩市唐人街華人放鞭炮慶祝。黃仲江當時任美國銀行遠東地區的業務總管，與香港多家大集團有業務往來，從香港東方海外國際公司大老闆董浩雲1967年的日記可以看到有關他的記事：「飛到美三藩市拜會美國銀行黃仲江（舊上海大銀行家黃奕住孫子）商談生意事。」此後的日記中還寫道黃仲江幫他解決了企業貸款事。這裡特別要提的是第四代金融精英——黃浴沂的孫兒黃文銓（Van M Huang），家裡雖然有錢，但他自食其力，自我修煉成材。1967年在香港高中畢業，就職德華銀行當實習生，被分配到匯款和外匯部工作，1971年轉職美國銀行，在匯款和內部審計部工作，後再轉大通銀行，最後依靠自己六年銀行工作儲蓄學費，於1973年考入英國倫敦大學，修讀經濟、金融和銀行法，在大學三年期間的寒暑假期，都到倫敦的巴克萊銀行做短期工，解決學費和生活開支。1976年倫敦大學畢業後，黃文銓到美國加州巴克萊銀行工作，三年後調三藩市巴克萊（國際）銀行後台辦公室，升任主管，負責處理國際交易、國際財團貸款、黃金和外幣市場買賣的所有交易檔，每天經手交易的總額超過二十五億美元，並從事這項工作達十四年，在銀行任職期間，他還自己摸索編寫一套電腦文檔處理程序。至1990年結束在美國的銀行生涯，現居德國，繼續鑽研電腦處理銀行文檔程序設計。2021年7月，黃文銓家中增添一位黃氏家族第六代成員，是個男孩，黃文銓為孫子取了個中文名叫黃日興。而到了黃欽書的曾孫黃飛（Wong Fei John），已是第五代了，他也開始涉足銀行業務。黃飛2017年畢業於香港科技大學工商管理學士（金融及會計學）。畢業後曾任職於畢馬威、安永會計師事務所，從事審計工作三年，考獲香港註冊會計師。2020年任職宜信財富管理（香港）有限公司基金估值經理，並在香港大學兼讀金融科技與數據分析碩士課程。2021年轉職中國國際金融股份有限公司（簡稱「中金公司」）股票基金投資經理。中金公司是一家與國際頂尖投行並駕齊驅的投資銀行。黃奕住家族五代人從事金融、銀行界的服務工作，可稱金融世家。

　　黃奕住的子孫出國在海外有成就，留在國內的也一樣自強不

息，不甘人後。黃奕住重視子女受教育的方式，養子黃欽書在國內出生長大，黃奕住讓他先讀私塾，念四書五經，學習中文及中國文化，再帶到印尼，留在自己的身邊，言傳身教，在自己的公司裡當學徒，當職員，在實踐中學經濟知識。黃奕住的目標是要培養他成為自己的助手與接班人，成為能適應現代世界經濟潮流的企業家，使他的財團有可靠傳人。1929年他因病不能外出之後，黃欽書能夠守其成。黃奕住去世後，黃欽書作為長子，留在國內擔任黃聚德堂的董事長，負責管理黃家事務，在國內守業守孝。1949年後，他繼續擔任中南銀行董事長兼總經理，中國太平保險公司董事長。

1950年初，他往印尼等地處理商務，路過香港，《大公報》負責人費彞民游說他盡快回國參加國家建設。黃欽書毅然改道回上海，擁護共和國，擁護共產黨，擁護共產黨對民族資產階級的政策，在1952年私營金融業的社會主義改造和1956年資本主義工商業的社會主義改造過程中，起了積極的作用。在共和國作為全國僑界代表，歷任了多項公職：國務院華僑事務委員會委員、中華全國歸國華僑聯合會第一屆委員會常務委員、上海歸國華僑聯合會第二、三屆委員會主席、上海市第一至第五屆人民代表大會代表，當選第三屆全國人民代表大會代表。中南銀行參加公私合營銀行後，他任公私合營銀行董事會副董事長、中國銀行監察人；中國太平保險公司參加公私合營，他出任副董事長。黃欽書繼承了父親的遺風，與陳嘉庚先生繼續合作，是當時的僑界精英。黃奕住在國內的子女後代，還有其他名人。

〇 | 成為國學大師助手的女兒黃萱

黃奕住對子女受教育的方式男女有別。他定居廈門鼓浪嶼，在家中請了私塾先生，教家裡的女眷及小孩識字，他對兒子、孫子一再地說：「吾幼失學，為大恨事。」他希望兒孫多讀些書，只要願意讀，上大學，留學，他都支持。他對女兒、孫女則不同。女兒、孫女讀完初級中學後，進入成年階段，則延師設帳在家教功課（包括國文、

黃奕住的子孫後代

英文、音樂等），既使其具有一個現代家庭中賢妻良母所必備的知識與修養，又可以使她們不必在社會上拋頭露面。

　　黃奕住對女兒、孫女的期許雖僅限於能成為現代社會的賢妻良母，可是在他周全的教育安排下，女兒、孫女中好學者也受到了很好的教育。有的具有很高的文化修養，有的做出令人稱讚的貢獻，這真可謂「無心插柳柳成蔭」。他大概沒有想到，他非常摯愛、傾心培養的四女黃（寶）萱，日後會成為國學大師陳寅恪的助手。當年黃萱在鼓浪嶼慈勤女子中學畢業，黃家有女初長成，黃奕住沒有讓她像林巧稚、周淑安、何碧輝這些後來成為各自領域優秀人才的鼓浪嶼女子一樣外出求學，而是為她聘請了四位家庭教師，在家對她進行經史子集、詩詞格律的訓練，並輔以外語、音樂、歷史的修習，整整五年時間。正是這段特別的學習和積累，造就了黃萱深厚的國學根柢和全面的人文素養，為日後於1952年至1965年任中國現代文化大師陳寅恪先生助手打下了堅實的基礎。

　　黃奕住回國定居廈門後積極參與廈門市政建設，1920年春，廈門市政委員會成立，黃奕住與廈門士林領袖周殿薰同為委員。周殿薰祖籍泉州同安縣，生於廈門，清朝末年殿試一等，任吏部主事，1912年回廈門從事教育文化工作，學識淵博，為人正派，熱心公益，曾經任玉屏書院大董、廈門圖書館第一任館長、同文書院院長、同文中學第一任中國人校長等職。周殿薰主持同文中學時，黃奕住向該校捐建一座教學樓，命名「奕住樓」，周殿薰籌辦廈門圖書館，黃奕住資助經費，購置新書。後來黃奕住與周殿薰成為兒女親家，黃奕住的四女黃萱嫁給周殿薰次子周壽愷。1935年9月，二人在上海結婚。婚後育有長女周萼、子周任、小女周菡，均在

●周壽愷、黃萱結婚照片

內地受良好高等教育，出身名門學府，終生以教師為業。

在上世紀四十年代末至五十年代初，時任廣州嶺南大學校長的陳序經教授，羅致了一大批著名學者來該校任教。黃萱的夫君是聞名遐邇的醫學界教授周壽愷博士，他被陳校長聘為醫學院副院長，在嶺南大學任教期間，周壽愷夫婦與陳寅恪教授比鄰為居，他們當時住在陳寅恪老先生樓下，二家遂成友好，更重要的是他們夫婦的教養、人格、學識均有口碑。黃萱其時只是一個家庭婦女，與醫學院陳國楨教授的夫人關頌珊常在一起，交談中，關頌珊發覺黃萱知識面很廣。1951年11月，陳寅恪在廣州嶺南大學時，因原助手以身體欠佳為由不辭而別，正在找新助手，關頌珊把黃萱舉薦給陳寅恪。陳寅恪三十六歲已雙眼漸失明，講學內容全憑之前所讀過的書，雖學識淵博及有驚人的記憶，終需要有一個能全心全意幫助他講課及著書立說的好幫手，他僅從黃萱這位從未謀面的試任助手的發音和吐字習慣，迅速地判斷出她的「門風家學之優美」。陳寅恪在挑選了一大圈出身名牌大學的助教人選之後，決定請一個只有中專學歷的黃萱來當助教。

陳寅恪祖籍福建上杭，祖父陳寶箴，曾任湖南巡撫。1890年出生於湖南長沙，十三歲時到過東京弘文書院求學，後因足疾回國，就讀於復旦公學兩年，畢業後登上去西方的遊輪，十六年間遊學於哈佛大學、柏林大學、蘇黎世大學和巴黎政治學院等西方一流學府；學會蒙古文、日文、滿文、西夏文、法文、梵文、巴厘語等十七種語言；並吸收人文科學不同領域的知識，他曾在清華大學、北京大學和南開大學任教，寫過許多令人讚嘆的學術文章，重構了唐代的政治和社會史。

黃萱自1952年起任助手，與陳寅恪相遇如故，她自幼受到良好的文學、歷史及外文教育，她古文基礎扎實，文化程度甚高，可謂「大家閨秀」，很快便勝任助手工作，讓陳寅恪感到驚訝。陳寅恪學識之淵博，在當代是一流的，他可以說是曠世罕見的國學大師，被譽為「三百年才出一個」、「教授中的教授」，其著作所引資料極為廣泛，且其寫作一直用文言文。在陳寅恪的教學與寫作的過程中，找

資料與文字記錄整理之事皆黃萱負責,當這樣一位雙眼失明的學者之助手,實非易事。1954年,黃萱為陳寅恪當了二年助手之後,因院系調整,周壽愷教授已赴新職,時嶺南大學又被撤銷,校園變為廣州中山大學入主,陳寅恪先生亦轉為中山大學歷史系教授。周家所住中山醫學院的教師宿舍則遷至竹絲村,與舊校園已相去甚遠,往返很不方便,因新搬住處遠離陳家,黃萱請辭助手工作。當時中山大學人才濟濟,但陳寅恪卻說:「你去了,我要再找一個適當的助手也不容易,那我就不能再工作了。」在他的再三盛情挽留下,黃萱不忍心陳寅恪的工作受阻,便克服來回往返中的困難,繼續幫助他工作,在十三年期間,陳寅恪修訂了《元白詩箋證稿》,完成了《論再生緣》等一百多萬字的學術專著。據黃萱的大女婿吳葆剛教授的回憶:「她兢兢業業每天早起,擠公共汽車,換乘兩次,在路上要花約兩個小時才能從竹絲村趕到中山大學,每晚回家還要查閱資料到深夜,她的古文扎實,工作忘我、認真,是陳老的手和眼。記得當時陳老正在寫《柳如是別傳》。」

由於眾所周知的原因,陳寅恪先生晚年的治學環境非常惡劣,黃萱的出現,用《陳寅恪的最後二十年》作者陸鍵東的話說:「如果陳寅恪晚年所找的助手不是黃萱而是其他人,則陳氏晚年著述便無

● 陳寅恪與黃萱(右一),圖片來源:陸鍵東《陳寅恪的最後二十年》

法預料了：黃萱的身份，緩衝了陳寅恪與時代的不可調和的矛盾。」這個評價之高，呼應了陳寅恪親自所寫的《關於黃萱先生的工作鑒定意見》：「……我之尚能補正舊稿，撰著新文，均由黃先生之助力。若非她幫助，我便為完全廢人，一事無成矣……希望現在組織並同時或後來讀我著作者，深加注意是幸。」

　　黃萱助雙目失明的陳寅恪完成了學術專著，被後輩學人傳為美談佳話，可惜的是黃奕住沒能看到這一天。當然，他也沒有看到他所疼愛的女兒一家的不幸遭遇。

　　黃奕住的女婿周壽愷（1906—1970）是中國著名醫學教育家、內科學、內分泌學專家，國家一級教授。1906年11月10日，他出生於原泉州市同安縣廈門島上的周寶巷，周壽愷於二十歲那一年由福州協和大學考入北平燕京大學醫學部預科，1929年以優異成績畢業，獲學士學位；1929—1933年考入北京協和醫學院，1933年於該校畢業，獲醫學博士學位；1933—1937年在北京協和任住院醫生、主治醫生及助教。1935年與黃萱在上海完婚，老丈人黃奕住的意思是周壽愷留下來任中南銀行副總經理，一家人過好日子。周壽愷婉拒了，他選擇繼續北上當醫生，抗戰爆發後，他堅辭學校的挽留，南下加入愛國華僑林可勝領導下的中國紅十字會救護總隊，任內科指導員及總隊醫護人員的培訓總教官。

1964年陳寅恪寫下的給黃萱的工作鑒定（唐篔代筆）

● 陳寅恪夫人唐篔代筆給黃萱的工作鑒定，圖片來源：陸鍵東《陳寅恪的最後二十年》

　　林可勝祖籍福建龍海，1897年10月生於新加坡，是曾任廈門大學十六年校長的林文慶的長子，也曾是北京協和醫學院第一位華人教授，曾是1935年諾貝爾生理學或醫學獎候選人。他籌組創辦的中國紅十字救護總隊，救死扶傷、助危濟困、博愛恤兵，成為抗戰時期全中國最大的戰時醫療救護中心。林可勝是位愛國的人道主義者，他領導的救護總隊足跡遍及中國所有抗戰主戰場及敵後戰場，

「紅救」孤軍奮戰，挽救了數以十萬計的傷病及染瘟疫的士兵和平民，彪炳史冊，功在千秋。他對所有抗戰軍隊一視同仁，1937年底，派出三支醫療隊奔赴陝北和山西，協助八路軍，也派出兩支醫療隊到新四軍，並送去藥品和醫療器械，他親自參與戰場醫療救護工作。戰時美國《時代》周刊有一篇文章這樣寫道：「在東方古老的中國對抗日本帝國的血腥戰爭中，有許多的醫生和護士走向戰場，在戰壕裡為受傷官兵裹傷。請先記住兩個偉大的名字，中國的林可勝先生和加拿大人諾爾曼·白求恩先生。」戰後中美電影界合拍一部歷史紀錄片《苦幹》獲得好萊塢國際紀錄片獎，其中一段故事是介紹林可勝事跡的。

1937年「七七事變」後，周壽愷與全國軍民共赴國難，至1945年抗戰勝利一直出任戰時衛生人員訓練所內科主任，後方醫院及上海國防醫學院教授、內科主任兼教育長，輾轉於上海、南京、武漢、長沙、貴陽等地，為戰時的醫療「聖手」醫生。夫人黃萱在戰亂中攜長女、幼子往貴陽圖雲關與之團聚，一路顛沛流離，無怨、無悔，長年住於山區鄉野的茅草房中，生活艱苦卓絕。在貴陽圖雲關戰地，周壽愷與鍾南山的父親鍾世藩相遇，這兩位從廈門走出去的醫學家成了莫逆之交，兩家建立了十分親密的關係。1945年抗戰勝利後，周獲國民政府頒授少將軍醫銜。

1946年至1947年周壽愷受美國援華會資助赴美國哥倫比亞醫學中心及哈佛大學醫學院進修。回國後參與在上海組建國防醫學院，任該院內科主任。1949年該院擬遷往台灣，已經是上海國防醫學院少將教務長的周壽愷跟隨國民黨軍隊撤到台灣，沒過多久，他以還得處理醫學院搬遷事務為由回到大陸，事後台灣方面發現周壽愷處理搬遷事務是假，不願再來台灣是真。於是不惜動用力量，派專人游說，擬派專機接周壽愷全家去台，周壽愷和黃萱不為所動，他們打定了主意，要留下來為共和國出力。

1950年3月，陳序經校長敦聘周壽愷為嶺南大學醫學院內科教授，他後又擔任嶺南大學醫學院副院長、內科教授、嶺南大學醫學院院長兼附屬博濟醫院院長。1953年8月起，他先後任華南醫學院、

中山醫學院副院長兼附屬第二醫院院長、內科一級教授，並任第二屆廣東省政協常委、第三屆全國人大代表。

1966年「文化大革命」開始，陳、周二家彼時都落入所在大學紅衛兵的大批判狂潮中，1969年陳寅恪被迫害折磨致死，1970年，周壽愷也因1949年去台灣的那段經歷，被打成國民黨特務，慘遭虐打致死。

2015年，在中國抗日戰爭勝利七十周年之際，中國共產黨及國民黨先後舉行了紀念抗戰勝利慶典，周壽愷獲追頒抗戰勝利紀念章，以表彰他在抗戰軍事醫療上的功勛。

●國共追頒周壽愷抗戰勝利紀念章，周壽愷孫子周全提供

　　鍾南山教授在2006年中山大學附屬二院出版的《周壽愷教授誕辰一百周年》紀念集中題詞並撰寫了回憶文章《成長路上的良師益友》，開首即說到：「周壽愷伯伯是我父母最好的朋友。解放初他剛到嶺南大學醫學院工作時，家眷留在廈門尚未到來，住在我們家有十個月之久，因為他的到來，我們全家都很開心，特別是我這個小男孩。」鍾南山少年時期曾深受周壽愷先生的教誨，在一次紀念周壽愷的座談會上，他這樣說道：「他給我講故事，教我醫學知識，我最難忘他的博學、寬容和愛國情懷，他是一個好朋友般可親可敬的長者，一個為人處事的榜樣和老師。」1973年周壽愷的夫人黃萱從中山大學退休，2001年，黃萱身患重症住進廣州醫學院附屬第一醫院，成了鍾南山的病人。2001年5月8日，黃萱安詳地離開人世，享年91歲。在黃萱的追悼會上，女兒周菡是這樣評述母親的：「一個普普通通婦女的一生，卻與這許多事業大成的名字聯繫在一起：黃奕住的女兒、周壽愷的夫人、陳寅恪的助手、鍾南山的病人⋯⋯這也許是一種偶然，但更可能是一種必然。這告訴我們，平凡與偉大其實並不遙遠，只要像媽媽一樣認認真真地做人。」

● 黃萱晚年照片，檔案資料

（三）｜ 參與國家立法的孫子黃長溪

　　黃長溪是黃奕住的孫子，1929年1月在廈門出生。1949年剛滿二十歲正在上海大夏大學外語系讀書，一天接到父親黃欽書之令，輟學返廈，成為黃奕住創建的家族獨資企業廈門電話公司鼓浪嶼交換所主任兼福廈公路聯運的廈禾汽車公司經理，開始了他的經商生涯。1949年10月15日，人民解放軍打響廈鼓渡海戰役，黃長溪與電話公司員工想方設法保護好重要設備，保障電話線路暢通，為市軍管會全面接收廈門起了重要作用。1949年底至1952年出任鼓浪嶼區筆山街街長。1952年底，接任廈門電話公司經理，1954年，電話公司成為首批實行公私合營的企業，黃長溪任第一副經理。1956年獲評為全國工商青年接受社會主義改造積極分子，曾被推選為全國青聯常委上北京，兩次獲開國領袖毛澤東主席接見。1958年調任廈門市工商聯合會副主任，「文化大革命」期間被迫加入思想改造學習班，下鄉勞動。1980年市工商聯恢復活動，任主任委員，同年被選為廈門市副市長兼廈門經濟特區管理委員會副主任。

　　黃長溪是工商業者中的民主人士，中國民主建國會會員。1982年福建省委書記項南加大從黨外選拔人才參與政府工作的力度，他被選為福建省副省長，主要分管僑務、外事、旅遊等工作。任職期間積極推動福建僑鄉的經濟發展和教育事業，並著力改善海外歸僑生產生活。

　　福建是中國主要僑鄉，落實僑務政策是那時的工作重點之一。1982年10月，福建省政府成立落實華僑私房政策領導小組，黃長溪出任組長，在項南書記、胡平省長的重視及領導下，他抓住重點，客觀看待東南亞著名僑領胡文虎的功過是非，1984年5月，福建省人民政府宣佈，將共和國成立後胡文虎在福建被沒收的「永安堂」的私有房產及其他產業歸還給胡氏家屬。這一重大舉措當時在海內外引起極大反響，激發了閩籍海外華僑回國投資的熱情，許多知名閩籍海外華人和華僑企業家，紛紛到福建投資、捐贈公益，並形成了一股熱潮，這一舉措後來取得了很好的成效。為此，黃長溪提

●胡文虎紀念館，李鵬題寫館名，龍岩市王笑芳攝，王顯中提供

出建議，促使福建省政府作出決定：對捐贈興辦公益事業的僑胞給予表揚獎勵，根據捐贈公益的金額，設立授予金、銀、銅獎章的獎勵辦法，有重大貢獻者省政府給予立碑表彰。本書作者之一朱南到香港，曾經與胡文虎女兒胡仙博士在灣仔「皇朝會」酒樓會面，她告訴作者，胡氏家人把福建省政府歸還胡家的財產納入「胡文虎基金會」，把產業所得的收益用在福建家鄉的公益事業上，基金會捐資助學，扶貧濟困，惠澤八閩，受到讚揚。1994年基金會將歸還的胡文虎家鄉永定下洋鎮的「虎豹別墅」修葺一新，捐獻給永定縣政府，開闢成「胡文虎紀念館」，介紹胡文虎家室生平、事業發展、抗日救國、建設家鄉、熱心公益、客家情懷等一生業績，時任國務院總理李鵬為紀念館題寫館名，福建省政府將該紀念館定為省級「愛國主義教育基地」，以表彰胡文虎及其家族愛國愛鄉事蹟。

黃長溪建議的僑資捐贈獎勵辦法一路延續，多年來福建省政府先後表彰了一大批捐辦公益的僑資企業和個人。

1986年初夏，旅居緬甸的華僑吳慶星先生回到福州，黃長溪在華僑大廈請他吃了一餐飯，兩人因此結下一段善緣，亦引發一段感人故事。飯桌上，吳慶星談起了此次到福建有兩件事要做，一是要回泉州處理之前在馬甲家鄉修建「吳氏宗祠」及建造房屋，市建委屬下公司負責施工，出現的工程品質問題；二是要完成父母的遺願，回故鄉捐辦一所小學，讓村裡的孩子有書讀。飯後，黃長溪的秘書即與泉州市政府有關部門取得聯繫，第二天，黃長溪一路陪同吳慶星的這次回鄉之行。

在泉州，黃長溪召集市僑辦、市建委及施工單位，現場解決了吳慶星反映的工程品質問題，吳慶星十分感動，他邀請黃長溪一起到家鄉馬甲看計劃捐建的小學校址。路上二人同乘一輛車，黃長溪介紹了福建旅外僑胞回鄉捐辦公益的情況，吳慶星聽後決定改變其捐建計劃，把在家鄉捐辦小學改為捐辦一所中學。接著在策劃建校方案過程中，吳慶星的辦學意向又不斷升華，從捐辦中學又改為捐辦一所中專學校，後來又認為，要盡快改變山村的落後面貌，最好是辦一所大學，最後決定在家鄉辦一所大學，以他父母的名字各取一字，叫「仰恩大學」。

當吳慶星把這個決定告訴黃長溪，黃長溪既感到高興，又有擔憂，因為在當時中國的教育體制下，辦大學的主權歸國家所有，涉及到學校的辦學思想、領導體制、管理體制、招生錄取、畢業就業等問題，私人辦大學是不可能的。然而，吳慶星的「家鄉不了情」讓黃長溪深受感動，他決心助其實現願望。於是他召集省高教廳、省僑辦等部門多方探討研究，結果認為：由吳慶星出資建校，省政府找一所大學聯合辦學較為可行。學校建在吳慶星家鄉泉州馬甲鎮，附近只有「華僑大學」，華僑大學直屬國務院僑辦領導，黃長溪找國僑辦反映此事，得到國僑辦的支持。為此，兼任華僑大學副董事長的黃長溪多次到學校協調，華僑大學終與吳慶星達成建校共識。黃長溪與相關人員又專程到北京，找國務院僑辦及國家教委匯報協調，終獲得批准，學校定名為「華僑大學仰恩學院」。

1987年3月學校動工。1988年10月，時任全國僑聯副主席的黃長溪兼任華僑大學董事長，仰恩學院建成後，黃長溪與吳慶星一起在校園舉行升國旗、唱國歌的莊嚴儀式，場面令人感動。1989年8月，國家教委同意仰恩學院脫離華僑大學獨立辦學，學校名稱為「仰恩學院」，由福建省教委直接管理。1992年3月，國家教委下文給福建省政府稱：「經國務院批准，同意你省在仰恩學院基礎上建立仰恩大學」，「由吳慶星先生捐資興建，國家辦學，福建省人民政府領導」。1993年，國家教委專程派員找吳慶星，建議他獨資辦學，作為教育改革試點。1994年7月起，仰恩大學成為全國第一所具有頒發國

家本科學歷證書和授予學士學位資格的私立大學。

　　如今，吳慶星和黃長溪都已仙逝，仰恩大學辦學的歷史也已塵封。上世紀二十年代，黃奕住用銀兩資助陳嘉庚創辦中國第一所華僑私立的廈門大學；六十年後，黃奕住的孫子黃長溪用行動促成吳慶星創辦又一所華僑私立的仰恩大學。這或許是一個巧合，更是一種傳承，一種精神，是黃奕住興教助學思想的繼承和發揚。

　　二十世紀六十至七十年代，海外有一批華僑踴躍回國參加祖國建設，還有的因為東南亞一些國家排華而被迫拋下世代僑居的家園和財產，返回祖國。國家為安置歸僑的生活與學習，在福建各地先後辦起十七個華僑農場。這些農場屬國營性質，由國家財政撥款，開始的時候，農場的職工收入和生活水準普遍高於附近的農民。國家改革開放後，農村實行聯產承包，農民生產生活穩步提高。相反華僑農場因體制弊端，經營出現困難，不少海外尚有關係的歸僑對前景悲觀失望，紛紛申請出境出國。黃長溪了解到這種情況，心情十分沉重，他一再說，華僑農場是展現國家僑務政策、愛護華僑的重要窗口，一定要設法辦好，才能凝聚僑心。他走遍全省十七個華僑農場做調研，廣泛聽取基層民眾意見，給福建省領導和國務院僑辦寫了在市場經濟條件下如何搞活華僑農場的專題報告，得到時任國務院僑辦廖暉主任的重視與支持。國僑辦派副主任為組長的工作組到福建，黃長溪陪同工作組到各農場，就華僑農場生產和職工生活保障問題，還與當地農村土地糾紛問題提出解決方案，對華僑農場進行體制改革。在廖暉主任支持下，國僑辦撥款數千萬專項資金，解決福建華僑農場企業生產的「過坎」和職工的生活困難，推動了華僑農場的改革發展。

　　1988年1月，黃長溪辭去福建省副省長職務，隨後在福建省人民代表大會上，被推選出任省人大常委會副主任兼華僑委員會主任。當時他也是全國僑聯副主席、全國工商聯副主席，經全國工商聯推薦，他應邀加入中國人民政治協商會議參政議政，被推選出任第七屆全國政協常委；在第八屆全國人民代表大會召開之際，他又當選全國人民代表大會代表，出任第八屆全國人大常委會委員兼全

第十六章

國人大華僑委員會副主任、第九屆全國人大常委會委員,參與審議制定國家法律。

黃長溪是黃聚德堂的常務董事兼國內代表,黃聚德堂擁有的鼓浪嶼觀海別墅房產,中華人民共和國成立後,因海的對面是國民黨佔據的金門島,1950年,人民解放軍進駐該樓,並在別墅的觀海台上建有觀察哨。後來解放軍哨所撤銷。1964年,觀海別墅被劃入「福建省鼓浪嶼幹部休養所」,接待全國來此休養的幹部。八十年代後期,休養所撤銷關閉,該物業卻一度被廈門市某部門繼續佔用。然而,根據政府的房產政策及房屋分類條款,觀海別墅和黃家花園一樣,同屬黃家生活自用的房產,產權永久,並未被改造或公有化。因此黃家提出要收回別墅自用,但遭到了佔用者的無理拒絕。黃長溪代表黃聚德堂不得不多次找政府官員申訴,並邀約其他兩位黃聚德堂常務董事黃世禧(黃奕住第十一子)、黃世華(第十二子)分別多次向廈門市政府有關部門反映,闡明這是私人物業,依法依理都應歸還,但仍遭佔用者拒絕。

在追討觀海別墅的過程中,黃長溪意識到,國家在發展,一些地方官員的法制意識卻還很薄弱;國家要安定,維護國民權益,保護私人財產至關重要。於是他認真履行人大代表職責,致力推動法制建設和健全法律制度,以全國人大常委的身份,深入各地調研,了解僑資企業及私營企業的發展情況,了解歸僑僑眷生活情況,進行可行性分析,向全國人大常委會提出議案,提議通過人大立法,用國家法律確實保護個體經濟和私營企業,保障公民權益及保護私有財產。在八屆全國人大常委二次會議上,黃長溪與其他常委提出了制定《僑資僑眷企業投資保護法》的議案。

1998年底,廈門市政府終於將觀海別墅歸還黃聚德堂,黃長溪作為黃聚德堂國內代理人,履行黃聚德堂常務董事和國內代理人的職責,在有生之年收回黃奕住至愛的觀海別墅,讓黃奕住在天之靈得到安慰。

從一幢觀海別墅被佔據不還,引發人大代表的一份提案,到最後被佔房產收回。有被認為這與黃奕住到上海創辦私人的中南銀

行，獲批發行鈔票一樣，是一個傳奇的故事。其實不然，這是法制國家發展的歷史必然，體現國家對建設法制社會和法制國家的堅持與重視，法制進程，任重而道遠。多年來，經過歷屆全國人大常委會議提案審議，國家已制定一套較為完整的法律體系，且在不斷充實完善法律條文和內容。以《中華人民共和國歸僑僑眷保護法》為例，在1990年第七屆全國人大常委會第十五次會議已獲審議通過，在施行過程中出現新情況，代表提出修改補充，人大常委會再次徵求民主人士、歸僑僑眷意見，常委會議多次充分討論，認真審議，通過的法律條文更清晰，內容更完整，施行的法律效力更完善。在第九屆全國人大常委五次會議上，黃長溪領銜提出關於修改《歸僑僑眷權益保護法》的議案。他認為1990年七屆全國人大常委十五次會議通過、1991年1月1日起施行的《歸僑僑眷權益保護法》，自實施以來，中國的經濟體制和海內外僑情都發生了變化，這部法律有些條文規定已不太適應現在的實際情況，有必要修改、充實。黃長溪領銜提出的議案，獲得了全國人大常委會討論審議，2000年10月31日，第九屆全國人大常委第十八次會議通過了《關於修改〈中華人民共和國歸僑僑眷權益保護法〉的決定》，完善了法律條文。

《福建日報》資深記者黃世宏在〈記黨外人士黃長溪〉一文中也寫道，1999年3月9日，剛過完七十歲生日不久的黃長溪，在第九屆全國人大常委二次會議上，領銜提出議案，呼籲制定《私營企業法》，並提交了《私營企業法》（草案）的基本框架，這一議案是黃長溪對福建省非公有制經濟進行深入調研後寫成的，議案對中國私營企業的發展作了回顧，提出把「個體經濟、私營經濟等非公有制經濟，是社會主義市場經濟的重要組成部分」，「國家保護個體經濟、私營經濟的合法權利和利益」等內容寫進草案。在該草案基礎上，1999年8月30日，等九屆人大常委第十一次會議通過了《中華人民共和國個人獨資企業法》，2000年1月1日起予以施行。

黃長溪在1988年後擔任福建省人大常委會副主任，工作期間，尤其致力於推動法制建設。他認真履行法律賦予的職責，開展涉僑

涉台立法和監督工作，為推動福建省民主法制建設做出顯著的成績。推動省人大常委會制定了《福建省保護華僑房屋租賃權益的若干規定》。他常說，福建的特殊優勢，不僅是「僑」，還在於「台」。1992年3月，《中華人民共和國台灣同胞投資保護法》出台後，他立即組織省人大常委會華僑委認真研究，制定福建省的實施辦法，於1992年9月16日在省八屆人大常委會十二次會議審議通過，使福建成為全國各省市第一個頒佈具體實施辦法的省份。從1994年開始，黃長溪還促成福建省人大常委會成立專門小組，就鼓勵台生到閩就讀問題展開可行性研究，七易其稿，擬訂出《福建省關於鼓勵台生來閩就讀的若干規定》（初稿），然後與起草文稿小組成員一起赴北京向全國人大教科文衛委員會和國家教委、國台辦等有關部門彙報，聽取意見。在他努力下，這部全國各省最先出台的地方性法規，於1999年由福建省人大常委會審議通過。

2001年8月，黃長溪因病住院，被查出患有胃癌，開始了與病魔的長期鬥爭。國家和人民沒有忘記他，知道他的病情後，當時的福建省省長專程到醫院看望黃長溪，批示福建省保健辦對黃長溪進行治療：「找最好的醫生，用最好的藥品，盡最大的努力醫治。」這是政府領導關心照顧民主人士的一段感人故事，更是共產黨人與黨外民主人士「同舟共濟、肝膽相照」的真實寫照。黃長溪的病情得到重視，福建省人大常委會組成了醫療領導小組，對黃長溪進行專門醫治，省保健辦遵照省長批示，採購了專用藥品，報請中央幹部保健局，派專家醫生到廈門中山醫院親自為黃長溪做手術，使他的病痛得到治療，生命得以延續。病癒後，黃長溪繼續工作，直至2005年3月退休。

2007年初，黃長溪再次病重入院治療。黨和國家領導人、國家有關部委及福建省和廈門市領導先後到醫院探視或打電話慰問，了解病情和治療情況。時任福建省委書記指示省保健辦率專家組再次到廈門醫院會診，時任廈門市委書記到醫院組織醫護人員全力搶救。然而病症無情，終因醫治無效，黃長溪於2007年7月25日逝世，享年八十歲。他留給子女遺囑開頭語寫道：「我一生安分守紀，

認認真真工作，待人真誠友善，生活勤勞儉樸。這是我自己的總結，留給你們，希望它有助於你們的做人做事。有國才有家，中國離不開共產黨，要堅定這個信念。」

● 黃長溪遺囑開頭語，黃騫提供

第十六章

第十七章

傳主的
蓋棺論定

17

1945 年 6 月 5 日，黃奕住在上海祁齊路（今岳陽路）168 號寓所病逝，享年七十八歲。

1931年秋，日本軍國主義者發動了「九一八」事變，侵佔中國東北，黃奕住對日本侵略行徑進行譴責，捐資支援祖國抗日戰爭。1937年7月7日中國全面抗戰爆發，在廈門淪陷前夕，他考慮到鼓浪嶼地區小，難避侵略者與漢奸耳目，先是避居香港，後又移居上海。1945年6月5日黃奕住在上海祁齊路（今岳陽路）168號寓所病逝，享年七十八歲。去世之前，妻子王時一直守候在他的身邊。那時是抗日戰爭勝利前夕，日本還沒投降，遺體無法運回廈門鼓浪嶼，黃欽書等子女在上海為其辦理喪事，印發《訃告》，介紹其生平業績。最後將他臨時安葬在上海宅內的花園裡，因怕日本飛機轟炸，在墳墓上鋪了一層很厚的水泥。抗戰勝利後，1946年11月16日在上海安遠路玉佛寺設奠，上海各界代表、愛國志士及親朋好友到靈前奠祭，儀式隆重。

一 ｜ 追思與再葬

黃奕住逝世後，黃欽書成為第二代掌門人，負責管理黃家事務。黃欽書早年跟隨父親轉戰商海，父子感情很深，他與眾兄弟寫下了《先府君行實》悼文，深切追憶緬懷黃奕住的傳奇人生，寄託哀思。全文如下：

先府君諱奕住，字與諱同。世為南安樓霞鄉人。我高大父諱貽褒，曾大父諱禮上，大父諱則華，是生府君。始，吾家故貧，先大父之世，重以兵亂，生事日益艱。府君束髮受業塾師，嘗謂聰慧過常兒。既困於貲，乃輟學。晨輒入山樵採，易錢供菽水。比長，聞南洋有群島，物產豐饒，鄉父老商賈其間，率以起其家。嘗慷慨語人曰：「彼能往，我亦能往，事在人為耳。」既冠，請於大父，述所志。大父喜其能自奮，亦不之禁。先大母蕭太夫人為手治行裝，隻身附海舶南遊，止於爪哇三寶壟。初以負販自給，久之盡諳島民之語言、喜好，觀萬貨之情，治產積居，財以日裕，則專營糖業，歷三十年而素志畢償。

府君僑居海外時，念二親春秋已高，歲必一二度歸國省視。清季，先大父以微疾謝世，府君待船而行，致不得視飯唅，引為大戚。老

來語及，猶有餘痛焉。府君既遭父喪，將母之念彌切。故鄉多盜，驚恐時作。民國八年，奉大母移家廈門之鼓浪嶼。明年，大母棄養。府君痛念二親勞苦之日多，享甘旨之日少，涕不可收。嗚呼，此其至性之大略可述者也。抑其行事猶有能類舉而道者焉。

其於銀行也。初，府君遊菲律賓，見僑民庶且富，而財幣之孳乳，其本息，流通，其往來，咸被操縱於外邦之銀行。利源外溢，累歲歲計之，厥數甚鉅。爰謀創中興銀行，首入貲為之倡。又設黃日興銀號於廈門，俾與海外通呼吸。又念吾僑民苦異國苛法久矣，若不思為父母之邦圖其富強，徒坐擁浮貲，非丈夫也！乃歸國謀設中南銀行於上海。中南云者，示南洋僑民不忘中國意也。自入貲數百萬，別存數百萬，名曰「護本金」，所以防折閱，期久長也。報財部立案，請及鈔幣發行權。是權也，唯官辦銀行如中國、交通始克有之，財部以僑民攜貲歸國自效者，府君實為第一人，乃特許之。

其於建設事業也。府君移家鼓浪嶼後，亟為廈門地方謀公益。先辦電話公司，斥資贖鼓浪嶼電話權於日商手，於是廈門海線始通，覆推廣至漳州、石碼、海澄、南靖等處。次辦自來水公司，居民到今利賴之。

其於教育人才也。遵大母遺命，立斗南學校於樓霞鄉。又立慈勤女子中學於鼓浪嶼，小學附焉。先後捐助三寶壟華英中學，新加坡華僑中學、愛同小學，鼓浪嶼英華中學，廈門同文中學，廣東嶺南大學，上海復旦大學，累數十餘萬金。有稱頌於府君前者，則慨然應之曰：「吾幼時失學，為大恨事。今於吾父吾母丘墓之鄉，吾身數十年經營衣食之地，晚歲遊歷之區，為青年學子略盡吾情，彌吾闕憾焉。」

爾他如捐助南北善舉以恤窮民，修復唐代遠祖守恭公所建泉州開元寺塔以保古跡，其餘事也。

府君行事既著，聲聞以廣，疊受政府大綬寶光嘉禾之襃，廈門總商會，市政會正副會長之聘，鼓浪嶼工部局亦推為華董事。國都南遷，僑務局既聘為高等顧問，他院、部亦交聘為委員。蓋舉國中朝野咸於府君敬禮有加焉。府君則又歉然自退曰：「吾生平愛國愛鄉土之心則長，而力則微弱。今老矣，無能為役矣，寵命之來，何敢當也。」自是屏居習靜，命無關百家事。二十七年自鼓浪嶼避兵至上海。朋舊

傳主的蓋棺論定

時來問起居，每歔欷相對，謂不知何日覆覩太平也。

去年五月中，偶感冒，疾咳嗽，醫藥亦漸愈。六月一日身熱頓發。二日轉劇，顧神識清明，略無痛苦，醫言年事高，非藥石所能挽延，至五日，遂弃子孫而長逝矣。痛哉，痛哉！

臨終，訓子孫曰：「言忠信，行篤敬，雖蠻貊之邦行矣。孔子之言，信足垂訓萬世。余畢生謹守，弗敢違失。汝曹勉之。」府君既歿，弔客中有歔而言者曰：「南洋群島待吾僑民多苛禁，遂有入外籍求逃免者，先生獨深恥之，賢矣哉。」又有言者曰：「昔有菲律賓中興銀行之初創也，招股本五百萬，先生首入百萬，餘四百萬不崇朝而集，非先生至誠動人，曷克臻此？」又有言者曰：「信矣夫！先生之待人也。黃日興銀號停業，存款凡百餘萬，一一清償，不使受毫髮損。先生臨財不負人，皆此類也。」又有言者曰：「先生擇交共事，一旦信之，雖中更百端搖撼，不少置疑，而卒以收指臂之效。此求之海內外商場中，豈易數數覯哉！」嗚呼，此皆府君之實也。

府君生於清同治七年（西元1868）十月二十四日，歿以民國三十四年（1945）年六月五日，當陰曆四月二十五日，享年七十有八。配王夫人、蔡夫人。生欽書兄弟姐妹二十人，孫男女五十人，曾孫男女九人。欽書兄弟行能無似，不足以圖顯揚，惟思託立言君子之文章，用垂先型於不朽。謹述其實，以求椽筆，倘荷矜憐，銘感無極。

孤子 黃欽書等稽顙。海澄馬祖庚填諱。

1946年12月1日，黃欽書等遵照黃奕住生前遺言，由上海走水路，護其靈柩歸葬於廈門鼓浪嶼九層塔之麓，並印發《先府君行實》。安葬之日，廈門各界人士前往悼唁，人數之多，為同類儀式所罕見。黃奕住的朋友、閩南名士蘇大山為其撰寫墓誌銘：

南安奕住黃先生墓誌銘

自海通以來，豪儁魁壘之倫，於世無所伸則高舉遠引，附海舶、泝重洋，據其偉抱□略，因而起家，富埒人國者，比比矣。然恆擁厚資、闢田園、立家室、長養子孫，終身於異域，忘首禾之義，不踽旋而泯焉以歿，君子不之取也。以余所聞而知，見而信者，若黃君奕住則翹然異矣。

● 黃奕住先生墓誌銘

　　君以名行，無字，南安樓霞鄉人。世業農，有隱德。傳至則華公，生子三，君序居長，少歧嶷，從塾學即嶄然露頭角。壯有大志，以家貧輟學，輒鬱鬱歎。一日，請於則華公曰：「方今時代，外僑鼓輪數萬里來商吾國者，趾相錯。□而埋首蓬顆，無桑弧之志，豈丈夫哉？吾其圖南矣乎。」則華公韙之。君即買輪渡新嘉坡、而棉蘭、而蘇門答臘，就時於爪哇之三寶壟。初事負販，自力以食，久之，習其語言，諳其民情土俗，察其地宜蔗，乃專營糖業，歷三十年，雖間有折閱，而旋蹶旋興。蓋信義夙孚，為裔氓引重，故終能志遂而業成也。

　　時有為君策者，曰：「中原多故，不如此間樂。君雄於貲，何地非吾土？為終焉計，不亦善乎？」君謝之曰：「吾為中華民國之國民，安能忍辱受人苛禁，託人宇下，隸人國籍者乎？且我國地大物博，建設易為功，呴呴禹甸，寧非樂土？天下事在人為耳。」遂括所積□，歸裝抵廈門，曰：「此地與港粵毗連，滬淞亦帶水之限，閩南商業之樞也！」爰立日興銀號，以與南洋群島通呼吸。念則華公已逝，葬於南安獅頭，阿母年高，故鄉多匪患，乃迎蕭太夫人於鼓浪嶼居焉。觀海別墅饒水石之勝，春秋佳日，君必躬奉板輿，紋天倫樂事。聞氓里拉華僑多泉人，金融之權操縱於外國銀行，損失甚巨。君至，倡設中興銀行，以挽回利權。上海為五口通商之一，外商齊聚，皆行駛其國幣。君與商界名流組織中南銀行，自輸股金數百萬，復別存數百萬為護本金，向財

政部立案。政府諗君才,知可倚重,遂予發行鈔幣,視中國、交通二行,獎君歸國自效,為華僑勸也。無何,丁蕭太夫人憂,以道梗不得歸葬,即安厝於鼓浪嶼東山頂家園。每思養不逮親,輒潸然涕下。蓋君之至性過人也。

嗟乎!以君之才,使得行其志,凡有裨於國計民生者,次第舉行,其事業又惡可量?顧頻年內難間作,逮南北統一,而蘆溝之事復起。當金廈未陷時,君見幾避往滬上,蟄居寓廬,謝接見。每聞時事則悒悒不樂,謂天不相中國,降此鞫凶。呼欽書兄弟告之,曰:「吾愛國愛鄉之心,不後於人。一入 國門,即思竭涓埃之報,乃卒卒未酬所志。今老矣,不能為役矣。」彌留之際,尚朗誦孔子「言忠信,行篤敬,蠻貊之邦可行」數語而逝。遐邇聞耗,哀悼同深。欽書兄弟扶柩南下,葬有期。先日伻來,以余知君審,請為薶幽之文。

余客菽莊十餘年,名園密邇,兩家均藝菊,花時恆相過從,譚鄉誼、敍平生。君每以少時失學為憾,故辦斗南學校於樓霞鄉,慈勤女子中學於鼓浪嶼。而新嘉坡愛同學校、華僑中學、廈門大同中學、英華中學、北京大學、廣東嶺南大學、上海復旦大學,均倡捐鉅資不吝。君好義天成,四方之以慈善事業踵門勸募者,靡弗樂為之應,瑣瑣不勝枚舉也。君謙抑為懷,疊受政府二等大綬寶光嘉禾章,一等大綬嘉禾章,而院部之以顧問、委員徵聘者,皆遜謝之。惟有關於地方家國者:若創辦廈門之自來水以重衛生,協助廈門市區之開以便交通,收回鼓浪嶼日人電話權以尊國體,獨修泉州開元寺東塔以存古跡,倡建廈門江夏堂大宗以聯族誼,無不竭力為之。使天假以年,在籌議中之漳廈鐵路以及礦務航業,皆可以次第推行矣。顧不惜哉!顧不惜哉!

君卒於民國三十四年六月五日午時,農曆四月二十五日,距生於清同治七年戊辰十月廿四日戌時,享壽七十有八。配王夫人,在南洋娶者蔡夫人,籤室楊氏、蘇氏、朱氏、吳氏。生男子子十二人:欽書,鵬飛,浴沂,友情,鼎銘,天恩,德隆,德心,德坤,世哲,世禧,世華。女子子八人:寶章,玉瓊,玉杏,寶萱,金華,寶蓉,寶莘,寶芸。欽書,鵬飛,浴沂,友情,天恩,寶萱,王夫人出。寶章,玉杏,蔡夫人出。鼎銘,玉瓊,楊氏出。德隆,德心,德坤,金華,蘇氏出。世禧,寶蓉,寶

芸，朱氏出。世哲，世華，寶莘，吳氏出。鵬飛，鼎銘先卒。男孫三十六人，女孫十四人。曾孫六人，曾女孫三人。諏於十一月一日未時葬於鼓浪嶼九層塔之麓，穴坐巽揖乾。銘曰：

史遷憤世傳貨殖，千百年眼光爍爍。富國之道乃在商，愛進卜式黜弘羊。外資吸取在互市，刺桐港自吾鄉始。君真健者今人豪，但憑七尺涉波濤。金豆摭拾充囊橐，乘風長謠歸國樂。槃槃才大資設施，斯人胡忍天斁之。一寸不高峙延平壘，其下環以金帶水。嗟君世跡忽奄收，我昭其實備軒輊。載筆龍門修信史，後有作者尚視此。

晉江蘇大山拜撰

晉江曾遒拜書

福州陳培錕篆蓋

泉州石室居□□□

該墓誌銘根據黃奕住先生之外孫周菡女士惠贈拓本的照片抄錄，何丙仲提供。

撰寫墓誌銘的蘇大山（1869—1957）又名有洲，字君藻，又字蓀浦，號「紅蘭館主」。泉州人，生於清同治八年（1869年）年，少時聰穎，善屬文。蘇大山致力古學，不善時文，「名場蹭蹬，屢躓棘闈」，光緒三十二年（1906年），方由選士科考試中士。同年加入同盟會，並南下廣東汕頭「主輿論筆政」。宣統二年（1910）到廈門，擔任廈門同盟會創辦的《南聲日報》主筆、廈門商業學堂堂長。民國二年（1913），《南聲日報》改名《閩南日報》，廈門商業學堂改名崇實小學，仍為主筆、校長。其間還擔任廈門道教育會會長。民國八年，應廈門鼓浪嶼菽莊主人林爾嘉之邀主吟社，與名流唱和凡十三年。就是在這段時間他與黃奕住相熟，過往甚夥。黃奕住逝世後，他撰寫了《南安奕住黃先生墓誌銘》，寄託他對故人的哀思。

書寫墓誌銘的曾遒（1868—1957），字振仲，號望濤，別署升文山人，光緒二十八年（1902）壬寅舉人，其先祖曾維楨，祖籍晉江，後為台灣彰化花壇文德村人。道光六年（1826）丙戌科經魁中式，殿試二甲第六十八名進士，為清代台灣首位玉堂人物，有「開台翰林」之稱。曾遒為晉江新門人，中舉之後，終生不肯出任官職，亦不結納官府。

光緒中晚期曾入台，以鹿港為中心遊歷。民國後遷泉州，以經營「清遠堂」香舖為生。其書法擅顏（真卿）體，筆墨聞名於兩岸三地。

㊁ | 屍骨被挖及黃欽書之死

　　1966年，中國出現持續十年的「文化大革命」浩劫，對黃奕住及其後代造成了嚴重衝擊。1966年4月，「山雨欲來風滿樓」，黃欽書由上海返回他離開多年的廈門鼓浪嶼鼓新路42號富所居住。「文革」動亂很快就開始了，廈門大學及廈門二中（前身是曾經得到過黃奕住資助的英華中學）初三和高一學生中的造反派，衝進鼓新路42號進行抄家，抄走黃家金銀珠寶等財物，說是要「破四舊」，把家裡的花瓶等古董全都摔爛。接著不久，造反派又下令，限時黃家把黃奕住、黃奕住母親（蕭嬌娘）、還有黃奕住的原配（王時）的墳墓挖開，將屍體搬走，並特別要黃家的人自挖，黃奕住和原配的墓是在鼓浪嶼內厝沃九層塔處，母親則葬在鼓浪嶼漳州路。當時的「破四舊」形勢，不挖不行，黃奕住孫子黃長溪只好帶著另兩位親屬，冒著烈日去挖。造反派以暴力手段，逼迫黃奕住的直系親屬挖開黃奕住、黃奕住之母、黃奕住之妻等人的墳墓。據當地老人言，如此野蠻、殘暴的舉動，在廈門地區聞所未聞，令人髮指。安葬在自家別墅裡的屍骨被人勒令挖了出來，黃奕住生前哪會想到自己會受到形同「鞭屍」的褻瀆。墳墓挖開後，黃奕住的遺體保存完好，就連穿的衣服及皮靴都沒有腐爛，可見當時黃奕住逝世時，在上海密封處理得很好，黃長溪用條棉被把黃奕住的屍體裹住，揹著下山，送到鼓浪嶼火化場火化了，然後把骨灰盒帶回家。黃奕住死無葬身之地，這確實太沉重了。黃長溪回家後一言不發，就去洗澡，然後向父親黃欽書報告挖墓經過，從此他不再提起這些事。

　　掘墓事件後，造反派又將衝擊矛頭指向黃欽書，由於日復一日擔驚受怕，黃欽書到福州找原福建省委統戰部長王漢傑尋求避難，在福州華僑大廈住了一個多月。隨著「文革」深入，王漢傑也自身難保。一天，王到華僑大廈告訴黃欽書說：「不行了，我也保護不了你

了，還是回去吧。」黃欽書到福州尋求避難時，身上帶有三十萬人民幣現金，王漢傑叫他把錢存放在福州才會安全，然後安排福建中國旅行社的汽車送他回家。黃欽書回廈門後繼續遭到造反派的衝擊和威脅，廈門大學的造反派連續多天到鼓浪嶼黃家抄家，對黃欽書進行百般侮辱。他們又與上海先鋒電機廠（黃奕住創辦）的造反派串聯勾結，1966年11月20日，造反派買好當天下午到上海的火車票，準備押

● 黃欽書像，黃欽書孫女黃安祺提供

送黃欽書到上海批鬥，引發黃欽書心肌衰竭，當天早上在家中不幸逝世，終年七十三歲。臨終前，黃欽書對黃長溪和在場家屬留下遺言：「我活了七十多歲，從滿清政府到全國解放，到過好多地方，從國內到國外，見過好多政府，只有人民政府能夠把中國建設好，你們要跟著共產黨走。」黃欽書遺體火化後，沒地方安葬，黃長溪只好把骨灰盒帶回家中，與黃奕住及蕭氏、王時的骨灰盒擺放在一起。

時隔十二年後的1978年12月20日，上海市歸國華僑聯合會和中國人民銀行上海市分行，為黃欽書召開了一場遲到的追悼會，並為他平反。追悼會後，黃欽書的骨灰被安放在上海公墓，得到安息。

歷史在發展，時代在變遷，社會在進步，民眾的文化生活日益多彩，近些年，網絡平台出現許多懷舊文學、影視作品。2020年內地一部反映抗戰題材的電影《八佰》創票房超過十億的新高，許多觀眾搜索四行保衛戰的背景、

● 黃欽書追悼會通告，黃騫提供

四行倉庫和中南銀行史，以及銀行創辦人黃奕住、繼承人黃欽書的

資料，才了解到黃奕住父子及中南銀行這段幾乎被湮沒的歷史。然而，不少網站介紹黃欽書的詞條時，都把他出生的時間、地點以及歸國的時間和去世的時間、地點都弄錯了，這裡有必要更正一下。有詞條說黃欽書是1966年11月9日在上海去世，其實應該是1966年11月20日，在廈門鼓浪嶼鼓新路42號家中，心肌衰竭去世；關於黃欽書的回國時間，也不是詞條說的1950年自港回滬定居。黃欽書1893年在福建南安出生，十四歲（1907年）時，從家鄉南安到印尼三寶壠，跟隨父親黃奕住搏擊商海；黃奕住回國定居後，他又聽從召喚，於1923年回國，協助父親在廈門創辦公用事業和在上海創辦中南銀行，直至出任中南銀行董事長兼總經理，當時他已定居上海。據黃欽書的後人說，1945年6月黃奕住去世，黃欽書在鼓浪嶼家中守孝三年，1947年母親王時去世再守孝三年，直到1950年初，黃欽書計劃出行香港、新加坡、印尼等地，視察黃聚德堂在海外的企業，遂從廈門出發，第一站到香港中南銀行，為香港《大公報》的費彝民社長勸說，沒有去成新加坡、印尼而返回上海，參加中南銀行與金城、鹽業、聯合、大陸五家銀行成立的「北五行」聯營，北五行於1951年成立聯合管理處，改組為公私合營。1952年秋，公私合營銀行成為中國人民銀行的構成部分，黃欽書出任公私合營銀行副董事長。黃家在國內投資的其他所有企業也都在那時被公私合營。他出任兩屆上海市僑聯主席，定居上海。黃欽書在「文革」中不幸逝世，費彝民有所感觸，為此在1978年黃欽書追悼會上敬輓了花圈致意。

在香港中華書局2020年出版的《口述杜月笙傳》一書中，杜月笙的小兒子杜維善口述歷史，回憶起一件往事：1949年，杜月笙到香港，住在堅尼地道的一座大房子內，那座大房子是一個移居香港的上海銀行家的住宅。青幫頭子杜月笙於上世紀四十年代中曾任上海金融同業會會長，青幫是當時上海灘最大的黑社會組織，杜與軍統頭子戴笠情同兄弟，與南京政府關係密切。上海解放後，很多銀行家跑到香港，觀察新政府對金融行業的政策，蔣介石派人到香港游說杜月笙去台灣，這樣可以讓上海銀行家去台灣或將資金留在香港。另一方面，政府也通過杜月笙的好友章士釗勸說杜月笙回上海

為銀行金融事業出力。結果杜月笙以故意投錯信的方式告訴台海兩岸，表示既不回內地，也不會去台灣，只留在香港治病，最後因病在港去世。而彼時黃奕住長子、中南銀行董事長黃欽書也因商務前往印尼，中途路過香港。費彝民先生知道黃家一門都是愛國華僑工商業者，受命動員他回上海協助新政府重整銀行業。黃欽書欣然回國，在銀行和保險業界的公私合營中出力甚多，並擔任內地「公私合營銀行」的副董事長，居功至偉。這也是三十年後，費彝民為此而撰寫《黃奕住先賢》一文的緣起之一吧。

黃欽書之死，如何定案，歷史上有這麼一段文件記載：1980年9月29日全國人民代表大會常務委員會第十六次會議通過成立最高人民檢察院特別檢察廳和最高人民法院特別法庭，檢察、審判林彪、江青反革命集團案，11月2日最高人民檢

● 1957 年端午節黃欽書與陳嘉庚在廈門集美南輝亭觀看龍舟賽，《廈門日報》資料

察院特別檢察廳「特檢字第1號」起訴書，目錄第二部分三十八條中寫道：在林彪、江青反革命集團及其幫派體系骨幹指揮、煽動下，冤獄遍於全國。其中「歸國華僑、僑眷，僅十九個省、市被誣陷、迫害的就有一萬三千多人，二百八十一人被迫害致死，方方、許立、黃潔、陳序經、黃欽書、陳曼雲等僑務界著名人士被迫害致死」。以此為之平反，是為蓋棺定論。

● 黃奕住墓，黃奕住曾孫女婿陳世晞教授攝於 2018 年清明節

● 1979 年 7 月 5 日黃奕住第三次安葬儀
式時黃家人合影，黃世華夫人提供

中共十一屆三中全會以後，中國進入改革開放的新時期，「文化大革命」中的大量冤、假、錯案陸續得以平反昭雪。1979年廈門市人民政府特許在鼓浪嶼三丘田黃聚德堂房產之地的花園中，由黃聚德堂出資重建黃奕住、黃奕住母親（蕭嬌娘）、還有黃奕住的原配（王時）之墓。這是黃奕住的第三次安葬——以埋葬骨灰盒的方式讓他再次入土為安。

1945年黃奕住去世時，第十二子黃世華才九歲。1949年底他跟著自己的母親吳新會定居香港，後到美國讀書，大學畢業後在美國北部的俄亥俄州大學當教授。1979年，在美國生活近三十年的黃世華，第一次帶著母親、太太及三個兒女一行六人回到廈門，參加父親骨灰的安葬儀式。黃世華說：「父親的三次葬禮我都參加了，往事仿佛就在昨天，父親再次入土為安，我的心也就跟著安定下來。」在廈門，各房後代第一次重聚，面貌處境各不相同，令人唏噓。

三 | 龐大財富與文化遺產

1 遺願

1943年4月25日，黃奕住76歲，自感身體日衰，立下遺囑。這份遺囑既透露了他對自己一生的評價，也可以看出他最後的心願。他寫道：「余一生勤儉持身，忠厚待人，對於國家社會之事，雖不敢上擬先憂後樂之倫，亦未嘗稍忘匹夫有責之義。時人不云乎：精神遺產重於物質。所望各兒女善守吾產，尤望各兒女同心協力，善師吾行，勉為跨灶之圖，勿招損智之誚，則吾生雖有涯，而吾之精神可以不朽矣。勉之，勉之！」黃奕住企求的是他身後，其財產能夠繼續貢獻人群，其精神能不朽。

黃奕住擁貲數千萬，然而他把他的精神遺產看得比物質遺產

更重要。他首先希望他的兒女們能「善師吾行」，繼承和發揚他對國家先憂後樂、匹夫有責的精神。享受黃奕住物質遺產實惠的黃奕住之直系親屬眾多，受其餘蔭者亦不乏人。然知其創業之艱辛，精神之可貴，圖光大而見諸行動者，卻為數不多。

作者從黃聚德堂在香港的檔案看到，黃世華2011年有一封信寫給黃聚德堂各董事，信中寫道：「現在是大家仰望黃聚德堂，報答恩公黃奕住，並且為黃聚德堂做貢獻的時候了。雖然黃奕住已經離開我們六十六年了，但通過他的愛和奇跡，我們現在仍受惠於他。我真誠的希望所有現在仍然依靠黃奕住的人應該開始戒掉依賴性……最後，我要提醒大家，黃奕住不欠我們任何一人任何東西。我個人不相信我父親欠我任何東西，不過，我堅定的相信我欠我的父親實在太多，包括我的生命、我今天的為人及一切。我想你們應該也會有同感。」

上述黃世華教授信中感言，正是「後人復哀後人，夫復何言」。黃世華的信件使人記起一千多年前唐朝泉州首富，紫雲黃氏始祖黃守恭寫給兒子們的《示兒詩》：「駿馬登程往異方，任從隨處立綱常。汝居外境猶吾境，身在他鄉即故鄉。且夕勿忘親命語，晨昏須薦祖宗香。蒼天有眼長重佑，俾我兒孫總熾昌。」黃守恭以詩寄語子孫不要依賴祖宗家業，而要自力更生，艱苦奮鬥，依靠自己的智慧和勤勞開創美好的生活，並誠勉子孫富貴忽忘祖國故鄉和祖輩。

❷ 物質遺產

一百多年前的1919年，黃奕住滿懷雄心壯志回國定居，從僑居地印尼三寶壟帶回四千萬元，開始了他的實業興國之旅。黃奕住用畢生精力和心血，為中國的金融業、保險業、工商業、公共事業、教育事業、公益事業作出巨大貢獻。他曾創造輝煌、創造奇跡、創造傳奇。他是近代中國著名的愛國華僑企業家、金融家、社會活動家和慈善家；是廈門及上海現代化市政建設的推動者，居功厥偉；是鼓浪嶼黃家花園的創建者；是中南銀行的締造者；是中國太平保險的引領者。他在廈門大規模投資基礎設施，興修馬路、改造街道、造

建房產、發展交通，為公用事業及公益事業作出貢獻的同時，將主要資金和主要精力放在上海創辦中南銀行，通過中南銀行發行貨幣，仿效美國聯邦儲備局，與金城銀行、鹽業銀行、大陸銀行組成四家銀行聯合儲蓄會、準備庫，吸收和調劑資金，投資和支持工商業。他改組太平保險公司，引入再保險等國際業務，使之成為中國保險業歷史最為悠久的民族品牌。在商業方面，通過設在上海、漢口、廈門等地的日興行，經營進出口業務。他成立誠孚信託公司、中美投資信託公司、中國物產公司等，經營業務涉足多個領域。在交通建設方面，他在河北投資開灤礦務公司，在福建閩西投資礦業，在廣東和福建投資鐵路。在工業方面，他在上海、天津、廈門、香港等地一些企業投有資金，如中國最早的化工企業——天津永利化

● 虎豹別墅織錦圖，黃奕住玄孫女黃愉攝於 2021 年春天

學工業公司，還有上海南洋兄弟煙草公司、先鋒電機廠等。根據《全國銀行年鑒（1937年）》中的中南銀行投資記錄，中南銀行在國內投資的附屬機構有：上海德豐紡織股份有限公司（全資）、上海新裕紡織股份有限公司、上海益中福記瓷電公司、上海誠孚鐵工廠、上海隆茂紗廠；南京民生實業公司、南京肥皂廠；天津新洋灰公司、天津恆源紗廠、天津裕元紗廠、天津北洋紗廠等。這些投資，扶助和發展了中國民族工業，推動了國家和地方社會經濟的現代化、工業化發展，是混合型經濟的模式。

黃奕住眼光超前，屢創奇跡。當許多商人還在按斤論兩經商，計較蠅頭小利時，他已在國際市場炒糖期貨，日進萬銀；當錢莊、當舖經營者業務還在換代升級為銀行時，他的中南銀行已仿效美國聯邦儲備局，與當時世界最新型的金融銀行業接軌，聯合鹽業、金城等銀行聯蓄發鈔，共同承擔責任。這種聯合方式，開創了中國銀行界合作營業的先河，從而被寫入史冊；當一些保險公司還在投保水火財產時，他的太平保險已涉足人壽保險，引入

再保險業務，引領中國保險業走向國際保險市場。此外，黃奕住還在教育、文化、衛生醫療、慈善事業方面大量捐款。他繼承了中國商人與華僑的優良傳統，大力興學，為桑梓社會福利事業出力，更是讓人點讚。一百年過去了，雖然他所投資的產業已面目全非，易名易主，只剩下黃聚德堂名下的幾十幢私人房產和有名無實的太平保險公司名稱，但他窮則思變的奮鬥精神和踐行以信義重於性命的經商敬業的傳奇卻會永遠口碑載道。

往昔的太平保險公司於1935年在香港設立分公司，同年新加坡華僑胡文虎的私人大院虎豹別墅也在香港落成，廈門籌建院委員等人送了一幅織錦圖祝賀。現在虎豹別墅已改名「虎豹樂園」，獲香港政府撥款13,400萬港元作工程維修營運。翻新後的大樓保留昔日的古色古香，環境好似外國音樂學院。大宅花園和地下大堂開放予公眾參觀，在大廳左側仍然掛著有黃奕住等名字的織錦圖，亦保留了他與香港商界的交往記錄。

❸ 精神財富

黃奕住的一生經歷和思想言行，在老一輩華僑和歸僑中是有代表性的。他原是一個在蔽塞鄉村困苦為生的中國農民，被迫出洋謀生，經過幾十年的艱苦奮鬥，勤儉節約，精心經營，從一貧如洗的剃頭匠、肩挑小販而成為印尼華僑巨富，從自發的具有淳樸鄉土觀念的中國移民而成為自覺的憂國憂民、熱愛祖國及家鄉、積極支援資助並直接從事祖國及家鄉各項建設事業的愛國華僑領袖、華僑企業家和民族企業家，受到廣大華僑及鄉親們的推崇。他畢生「行事既善，聲聞以廣」。回國後，疊受政府大綬寶光嘉禾章之褒，廈門總商會、市政建設委員會之正、副會長之聘，鼓浪嶼工部局補推他為華人董事，並曾被僑務局聘為高等顧問等職。他利用其在鼓浪嶼政商界的華人首席地位，折衝縱橫，為將外侮竊佔的鼓浪嶼主權歸返祖國作出巨大貢獻。這不僅是包括他在內的廈門人民的勝利，而且是洗徹國恥、彪炳史冊的偉大功果。他拒絕到政府當官，而「蓋舉國中朝野，咸於府君（黃奕住）敬禮有加焉」。他在國外賺大錢，

還是堅持中國籍，他拒絕附庸外國籍可以免稅的誘惑，做一個堂堂正正的中國人，毅然攜資回國，參加祖國建設，實業興國。他的作為，與當代一些一邊賺中國的錢，一邊把資產轉移到國外，把資金存到外國銀行，以加入外國籍為榮的假洋人，形成鮮明對比。黃奕住的經歷真實地反映了華僑漂洋過海艱難謀生、艱苦創業、積累財富、報效祖國、回饋鄉梓的生動歷程，是一部閩南華僑史的縮影和代表。

他的一生具有濃厚的傳奇色彩，他對鼓浪嶼、廈門，乃至福建、上海和全國的現代社會經濟建設所做出的卓越貢獻，更值得後人敬仰。雖然由於歷史時代和社會等原因，黃奕住的思想言行有一定的局限性，但他一生始終堅持愛國愛鄉的愛國主義思想，為做一名中華民族的兒女而自豪。直到臨終之際，他仍諄諄教誨其子孫，要繼承其遺志，忠於祖國。這是他精神的寫照，體現了他赤子之心的家國情懷，這些思想品德是值得人們學習和紀念的。

在中國近代和現代史上的富豪和歸國華僑中，黃奕住可能是長期被完全忽略的一個，上文首次披露1980年5月7日香港《大公報》刊登了一篇由其前社長費彝民寫的介紹黃奕住的短文《黃奕住先賢》，這可能是第一篇將黃奕住與陳嘉庚相提並論的文章，該文寫道：「近代海外華人，成為中國偉人者，黃公奕住與陳公嘉庚，蓋殊途同歸，為東方啟明之前輩，為中國閩中之巨靈。」費彝民把這篇短文剪報寄給廈門的黃長溪。改革開放後，中國重新重視吸引僑資，追憶歷史，有報刊開始提起黃奕住。在黃奕住逝世四十年之際，福建省人民政府贈給他「樂育英才」的匾額與獎章，以表彰他創辦南安縣斗南小學之舉。從此時起，包括《人民日報》在內的各種報刊、書籍、紀念冊，不時發表有關黃奕住事跡的文章、資料，中央電視台、地方電視台開始介紹黃奕住生平，福建省人民政府修纂的《福建省志》、廈門人民政府修纂的《廈門市志》、南安縣政府修撰《南安縣志》均載有「黃奕住」條目及專項。廈門華僑博物館將黃奕住的遺像高懸在回國投資欄中，泉州市僑聯設立《愛國華僑實業家黃奕住》陳列館。工具書《辭海》在修訂時也增設了黃奕住專條，

● 鼓浪嶼世界遺產石碑，後面背景是日光岩及黃家花園，孫立川攝

網絡平台也設有黃奕住專題。湖南人民出版社、廈門大學出版社先後出版了趙德馨教授及他與馬長偉教授著寫的《黃奕住傳》兩種版本。在鼓浪嶼申請世界遺產的展館中，「中南銀行專題館」正是圍繞著黃奕住展開。黃奕住的傳奇人生時被傳播，黃奕住實業興國，為社會做貢獻的事跡與愛國愛鄉精神常被讚揚。香港《大公報》中〈黃奕住先賢〉讚黃奕住「積極經營中南銀行，促進中國在國際貿易新生力量，支援中國工商企業，至中國抗戰最後勝利，保持中國銀行界元氣，是三十年代至四十年代中華民族最偉大的銀行家，而大造於中國。」今時讚揚黃奕住，其中最值得書寫是他持守的金融文化和他建設現代化城市之貢獻，這是黃奕住一生為後人留下了的最寶貴的精神遺產。

2017年9月4日上午，聯合國教科文組織總幹事伊琳娜·博科娃在鼓浪嶼黃奕住故居黃家花園別墅正式向廈門市政府頒發「鼓浪嶼：歷史國際社區」聯合國教科文組織世界遺產證書。鼓浪嶼被列入中國第五十二處世界遺產，「世界遺產」的紀念石碑就擺放在黃家花園南樓東門外的空地上。在黃奕住歸國定居於鼓浪嶼的102年之後，他生前念念不忘的中國自立於世界強國之林的宿願，在其親建的花園得於實現，他九泉之下有知，當可瞑目也！實業興國是黃奕住的回國夢，他的初心，他的抱負，他的付出，他的實踐，他的家國情懷、奮鬥精神、金融文化已經融入世界遺產，感召世人，彪炳千秋。人間正道是滄桑，歷史將銘記他的功勛與精神。

後記

　　本書寫作緣起於2019年11月中，本書作者之一的我（孫立川）受福建石獅市萬祥文教論壇邀請去作一場演講，名曰「華僑與教育」，主要介紹陳嘉庚先生與黃奕住、黃仲咸和黃有恆先生對家鄉和祖國的教育事業的貢獻。那天晚上，貴州董酒集團董事長蔡友平兄與我聊起這個話題：華僑為何如此熱心支持鄉梓的教育？我認為原因之一是：在海外事業成功的過程中深感年幼失學的痛苦，在外侮的壓迫下深感民族獨立與國民教育的重要。蔡友平先生是一位成功的民營企業家，他非常讚賞這幾位華僑領袖致富之後反哺中國的壯舉，中國要自立於世界民族之林，一是要教育興國，一是要實業救國。本書傳主的摯友陳嘉庚先生曾振臂高呼：「教育為立國之本，興學乃國民天職。」而奕住先生也是如此。我舉郡人蘇大山先生當年為傳主所撰《南安奕住黃先生墓誌銘》所云：「君每以少時失學為憾，故刱辦斗南學校於樓霞鄉，慈勤女子中學於鼓浪嶼。而新嘉坡愛同學校、華僑中學、廈門大同中學、英華中學、北京大學、廣東嶺南大學、上海復旦大學，均倡捐巨資不吝。」友平先生對同鄉二位商界翹楚前輩的毀家興學和實業報國精神欽敬不已。他希望我能就黃奕住的經歷寫一部更全面的人物傳記，因為他的經歷真實地反映了華僑漂洋過海、艱苦創業、累積財富、報效祖國的生動歷程，是一部刻畫閩南華僑愛國愛鄉代表性人物的丹青之書，當可激勵後人。

　　另一個起因是我二十年前編製陸鍵東的《陳寅恪的最後二十年》繁體字版時，始知黃奕住女兒黃萱先生助陳寅老晚年的教學與學術功莫大焉。十幾年前與黃騫先生相識，方知黃萱先生生前拜託其夫家親戚趙德馨教授撰著《黃奕住傳》之始末。本欲助趙、馬二位教授在港出繁體字版《黃奕住傳》，因版權問題受阻而不能成事。今年是中南銀行成立百年之紀念，因此機緣，應香港中華書局出版社之邀為黃奕住立傳，而友人中有香港中南銀行的老員工聞聽此訊亦甚表支持，我們遂決定著手撰寫。大疫當前，禁足室外，這本書的寫作反得益於此，真可謂禍福相倚！

本書寫作引用的資料，部分是公開的檔案和學術報刊的內容，有部分引用黃萱收集的史料。1998年12月17日至20日，黃聚德堂董事會議在黃家花園召開，黃萱參加會議致辭說：「今天能在奕公創建的地方與大家歡聚一堂共商家事，很是高興。今年是奕公誕辰130周年，奕公一生艱難創業，熱愛祖國，熱愛家鄉，熱心教育公益事業，我花了十幾年的時間，多方收集資料，商請趙德馨教授執筆出版了《黃奕住傳》，略寄對長輩的思念，亦希望能轉告黃家子孫先祖之偉大精神，得以學習而發揚光大，希望大家能詳閱，更希知情者將盡所知予以補充修訂，務使更臻完善。」

本書也引用黃聚德堂存在香港的部分原始檔案資料，再者，書中有相當部分是我們二位筆者所作的田野調查、廣集採用及發掘的新史料。還在馬長偉教授的幫助下，增補傳主「大事記」作為附錄。此外，在搜尋、採集、整理檔案資料過程中，也得到香港張麗真經濟師很大的幫助與支持。

《黃奕住大傳》五個字是選用中南銀行檔案中黃奕住本人的手書墨跡。本書採用非虛構寫作，由朱南撰寫書稿，孫立川則負責撰寫部分章節及全書的統稿、修改和補充。需要說明的是，本書既不是一部經濟史的學術專著，也非文學創作加工的歷史小說。我們希冀用史學的求真精神，重構傳主所處的歷史背景及其個人的社會生活軌跡，因而本書大量援用了華僑史、閩南地方文史及民國時代的中國金融發展史及其傳主生前所創立的黃聚德堂的原始檔案。

很榮幸的是，原中國銀行副董事長兼港澳管理處主任黃滌岩學長在百忙之中特為本書撥冗賜序，老學長在序中高度評價了黃奕住先生畢生愛國愛鄉的赤子情懷和遠見卓識的人生抱負，深為世人所敬仰。這篇序文是對黃奕住一生行事的評價。傳主生於窮國，全靠自己矢志不移的努力而成就了舉世矚目的商業成就，1919年攜巨資回國創業，反哺家園，造福鄉梓，為中國近代金融業的先驅之一。他秉承的是儒家中國的傳統，為近代中國的金融實業步入世界先進行列而費盡了心血。黃滌岩學長與我們都是廈門大學校友，與有榮焉，謹在此特別表示謝忱。

应予感谢的还有為本書寫作提供資料、照片的單位和朋友：廈門大學圖書館、廈門大學南洋研究院、廈門大學檔案館、廈門大學校友總會、旅港廈門大學校友會、廈門紫日照相館、鼓浪嶼中南銀行館、泉州市僑聯、泉州歷史文化中心、泉州市佛教協會、原私立海疆資料館負責人陳盛明先生遺屬、貴州董酒集團、南安市台港澳辦、南安市政協、南安市僑聯、南安金淘鎮僑聯樓霞村委會、南安斗南小學、石獅市萬祥圖書館；以及美國的黃世華、鄭大明、黃仲鶴、譚汝謙；德國的黃文銓；日本的洪詩鴻、刈間文俊、陳傑中；新加坡的卓南生；香港的林廣兆、林志勝、鄭河水、柯君恆、王麗霜、蔡新民、蔡尚楷、王建平、黃飛、黃愉、林貢欽、黃俊如、王春新、黃隆基、周立群、陳學然、邱立本、陳新林、黃慧如、李大洲、周全；北京的汪毅夫、陸文虎、余世存、夏蒙、陳徒手；上海的張徐樂；天津的黑廣菊；河南的李桂鴿；武漢的趙德馨；安徽的馬長偉；大連的史振中；廈門的汪一凡、張長虹、林聰明、周菡、陳世晞、陳芳、何丙仲、朱家麟、洪詩林、徐學、安東；廈門大學的林祖庚、鄭學檬、潘世墨、周東平、謝華斌、曾國彬、陳世雄；廈門大學中文系1979級的王顯中、楊流昌、連錦添、王偉明、朱耀斌、林堅；福州的黃世宏、盧仁輝、章紹同、劉登翰、王來文；龍岩的王笑芳；泉州的周焜民、郭景仁、楊文淵、林英明、黃清海、蔡勝鐵、嚴文堪、呂秀清、黃華忠、黃平陽、鄭文偉、吳澤華、黃印棉、釋向願、釋道興、陳青蔚、林良標等。

第三個應該感謝的是黃奕住後代家族成員對我們的支持。他們提供了黃聚德堂的有關檔案資料，其中有不少是第一次公諸於世的。黃家子孫散居在美國、印尼、新加坡、加拿大、德國等十幾個國家之中，長者已是耄耋老人，年輕者已及第五代的金融從業者，共計五百餘人。筆者約訪黃奕住子孫四代人，包括美國的黃世華（第十二子）、美國的黃仲鶴（第五子黃鼎銘之子）、德國的黃文銓（第三子黃浴沂之孫）、香港的黃飛（長子黃欽書之曾孫），他們或用自己保存的資料及照片，或用自述形式提供個人成長經歷及資料，部分地參與本書寫作過程。特別感謝黃騫先生支援出版拙書而新收

集並提供補充材料。黃騫先生與我為鄰，不憚煩瑣，不僅提供各方資料，而且省覽全書，指謬改錯，並表示他對由其所供資料及各種自己保存的檔案資料、照片負全責。我們本著對歷史負責，尤其重視要全方位地依靠真實史料來敘事，做到言之有據，對所引用的資料盡量求證落實，寧缺勿濫，期能多角度為黃奕住立傳，也希望藉此還原民國金融發展史上的一些客觀事實。因此，書稿草成之後曾在其中一部分黃氏家族成員中流傳，務請他們進行了地毯式糾錯、甄別及補充，這個做法甚有成效。

雖然我們盡量想從更多真實的事蹟中表現傳主的個性，限於篇幅及水平不逮，還是留有許多遺憾與不足之處，這是要向讀者告罪的，希望大家多批評指正，以期將來有機會再版時予以糾錯與補充。

本書完稿於2021年7月，正是傳主故鄉獲聯合國教科文組織第四十四屆世界遺產會議決議通過「泉州：宋元中國的世界海洋商貿中心」入選聯合國教科文組織世界遺產名錄，成為中國第五十六個世界遺產的歷史時刻。書首〈楔子〉一文是2017年7月8日，「鼓浪嶼：歷史國際社區」被聯合國教科文組織列入世界遺產名錄，成為第五十二項世遺項目作為開卷，其時適值金磚五國會議在廈門召開之際，當年9月4日上午，聯合國教科文組織總幹事伊琳娜・博科娃博士在鼓浪嶼黃家花園中向廈門市市長頒授了遺產證書。巧合的是，本書傳主又與泉州的申遺成功遙相呼應。在泉州這次申遺成功被列入的二十二個遺產點中，有泉州開元寺的東西塔，東塔是1926年由黃奕住獨資修繕的。

本書於香港完成寫作。香港也是傳主人生逆旅中的一個重要的驛站，他數次經香港往返於故國與南洋、東洋之間，他在香港設立勝興行做貿易生意，1934年又設立中南銀行、1935年再設立太平保險公司這二大名牌，在香港金融發展史上佔有一席之地。1918年，他曾在印尼遭遇商業危機，又是香港的船行為他力挽狂瀾，使其事業轉危為安。他在香港商界與胡文虎、胡文豹兄弟、何東爵士等商界名人交往密切，他的愛子黃鼎銘在香港遇難，長眠在跑馬地

的墓園。香港又是南洋華僑的投資之地、龍興之地。此書得以在這個世界矚目的國際金融中心出版，相信傳主九泉之下有靈，會為今日中國的強大，香港金融的成功而開懷歡笑的。

末了，本書的編輯出版得到聯合出版集團副總裁趙東曉博士、現任香港中華書局總經理兼總編輯侯明女士及助理總編輯顧瑜博士的幫助，尚此致於衷心的感謝！

今年4月6日適值廈門大學建校百年，而7月5日則是中南銀行成立百年紀念。向創建廈門大學的陳嘉庚校主致敬！向中華金融現代化之先驅黃奕住致敬！謹以此書獻給一百年來所有為祖國現代化作出不朽貢獻的華僑先賢們！

孫立川、朱南　謹記
二〇二一年七月初稿
二〇二一年十月第二稿
二〇二一年十二月定稿

附錄: 黃奕住（1868—1945年）身前身後大事記

1868年

（清同治七年，戊辰）

12月7日（農曆10月24日），黃奕住在福建省南安縣十四都樓霞圖石筍村（今為金淘鎮樓下南豐村）出生。其祖上為唐朝泉州城中的大財主黃守恭，乃捐桑園建泉州開元寺的大檀越。黃奕住是其南安分支，黃家世代為農。父親黃則華在務農的同時，兼作手工業，為人修理農具。母親蕭氏，名嬌娘（死後私謚慈勤）。黃家幾代都是貧苦農民。黃則華渴望能留住剛出世的、可以傳宗接代的長子，給他取了個單名叫「住」，乳名阿住。在《江夏紫雲黃氏大成宗譜》上，其先祖為黃守恭的長子，二世。黃奕住則為第一百五十一世了。

1874年

（清同治十三年，甲戌年）

1874年，黃奕住六歲，黃則華送他去私塾讀書。在黃姓族氏中，阿住屬「奕」字輩，故學名為奕住。

4月27日，日本藉口琉球「牡丹社事件」，悍然出兵台灣。

10月21日，愛國華僑陳嘉庚出生於泉州同安縣集美。

1876年

（清光緒二年，丙子年）

1876年，黃奕住八歲，鄰村一家姓王的農民，家境貧寒，要將女嬰王時送給黃奕住家鄰居做童養媳，誤送到黃奕住家門口。事後，王時的父親發現送錯了人家，又來到黃奕住家中，想索回王時。他發現黃則華家雖窮，卻是一戶正派勤勞人家，黃奕住又在讀書，長相也好，應對中顯示出忠厚、聰明，很是賞識，便同意讓王時這個比黃奕住小八歲的女孩做他的童養媳。

1880年

（清光緒六年，庚辰年）

1880年，黃奕住十二歲，跟隨伯父學理髮。在光緒（1875至1908）初年的閩南鄉村，理髮這門手藝，除了剃頭之外，還要編辮子、修容、挖耳（清除耳垢）、刮眼（刮沙眼）等技藝。黃奕住從師三年，學成出師，成了一位能獨自營業的青年理髮匠。十五歲即已開始以此謀生，貼補家庭經濟來源。

1884年

（清光緒十年，甲申年）

1884年某日，黃奕住為一豪紳理髮，因修面時，豪紳突然咳嗽，帶動頭部顫搖，黃奕住冷不猝防，手中剃刀微傷其額角。豪紳卻大發雷霆，又是斥責，又是謾罵，並揚言日後要找他算賬。黃奕住百般無奈，驚恐之下，萌發去南洋的念頭。南安貧瘠，地少人多，而黃則華家徒四壁，破釜沉舟，遂賣了祖傳的一丘田，得價三十六元，給黃奕住充作出國旅費。母親手置行裝，讓他帶著幾件衣服與理髮工具走路到廈門，隨同鄉前輩出國。

8月23日，法國艦隊襲擊福建水師，馬尾海戰爆發。

1885年

（清光緒十一年，乙酉年）

1885年，黃奕住揹著簡單的行裝，徒步百里走到廈門，預備卜南洋。閩人出洋，向南走的，差不多都是先到新加坡，然後到馬來西亞各埠、東印度群島和泰國等地，形成了華僑移民行動的一條路線。黃奕住向前輩討教，決定沿這條路線去新加坡。

黃奕住出國的時期，也是福建人大批出國的時期，平均每年約五、六萬人。大部分陸續從新加坡轉到南洋其他各地。黃奕住到達新加坡後，以理髮為生。每天挑著理髮擔，到碼頭等人多的地方，特別是窮人多、華人多的地方，為人剃頭。熟人們親切地稱他為「剃頭住」。「剃頭住」這個稱呼，伴隨著黃奕住初入南洋四年的漂泊生涯。

黃奕住在新加坡的這一年雖然在經濟上所獲甚少，但對新加坡華僑的友愛之情留下了很深的印象。後來，他發達之後給新加坡一所華僑小學捐款15,000元（可買一棟小學教學樓），給一所華僑中學捐款50,000元（可買中型樓房兩座），

以此表達對新加坡華僑的一片感激心意。

4月4日，中法戰爭停戰協定簽定。6月9日，李鴻章與法國公使巴德諾在天津簽訂《中法新約》。10月12日，清政府下詔在台灣設立行省，任命劉銘傳為台灣巡撫。

1886年

（清光緒十二年，丙戌年）

1886年春天，黃奕住在鄉親的介紹下，轉到了雪蘭莪港。在雪蘭莪，黃奕住為種植園中的華僑理髮，以此為生。黃奕住奔波在這些華人辦的種植園之間，為這些園主和園工理髮，收入很少，同絕大多數華僑勞動者一樣，生活頗清苦。

1887年

（清光緒十三年，丁亥年）

1887年，黃奕住隨同幾個熟識的鄉親越過馬六甲海峽，到了海峽西岸的荷屬印尼蘇門答臘島的棉蘭。初到棉蘭，黃奕住仍以理髮為業，所得僅足餬口，情況並不比在新加坡、雪蘭莪好。

1888年

（清光緒十四年，戊子年）

1888年，黃奕住南下，轉到爪哇的三寶壟市。續以理髮為業，自食其力，熟人亦親切稱他「剃頭住」。某日遇老華僑魏嘉壽先生借給他五盾做本，勸黃奕住轉行從商。黃奕住將八年須臾不離身的理髮工具全部丟到海裡，果斷地與過去告別，踏上新的人生道路。

同年3月3日，首任台灣巡撫劉銘傳正式上任，台灣省正式建立。10月7日，北洋海軍正式成立。

1889年

（清光緒十五年，己丑年）

1889年，黃奕住將魏嘉壽借給他的五盾，加上幾年來省吃儉用節

約下來的一點積蓄，作為本錢，販些日用小雜貨及食品，挑到郊區土著村落叫賣，同時向村民收購土特產，挑回三寶壟市內賣給市民和商人，從買賣的兩頭中賺得蠅頭小利。兩個月後，黃奕住便將欠款還清，成了自有資金的肩挑小販。將做生意的範圍從鄉村轉移到了城市。

黃奕住漸漸有了盈餘，在三寶壟美國花旗銀行樓前，租一固定地點，擺設咖啡茶檔，兼賣食品，因而結識了漳州籍華人、生於印尼的蔡韁娘。

1890年

（清光緒十六年，庚寅年）

1890年，黃奕住與蔡韁娘成親，在三寶壟有了一個穩定的家庭，這使得黃奕住後來在社交、經商、購置產業上得到了不少便利條件。蔡氏繼續經營咖啡攤，黃奕住則騰出手來另覓財路，經營蔬菜與雜貨。營業的地址選在新興起的佐哈爾市場，黃奕住在該市場租了一個固定攤位，經營日用食雜及土特產品。

1891年

（清光緒十七年，辛卯年）

1891年，黃奕住租了房子，辦起了一個掛上招牌的雜貨店。黃奕住給他的雜貨店取了一個吉祥的名字——「日興」（稱為「黃記日興」或「黃日興」），寓日日興隆之意。黃奕住和蔡韁娘善於觀察市情，又講求信用，生意蒸蒸日上，積蓄日多。隨著生意的開展與資金之增多，日興店又開闢了批發業務，變為批零兼營的日興商行（人們口頭稱它為「日興行」），這是黃奕住人生的第二個轉折點，標誌他已經由經商小販成為店主。

1894年

（清光緒二十年，甲午年）

1894年，黃奕住回到闊別十年的家鄉，遵父母之命與童養媳王時舉行結婚儀式。在家住了三個月，在家鄉找了三個人做幫手：葉

源坪、黃則盤與黃奕宿。他們三人與黃奕住一起到達三寶壠，成為日興商行的主要夥計。此後終身是黃奕住的得力助手和代理人，並因此也變為富有者。

1894年9月17日，中日甲午戰爭爆發。

1895年

（清光緒二十一年，乙未年）

1895年，黃奕住主要經營出口貿易中增長速度最快的商品——蔗糖。黃奕住的日興商行到各地糖廠收購蔗糖，轉手交易，獲利豐厚，財富積累開始，經營規模與資本像雪球一樣滾動式發展。

1895年4月17日，中日甲午戰爭結束，李鴻章和伊藤博文簽署《馬關條約》，將台灣、澎湖列島割讓給日本。5月2日，康有為聯合在北京會試的舉人1,300多人聯名上書光緒皇帝，史稱「公車上書」。

1897年

（清光緒二十三年，丁酉年）

1897年，黃奕住剛滿三十歲，已擁資近百萬盾，成為百萬富翁。黃奕住將業務擴展到三寶壠以外的地區，先後在中爪哇的北加浪岸、西爪哇的巴城、東爪哇的泗水、蘇門答臘島的棉蘭和巴領旁，設立日興行的分行，經營糖的批發和出口貿易。黃奕住已將他的生意範圍擴大到了荷屬東印度的境外了。

1897年10月，德國藉口兩名德國傳教士在山東巨野被殺，派軍艦強佔膠州灣。

1900年

（清光緒二十六年，己亥年）

1900年印尼華僑的第一個愛國組織 ——「中華會館」在巴城成立，主要活動是聯絡鄉親，重鄉情，團結華人力量。

1900年，爆發義和團運動。8月14日，八國聯軍入侵北京，慈禧、光緒棄京出逃。

1901年

（清光緒二十七年，辛丑年）

1901年3月7日印尼中華會館建立第一所附屬學校——巴域中華學堂正式開學。

1903年

（清光緒二十九年，癸卯年）

1903年，黃奕住經過幾年奮鬥，已站穩腳跟，成家立業，並略有積蓄。當年他再次回到南安，經過當面考察，一舉收養三個兒子，命名欽書（1893年生）、鵬飛（1896年生）和浴沂（1899年生）。他們成了黃奕住的長子、次子和三子。

1903年7月16日，清廷商部正式成立。奕劻之子載振補授商部尚書，伍廷芳、陳璧補授左右侍郎，後又聘張謇充當商部頭等顧問。商部成立後，清廷頒發了《商部章程》、《獎勵公司章程》、《重訂鐵路簡明章程》、《勸辦商會簡明章程》、《礦務暫行章程》、《公司註冊試辦章程》等一系列舉辦商務、獎勵實業的章程。

1904年

（清光緒三十年，甲辰年）

1904年1月17日，黃奕住與三寶壟的其他華僑領袖出面組織三寶壟中華會館。黃奕住任財務董事，分工管理該會館及所辦中華學校的經費。

1904年2月8日，日本偷襲旅順口，日俄戰爭爆發，中國東北成為戰場。

10月26日，南洋華僑巨賈張振勛因捐巨款辦實業而受爵。張振勛上書，陳述振興商務十二條款，建議清政府採取招商的辦法承辦農工路礦，提倡抵制洋貨，以商戰的辦法收回失去的利權等，在朝野中引起很大的反響。清廷補授其太僕寺正卿，任命為商部考察外埠商務大臣兼督辦閩廣農工路事宜。張振勛受爵回到南洋後，在檳榔嶼捐資八萬元創辦中華學校，並在南洋籌設華僑總商會。

1906年

（清光緒三十二年，丙午年）

1906年印尼雅加達的華商成立了跨行業的「中華商會」，成為當地華僑商業社團的總機構。從1906年到1911年，孫中山先生七次到東南亞活動。是年春，黃奕住在爪哇接待孫中山，資助同盟會之革命活動，包括起義經費等。

1907年

（清光緒三十三年，丁未年）

1907年，黃奕住回過一趟南安，在金淘鎮中心村尾厝王自然村買了一塊幾千平方米的地，興建一座三進五開間連雙護厝住宅。按金淘僑鄉傳統，那就是「故土造屋」，指的是華僑在海外事業有成之後，回出生地建造或者修繕祖屋以示不忘本及飲水思源之意，黃奕住也不例外。黃奕住這次回家，把十四歲的長子黃欽書從家鄉接到三寶壟，放在身邊學做生意，後來送回國內暨南學堂學習。黃欽書通過實踐和學習，懂得了經商之道，粗通中英文，成為黃奕住貼心的幫手。

1907年3月7日，為了促進三寶壟地區僑商的團結與合作，維護華僑的利益，黃奕住和當地著名的僑商周炳喜、馬厥猷等三十餘人，共同發起組織了三寶壟中華商會。

1908年

（清光緒三十四年，戊申年）

1908年，黃奕住將日興商行改組為日興股份有限公司，註冊資本四十萬盾，經營白糖、咖啡等。股份的絕大部分握在他手中，其餘部分主要列在兒子、女婿名下，少量列在幾個幫手名下。

1908年11月14日，15日，光緒皇帝、慈禧太后相繼去世。12月2日，末代皇帝溥儀登基。改號宣統。

1910年

（清宣統二年，庚戌年）

1910年，父親黃則華仙逝，黃奕住回南安老家奔喪，為父親修了很有氣派的墳墓。在老家小住時，對建成不久的新住宅猶感狹小，故在它的旁邊加建洋樓一座，成為「八卦樓」（當地人又稱「蕃仔樓」）。在南安農村，這是當地第一棟現代化的住宅建築。

黃奕住此次回鄉，將次子、三子接到印尼。他們隨後也成了這個班子中的重要成員。黃奕住在三寶壟市繁華的商業街——中街（中間華人區），買了一座較大的店屋，改建為兩層、五個店面的商業樓房（2010年該處成為三寶壟國際銀行行址）。

同年，黃奕住到新加坡籌建日興公司的分行，此分行的設立，是黃奕住具備跨國經濟力量的第一個標誌。

1912年

（民國元年，壬子年）

1912年1月中華民國宣告成立，印尼三寶壟中華商會發佈籌備慶祝告示，向各僑團募得二萬多荷盾。從2月29日起，進行了兩天的群眾性盛大慶祝活動，黃奕住擔任籌委會成員並負責財務工作。

1912年1月1日，孫中山在南京宣誓就職臨時大總統，改國號為中華民國，定1912年為民國元年，並成立中華民國臨時政府。2月12日，清帝退位，封建君主制結束。

1913年

（民國二年，癸丑年）

1913年，黃奕住的資產已達三百萬盾至五百萬盾之間，躋身於爪哇四大糖商（亦稱四大糖王）之一。其他的三大糖王是黃仲涵（建源公司）、郭春秧即郭河東（錦茂公司）、張永福（盛隆公司）。

1913年1月1日，新加坡華僑陳嘉庚在家鄉創辦集美學校，後漸發展有師範、商專、航海、水產等校集為一處，稱作「集美學村」。

1914年

（民國三年，甲寅年）

1914年春夏間，當地政府籌備在蘭度薩利舉行慶祝荷蘭獨立二百周年的博覽會。這是荷印殖民地有史以來規模最大的一次博覽會。荷印總督伊登伯爾格出面動員富有的華商捐款。現存名單共列名二十一個（公司或個人），其中黃奕住捐一千盾，從這個捐款名單中，可以窺測黃奕住的資產，在印尼華僑中並列第五位。已經大大超過借五盾給他做小本買賣的魏嘉壽（捐五百盾）了。

是年，由歐洲人編寫的《世界商業名人錄》已介紹黃奕住其人其事，黃乃中國人被選為世界級商業名人的第一人。

1914年7月28日，第一次世界大戰爆發。8月5日，英國對德國宣戰。就在這一天，爪哇各地的米價即上漲50%，從每擔十盾漲至十五盾。隨後，政府公佈糧食限價，同時禁止糧食出口。

1915年

（民國四年，乙卯年）

1915年至1916年，黃奕住利用荷蘭殖民政府鼓勵商人投機造成的經濟環境，多謀善斷，購買大宗遠期蔗糖期貨，發了一筆大財。

1917年

（民國六年，丁巳年）

1917年7月，印尼糖業生意的環境突然發生劇烈的變化。黃奕住信用動搖，瀕臨破產，訊息傳出後，黃奕住家債主盈門，紛紛索債。他決定千方百計，竭盡全力來清償債務，保證信譽。寧願破產，決不逃債。

黃仲涵、黃奕住及其他十多個糖商在一起，商議如何共渡難關。經過十三次會議商討，提出各種辦法克服困難，結果決定組織一個糖業股份公司，資本1,500萬盾，除與會者入股外，還公開招股。日本正金銀行這時在三寶壟開設分行，為招攬業務，樹立銀行

信譽，主動邀黃奕住透支。印尼的荷蘭殖民地銀行以及三寶壟其他商業銀行，因資金難找出路，又想和正金銀行爭奪主顧，亦相繼放寬貸款期限，同意借款給黃奕住。黃奕住因平時講求信譽，得到各個方面的支援，渡過了此次難關。

8月，黃奕住又買進一批蔗糖現貨。該月，三寶壟火車站邊堆放蔗糖的大貨倉失火，保險公司擔心貨倉中及車站旁臨時貨棚裡殘存的糖，因救火時遭到水淋而溶化，便緊急招標拍賣。長子黃欽書無意中發覺著火的只是糖堆的周邊，中下層糖仍保存原狀，與保險公司接洽，經過討價還價之後，以每包兩盾成交。而後糖價突然回升，黃奕住手中這兩批糖，賺了四五百萬盾。

1918年

（民國七年，戊午年）

1918年，糖的行情又突然轉向疲軟。黃奕住手中可供周轉的資金已不多，銀行的信用透支看來不能如期歸還，當然也難再借，他再次處於困境之中。6月，黃奕住往新加坡，正逢陳嘉庚向各地同鄉募籌二十五萬元，創辦新加坡、馬來西亞第一所新式華文中學——新加坡南洋華僑中學。其時，黃奕住商業遭遇困境，仍然捐款五萬元，同時又捐助新加坡愛同學校15,000元。

同年10月，黃奕住由三寶壟到香港，遇到一位相熟荷蘭朋友介紹，租到一艘九百多噸位舊船，從三寶壟裝糖到香港經日興行在港分公司勝興行出售，走了三趟，獲厚利，扣除成本，賺了一千多萬荷盾。暫時緩解了資金困難。

11月11日，德國投降，第一次世界大戰結束。黃奕住在前往新加坡的客輪上，從收音機裡聽到德國投降並與協約國簽訂和議的消息。密切關注世界局勢變化的黃奕住知道世界大戰結束了，歐洲需要糖，航運會很快恢復，糖價必然回升。他當機立斷，電告在三寶壟的許春隆和葉源坪，囑咐他們在糖價回升到所得足以償還銀行債務時，立即出售，以維持信譽，同時自己立即買票返回三寶壟。他又一次絕處逢良機。在糖價跳躍式上升的日子裡，黃奕住資產增至

數千萬盾。

從1918年始，黃奕住在三寶壟投資保險公司，與此同時，在廈門開設黃日興銀號，在新加坡入股華僑銀行，在馬來西亞的檳榔和廈門設立黃日興分行，贖回在新加坡、馬來西亞的橡膠園，在新加坡購置貨棧。黃奕住經營的業務，已形成跨商業、銀行業、保險業、房地產業、種植業等多個行業，跨中國、印尼、馬來西亞、新加坡等多個國家之勢。

是年，荷印政府加深對印尼人和華僑的剝削掠奪，制定惡法，強令商人補交自1914至1918年一戰時期五年間的營商所得稅及其他戰時停徵稅款，營商獲利3,000萬盾以上者，須繳納30%的「戰時所得稅」，根據規定，通知黃奕住補交稅款共計1,500餘萬盾，如果加入荷籍則可豁免，對這些無端苛索，黃奕住拒絕政府要求其入籍之威逼。這對於他後來歸國創業是一個很大的刺激，也激發了華僑們的愛國之心。

1919年

（民國八年，己未年）

1919年，東南亞諸國形成一股華僑回國投資的熱潮。黃奕住將日興行另行註冊，改由三兒子黃浴沂任總經理，其他成年的兒子任各地分行經理，長子黃欽書在泗水，二兒子黃鵬飛在新加坡，六子黃天恩在三寶壟繼續經營，不動產（房屋等）則分別劃歸其在爪哇的妻子蔡疆娘和女婿許春隆接管；同時將大批流動資金經各種管道匯回國內。當一切準備工作完成之後，他懷著「業成返國」的喜悅心情，於4月5日乘輪回鄉，結束了他僑居印尼三十四年的海外生活。

4月29日，黃奕住由印尼三寶壟抵廈門，定居鼓浪嶼。因南安地方未靖，迎其母親蕭太夫人奉養於鼓浪嶼。

5月4日，北京爆發了以學生為主體，得到全國工人、商界大力支持的反帝愛國運動。北京十三所學校的學生三千餘人齊集天安門前舉行示威，提出「外爭國權，內懲國賊」、「廢除二十一條」、「抵制日貨」等口號，主張拒絕在巴黎和約上簽字，要求懲辦北洋軍閥政

府的親日派官僚曹汝霖、章宗祥、陸宗輿，展開聲勢浩大的五四運動。

6月12日，黃奕住為母親舉辦七十四歲壽辰，闔廈官紳商學各界合撰壽文，分具壽幛，並登堂祝嘏者不下五百人，頗極一時之盛。

8月12日，興建黃家花園南、北兩樓。

9月12日，黃奕住由廈門搭海鴻（號）輪赴香港，此行係遊歷上海、日本、小呂宋（菲律賓），並調查商務。29日由香港赴上海。

10月26日，黃奕住由上海來香港。因三寶壟日興公司律師到香港，欲與他磋商荷印政府抽稅事。

11月4日，由香港搭西湖丸赴日本。

12月1日，黃奕住由日本赴小呂宋之岷里拉埠，感慨該埠無華人銀行，華僑皆仰外人鼻息，因就岷里拉中華總商會，召集華僑開會，組織中興銀行。黃奕住首先認股一百萬元，以為之倡。諸華僑極形踴躍，一日之間，認股達六百萬元。該銀行遂告成立。

12月23日，由岷里拉來香港。12月28日，由香港到廈門。

查是年未回國以來，黃奕住在三寶壟、印尼泗水、印尼巴城等埠，曾捐助各學校巨款。途徑新加坡，義捐愛同學校1.5萬元，華僑中學5萬元。黎元洪大總統題贈「敬教勸學」四字匾額一方。

1920年

（民國九年，庚申年）

1920年3月18日，黃奕住接到三寶壟日興公司來函，報告上年得利1,600萬盾。遂拍去電報云：（黃）欽書、（黃）浴沂、許春隆、葉源坪各獎賞花紅十萬盾，共四十萬盾。

4月8日，廈門日興銀莊開幕。

6月9日，搭山東號輪赴上海，探望黃炎培。6月17日，黃炎培回訪，談辦銀行事。6月下旬，與胡筆江到北京，以華僑資格覲見總理段祺瑞，獲頒三等大綬嘉禾章。

8月14日，黃奕住母親蕭嬌娘仙逝，享年74歲。其時即設靈祭奠。弔者不僅有廈中官紳商學，即蘇、浙、閩之長官及諸好友，亦函

電紛弛，前來弔唁。黃奕住因編為《哀輓錄》一冊，以誌不忘慈恩。

9月15日，黃奕住遵從先母遺命，設立「斗南學校」於南安樓霞故鄉，取「北斗南光」之意，廷聘鄉賢畫家黃紫霞為首任校長，鄉中子弟得有求學之區。後又增加師範班，培養了大批鄉村師資。鄉人德之。

10月13日，黃奕住慨捐華北旱災三萬元，黎元洪大總統題贈「急公好義」四字匾額一方。

10月23日，浙江省長沈金鑒來電，請黃奕住赴浙籌備三門灣模範自治農墾。因茲事體大，黃奕住未敢輕就，於是具函敬辭。

11月10日，黃奕住搭芝利汪號赴上海。

12月15日，黎元洪頒總統令：黃奕住晉給二等大綬嘉禾章。

1921年

（民國十年，辛酉年）

1921年1月23日，黃奕住搭順號輪回廈門。

2月15日，徐世昌大總統為黃奕住頒獎二等大綬嘉禾章。

3月12日，南洋撫慰華僑委員林鼎華回京，呈報泗水等埠僑商黃奕住等十四人將歸國。懇大總統傳諭宣召入京商辦實業。

4月6日，陳嘉庚創立的私立廈門大學正式開學。

4月10日，徐世昌大總統又為黃奕住晉獎二等大綬寶光嘉禾章。黃奕住疊受榮典，事因上年華北旱災，廈門道尹陳培錕向黃奕住募款賑災，黃奕住捐助三萬元，故例給匾額以外，陳道尹另呈請徐大總統獎給勳章，用示獎勵。

4月16日，黃奕住承辦廈門電話公司。即籌備改良電話線，並擴充資本三十萬元。

4月19日，黃奕住搭德加大號輪赴上海，創辦中南銀行，並籌備日興行。

5月9日，廈門商業銀行經北京民國政府核准註冊。總行設在廈門，行址原設鎮邦路2號，後移海後路52號。黃奕住入股。

5月27日，《申報》報道云：閩籍華僑黃奕住與郭禎祥等十餘

人，最近由海外回國，新受政府之委託組織華僑振興祖國實業團，預定資本金一億五千萬元請海外僑商共同投資，預備在本國內通商要埠創辦規模宏大之工廠、公司、銀行及輪船鐵道礦務。以輸出國內土貨，輸入國外機器為主，旨先從福建、廣東、浙江、江蘇四省著手，於閩設一茶廠，粵設一製糖廠，浙設一製絲廠，蘇設一棉廠，上海設一銀行，以後逐漸推廣。現已推定黃郭二氏為國內籌備員，以仰光中華總商會會長同安人楊奠安，小呂宋中華總商會會長晉江人李清泉為南洋籌備員，並擬草章程呈請農商部立案復派員向政府接洽，請其通令閩粵浙蘇各省長官，為之提倡，俟批准後，即於上海廈門兩處各設籌備處，開始招收第一期股本五千萬元云云。

6月5日，中南銀行在上海成立。臨時股東會票舉黃奕住為董事，董事會票舉其為董事長。

6月6日《申報》報道，中南銀行創立會紀事：昨日下午二時，中南銀行在三層樓開創立會。計到股東一百零二人，共四萬七千一百三十二權。股東會推舉主席黃奕住君，主席演說：「今日為本銀行創立會，承諸公惠臨，無任欣喜。所歉者奕住語言不通，不能與諸公直接長談耳，然亦有不能不作一二表白者。奕住久客炎荒，歷時三十餘載，亦華僑中艱苦備嘗者也。華僑資本家良多，於祖國國家、社會各事業抱具熱誠者，亦極不少。奕住不才，宜無足齒數，然竊有志焉，以為今後為南洋華僑資本家與祖國國家、社會各事業發生關係起見，不能不於吾國內商業繁盛之區，首創一二比較的資本稍厚之銀行為之嚆矢也，於是有與國內外諸同志共同籌畫創、辦中南銀行之舉。今幸賴諸公贊助之勞，得告成立，欣慰何可言喻。抑所為欣慰者，正不僅奕住個人之關係已耳，諸公倘幸有以賜教焉。」

7月1日，中國共產黨於上海創黨。

7月5日，中南銀行上海總行於漢口路開張營業。

7月11日，幣制局對中南銀行上呈文下達第11號批文，特許中南銀行有發鈔權。

7月13日，上海商科大學（即今上海財經大學之前身）籌備成立。東南大學除教育、農、工三科設在南京外，其商科，以人才與環境之

關係，擬設在上海，經籌備員郭秉文博士租定法租界霞飛路290號尚賢堂房屋為校址。後以暨南學校亦有在上海設立商業專修科之計劃，爰由中南協會提議，請東南大學、暨南學校合同組織，藉以集中人才，節省經費，擬定名稱為東南大學暨南學校合立上海商科大學。舉定黃奕住、史量才、聶雲台、穆藕初、錢新之、張公權、陳光甫、簡照南、郭秉文、柯成懋、黃任之、高踐四、朱進之、張子高、趙厚生君等十五人，為上海商科大學委員會委員，其經費由東南、暨南兩校酌量分任。

7月20日，黃奕住搭綏陽號輪回廈門。

7月21日，上海商科大學委員會開會。出席者有史量才、錢新之、聶雲台、朱進之、陳光甫、黃任之、柯筬心、郭秉文、張子高，又，高踐四代表王毓祥君等計十人。該委員會定章：「委員凡十五人，任期三年，每年改選五人，連舉連任，但第一次委員任期，一年、兩年、三年者各五人，抽籤決定之。」第一次委員任期三年者有聶雲台、張公權、黃奕住、穆藕初、柯筬心等五人。

7月21日，民國政府財政部批准中南銀行鈔票發行權。當時政府對於商業銀行之呈請發行鈔票者限制甚嚴，幾乎完全停止，惟因中南銀行由華僑回國投資為前所未有，故特許有發行鈔票權。

7月26日，民生鐵工廠成立：華僑黃君奕住、丘君心榮、葉君沅坪等發起民生鐵工廠股份有限公司（本名明成鐵工廠）。在浦東設廠製造紡紗機等業，於是日下午三時假座大東旅社開股東成立大會。通過章程並選舉黃奕住、丘心榮、葉沅坪、嚴直、方凌道、揚朱鍾宙、傅煥功七君為董事。鄺富灼、凌潛夫二君為監察人。

8月8日，財政部與幣制局聯合下達了批文（財政部47號，幣制局14號），要求中南銀行修改章程中關於發行紙幣的條款，並完全接受幣制局監管。

8月19日，已創辦六年的上海市北公學，滬寧車站慶祥里市北公學獲黃奕住捐洋五千元助學。

9月2日，上海民生紗廠舉行創立會，公推史量才、黃奕住、徐靜仁等七人為董事。

9月12日，搭海龍號輪赴汕頭，視察潮汕鐵路，並住宿潮州，登韓山，謁韓文忠公祠。

9月18日，搭海康號輪返廈門。

10月4日，黃奕住承購潮汕鐵路公司股份共十九萬元。

12月11日，黃奕住搭德加大號輪赴上海。此行係考察中南銀行營業狀況。

12月25日，黃奕住捐款一千元予寰球中國學生會建築會所的募金活動。

12月25日，搭四川號輪返廈門。

1922年

（民國十一年，壬戌年）

1922年1月28日，黃奕住偕同荷蘭工程師番梯吉拉視察漳廈鐵路，由嵩嶼起，至漳州止。第二天，黃奕住等人擬再往龍岩，因其時正是舊曆正月初二，興佚不願出門，而工程師又急欲回國，故不成行。越日返廈門。

2月28日，黃奕住搭山東號輪赴上海。此行係應中南總銀行股東之請。

3月2日，黃奕住與張謇同時被教育部聘為暨南學校校董事會的董事。暨南大學校董會在1921年確定，1922年3月2日由民國政府教育部正式發出聘書。校董大都是熱心華僑教育事業的教育家或實業巨子。1922—1930年的暨南大學校董：范源濂、林文慶、袁希濤、黃炎培、陳炳謙、簡照南、黃奕住、史量才、韓希琦、鄭洪年、葉兆崧、林熊徵、李登輝、柯成懋、趙正平、張謇、嚴家熾。

3月19日，暨南學校第一次校董會於上海一品香舉行，黃奕住、林文慶、張謇等二十人擔任校董。成立由黃炎培負責的新校舍籌備委員會籌款，黃奕住帶頭捐一萬銀元。

4月8日，搭廬山丸返廈門。

5月21日，黃奕住接三寶壟日興公司來電云，德豐號截至上年12月31日止，結欠銀計四十萬盾。

6月2日，搭慶元號輪赴新加坡。16日抵埠。此行係接其印尼夫人蔡氏回國。

6月26日，電鼓浪嶼辦事處云：前日興公司之當事人挪用公款四十五萬盾。

7月5日，中南銀行天津分行成立，胡筆江推薦王孟鐘任該分行經理。

7月16日，黃奕住偕同蔡氏搭依加刺號輪到廈門。杏女亦偕來。居於北樓。黃奕住原意此次蔡氏回國，正圖闔府團聚一堂，共享家庭幸福，不料居甫十日，蔡氏即欲返壟。黃奕住強留不得，感到無限痛苦，因欲圖一家之團聚而不可得也。

8月7日，設立中南銀行廈門分行，盧明雲任經理。

8月9日，蔡氏偕杏女搭天草丸赴香港。

8月16日，黃奕住搭綏陽號輪赴香港，以送蔡氏及杏女返三寶壟。

8月19日，蔡氏及杏女由香港搭賀茂丸赴新加坡。

8月20日，黃奕住搭開城丸回廈門。

8月25日，蔡氏及杏女抵新加坡。

9月1日，蔡氏及杏女由新加坡起程。五日抵三寶壟。

11月1日，中南銀行開始發行新鈔券。

11月11日，搭蘇州號輪赴上海。

11月23日，黃奕住搭大通號輪赴南通，應邀拜訪大實業家張季直先生（名謇，清末狀元）。承其治酒宴請，並引導參觀各學校及各種實業農場。實地考察南通的大生實業經營情況做盡職調查。27日搭原輪返上海。

12月9日，黃奕住到滬一品香出席暨南學校第二次校董會議。會上通過《擴充新校購地附辦新村》議案，黃奕住再次捐款五萬銀元。

12月28日，搭四川號輪返廈門。

是年黃奕住於廈門同文書院（後改名為「同文中學」）捐建樓房一座，該校將之命名為「奕住樓」。

是年因黃奕住捐贈本省水災及其他慈善事業，故當地長官又呈請徐世昌大總統題贈「樂善好施」四字匾額一方。

1923年

（民國十二年，癸亥年）

1923年1月3日，黃奕住搭萬哥號赴新加坡。途經香港。6日，由香港起程。11日到新加坡。黃奕住此行本擬偕楊氏赴壟，因接壟日興公司來電云及荷政府抽稅事，請其稍緩起程，故不果行。

1月13日，鼓浪嶼上中國居民各界代表人物組織的「華民公會」成立了華人顧問委員會，黃奕住、王宗仁、黃廷元、卓綿成和薛永黍等五人，出任首屆顧問委員會委員。

1月24日，金城、中南、大陸、鹽業四家銀行的代表在北京開會，決定在四行聯合營業事務所下，開辦四行儲蓄會，專營儲蓄業務。

1月，中南聯合鹽業、金城、大陸銀行成立四行儲蓄會，仿效美國美聯儲創四行聯儲發行鈔票（兌換券），成為中國金融現代化的拓荒者。

2月19日，黃奕住搭地刺華號輪回廈門。24日到香港。27日到廈門。

3月7日，廈門自來水公司假座黃奕住君宅內開發起人會，發起人出席者黃奕住、黃秀烺、黃乃川、吳蘊甫、邱世定、黃世金、黃仲訓、葉心鏡。公司設股本一萬股，每股一百元，共一百萬元。發起人會後的4月3日，黃奕住先認購二千股，出資二十萬銀元，為第一大股東。林振勛認七百股，投資七萬元，為第二大股東。

5月18日，下午六時中國衛生會在上海青年會開第二次執行董事會，到會者有聶雲台、俞鳳賓、盧煒昌、胡宣明等，先由籌備總幹事胡宣明報告會務，次聶會長推定胡君繼續擔任義務總幹事。次議決江蘇省教育會、中華醫學會、家庭日新會、中華民國江蘇童子軍聯合會、精武體育會、中華武術會、同濟醫學會、上海青年會為團體會員，請葛朗德（Dr.J.B.Grant）、畢德輝（Dr.W.Peter）、雷格（Dr.Legge）、柯克（Dr.JohnKirk）四外人為名譽會員。熊希齡、顏惠慶、蔡元培、徐季龍、林秉祥、李清泉、伍連德、蔡輔卿、全紹清、張伯苓、余日章、陳嘉庚、林文慶、黃奕住、黃任之、陶行知、胡適、江亢

虎諸人為名譽董事。

6月1日，四行儲蓄會在上海、天津、漢口等處同時開業。

6月3日，四行聯合營業事務所主任吳鼎昌，就四行準備庫和四行儲蓄會的創辦目的與作用發表講話。

6月16日，設立中南銀行漢口分行，營業範圍深入到華中腹地。

11月6日，中華全國道路建設協會選舉董事，票選結果，黃奕住與張元濟等被推為候補執行董事。

11月7日，黃奕住偕楊氏及瓊女搭德加大號輪赴上海。

11月23日，黃奕住又偕楊氏及瓊女由滬寧鐵路轉津浦鐵路赴北京。抵埠後，寄寓於中法合組之北京飯店。瓊女入協和醫院療治鼻病。

11月30日，《申報》：北京電艷（廿九日）閣議楊敬修為閩粵海疆防禦使，黃奕住為僑務局副總裁。

12月26日，黃奕住在北京接壟日興公司來電，云及荷蘭政府要抽1922年稅款16.5萬盾。可謂苛法也。

是年收購日本人在鼓浪嶼所設立之川北電話公司。先是廈中各界人士，以廈、鼓浪嶼兩電話公司因國際關係，未便合作，以致不能通話，殊感困難，屢次請黃奕住設法收買。黃奕住為便利交通起見，因函託鼓浪嶼工部局出面居中接洽，頗費周折。最後以23,250元購成。遂得敷設海線通話。廈門承包工程者為開洛公司。

1924年

（民國十三年，甲子年）

1924年1月1日，廈門共電式480門裝置工程完成，實現廈鼓用戶首次通話。至此，黃奕住統一了廈門市內電話網絡線路。

1月2日，黃奕住在北京接廈門電話公司電稱，廈鼓海線於1月1日通話。

1月3日，黃奕住偕楊氏、瓊女由北京起程。仍循津浦、滬寧兩鐵路到上海。當晚應何東爵士之約飯。

1月7日，搭盛京號輪回廈門。

3月23日，黃奕住在上海主持召開中南銀行第三次股東大會，通過增加資本250萬元，其中黃奕住增資175萬元，保持佔股70%。會議增選黃欽書為董事。

6月18日，僑商黃奕住為漳廈鐵路將改商辦，應孫傳芳召到福州。

6月20日，中南銀行年度（3月）股東會議決定增加股本250萬元，至本日收足。

6月25日，黃奕住偕黃慶元、馬租庚入省會，為完成漳廈鐵路事，向孫傳芳提出先決四項：前借廣東交通銀行四十萬，應由政府自償；交部代管期內虧耗，由部自理；王局長任內由部向外人借款六十七萬，建築橋樑碼頭，僅小動工，無成效，亦歸部自理；現存全路材料廠屋，由部派員會同舊股東估價，歸舊股東作為新股。孫、周、薩已據以轉電交部，黃返廈待交部電覆後，始入京。

6月28日，遠東通訊社「廈門通信」報道：黃奕住獨辦漳廈鐵路，將進京向交部接洽：「吾閩惟一之漳廈鐵路，建造至今，形存實亡。其急須改造與繼續建築之必要，稍有地方觀念者莫不齊口同聲。最近南洋華僑資本家黃奕住，因受內外人士之敦促，頗有起而完成此路之意，日前特就鼓浪嶼，召集該公司舊股東會議，討論改造與繼築方法。聞集會結果，各舊股東，皆以前次損失太甚，不願再行投資，故黃奕住氏，擬將該路完全收買，歸其個人獨自興辦。黃氏為此事，擬不久將偕黃世金等入京一行，向交通部接洽此事，各界對於黃氏之獨自投資興築，頗多表示贊成。」

7月3日，孫傳芳電致吳毓麟，已與周蔭人、薩鎮冰磋商，漳廈鐵路均贊同，交僑商黃奕住專辦，藉倡僑業。

7月7日，孫傳芳電黃奕住，交通部邀黃奕住進京，接洽漳廈鐵路事。

7月10日，漳廈路事，孫傳芳囑黃奕住入京與部商，黃覆以有先決辦法，方能來京，在所陳四項辦法未得結果以前，不能北上。

7月16日，孫傳芳電告黃奕住：奉洛吳巡帥電，已轉電保黃君專辦漳廈鐵路，黃君晉京時，請便道來洛。黃奕住擬不日行。

7月30日，搭海寧號輪赴福州。此行係承孫傳芳督辦電邀續辦漳廈鐵路，故晉省與之先商，並決定赴北京向交通部接洽條件。

8月2日，由福州搭寧興號輪赴上海。

8月23日，黃奕住與西門子洋行簽訂承包廈門自來水工程合同。合同簽畢後，即欲覓輪迂道洛陽轉入北京，與交通部接洽漳廈鐵路事宜。因江浙戰事忽然發生，水陸交通一時俱告斷絕，以故北京之行遂不果。

8月28日，搭蘇州號輪回廈門。

12月27日，搭四川號輪赴上海。

1925年

（民國十四年，乙丑年）

1月21日，中南銀行設立北京支行。

2月2日，在滬匯六十萬盾交三寶壟日興公司。

2月15日，搭蘇州號輪到廈門。

3月10日，搭海康號輪赴香港。

3月14日，由香港赴上海，此行因中南總銀行股東大會之請。3月22日第4次股東大會改選董事，黃奕住、史量才、徐靜仁、韓君玉、許江水、黃欽書、黃浴沂當選，黃奕住為董事長，黃浴沂為新增補董事。

3月28日，搭綏陽號輪到廈門。

5月15日，廈門總商會投票選舉，黃奕住被選為正會長。

6月2日，廈門總商會長黃奕住就職。

7月21日，印尼泗水華僑外交後援會由荷蘭安達銀行匯洋五千元予廈門總商會會長黃奕住，請其轉交為廈門罷工工人的救濟之需。

8月15日，黃家花園中樓落成。

8月19日，中興廈門分行開業，行址設在中山路（代理經理王應曦）。

11月15日，柬請廈門、鼓浪嶼中西人士賞菊，並參觀中樓。到者五百餘人。因攝影以留念。

11月26日，黃奕住等人赴廈門警備司令部，請釋被軍警拘捕商會董事呂天寶等未果，廈門總商會會董全體辭職，翌日，黃奕住亦向警備司令部道尹請辭會長一職，司令部道尹吳山函覆挽留。

是年，設立漳州通敏電話公司，並分設支線於石碼、海澄、浮宮、南靖等處，計資本金為十萬元。

1926年

（民國十五年，丙寅年）

1926年3月1日，廈門總商會黃奕住會長召集廈門各界代表舉行會議，向鼓浪嶼「領事團」提出：「工部局董事應定為十一人，華董居七，洋董居四」；「收回會審公堂，改設特別法庭」。

3月2日，廈門市政各馬路工程均將開工，黃奕住所辦自來水公司亦將開始送水。

3月6日黃奕住以廈門總商會會長的身份，召開各界代表，包括自己也是成員之一的華民公會開會，會議議題是成立修改《廈門鼓浪嶼公共地界章程》起草委員會，負責研究修改該章程。

3月15日，菲律賓島華僑發起救鄉運動，開臨時大會於鼓浪嶼。黃奕住提議續辦漳廈鐵路接抵龍岩，以利交通。眾謂敷設鐵路為救鄉根本要圖，即經團體通過，並公推籌備委員十一人，以黃奕住為主席。遂設籌備處於鼓浪嶼。

3月31日，陳嘉庚在廈門擬成立學校銀行，津貼學校所需經費，以助廈門教育，函致各資本家每年捐出助學經費，以十年十期為約，陳擬每年出資四萬元，黃奕住每年出資二萬元。

4月2日，段祺瑞執政以黃奕住平生多有效勞於國家，獎給一等大綬嘉禾章。

4月14日，黃奕住發表商辦福建全省鐵路公司暫定章程，資本金兩千萬元，分百萬股。

4月25日，廈門總商會參與發起的閩南愛用國貨決心會議成立。

5月20日，廈門民辦福建全省鐵路公司成立，黃奕住認股三百

萬，李清泉五十萬，楊忠信十萬。

7月4日，黃奕住為荷蘭政府加抽稅事，委律師到印尼八打威起訴。迨判決後，仍需納稅十一萬盾。黃奕住當日在《自訂回國大事記》寫道：處於殖民地勢力範圍之下，亦無如之何矣！

7月7日，據上海《申報》報道，廈門鼓浪嶼修改公共界章程，改名為鼓浪嶼公共市，公約的修約草案條文於7月3日召集審查會逐條斟審定後，即照舊章第十六條規定，修正鼓浪嶼公界章程。改稱為鼓浪嶼公共市，公約條文亦從新釐訂。形成廈門鼓浪嶼公共市公約草案，呈請廈門道尹及交涉員向領事團提出交涉，磋議完妥後再分呈我國外交部及公使團批准。

8月15日，福州鼓山歲寒堂興工。黃奕住出資四千元，福建省財政廳長陳培錕出資一千元，廈門總商會副會長洪鴻儒出資一千元，共同建築，以黃奕住及陳廳長、洪會長三人之先嚴慈祿位者。因取松竹梅歲寒三友之義，故以「歲寒」名堂。

8月20日，黃奕住向民國政府交通部提交報告，其中表述了他的修鐵路的計劃：「請准予續辦漳廈鐵路，接抵龍岩，然後貫通全省，以達於江西、浙江、廣東。」

8月24日，黃奕住搭吉生號輪赴上海。此行欲往北京接洽漳廈鐵路事。到上海一星期，而福建財政廳長陳培錕由福州到上海，同住在法租界環龍路本樓。內閣總理杜錫珪即來電，促黃奕住盡速啟程赴北京，以便向部接洽。

9月13日，黃奕住偕陳培錕廳長由滬寧鐵路快車赴南京，謁見五省聯軍總司令孫傳芳，並在總司令部得晤農商部長張志潭。黃奕住提及續辦漳廈鐵路並擬開採龍岩煤礦，孫總司令極表贊成，即備文諮交通、農商兩部核辦。

9月14日，黃奕住因上海尚有要事，乃搭快車返上海。對向農商、交通部接洽事宜，即委託陳培錕廳長為代表，即日由津浦鐵路徑赴北京。

9月20日，遞呈交通部，請准續辦漳廈鐵路接抵龍岩，然後貫通全省，以達於江西、浙江、廣東。

9月22日，交通部提出閣議，眾通過，並准黃奕住修築福建全省鐵路特權。

9月24日，遞呈農商部，請准開採龍岩、漳平、寧洋三縣煤礦。

9月24日，北京外交使團電示廈門領事：鼓浪嶼工部局「准許董事會有3名華董，作為暫時的辦法。」至此，華人董事由一人增為三人。

9月29日，農商部提出閣議，眾通過。但以三縣範圍太大，准予就三縣中選擇礦區六百里為限。

10月12日，領到交通、農商兩部特准公文。並由交通部派定估價員四人，約於民國十六年春來廈視察漳廈鐵路，估計廠屋、地皮、鐵軌材料各價值，然後交盤接辦。因是年11月中國國民黨領導的國民革命軍入福建，此事遂寢。

10月15日，黃奕住搭蘇州號輪回廈門。此行為漳廈鐵路事，在北京及在上海計費去1.5萬餘元。

10月28日，廈門自來水公司開成立大會。股東投票選舉黃奕住為董事，並由董事會投票選舉其為辦事董事。

12月24日上海《申報》報道：「廈門廈交涉員提出黃奕住、王宗仁、李漢清、高振聲、林剛義交鼓浪嶼各社團選三人為工部局華董」。

12月27日，鼓浪嶼華民公會推選黃奕住、王宗仁和李漢清三人為1927年首屆華董。

1926年，黃奕住當選為廈門市商會第八屆（1926—1927年）會長。是年，黃奕住資助廈門「英華中學」，並成為該校校董。

1927年

（民國十六年，丁卯年）

1927年1月6日，鼓浪嶼華民公會召開第1次會議。美國人錫鴻恩被推為董事長，黃奕住當選為副董事長，成為首席華董。

2月20日，陳嘉庚電黃奕住，決定停辦集美學校一學期，以抗議政府干預教育。

2月21日，搭涼州號輪赴上海。此行為赴中南總銀行股東大會。

3月30日，搭四川號輪回廈門。

4月6日，廈門大學於本學校新址開學，黃奕住捐三萬元給學校圖書館，用於購置圖書設備及購買圖書。

4月17日，武漢國民政府頒佈《現金集中條例》，中南銀行漢口分行虧損130餘萬元。

5月4日，黃奕住接璺日興公司來電云：荷政府抽稅事，強迫即繳16.5萬盾。

5月12日，南京中央政府來電，委黃奕住為福建省政府委員兼建設廳長。上海各報均有登載。黃奕住以國基甫定，而吾閩秩序尚未十分井然，故不敢就職，而致電懇辭。

5月26日，黃奕住搭海寧號輪赴福州。寓馬江之海軍聯歡社。此行是應海軍總司令楊樹莊之請。遊鼓山，登歲寒堂。楊總司令委陳培錕廳長，關山秘書長偕行，並派衛隊四十人保護。是午，寺僧設素宴在聽水齋相款。午後下山，到薄暮時乃抵馬江，仍寓於海軍聯歡社。持百元分賞衛隊。士卒咸歡，該隊長且親來道謝焉。其時楊總司令兼任省政府主席，欲徵黃奕住同意出任省委員兼建設廳長，黃仍不就，惟接商漳龍鐵路。楊樹莊播放留聲機京劇《空城計》唱段給黃聽，要黃奕住贊助軍費。

6月1日，搭海鴻輪回廈門。

6月8日，黃奕住允借款六十萬，而漳龍「閩南至閩西」路礦將歸黃主辦。

6月12日，蔣介石總司令來電勸購二五庫券。黃奕住認購十萬元。

7月3日，廈門總商會等團體發動全廈門抵制日貨。抵制活動至9月20日止。

7月，天津協和貿易公司破產，中南銀行天津分行損失兩百餘萬元。

7月28日，黃奕住交荷蘭政府抽稅款16.5萬盾。足見荷蘭政府對待華僑亦苛甚矣。

8月29日，黃奕住為慈母出殯。執紼者不僅廈、鼓之官紳、商、學、社團，即泉州，南安之親戚朋友、宗族，亦不辭跋涉而來。計千餘人，備極哀榮。

8月31日，黃奕住奉慈母安寢於鼓浪嶼東山頂自建之花園。

12月24日，搭錦鵬輪赴三寶壠。四兒友情偕行。途經香港、八打威。到處皆被友好歡迎。

是年4月12日，國民黨「清黨」，逮捕及殺害中共黨員，被稱為「白色恐怖」。

1928年

（民國十七年，戊辰年）

1928年1月5日，黃奕住到八打威。許春隆、曾元順兩婿及章、杏兩女到地迎接。是晚寓黎達蘭旅社。

1月6日，上午往遊茂物，參觀動植物園。其中之禽魚花卉，無美不備，眼界為之開。下午又往遊萬嘟。該地乃山上別闢一商埠，空氣絕佳。故華僑多居於此。是晚寓浩漫旅社。

1月7日，黃奕住由萬嘟啟程，午時到井里汶。下午三時到北加浪，六時到三寶壠。居於北帝郎安之家園。溯自民國十一年八月黃奕住與蔡氏在廈分袂已有六年。

1月8日，黃奕住到海原公司一視。

1月14日，黃奕住往謁黃仲涵先生之墓。自記：「十年前，余在三寶壠時，先生與交最厚。今舊地重遊，而先生已歸道山，不獲一敘契闊，不禁為之唏噓太息而感慨繫之！」

1月15日，黃奕住到梭老知甲別墅一視，是晚因宿焉。

1月16日，返北帝郎安之家園。

1月17日，搭火車赴泗水視察日新棧房。是晚宿禮是義旅社。

1月18日，赴昆郎沙里，視察前所買之地段。該地買價四十萬盾，其面積有數十萬方。若能於十年前兌出，則價值當有五百萬也。是晚仍寓禮是義旅社。

1月19日，返北帝郎安之家園。

　　1月26日，再到梭老知甲別墅，稍為休息。

　　1月28日，返北帝郎安之家園。此次來三寶壟，赴親朋故友之宴，幾無虛日，故從略不記。

　　2月17日，由三寶壟搭屋丹魯輪起程。

　　2月18日，晨到八打威，九時登岸。十二時，王麟閣領事暨諸華僑在大東酒樓設宴歡宴，並攝影以留紀念。三時，送黃奕住登舟。四時起行。

　　2月20日，到新加坡。即登岸拜訪諸親朋，並以告別。

　　2月23日，由新加坡轉搭地剌華號輪起程。

　　2月28日，到香港。即登岸到勝興行一視。適楊氏及瓊女亦由岷來香港。下午四時，一齊搭地剌華號輪回廈門。

　　3月1日，到廈門。

　　8月28日，三寶壟有英國人亨利威，以昆郎沙里之地段，純值新加坡銀二百萬元，願到歐洲代為招售。黃奕住委女婿許春隆代表訂立合同，以一年為限，如能售出，佣金15%。畢竟乏有巨商受手，而合同亦無形取銷矣。

　　10月2日，國民政府海軍總司令兼福建省政府主席楊樹莊致電黃奕住，謂本省正在籌議鐵路與銀行，請他到福州會商。黃奕住「對以時機未至」，不去。

　　10月27日，搭芝沙路亞輪赴香港。此行為送楊氏赴小呂宋。

　　10月30日，搭綏陽輪回廈門。

　　12月1日，搭芝大隆輪赴香港。12月6日，由香港搭林肯總統輪赴上海。此行到滬，居於中南銀行樓上，計三十五天。因上海綁風甚盛，故未敢出門，頗感痛苦。

　　1928年，黃奕住當選廈門市商會第九屆主席（1928—1931年）。

　　是年，黃奕住與廈門大學林文慶校長等人發起創設廈門中山醫院，自己捐資之外向各僑界募捐，該院附設有護士學校。

　　是年夏天，1936年成為英國國王喬治六世（今英女皇之父）的約克公爵隨英國一艘軍艦訪問廈門，黃奕住與廈門海軍官員在鼓浪嶼觀海別墅家中設宴接待約克公爵及同僚。

1929年

（民國十八年，己巳年）

1929年，1月11日，黃奕住搭芝錦鵬輪回廈門。

1月22日，以洪鴻儒、陳瑞清、黃奕住為主席的廈門總商會，以「廈門總商會」名義，致電國民政府主席蔣介石、財政部長宋子文、工商部長孔祥熙，要求停止徵收特種消費稅。

1月27日，黃奕住搭芝加冷輪赴香港。

1月29日，由香港搭威爾遜總統輪赴小呂宋。此行為應中興銀行股東會之請，並參觀嘉年華會。

1月31日，到小呂宋，寓岷里拉旅館。

2月17日，赴中興銀行股東會。溯本銀行自民國九年開幕，黃之赴股東會者此為第一次。然被選為董事，則已數次矣。

2月23日，搭林肯總統輪返香港。抵港之後，寓九龍半島酒店。

3月1日，黃奕住由香港搭芝加冷輪回廈門。是日晨興，偶感寒氣，左手及足忽然麻木，施以按摩，旋瘥。九時登船，行動尚自然。揚輪之後，至十二時，忽又麻木，施以按摩，亦少瘥。乃就船中請荷蘭醫生診視，據稱晚間七時將復發。迨七時果再麻木，遂不能舉動矣。

3月2日，九時，船到汕頭地面，乃就船中拍無線電通知家人。至是晚六時到廈，即請吳瑞甫醫生診視，據云因平素身體強健，血量過多，以致運動腦筋出血而有此疾。其治法宜涼血平肝，熄風通便云云。自是之後，每日進以涼潤藥品兩劑，奏效甚速，十餘日之間，已能起立。甫1月已可扶杖而行矣。此1月中，遠近各界人士或親臨慰問，或函電垂詢，殆無虛日。

3月11日，設立中南銀行南京支行。

3月28日，國貨銀行籌設廈分行，特派員陳蔭桂組廈門招股委會，推洪鴻儒、黃奕住等十人為委員，定招五十萬為廈門分行基金，黃認十萬。餘下擬召各錢莊認額及向行商募集。

4月1日，廈門市政建設近況：中山公園地址極廣，周圍約二里，東西南三方圍牆已建。北部尚有收用民房街市數條未拆，尚未築

牆，園部已建築一部，將來全部工程完竣，實一規模極大之公園；中山醫院地址尚未覓定，但計劃已妥，全部建築費六十萬，由黃奕住認捐大部，陳嘉庚亦允捐內部設置，將來亦南方一大規模醫院也。

4月1日，攝影遍贈親朋，以慰眾念。自此以後，黃奕住在靜養中，遂少出門應酬也。

7月4日，黃奕住辭廈門鼓浪嶼工部局華人董事（三人之一）。

8月，中南銀行附設儲蓄部，黃浴沂兼任主任。

10月16日，洪鴻儒、陳瑞清、黃奕住就停止徵收特種消費稅，以「廈門總商會主席」名義，致電蔣介石、宋子文、孔祥熙。

11月20日，廈門電話公司報請交通部立案，正式獲准領照營業。申請立案時，黃奕住聲明該公司「以服務桑梓為宗旨，不以牟利為目的」。以此主旨辦的私人電話公司，全國獨此一家。

12月5日，黃奕住又呈請新設「商辦漳州通敏電話股份有限公司」和「商辦石碼通敏電話股份有限公司」。

12月27日，福建省實業銀行籌備就緒，黃欽書為籌備主任，資本為一萬股，每股國幣一百元。

是年，黃奕住接辦創辦於1905年的廈門女子師範學校，改名「廈門慈勤女子中學」。

1930年

（民國十九年，庚午年）

1930年5月27日傍晚，黃浴沂在中南銀行下班乘私車回家，行至上海海格路口，被四個手持手槍的上海青幫綁匪強行挾持，黃浴沂的保鏢一死一傷，司機也傷重後身亡。黃奕住出了30萬銀元贖黃浴沂，黃家支付的贖金被劫匪收下，不但不放人，還把送錢的人給殺了。黃浴沂被囚禁在虹橋路一民房內達五十二天之久。

7月17日黃昏，乘綁匪納涼時奪命而逃，黃浴沂僥倖逃出了綁匪的控制，這就是震驚上海灘的「海格路綁架案」。

7月20日《申報》報道了黃浴沂逃回的情景。

9月13日，英國駐華大使邁爾斯·W·蘭普森，與國民政府外交部

長王正廷，於南京正式互換照會解決廈門英租界問題。決定仿鎮江英租界收回辦法，以照會了結，不另訂協定。廈門市總商會等各界堅持十多年的收回租界鬥爭終告勝利結束。黃奕住作為廈門總商會長及鼓浪嶼工部局華人首席，積極協助和推動這場收回主權的市民運動，功不可沒。

1931年

（民國二十年，辛未年）

1931年4月6日，廈門大學建校十周年校刊上發表，記載對該校的個人捐款中，除創立人陳嘉庚之外，黃奕住居於首位。

5月31日，廈門電話公司又申請從1,200門擴充到1,500門。

7月1日，撤銷中南銀行總經理部，成立總管理處，並將上海總行改為分行。

同年夏天，金城銀行的太平水火保險公司改組，由金城、中南、大陸、交通、國華等五家銀行為股東銀行，註冊資本五百萬元，實收股本三百萬元。其中中南銀行出資一百萬，大陸、交通、國華各五十萬，加上金城銀行原投資的五十萬，共計三百萬元。在改組的同時，將公司名稱中的「水火」兩字刪去，改稱太平保險公司，並增辦人壽、意外等保險業務。太平保險董事長由實力最大、出資最多及擁有跨國保險業網絡的中南銀行董事長黃奕住擔任。

7月25日，廈門總商會成立對日經濟絕交委員會，決定自26日起，凡有配運日貨者，交給反日會處理。

9月18日，日本在東北發動侵華戰爭，佔領我國東北。

9月22日，該年長江大水災，黃奕住參加商會的賑災委員會，除自己捐款外，還任募捐委員，逐日在中山路、民國路、廈港、中華路親自募捐。

9月23日，廈門總商會等各界成立思明縣各界反日救國會。

9月23日，太平保險公司設立杭州支行。

10月，上海溥益紗廠因資不抵債，宣告破產，由中南、金城兩家銀行收購。

12月，廈門成立海外華僑公會，黃奕住被推舉為負責人之一。

是年，中南、金城、大陸、鹽業四家銀行在上海閘北區蘇州河北岸，共同出資建四行金庫，仿照美國聯邦儲備大樓的風格而建，佔地0.3公頃，建築面積2萬平方米，樓高25米，是該地區最高的建築。1937年10月，在抗擊日本侵略的「淞滬戰役」中，中國軍隊踞守堅固的四行倉庫浴血奮戰，挫敵氣焰，這場戰鬥成為中國人民反抗日本軍國主義的民族精神象徵，從此四行倉庫聞名遐邇。

1932年

（民國二十一年，壬申年）

1932年3月，日本扶持偽滿洲國傀儡政府成立。

1932年3月，中南銀行股東會議決議：本行資本總額定為國幣一千萬元。並修訂章程呈報實業部註冊。

4月16日，國民政府成立僑務委員會，黃奕住被任為委員。

12月27日，黃奕住等籌辦閩省實業銀行，資本百萬已籌集就緒。

是年1月，日本發動侵佔上海的戰爭，蔣光鼐、蔡廷鍇率十九路軍抵抗日軍侵略。其時中國航空建設協會發起捐獻飛機運動，號召全球華僑獻機救國，菲律賓華僑熱烈響應。黃奕住當時正在菲律賓巡視業務，得悉捐獻飛機事，立即捐款五萬銀元。

1933年

（民國二十二年，癸酉年）

1933年3月28日，中南銀行於本部舉行第十二屆股東常會，蒞會股東65戶，代表股數60,219股，由董事長黃奕住、常務董事史量才報告1932年度營業情況等。

5月3日，國貨銀行股會舉行第三屆股東會並選舉董事（第二屆），黃奕住當選候補理事，緊隨其後的得票者是蔣介石。

6月1日，在鼓浪嶼黃奕住公館設立漳龍路礦籌備處。

6月28日，漳龍路礦籌備委員會在鼓浪嶼黃奕住公館開成立大會，出席的有陳培錕、李雙輝、黃奕住、李清泉、黃琬、林榮森、黃奕

守、林鼎禮等。大會推選黃奕住為籌備主任兼組織股主任，李清泉為設計股主任。

9月23日，實業部派地質師侯德風、礦師王日倫及助手測量員三人由滬抵廈門，協助鄭華開展工作，籌備工作進展迅速。

10月11日，廈門電話股份公司報請福建省建設廳轉實業部，核准擴大股份為一萬股，每股一百元，資本總額一百萬元。

10月26日，在上海設立八仙橋辦事處。

1934年

（民國二十三年，甲戌年）

1934年3月25日，中南銀行舉行第十三屆股東常會。

6月3日，中國建設銀公司舉行股東創立大會，計九十八人為股東。出席者有宋子文、張靜江、孔祥熙、李石曾等，黃奕住、胡筆江、黃浴沂名列其中。

6月14日，通商銀行廈門分行開業並發行鈔票，行長乃黃欽書。

7月1日，鼓浪嶼辦事處成立，負責人葉濤。

7月5日，中國實業銀行（原名「國民實業銀行」）廈門分行成立，黃奕住及其家人在該行本無投資，當該行在鼓浪嶼設辦事處（處址鼓浪嶼岩仔山腳路）時，卻請黃奕住的四女黃萱為主任。

8月1日，黃奕住宣佈廈門黃日興銀莊停業。

11月20日，中南銀行香港支行（後為分行）在香港中環德輔道中24號開業。廈門分行經理章叔淳兼任港行經理，黃奕住第四子黃友情為襄理。

1935年

（民國二十四年，乙亥年）

1935年1月12日，廈門商業銀行宣告停業。

4月1日，中南銀行於總行舉行第十四屆股東常會，黃奕住致開幕詞，常會增選黃鼎銘為中南銀行董事，黃欽書為監察人。

4月12日，廈門《江聲報》有概括性的報道指廈門華僑巨子黃奕

住、李清泉等曾三次提倡整理漳廈鐵路。

4月20日，漳廈鐵路殘存鐵軌三百條運至福州。

5月6日中國太平保險公司舉行股東會，黃奕住連任董事長。

6月8日，實業部發給廈門電話股份有限公司設字第726號執照。

6月17日，受經濟不景氣影響，致放出款項百餘萬元無法收回，周轉困難，中興銀行廈門分行停業。

6月，國民政府控制的中國銀行和交通銀行專門開設儲蓄部，市民紛紛將原存於私營銀行的存款提出，轉存於資金雄厚、信用素著、現在又官股佔半數的中、交二行。

7月1日，實業部發給漳州通敏電話公司執照。

8月1日，廈門日興銀莊收盤結業。

9月10日，廈門大學董事會開會，聘汪兆銘、孫科、宋子文、王世傑、孔祥熙、黃奕住、曾江水等七人為該校的名譽校董。

11月，國民政府財政部頒發《法幣政策實施法案》，禁止白銀流通。從此中國放棄了延續幾百年的銀本位制，採用匯兌本位制。當時規定一法幣元合1先令2.5便士，第二年，法幣又與美元保持固定匯率，一法幣元合0.2975美元。

11月，國民政府實行法幣政策，原來特准中南銀行的發行紙幣權被政府收回。又取消中南銀行的鈔票發行權。

11月20日，廈門商業銀行向廈門市法院申請破產，28日經法院批准宣告破產。

11月25日，南京國民政府制定《中中交三行接收中南等九間銀行發行鈔券及準備金辦法》，中南銀行結束鈔票發行的歷史。

是年，中國太平保險公司在香港設立分公司，隨後還在西貢、雅加達、新加坡、岷里拉等地也設立分公司，又與國外的保險公司訂立固定分保契約和開展臨時分保及再保險業務。開創了中國太平在國際保險業界內的再保險業務及地位，為中國在國際保險業界爭取了一個重要的位置。

是年蔣介石發動對中共中央所在的紅色蘇區第五次圍剿，中央紅軍開始戰略轉移，史稱「二萬五千里長征」。

1936年

（民國二十五年，丙子年）

1936年3月22日，中南銀行舉行第十五屆股東常會，董事徐靜仁代表黃奕住為會議主席。

4月8日，太平保險公司假金城銀行大廳，召開第七次股東常會。

4月，股東會議決議宣告天津北洋紗廠破產，擬售與日本人。中南銀行與金城銀行以債權人身份出面幹預，並將此民族工業產業收購下來，使之不落於外國人手中。

7月12日，福州鼓山歲寒堂舉行落成典禮。

1937年

（民國二十六年，丁年）

1937年3月21日，中南銀行在上海漢路總行二樓舉行第十六屆股東常會。

5月14日，太平保險公司召開第八次股東常會，董事長黃奕住因事缺席，由常務董事錢新之報告公司經營概況。

5月21日，中南銀行在上海設立靜安寺辦事處。

7月7日，「盧溝橋事變」發生，中國全面抗日戰爭爆發。

10月，日軍逼近金門，廈門局勢緊張。黃奕住拒絕有人勸其加入外國籍的建議，搭乘輪船赴香港，後又避居上海。

9月1日，中國通商銀行廈門分行遷往鼓浪嶼中南銀行內營業。

11月8日，中南銀行在上海再添福煦路辦事處。同年，「北四行」又共同創立四行信託部。

1938年

（民國二十七年，戊寅年）

1938年5月10日，日軍進攻廈門。5月13日，日本侵略軍佔領廈門全島。

5月，廈門島淪陷，日本派人赴香港見黃奕住，以沒收黃的企業

脅迫其加入日本國籍或出任偽職。黃奕住堅決表示：「寧可破產，決不事敵。」表現了一個民族資本家在國難時的態度與立場。黃奕住在廈門經營之企業悉數被日本人侵掠。

5月，中南銀行廈門分行與鼓浪嶼辦事處合併。

7月，中南銀行設立重慶支行。

7月24日，胡筆江應財政部長孔祥熙電召，參加中央銀行、中國銀行、中國農民銀行、交通銀行等「四行」首腦會議，從香港乘飛機去重慶，因飛機失事而身亡。

8月，因總經理胡筆江不幸遇難身亡，由黃浴沂任總經理。

1938年冬，黃奕住移居上海法租界養病，杜門謝客。

1939年

（民國二十八年，已卯年）

1939年3月，黃浴沂將總管理處與上海分行合併，改為總行，即將總管理處制改為（實為恢復）總行制。同年，中南銀行廈門分行改為支行。營業範圍沿海岸線向南北兩個方向延伸。同年，大陸銀行加入聯合營業事務所，從此改為四行聯合事務所；建立四行聯合準備庫。

5月11日，日軍登陸鼓浪嶼，廈門全境淪陷。

9月4日，四行聯合準備庫成立。

1940年

（民國二十九年，庚辰年）

1940年11月11日，由敵偽政府為主成立「廈門電氣通訊股份有限公司」。將黃奕住創辦的廈門電話公司竊為己有。

1941年

（民國三十年，辛巳年）

1941年12月14日，廈門淪陷時遷往鼓浪嶼的中南銀行逐步恢復營業。同日，國華、中國通商、新華信託等三行也相繼恢復營業。

是年太平洋戰爭爆發，日本軍隊偷襲珍珠港，正式向美國宣戰。

1943年

（民國三十二年，癸未年）

1943年4月25日，黃奕住七十六歲，在上海祁齊路168號，訂立遺囑，遺囑結尾署有遺囑人黃奕住；見證人杜保祺、鄂森。見證人兼代筆人洪山仰。黃奕住決定以公證的方式確保遺囑有法律效力。他將遺產的十分之一作為教育基金和醫療基金，以永久支持教育衛生事業。

1944年

（民國三十三年，甲申年）

1944年7月31日，中國通商銀行廈門分行辦理結束。

1945年

（民國三十四年，乙酉）

1945年6月5日，黃奕住病逝於上海祁齊路（今岳陽路）168號寓所。享年七十八歲。

6月15日，因董事長黃奕住病故，中南銀行是日由徐靜仁接任董事長。黃奕住任中南銀行董事長二十四年之久，厥功至偉。董事會籌擬永久紀念辦法，但因（抗戰結束前）時值非常，暫予保留。直至1946年10月董事會決議：撥法幣12,000萬元（1946年的法幣已不值錢）送交黃氏家族辦理永久紀念事業，黃奕住的兒子黃欽書、黃浴沂、黃友情三人商定將此款備作辦理教育之用。

8月15日，日本戰敗，宣佈無條件投降，中國抗日戰爭全面勝利。

1946年

（民國三十五年，丙戌）

1946年12月1日，黃欽書等遵照黃奕住生前遺言，護其靈柩歸葬於廈門鼓浪嶼九層塔之麓。黃奕住友人、泉州名紳蘇大山為其撰墓誌銘，曾遒為墓誌銘書丹。

1947年

（民國三十六年，丁亥）

7月23日，黃奕住妻子及子女將其遺囑向福建省廈門市地方法院公證處備案（登簿號數：第2冊第198號）。遺囑涉及黃奕住財產的分割及繼承問題。

黃夏任大傳

孫立川　朱南 著

責任編輯 ｜ 張利方　楊安琪

裝幀設計 ｜ 陳曦成

排　版 ｜ 陳曦成

印　務 ｜ 劉漢舉

出　版　中華書局

香港北角英皇道 499 號北角工業大廈 1 樓 B 室

電話：(852) 2137 2338　傳真：(852) 2713 8202

電子郵件：info@chunghwabook.com.hk

網址：http://www.chunghwabook.com.hk

發　行　香港聯合書刊物流有限公司

香港新界荃灣德士古道 220-248 號荃灣工業中心 16 樓

電話：(852) 2150 2100　傳真：(852) 2407 3062

電子郵件：info@suplogistics.com.hk

印　刷　美雅印刷製本有限公司

香港觀塘榮業街 6 號 海濱工業大廈 4 樓 A 室

版　次　2021 年 12 月第 1 版第 1 次印刷

© 2021 中華書局

規　格　16 開（230mm × 170mm）

ISBN　978-988-8760-68-8（平裝）

978-988-8760-67-1（精裝）